전문가가 알려주는
웹 퍼포먼스 튜닝
빠르고 가벼운 웹 서비스를 위한
성능 최적화 기법

전문가가 알려주는
웹 퍼포먼스 튜닝
빠르고 가벼운 웹 서비스를 위한
성능 최적화 기법

지은이 후지와라 슌이치로, 바바 토시아키, 나카니시 켄토, 나가노 마사히로, 카네코 타츠야, 쿠사노 쇼

옮긴이 김민호

펴낸이 박찬규 엮은이 전이주 디자인 북누리 표지디자인 Arowa & Arowana
펴낸곳 위키북스 전화 031-955-3658, 3659 팩스 031-955-3660

주소 경기도 파주시 문발로 115 세종출판벤처타운 311호
가격 28,000 페이지 364 책규격 188 x 240mm

초판 발행 2024년 01월 03일
ISBN 979-11-5839-475-2 (93000)

등록번호 제406-2006-000036호 등록일자 2006년 05월 19일

홈페이지 wikibook.co.kr 전자우편 wikibook@wikibook.co.kr

TATSUJIN GA OSHIERU WEB PERFORMANCE TUNING: ISUCON kara Manabu kosokuka no
jissen by Shunichiro Fujiwara, Toshiaki Baba, Kento Nakanishi, Masahiro Nagano,
Tatsuya Kaneko, Sho Kusano

Copyright © 2022 Shunichiro Fujiwara, Toshiaki Baba, Kento Nakanishi, Masahiro Nagano,
Tatsuya Kaneko, Sho Kusano

All rights reserved.

Original Japanese edition published by Gijutsu-Hyoron Co., Ltd., Tokyo

This Korean language edition published by arrangement with Gijutsu-Hyoron Co., Ltd., Tokyo
in care of Tuttle-Mori Agency, Inc., Tokyo, through Botong Agency, Seoul.

전문가가 알려주는

웹 퍼포먼스 튜닝

빠르고 가벼운 웹 서비스를 위한 성능 최적화 기법

후지와라 슌이치로, 바바 토시아키, 나카니시 켄토,
나가노 마사히로, 카네코 타츠야, 쿠사노 쇼 지음 / 김민호 옮김

위키북스

이 책은 다음 환경으로 작성했으며 이를 바탕으로 절차, 화면, 동작 결과 등이 서술돼 있다. 하지만 환경과 시기에 따라서는 다음 요소가 다를 수 있음을 참고하기 바란다.

- Ubuntu 20.04 LTS
- nginx 1.20
- MySQL 8.0
- Redis 6.2
- memcached 1.5.22
- Prometheus 2.34.0
- Go 1.18
- Ruby 3.1
- k6 v0.36.0
- pt-query-digest 3.1.0

▌ 시작하며

이 책에서는 웹 서비스를 고속화하는 방법에 관해 설명한다. 매일 사용하는 웹 서비스는 일반적으로 서버에서 웹 응용 프로그램이 실행된다. 웹 응용 프로그램은 동적인 웹 서비스를 제공하기 위해 사용자 요청을 해석하고 필요한 경우 데이터베이스를 읽거나 쓰며 콘텐츠를 생성해 응답을 반환하는 작업을 반복적으로 수행한다.

웹 서비스에서 응답 시간이 오래 걸리는 상태를 일반적으로 '느리다' 혹은 '무겁다'라고 표현한다. 무거운 상태의 웹 서비스가 지속된다면 사용자는 불편을 느끼게 돼 웹 서비스를 사용하지 않을 가능성이 높아진다. 또한 이러한 상태에서 사용자가 증가하면 요청을 처리하지 못하고 정지할 수 있다. 이를 일반적으로 '다운(down)된다'라고 표현한다.

웹 서비스는 최대한 가볍게 동작해야 한다. 가볍게 동작하는 웹 서비스는 사용자가 속도에 불만을 품고 이탈할 가능성이 적다. 또한, 같은 서버 자원으로도 더 많은 요청을 처리할 수 있기 때문에 서비스가 다운되지 않는다. 서비스가 다운되면 사용자가 불만을 품고 사용하지 않을 가능성이 있기 때문에 빠르고 다운되지 않는 웹 서비스는 운영자에게 큰 이점이 된다. 적은 서버 자원으로 동작하면 서버 비용 등에서도 이점이 있다. 이러한 고속의 웹 서비스를 만들기 위해서는 어떻게 해야 할까?

이 책은 LINE 야후 주식회사에서 주최하는 'ISUCON'[1]이라는 웹 서비스 성능 튜닝 대회를 예로 들며 실제 출제된 문제를 사용해 '무거운' 웹 서비스를 고속화하는 방법을 설명한다[2]. ISUCON은 'Iikanjini Speed Up Contest'의 약자로 참가자는 주어진 서버에서 동작하는 웹 서비스를 외형적인 사양은 유지하면서 고속으로 응답할 수 있게 개선한다.

ISUCON은 '어떤 수단이든 사용 가능한' 대회다. 웹 서비스를 고속화하기 위해 필요한 방법은 다양하다. 코드 수정, 미들웨어 및 운영체제(OS) 설정 변경 등은 기본이며 규정이 허용하는 범위 내에서 모든 방법을 사용해 고속화할 수 있다. 또한, 초기 상태에서 제공하는 미들웨어를 다른 소프트웨어로 변경하거나 웹 응용 프로그램을 참가자의 선택에 따라 다른 언어로 다시 작성할 수도 있다. 따라서 종합적인 기술이 필요한 대회다.

---

1 ISUCON은 LY Corporation.의 일본 내 상표 또는 등록상표다. https://isucon.net
2 이 책의 6~8장을 집필한 카네코 타츠야가 중심이 되어 2016년 픽시브 주식회사 사내 ISUCON을 위해 만들어 공개했다. 2021년 내용 수정이 있었고, PR TIMES 주식회사 사내 ISUCON에도 사용됐다. https://github.com/catatsuy/private-isu

ISUCON은 기술 대회이지만, 제공되는 웹 서비스는 일반적인 웹 서비스와 같은 기술을 사용해 만들어졌다. 즉, ISUCON의 고속화 방법은 일반적인 업무에서 만들어지는 웹 서비스에도 적용할 수 있다. 이 책은 다음과 같은 독자에게 추천한다.

- 웹 서비스를 개발, 운영하고 있지만, 성능 이슈가 발생하거나 더 나은 성능을 원하는 경우

- 웹 서비스 속도 최적화에 대해 깊이 생각해 본 적이 없는 경우

- ISUCON 참가를 고려하고 있는 경우

- 이전에 ISCUON에 참가했으나 좋은 성적을 거두지 못한 경우

이 책은 웹 서비스의 기본 개념을 이해하고 웹 서비스를 만들기 위한 필수적인 지식을 보유한 독자를 대상으로 한다.

6명의 저자 중 일부는 많은 사용자가 이용하는 웹 서비스를 개발하고 운영하며 현업에서 성능 튜닝을 수행한 경험과 여러 차례 ISUCON에서 우승하거나 문제를 출제한 경험이 있다. 이 책은 현업 및 ISUCON 경험을 바탕으로 웹 서비스를 고속화하는 방법을 설명한다.

▌ 감사의 말

이 책은 저자들이 엔지니어로 활동하면서 얻은 성능 튜닝에 대한 지식을 정리한 것이다. 이는 개인적인 경험뿐만 아니라 여러 서적, 자료, 오픈소스 소프트웨어를 기반으로 했으며, 이를 공개해 준 분들에게 감사를 표한다.

이 책을 검토하고 피드백을 준 다음 분들께 감사드린다(순서는 기여도와 무관).

takonumura, 오카모토 유스케(沖本祐典, @ockie1729), 이시다 아야이치(石田絢一, @uzulla), 쥬죠 히로시(十場裕), 카미오 아키라(神尾晧), kcz146, 후루카와 요스케(古川陽介, @yosuke_furukawa), 타고모리 사토니(田籠聡, @tagomoris), 마츠키 마사유키(松木雅幸, @songmu), 우타카 와키키(うたがわきき, @utgwkk), temma, 키시모토 타카시(岸本崇志), 시모다 유다이(下田雄大, @kavo0608), 오하시 히로시나리(大橋滉也, @to_hutohu), 이마리 히토시(今利仁), 소네 소다이(曽根壮大, @soudai1025), 요시카와 류타(吉川竜太, @rrreeeyyy), 요지마 코우츄(與島孝忠, @shiimaxx), 타카무라 조도(高村成道, @nari_ex), 타부치 요시무네(田渕義宗, @buchy__), 핫토리 유메지(服部夢二, @kinmemodoki)

이 책 집필의 바탕이 된 ISUCON이라는 대회를 시작부터 10년 이상 운영하고 있는 쿠시이 유스케(櫛井優介, @941)님과 LINE 야후 주식회사의 모든 분, 문제 출제와 운영 지원, 참가자로서 지금까지 ISUCON과 관련된 모든 분께 감사를 표한다.

▌ 이 책의 구성과 읽는 방법

이 책은 전체 9장과 부록으로 구성된다.

1장에서는 '고속의 웹 서비스'가 실제로 어떤 것을 의미하는지 학습한다. 이 책에서 제시하는 고속의 개념을 구체화하여 설명한다(저자: 바바 토시아키).

2장에서는 실제 성능 관찰을 통해 웹 서비스의 고속 여부를 확인할 수 있도록 웹 서비스 모니터링에 대해 설명한다(저자: 나카니시 켄토. 9장도 담당).

3장에서는 ISUCON에서 출제한 내용과 유사한 웹 서비스를 예로 들어 고속화하는 방법을 단계별로 설명한다(저자: 후지와라 슌이치로. 4장, 부록 A도 담당).

4장에서는 웹 서비스 부하 테스트를 위한 도구 사용법을 설명한다. 이러한 도구를 사용하면 사용자가 웹 서비스에 실제로 접근하는 것과 유사한 부하를 생성해 효과적인 성능 테스트를 수행할 수 있다.

5장에서는 웹 서비스의 필수 요소 중 하나인 데이터베이스의 성능에 대해 MySQL을 주로 예로 들며 설명한다. 데이터베이스의 속도는 웹 서비스의 성능과 밀접한 관련이 있다(저자: 나가노 마사히로).

6장에서는 nginx을 예로 들어 리버스 프락시(reverse proxy)에 대해 설명한다. 일정 규모 이상의 웹 서비스를 고속으로 제공하려면 리버스 프락시를 적절하게 활용해야 한다(저자: 가네코 타츠야. 7장, 8장도 담당).

7장에서는 웹 서비스에서의 캐시 사용 방법에 대해 설명한다. 캐시는 적절히 사용하면 웹 서비스의 고속화에 효과적일 수 있지만, 부적절하게 사용하면 심각한 문제를 발생시킬 수 있다. 이 장에서는 적절한 캐시 사용 방법에 대해 학습한다.

8장에서는 웹 응용 프로그램 구현에 대해 설명한다. 특히 ISUCON이나 현업에서 발생하기 쉬운 성능 문제에 초점을 맞춰 설명한다.

9장에서는 웹 서비스가 동작하는 기반인 운영체제(OS)의 성능 튜닝에 대해 설명한다. 웹 응용 프로그램이 동작하는 OS 계층에도 성능상 중요한 부분이 있다.

부록 A에서는 이 책에서 소개한 내용을 적용하여 예제 웹 서비스의 성능 튜닝 과정과 그 결과를 설명한다.

부록 B에서는 ISUCON에서 사용되는 벤치마커(부하를 주는 도구)를 만들기 위해 고려해야 할 점에 대해 설명한다(저자: 쿠사노 쇼)

웹 서비스의 고속화를 위해서는 여러 기술을 함께 사용해야 한다. 이에 따라 2장부터는 서로 참조하거나 관련된 내용이 많다. 운영 중인 웹 서비스가 무거워져 문제가 생기면 1장의 개요를 이해하고 2장의 모니터링 학습으로 원인을 찾을 수 있다. 원인 해결을 위해서는 5장 이후의 각 장을 참조하면 된다. 부하 테스트 방법은 3장에서 설명하고 직접 부하 테스트를 실시하는 방법은 4장에서 설명한다.

ISUCON에 참가하거나 이미 참가했어도 점수가 낮다면 1~3장을 차례로 읽어 실제 성능 튜닝 과정을 직접 따라해 보라. 부록 A에서는 ISUCON에서의 성능 튜닝 전략을 설명하고 있으므로 직접 따라하면서 이 책의 내용을 이해하는 것을 추천한다.

예선에 통과한 적이 있다면, 이미 이 책의 많은 부분을 이해하고 있을 수도 있다. 부록 B를 읽고 직접 벤치마커를 구현해 보면 대회 참가자로서 ISUCON을 바라보는 새로운 시각을 얻을 수 있다.

이 책에 게재된 샘플 코드 등은 아래 위키북스 홈페이지와 깃허브 사이트에 공개되어 있다.

- 홈페이지: https://wikibook.co.kr/wpt/
- 예제코드: https://github.com/wikibook/wpt

■ 저자 소개

후지와라 슌이치로(藤原俊一郎) 트위터: @fujiwara

주식회사 KAYAC의 SRE팀에 소속된 이후로 2011년부터 ISUCON 대회에서 우승 4회와 출제 3회의 경험이 있다. 최근에는 매니지드 서비스의 취약점을 해결하기 위한 도구를 만들어서 오픈소스로 공개하는 취미를 가지고 있다. 또한, 『모두의 Go 언어[현장에서 쓸 수 있는 실전 테크닉](みんなのGo 言語[現場で使える実践テクニック])』이라는 저서를 출판했다.

바바 토시아키(馬場俊彰) 트위터: @netmarkjp

X-Tech 및 그룹 5사의 CTO와 함께 iCARE의 기술 고문을 맡고 있으며, ISUCON 1회에서 프로젝터를 가져와 SELinux=Enforcing 모드로 입상한 경험이 있다. 본선에 진출하거나 운영을 돕는 등 다양한 역할을 수행하고 있다.

나카니시 켄토(中西建登) 트위터: @whywaita

2019년 주식회사 사이버 에이전트에 신입으로 입사하여 CloudMaker로서 폐쇄형 클라우드의 개발과 운영을 담당하고 있다. ISUCON8에서는 대학생으로는 최초로 종합 우승을 했으며 ISUCON10에서는 폐쇄형 클라우드로 인프라를 제공하고 운영하는 일에 처음으로 도전했다. 또한 인터넷 커뮤니티를 활동을 즐긴다.

나가노 마사히로(長野雅広) 트위터: @kazeburo

2021년부터 사쿠라 인터넷 주식회사에서 근무하고 있다. 믹시(mixi), livedoor, LINE, 메루카리(Mercari)에서 웹 서비스 운영에 종사했다. ISUCON1, ISUCON2, ISUCON9 예선 출제자로 참가했으며 참가자로서 우승과 예선 탈락도 경험했다.

카네코 타츠야(金子達哉) 트위터: @catatsuy

PR TIME 주식회사 개발 본부장과 CTO를 겸임하고 있다. 픽시브(Pixiv), 메루카리(Mercari)를 거쳐 현직에 종사 중이다. ISUCON9 예선 및 ISUCON6 본선 출제자로 참가했으며 ISUCON9 예선에서 문제와 벤치마커를 구현했다. 고속의 웹 서비스를 만드는 방법에 대한 정보와 ISUCON 벤치마커에 대한 여러 자료를 공개하고 있다.

쿠사노 쇼(草野翔) 트위터: @rosylilly

우주해적 합동회사 대표, 주식회사 해머 키트(hammerkit) CTO, 주식회사 Tech Consiglie CTO, 프로모터(PROMOTAL) 주식회사 상담역, IPTech 특허 업무 법인 기술 고문으로 있다. ISUCON9에서 우승했으며 ISUCON4와 ISUCON 10은 출제자로 참가했다. ISUCON 벤치마커를 좋아한다.

1

튜닝의 기초
지식

이 책의 주제인 '웹 서비스의 고속화'를 이해하기 위해 하나씩 내용을 살펴보자. 여기서는 '웹 서비스의 고속화'를 이해하기 위해 필요한 기초 지식과 개념을 살펴보고 이후 다룰 구체적인 지식을 활용할 수 있는 기반을 제공한다.

1-1 현재 웹 서비스의 필수 요건인 '속도'

웹 서비스 사용자에게 가장 중요한 경험 요소는 속도다. 사용자가 웹 서비스에 접속하면 즉시 화면이 표시되고 요청에 대한 기능이 즉각적으로 동작해야 사용자가 답답함을 느끼지 않는다. 예전에는 기능 구현에 더 많은 주안점을 두었지만, 현대의 웹 서비스는 속도가 반드시 충족돼야 한다.

▋웹 서비스의 경쟁력과 직결되는 '속도'

구글(Google)의 실험에 따르면 검색 결과가 표시되기까지 걸리는 시간이 길어지면 사용자 수는 감소했다(결과 표시가 100msec 늦어지면 0.2% 감소하고 400msec 늦어지면 0.6% 감소)[1]. 구글과 같은 대규모 서비스의 실험이기 때문에 0.2%는 엄청난 차이다. 웹 서비스에서 속도는 경쟁력에 직접 영향을 미치는 중요한 요소다.

기업에서는 다양한 업무 시스템을 웹 서비스로 구축하고, 웹 브라우저나 스마트폰 또는 태블릿의 앱을 통해 사용한다. 이러한 업무 시스템의 성능 역시 디지털 전환(DX, Digital Transformation) 시대에서는 시장 경쟁력을 확보하는 중요한 요소다. 또한 빠른 성능을 갖는 업무 시스템은 업무의 쾌적한 진행과 생산성 향상에 큰 영향을 미친다.

▋SEO에도 영향을 주는 '속도'

웹 서비스 사용자를 확보하기 위해서는 검색 엔진으로부터의 유입이 중요하다. 이런 웹 서비스의 가치를 발휘하기 위해서는 적절한 SEO[2] 설정이 필수적이다.

---

1 Speed Matters for Google Web Search Jake Brutlag Google, Inc. June 22, 2009 https://services.google.com/fh/files/blogs/google_delayexp.pdf
2 SEO(Search Engine Optimization): 검색 엔진 최적화. 어떠한 단어를 구글 등의 검색 엔진으로 검색한 결과가 웹 사이트 운영자가 의도한 결과에 가깝게 나오게 웹 사이트 운영자가 실시하는 노력. 대개 웹 사이트가 의도한 검색어에 해당하는 검색 결과에서 상위에 표시되게 하는 것을 의미한다. 적절한 검색어로 검색 결과 상위에 표시되면 해당 웹 사이트가 대상으로 하는 사용자를 웹 사이트로 유도하는 효과를 기대할 수 있다.

검색 엔진의 대표격인 구글은 **코어 웹 바이탈(Core Web Vitals)**이라는 지표를 검색 순위에 반영한다[3]. 코어 웹 바이탈의 3가지 평가 요소 중 하나가 로딩 시간이다[4]. 로딩 시간이 2.5초를 넘으면 개선이 필요하며 속도가 빠를수록 평가 결과가 좋아진다.

 코어 웹 바이탈

구글은 검색 결과의 순위를 결정할 때 페이지 경험(Page Experience)을 고려한다[5]. 자세한 내용은 공개되지 않았지만, 동일한 콘텐츠를 가진 페이지 중에서 페이지 경험이 우수한 페이지가 높은 순위에 노출된다. 페이지 경험을 측정하는 지표 중 하나인 코어 웹 바이탈로 평가하는 요소[6]는 다음과 같다(표 1.1).

표 1.1 코어 웹 바이탈의 3가지 평가 요소

평가 요소	설명
LCP(Largest Contentful Paint)	· 페이지 로드 성능 측정 지표 · 가장 큰 콘텐츠가 표시되기까지 소요되는 시간 · 좋은 사용자 경험을 위해서는 2.5초 이내로 해야 함
FID(First Input Delay)	· 상호작용성을 측정하는 지표 · 사용자가 처음 페이지를 조작한 후 브라우저가 그 조작을 처리하기까지 소요되는 시간 · 좋은 사용자 경험을 위해 100ms 이내로 해야 함
CLS(Cumulative Layout Shift)	· 시각적 안정성을 측정하는 지표 · 누적 레이아웃 이동(한 번 표시된 내용의 시프트 = 이동) · 좋은 사용자 경험을 위해서 0.1 이하로 해야 함

그 외 FCP(브라우저가 콘텐츠 렌더링을 시작하는 데 걸리는 시간)[7]와 TTFB(요청에 대한 응답을 받기 시작할 때까지 걸리는 시간)[8] 등도 있다.

---

3 2020년 5월 발표, Evaluating page experience for a better web–https://developers.google.com/search/blog/2020/05/evaluating-page-experience
4 지표는 Largest Contentful Paint(LCP)이므로 조금 더 복잡하다.
5 Understanding Google Page Experience | Google Search Central | Google Developers – https://developers.google.com/search/docs/advanced/experience/page-experience
6 LCP(Largest Contentful Paint) – https://web.dev/lcp/
   FID(First Input Delay) – https://web.dev/fid/#what-is-a-good-fid-score
   CLS(Cumulative Layout Shift) – https://web.dev/cls/
7 FCP(First Contentful Paint) – https://web.dev/i18n/ko/fcp/
8 TTFB(Time to First Byte) – https://web.dev/ttfb/

▌ 비용 절감에도 영향을 미치는 '속도'

처리 속도가 빠르면 시스템 자원의 점유 시간이 짧아져서 서버는 단위 시간당 더 많은 요청을 처리할 수 있다. 이를 통해 처리 효율이 향상되어 사용자 만족도를 높일 뿐만 아니라 비용도 절감할 수 있다.

1-2 속도가 빠른 웹 서비스

'속도'의 중요성을 이해했으므로 어떻게 속도를 빠르게 할 수 있을지에 대한 접근 방법을 알아보자. 먼저 속도가 빠른 웹 서비스의 특징을 명확하게 파악하고 그에 따라 생각하고 행동한다.

▌ 속도가 빠른 웹 서비스란?

'빠른 웹 서비스'는 사용자의 조작 후 다음 동작까지 걸리는 시간이 짧은 서비스를 의미한다. 즉, 사용자가 특정 페이지로 이동했을 때 HTML 콘텐츠가 모두 표시되는 시간이 짧으면 빠른 서비스로 간주한다. 이 책에서는 **성능 튜닝 대회인 ISUCON을 참고하여 클라이언트나 벤치마커의 요청 시작부터 응답 완료까지 걸리는 시간이 짧은 웹 서비스를 '빠른 웹 서비스'라고 표현한다**(그림 1.1).

일반적으로 요청부터 응답 완료까지의 시간을 **지연 시간(latency)**이라고 하며, 이는 msec(밀리초=1/1,000초) 또는 μsec(마이크로초=1/1,000,000초)로 표시된다. 따라서 빠른 웹 서비스란 기본적으로 지연 시간이 짧은 서비스를 의미하며, 웹 서비스의 성능 향상을 위해서는 지연 시간을 줄이는 것이 필요하다.

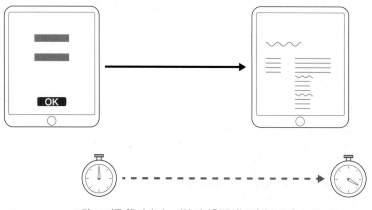

그림 1.1 빠른 웹 서비스는 지연 시간을 줄이는 것이 목표다

또한, 요청을 송신하고 응답을 수신하기까지의 소요 시간을 일반적으로 **RTT**(Round Trip Time)라고 하는데, RTT 단위도 시간이다.

코어 웹 바이탈의 LCP는 2.5초 이내에 주요 콘텐츠의 취득, 구문 분석, 스타일 취득, 렌더링을 포함한 처리가 완료돼야 한다. 이를 위해 요청 송신부터 응답 수신까지 1초 이내로 처리가 완료돼야 안정적으로 2.5초 이내를 유지할 수 있다.

▌ 웹 서비스 속도 단위

웹 서비스의 속도는 단위 시간당 요청 처리 지연 시간으로 측정되며, 이는 msec 또는 μsec으로 표시된다. 웹 서비스를 고속화하기 위해서는 단일 요청의 지연 시간을 최소화하는 것만으로도 속도를 높일 수 있다.

이를 위해 같은 시스템에서 다양한 요청을 빠르게 처리하기 위한 URL 변경이나 요청 매개 변수 변경이 필요하다. 또한 적은 시스템 자원으로 대량의 요청을 동시 병렬 처리하는 것도 필요한데, 이를 **처리량**(throughput)이라고 한다. 처리량은 단위 시간당 요청 처리 수인 RPS(Requests Per Second)로 측정된다.

동시 병렬 처리 성능은 동시 연결 수라고도 한다

동시 연결 수는 일반적으로 시스템이 단위 시간(1분 또는 1시간) 동안 처리할 수 있는 요청 수를 나타낸다. 시스템마다 달라서 1시간 정도의 데이터를 분 또는 초 단위로 표시하기도 한다. 특정 순간을 나타낼 때는 해당 순간의 데이터를 사용한다.

- 일반적인 RPS 계산식 ⇒ 1시간의 요청 수 / 3600초
- 특정 순간의 RPS 계산식(1) ⇒ 1분간의 요청 수 / 60초
- 특정 순간의 RPS 계산식(2) ⇒ 1초간의 요청 수

고속화와 용량 향상을 진행하다 보면 '특정 순간에 처리하는 중인 요청 수'가 중요해지므로 이를 구분해서 사용한다.

▌ 웹 서비스의 구조 이해

웹 서비스를 고속화하려면 구체적으로 어떤 문제가 있는지 파악해야 하는데, 이를 위해서는 웹 서비스의 전반적인 구조를 이해해야 한다.

웹 서비스는 논리적 구조와 물리적 구조가 있다. 웹 서비스의 동작과 구조를 파악하고 이해하기 위해 논리적인 구조를 아는 것도 중요하지만, 속도 저하의 원인을 파악하고 개선하기 위해서는 물리적인 구조도 알아야 한다. 전체 구조를 파악한 후 고속화를 진행하면서 세부 구조를 이해해 나간다(그림 1.2, 그림 1.3).

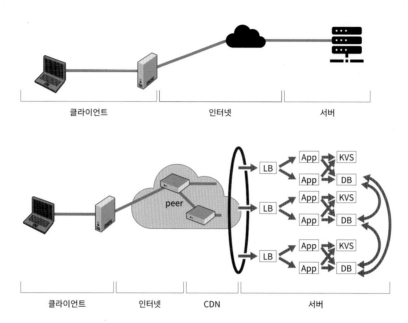

그림 1.2 전체 구조를 파악한 후 세부 구조를 이해(클라이언트−서버의 논리 구조)

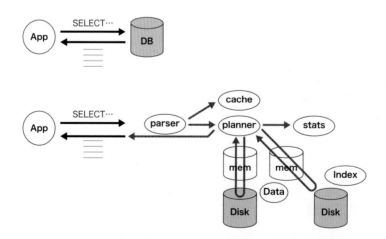

그림 1.3 전체 구조를 파악한 후 세부 구조를 이해(데이터베이스 질의의 논리적 구조)

전체 구조를 이해하면 각 요소가 어떤 작업을 수행하고 있는지 이해하기 쉽다. 컴퓨터는 일반적으로 입력된 값을 처리하여 결과를 출력하는 방식으로 동작한다. 웹 서비스에서는 서버의 디스크 장치, 데이터베이스, 마이크로서비스 호출, 외부 웹 서비스의 API 호출 등이 이러한 작업을 수행할 수 있다.

웹 서비스를 고속화하기 위해서는 전체 구조와 각 요소(입력, 계산, 출력)의 기능을 파악해 최적화를 진행해야 한다.

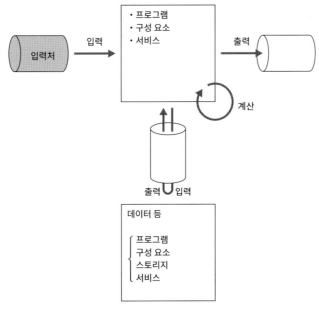

그림 1.4 컴퓨터의 기본 동작 방식

1-3 웹 서비스 부하

■ 웹 서비스의 부하가 높은 상태

웹 서비스의 부하가 높은 상태일 때는 시스템의 유동성 자원 사용량이 높다(그림 1.5).

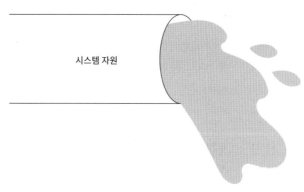

그림 1.5 시스템 자원의 사용량이 높은 상태

CPU 시간, 메모리 공간, 메모리 I/O 대역(I/O: Input Output, 입출력), 네트워크 I/O 대역, 스토리지 I/O 대역폭 등은 유동성이 높은 시스템 자원으로, 이러한 자원의 사용량이 많아지면 계산이 지연되거나 비정상으로 종료될 수 있다.

█ 속도와 용량

용량(capacity)은 일반적으로 사용할 수 있는 양을 의미한다. 웹 서비스의 경우 처리할 수 있는 처리량이나 동시 연결 수를 말하고, 시스템 자원의 경우 사용할 수 있는 자원량을 말한다. 지연 시간이 감소하면 요청이 시스템 자원을 점유하는 시간이 짧아지므로 시스템 자원으로 단위 시간당 처리할 수 있는 요청 수가 증가한다.

웹 서비스의 지연 시간을 감소시키면 시스템 자원은 그대로이지만, 단위 시간당 더 많은 요청을 처리할 수 있고 남은 시스템 자원을 다른 요청을 처리하는 데 사용할 수 있다. 예를 들어 분당 1,000개의 요청을 처리할 수 있는 시스템의 처리 성능을 1,000msec에서 500msec으로 줄이면 같은 시간에 2배의 요청을 처리할 수 있다.

규모와 속도

대규모 웹 서비스란 여러 의미가 있지만 일반적으로 다음과 같이 분류한다.

- 용량이 큰 서비스

- 기능이 많은 서비스

- 소스 코드의 양이 많은 서비스

- 기획, 개발, 운영에 관련된 인원이 많은 서비스

일반적으로 대규모 웹 서비스는 용량이 큰 서비스를 의미하며, 용량이 큰 서비스는 대량의 요청을 처리할 수 있다. 하지만 속도가 빠르면 적은 용량으로 더 많은 요청을 처리할 수 있다.

최근 서버 성능이 향상되어 전반적인 처리 속도는 높아졌지만, 이 책은 튜닝(tuning)을 통해 같은 자원으로 더 빠른 속도의 웹 서비스를 구축하는 것을 목표로 한다. ISUCON 예선 결과에서는 최상위와 최하위의 속도 차이가 100배 이상인 경우도 있다.

성능 튜닝

'빠른(하이퍼포먼스) 웹 서비스'를 구현하기 위해 성능을 개선(조율)하는 것을 튜닝이라고 한다[9]. 실제 환경에서 튜닝해 현재보다 더 빠르고 안정적인 상태로 개선하는 것이 목표다.

1-4 웹 서비스 용량

여기서 말하는 용량이란 웹 서비스가 해당 시점에 사용할 수 있는 컴퓨터 자원(CPU 시간, 메모리 용량, 네트워크 대역폭 등)으로, 하드웨어 **성능 × 장비** 수로 표현할 수 있다. 예전에는 그 단위가 서버였고 최근에는 컨테이너를 사용하지만, 기본 개념은 같다.

용량은 웹 서비스 운영자가 제공하는 것으로 시간, 노력, 비용이 소모된다. 앞에서 언급했듯이 용량은 **하드웨어 성능 × 장비 수**이며, 용량을 조정하는 방법에는 하드웨어를 변경하는 **수직 확장**과 장비 수를 변경하는 **수평 확장**이 있다.

---

9 '하이퍼포먼스(High Performance)'는 맥락에 따라 여러 의미가 있으므로 주의해야 한다. 예를 들어 서비스 운영의 맥락에서는 웹 서비스의 매출이 좋아지는 것을 나타낼 때도 있다.

- 수직 확장(Vertical Scaling): 하드웨어 성능을 향상시키거나(Scale-up) 저하시켜(Scale-down) 시스템 자원의 총량을 변경하는 방법

- 수평 확장(Horizontal Scaling): 서버 수를 늘리거나(Scale-out) 줄여(Scale-in) 시스템 자원의 총량을 변경하는 방법

▌필요 충분한 용량

필요 충분한 용량이란 용량이 수요에 맞게 부족하지도 넘치지도 않는 것을 의미한다. 용량 수요는 웹 서비스의 사용자 수, 처리하는 데이터 양과 방식 등의 변화에 따라 변동된다. 예를 들어 사용자 수가 증가하면 필요한 용량도 증가하며 처리 알고리즘을 고효율로 변경하면 필요한 용량은 줄어든다.

요청 수에 상관없이 지연 시간과 처리량이 일정하게 유지되는 경우 필요 충분한 용량이 제공된 것이며, 오류가 없고 불필요한 여유가 없는 상태로 볼 수 있다. 하지만 용량 수요보다 공급이 부족한 경우 시스템은 과부하 상태가 되어 지연 시간이 증가하고 연결이 불가능하며 데이터 손상 등 심각한 상황이 발생할 수 있다. 반면 사용량에 비해 용량이 과도하게 크면 사용하지 않는 자원을 확보하고 유지하는 데 비용이 발생한다.

용량의 수요와 공급을 균형 있게 유지하기 위해 수요를 조정하거나 공급을 조정해야 하며, 용량이 부족할 경우 적절한 여유 용량을 확보하는 것도 중요하다.

수요는 다음과 같은 방법으로 조정한다.

- 큐잉(queuing): 처리 요청을 순서대로 대기시키는 방법

- 레이트 리밋(Rate Limit): 단위 시간당 처리 요청을 일정 수로 제한하는 방법

- 처리 요청 분산: 처리 요청을 여러 대의 서버에 분산시키는 방법

사용자에게 영향을 미치지 않는 방법으로 공급 조정을 사용하는 경우가 많다. 주요 시스템 자원의 공급량을 조정하는 방법은 수직 확장(스케일 업/스케일 다운)과 수평 확장(스케일 아웃/스케일 인)으로 나눌 수 있다. 공급 조정은 기존에 필요한 시스템 자원의 양을 가정해 변동을 예측하고 사전에 확장하는 능동적인(proactive) 방법이 채택돼 왔다.

현재는 클라우드의 도입으로 시스템 자원의 유연성과 On-Demand(즉시 사용 가능)한 조정이 가능해져 확장 조정 방법이 다양해졌다. 클라우드 사업자가 소프트웨어로 구현하고 제어할 수 있게 시스템 자원(서버, 네트워크 등)을 제공함으로써 필요한 만큼의 시스템 자원을 수요에 맞게 공급할 수 있게 됐다.

한 가지 예로 인프라에서 시스템 자원의 조정을 자동으로 실시하는 오토스케일링(Auto Scaling)을 도입하고 있다. 오토스케일링은 시스템 자원의 수요를 자동으로 감지하고 공급을 조정하는 방법이다.

하지만 오토스케일링도 다음과 같은 과제가 있다.

- 오토스케일링이 시스템 자원의 수요에 맞춰 조정을 완료하기 전까지는 지연 시간이 발생하며 지연 시간이 길어질 경우 오류가 발생할 수 있다.

- 시스템 자원을 늘리기 위한 인프라 용량이 부족한 경우 조정이 불가능하다.

이처럼 현실적인 문제로 인해 사전 예방과 사후 대응을 준비해야 한다.

클라우드 서비스의 용량 부족

Amazon Web Services(이후 AWS)의 Amazon Elastic Computer Cloud(이후 EC2)가 용량이 부족하면 인스턴스를 시작할 수 없는 InsufficientInstanceCapacity 오류가 발생할 수 있다. 이런 상황을 경험한 사용자는 AWS 공식 사이트에서 제공하는 오류 회피 방법 및 대책을 참고하면 된다.

- EC2 인스턴스를 시작할 때 발생하는 InsufficientInstanceCapacity 오류 문제 해결 방법
https://repost.aws/ko/knowledge-center/ec2-insufficient-capacity-errors

▌ 필요 충분한 용량을 예측하는 방법

사전에 필요 충분한 용량을 예측하는 것은 어렵기 때문에 부하 테스트를 통해 실험적 접근이 필요하다. 부하 테스트로는 정밀한 사전 예측이나 필요 충분한 용량의 보장을 제공하기는 어렵지만, 현실적인 용량에 대해 검토할 수 있는 데이터를 얻을 수 있다. 이러한 데이터는 부하 테스트 이외의 방법으로는 얻을 수 없다.

용량을 제대로 산정하지 않고 서비스를 시작하면 용량 부족으로 인해 시스템에 부하가 발생하고 서비스가 중단된다. 용량 문제를 해결한 후에 다시 서비스를 시작해야 하며, 이에 따라 사용자에게 신뢰도 하락이나 판매할 상품을 판매하지 못하는 사태를 겪게 할 수 있다. 따라서 부하 테스트와 성능 튜닝을 통해 이러한 위험을 최소화해야 한다.

1-5   성능 튜닝의 시작(1)

우선 다음 내용을 주의한다.

- 무조건 따라 하지 않는다.
- 직감에 의존하지 않는다.
- 전체적인 내용을 숙지하고 생각한 후에 실시한다.

저자는 독자가 자신의 실력으로 성능 튜닝에 대한 성과를 내는 데 있어 재능이나 운에 의존하지 않을 수 있는 방법을 소개한다. 따라서 성능 튜닝을 하기 전에는 먼저 기초 지식을 습득하는 것이 필요하다.

▌추측하지 않고 계측

엔지니어는 추측이 아닌 정확한 데이터(계측 결과)를 활용하여 이론이나 지식을 적절하게 적용해야 한다. 웹 서비스의 경우 시스템 자원 사용 상황, 지연 시간, 처리량 등을 측정하는 것이 일반적이다.

부하 테스트를 통해 시스템에 의도적으로 부하를 가할 경우 튜닝 대상인 부하를 처리하는 시스템뿐만 아니라 부하를 가하는 쪽의 시스템도 모니터링해야 한다. 때로는 부하를 가하는 쪽이 병목의 요인이 될 수도 있다.

부하 테스트 후 얻어진 계측 결과는 성능 튜닝에서 중요한 역할을 한다. 빨라진 결과뿐만 아니라 느려진 결과도 중요하다.

▌공정한 비교

2개의 데이터를 비교할 때는 전제 조건을 맞추고 비교해야 한다. 흔히 'apple to apple'로 비교한다고 한다. 응용 프로그램 버전, 사양, 설정값 등 의도적으로 변경한 부분 이외에는 동일한 조건으로 테스트를 수행해 얻어진 결과로 변경된 부분과 결과 간의 관계를 예측할 수 있다.

가정용 인터넷 속도(기술적으로 사용할 수 있는 네트워크 대역폭)는 인터넷 연결 사업자 등이 제공하는 장비를 다른 사람들과 공유하기 때문에 요일이나 시간대에 따라 크게 달라질 수 있다. 이는 클라우드 인프라와 마찬가지로 공유 자원의 양이 변동함에 따라 측정 데이터 결과에 오차가 포함되기 때문이다. 따라서 여러 번의 측정을 통해 오차(noise)를 줄이고 판별하는 것이 중요하다(저자는 1세트당 3~5회 실시한다).

튜닝 후 예상한 대로 성능 향상이 나타날 수도 있지만, 때로는 그것이 오차에 기인한 것일 수 있다. 이때 통계적 분석 방법을 사용하여 오차를 제거할 수 있지만, 대개 병목을 제거하면 결과가 눈에 띄게 개선된다. 그러므로 결과 데이터의 작은 차이는 크게 신경 쓰지 않아도 된다.

▌하나씩 비교

성능 튜닝 중 여러 가지 대책을 동시에 적용해 즉각적인 효과를 얻고자 하는 경향이 있다. 그러나 ISUCON과 같이 시간 제약이 있는 경우에는 대책을 하나씩 적용하고 검증해야 한다. 이 작업은 귀찮겠지만 유의미한 데이터를 얻기에 가장 적합한 방법이다.

 제약 이론

제약 이론(TOC: Theory of Constraints)은 전체 처리량이 병목 처리량에 의해 제한된다는 개념이다(그림 1.6). 원래는 공급망 관리(SCM: Supply Chain Management) 최적화 등에 활용되는 이론이지만, 웹 서비스를 고속화할 때도 적용할 수 있다.

- 연속적으로 처리하는 과정을 하나의 그룹으로 보고 전체 최적화를 추구한다.
- 병목 현상을 해소하는 것만이 의미가 있다.
- 병목 현상이 사라지면 모든 처리량이 동일해진다.
- 실제로 병목 현상은 계속해서 이동하고 존재한다.
- 처리량이 필요 이상으로 증가하여 '사실상 병목 구간이 없다'고 할 수 있는 경우도 있다.

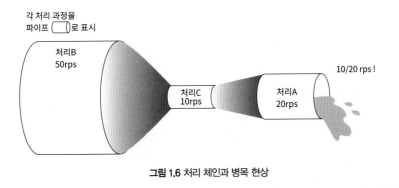

그림 1.6 처리 체인과 병목 현상

1-6 성능 튜닝의 시작(2)

일반적으로 성능 튜닝은 전체적인 구조나 구성 요소, 처리 내용과 방법을 바꾸지 않고 전체를 조율하는 것으로 생각하지만, 실제로는 여러 제약 조건 때문에 조율만으로는 성능 튜닝을 실시할 수 없는 경우가 많다. 그리고 ISUCON에서는 응답 내용이 튜닝 전과 후가 같아야 한다는 조건이 있지만, 실제 환경에서는 이러한 조건이 적용되지 않을 수 있다.

빠른 웹 서비스를 만드는 것과 웹 서비스를 빠르게 만드는 것은 근본적으로 다른 접근 방식이다. 구성 요소, 처리하는 내용과 방식 등 구조적인 부분을 변경하지 않고 빠르게 만들 수 있는 최적화 방법이 있지만, 이는 느린 것을 보통 수준으로 높이는 것일 뿐 다른 응용 프로그램보다 빠르게 만드는 것은 아니다. 대부분의 경우는 전체적인 구조를 변경해야 한다.

▌병목 현상 해소

성능 튜닝에서 가장 중요한 부분은 병목 현상을 해소하는 것이다. 본인이 담당하지 않거나 해결할 수 없는 부분에서 병목이 발생했기 때문에 다른 부분만 성능 튜닝을 하면 효과가 없을 뿐 아니라 새로운 병목이 발생할 수 있다. 따라서 성능 향상의 효과를 확인하고 실질적인 성과를 얻으려면 병목을 해소하는 방법을 찾아야 한다.

- 예: 편의점에서 계산을 기다리는 대기 인원이 많은 상황에서 편의점 입구나 내부 공간을 넓히는 것은 단순히 대기 인원을 늘리는 결과를 가져올 뿐 시간당 매출을 증가시키지 않는다.

성능 튜닝을 하기 전에 이미 널리 사용되는 방법을 적용하는 것은 처음부터 문제에 대해 분석하고 접근하는 수고를 덜어준다. 따라서 미리 학습하고 예상되는 영향을 고려하여 적용하는 것이 좋다.

▌병목을 식별할 때는 바깥쪽에서 안쪽으로

웹 서비스의 구조를 이해하고 적절하게 모니터링할 수 있다면 병목을 찾을 수 있다. 병목 현상이 발생하는 원인이나 해결 방법을 몰라도 어디서 문제가 발생했는지는 분류할 수 있다.

먼저 전체적인 구조를 파악하고 데이터의 흐름을 이해해야 한다. 데이터의 흐름에 따라 각 요소의 입구와 출구에서 소요 시간을 측정하고 동시에 각 요소의 시스템 자원 사용 상황을 확인해 병목을 찾는다(그림 1.7). 소요 시간이 길거나(또는 길어지거나) 시스템 자원이 부족한 요소가 있다면 병목을 의심해야 한다.

시스템 자원의 한계로 인해 성능이 저하될 수 있다. 이 경우 특정 자원이 일정 시간 동안 계속해서 최고치에 가까운 값을 유지하거나 일정 값으로 오가는 특징적인 패턴이 발생한다. 이러한 자원 부족 현상은 CPU, 메모리, 디스크 I/O, 네트워크 I/O와 같은 자원에 대해서도 발생한다. 웹 서비스에서는 CPU, 메모리, 디스크 I/O, 네트워크 I/O가 병목이 발생하기 쉬운 부분이다.

이러한 병목 요소를 분석할 때는 웹 서비스의 데이터 입출력 흐름을 가장 바깥쪽부터 순서대로 분석해야 한다. 전반적인 흐름을 파악하고 각 요소의 입출력에 드는 시간과 시스템 자원의 사용 상태를 확인하여 병목 요소를 찾아낸다. 이 과정에서 시스템 자원의 사용 상태와 시간 추이를 종합적으로 고려하면 병목 요소를 빠르게 식별하고 대처할 수 있다.

그림 1.7 시스템 자원 사용량으로 병목 찾기

항상 시스템 자원을 100% 사용하는 것이 나쁜 것은 아니다. 올바르게 사용된다면 최적의 비용 대비 성능을 제공할 수 있다.

다시 말하지만 병목 현상을 해소하면 새로운 병목 현상이 반드시 발생한다. 이는 시스템 구조상 불가피한 현상이다. 그러나 우리는 예상되는 부하와 사용할 수 있는 시스템 자원이 한정되어 있으므로 가능한 한 예상되는 부하를 처리하고 시스템 자원을 최대한 활용해야 한다.

▌병목 현상에 대처하는 3가지 방법

병목 지점을 확인하고 APM(Application Performance Management, 응용 프로그램 성능 관리) 또는 프로파일링(Profiling)을 사용해 원인을 분석한다. 병목뿐만 아니라 일반적으로 문제가 발생했을 때는 다음 3가지 방법으로 대응할 수 있다.

- 해결: 문제가 되는 현상을 근본적으로 해결

- 회피: 문제가 되는 현상이 병목이 되지 않도록 우회하거나 생략

- 완화: 문제가 되는 현상의 영향을 완화

웹 서비스의 고속화에서는 다음과 같은 방법으로 문제를 관리한다(표 1.2).

표 1.2 문제 관리 방법

관리 방법	설명
해결	· 병목 현상이 발생하지 않도록 처리하는 방법을 변경
	· 웹 응용 프로그램을 다시 작성
회피	· 구조나 구성을 변경해 처리하지 않아도 되게 변경
	· 처리 결과를 캐시해 재사용
완화	· 구성 및 설정 변경, 수직 확장, 수평 확장을 사용해 병목 완화

문제를 해결하는 것이 가장 좋지만 회피가 가능하다면 비용 효율적일 수 있다. 병목 현상을 해소하거나 회피해도 새로운 병목 현상이 발생할 수 있는데, 이러한 경우에는 완화하는 방법을 찾아볼 수 있다. 해결, 회피, 완화는 문제 해결 방법을 분류하기 위한 지침이 아니지만, 응용 프로그램을 구현할 때 효과적인 병목 현상 해소 방법을 검토하고 구현하는 데 도움이 된다.

성능 튜닝을 위해 개별 요소의 고속화에만 집중하기보다는 일련의 처리 과정 전체를 최적화하는 것이 중요하다. 어떤 대응으로 해당 요소가 병목이 아니게 된다면 그 요소를 더 고속화하기 전에 먼저 해야 할 일이 있다. 이는 웹 서비스의 고속화에 있어서 의미 있는 접근 방식이다.

1-7 성능 튜닝의 시작(3)

웹 서비스의 고속화는 쉽지 않다. 이론과 기술을 학습했다고 해서 모든 문제를 쉽게 해결할 수 있는 것은 아니며 여러 번의 시행착오를 거쳐야 한다. 웹 서비스의 성능 튜닝을 위해서는 부하 테스트를 실행하여 웹 서비스를 개선하고 다시 부하 테스트를 실행하는 과정을 반복해야 한다. 이 과정을 위해 다음과 같은 절차를 따른다.

1. 부하 테스트 계획

2. 부하 테스트 실시 준비

3. 부하 테스트 실시 → 결과 확인 → 웹 서비스 개선 → 부하 테스트 실시 → 결과 확인 ...

웹 서비스의 성능 튜닝 목표를 설정하기는 어렵다. 웹 서비스는 빠를수록 좋지만 무한하게 빨라질 수는 없기 때문에 일정한 기준이 필요하다. 일반적으로 가장 많은 사용자가 이용하는 시나리오를 전체 목표로 설정하기도 한다. 적절한 목표를 설정하기 위해서는 성능 튜닝 기간과 개발 시스템 규모를 고려해야 한다.

고성능 웹 서비스를 위해서는 시스템 자원을 늘리는 투자가 필요하지만, 일반적인 사업체에서는 시스템 자원을 늘리는 투자가 익숙하지 않아 꺼린다. 하지만 비용을 투자해 시간을 절약하거나 다른 기회를 얻을 수 있다면 그것도 좋은 선택일 수 있다.

성능 튜닝 활동의 효과를 예측하거나 인프라 투자를 판단하는 것은 경험이 쌓여도 어려운 일이다. 하지만 ISUCON과 같은 대회에서는 자신의 한계를 파악하고 최고 수준의 엔지니어들이 접근하는 방식과 생각을 배울 수 있다. ISUCON에서 사용되는 대부분의 응용 프로그램은 전형적인 안티 패턴을 구현하고 있어 이를 사전 학습하고 훈련할 수 있다. 이러한 대회를 통해 개선 활동의 효과를 높이고 개선 및 투자 결정의 정확성과 속도를 높일 수 있다.

▌ 부하 테스트의 과정 개요

부하 테스트 계획 단계에서는 어떤 목적으로, 어떤 방법을 사용해, 어느 정도의 부하 테스트를 실시할지 결정한다(표 1.3). 특히 부하 테스트의 목적은 결정에 영향을 미치므로 우선순위를 명확히 하고 결정해야 한다. 시간이 한정되므로 빠른 의사 결정을 위해 명확한 우선순위를 설정해야 한다.

성능 튜닝을 위해서는 목적이 분명해야 하며 명확한 목적이 없으면 부하 테스트를 계획하고 수행하기가 어려울 수 있다. 예를 들어 기존 시스템을 대체하는 시스템을 만들 때는 예상 사용자 수를 정확하게 예측해 부하 테스트를 수행하는 것으로 새 시스템이 기존 시스템과 동일한 부하를 견딜 수 있는지를 결정할 수 있다. 또한 개발 기간이 짧은 서비스의 경우에는 서비스를 빠르게 공개해야 하므로 부하 테스트의 목적은 서비스 공개이며, 시나리오나 테스트 횟수, 테스트 기간을 줄이고 성능 향상에 집중하는 결정을 할 수 있다.

표 1.3 부하 시험 개요

항목	내용
목적	부하 테스트를 실시하는 목적을 결정
	(어떤 것을, 어떤 우선순위로 실시할지)
	예: 목표 성능을 달성할 수 있는지 확인
	예: 현재 구성에서 최고 성능을 확인
	예: 긴 시간 연속 운영해도 문제없이 서비스 제공을 할 수 있는지 확인

항목	내용
시나리오	어떤 부하를 가할지 결정 (어떤 동작을 하는 사용자를 몇 %로 가정하는가) 여러 시나리오를 준비하거나 동시에 병렬로 진행 예: 로그인 → 달력 표시 → 예약 범위 선택 → 확인 화면 → 예약 실행이라는 동작을 하는 사용자 중 다시 한 번 실행하는 사용자가 5%
시헹 부하	부하량 관점에서의 테스트 계획을 결정 예: 동시에 2000명의 사용자
시행 횟수	횟수 관점에서 테스트 계획을 결정 예: 1세트당 3회씩 반복
시행 시간	시간 관점에서 테스트 계획을 결정 (짧으면 일정한 고부하 상태를 확인할 수 없고 길면 많은 시행이 어려움) 예: 1회당 워밍업 1분, 부하 3분. 워밍업 동안 10초당 20%씩 단계적으로 부하를 증가 예: 1회당 4시간
실시 기간	부하 테스트 전체 실시 기간을 결정 일정, 실시 환경, 예산을 확보 보고가 필요한 경우 준비부터 실시 기간까지도 확보 실시 기간 동안 응용 프로그램 및 인프라 개선을 위해 필요한 엔지니어 자원 확보

실시 준비 단계에서는 다음과 같이 준비한다(표 1.4).

표 1.4 실시 준비 단계에서 준비

항목	내용
부하 발생 환경	부하를 가하는 측의 환경을 준비 (최대한 자동화 및 간편화해 여러 번 반복하기 쉽게 함) 예: 부하 환경 구성, 모니터링 설정, 시나리오 구현 ※ DoS 공격으로 오해받지 않도록 인프라 공급자와 확인 및 협의 진행
부하 대상 환경	부하를 받는 측의 환경을 준비 (일반 사용자에게 영향을 미칠 수 있으므로 서비스 중인 환경에서는 하지 않음) 예: 환경 구성, 모니터링 설정, 데이터 준비, 실시 허가 신청, 자원 제한 완화 신청 등 예: 실제 운영 환경과 차이가 없거나 대략 예측할 수 있는 환경에 부하 환경을 구성 예: 데이터를 실제 운영 환경과 최대한 일치(데이터양, 값의 편차와 균형이 중요) ※ DoS 공격으로 오해받지 않도록 인프라 공급자와 확인 및 협의 진행

다음은 부하 시행 및 결과 확인의 핵심 사항이다.

- 부하를 가하면서 수동으로 시스템을 사용해 보고 사용자 경험을 확인한다.
- 시행 시간, 시행 결과, 메트릭, 로그를 자동으로 기록한다.
  - 예: 대시보드의 날짜 및 시간 지정 기능을 사용해 URL 생성
  - 예: Slack에 게시하고 티켓을 작성
- 실시 결과를 매번 분석한다.
  - 성능: X 병렬로 Y 사용자가 N분 동안 조작 완료
  - 이상 유무: 오류 응답, 시스템 오류, 수상한 동작, 불안정한 응답 시간
  - 병목이 이동했는지 확인
  - 각 값과 자원 메트릭의 값이 예상대로 변경되었는지 확인
- 부하를 가하는 환경 측의 메트릭도 동시에 확인한다(부하를 가하는 쪽에 병목 현상이 발생해 충분한 부하를 생성할 수 없을 수도 있다).

 부하 테스트의 일반적인 오해와 소소한 팁

부하 테스트를 하면 성능이 향상된다?

아니다. 부하 테스트는 성능이나 용량을 향상시키지 않는다. '부하 테스트 → 개선'을 반복하는 '성능 튜닝'에 의해 성능이나 용량을 개선할 수 있다.

부하 테스트를 했기 때문에 성능 면에서 안심할 수 있다?

아니다. 성능 테스트를 많이 하더라도 '성능 보증'을 할 수는 없다. 실제 트래픽을 완벽히 모사하고 예측하는 것은 불가능하다. 테스트는 아무래도 '깨끗한' 트래픽일 수밖에 없다. 그러나 부하 테스트는 꼭 필요하다. 테스트를 통해 문제가 발생하는 이유를 이해하고 문제가 실제 환경에서 발생할 가능성을 예측할 수 있다. 부하 테스트를 통해 미리 어느 부분에서 문제가 발생할지 파악할 수 있다.

부하 테스트는 시간이 너무 오래 걸린다?

부하 테스트는 일반적으로 시간과 비용이 많이 들지만, 대부분의 경우 이러한 투자는 가치가 있다. 저자의 경험에 따르면 제대로 된 부하 테스트를 하려면 최소 3주, 긴 경우 몇 개월 이상이 걸릴 수 있다. 이 기간은 테스트 시도 횟수, 부하량, 시나리오 수, 시나리오의 복잡성, 필요한 개선의 양 및 기간에 따라 크게 달라진다. 짧은 기간 내에 테스트를 실시하는 경우에는 1개의 시나리오(최대 10개의 조작)를 실시하는 것이 좋다. 시나리오에 포함되지 않은 기능이나 조작을 확인하려면 부하를 가하면서 수동으로 확인하는 방법도 있다.

> **부하 테스트는 언제까지 실시해야 할까?**
>
> 부하 테스트를 계획할 때는 목적에 따른 목표치를 결정하고 이를 달성할 때까지 테스트를 수행해야 한다. 목표치가 없으면 개선이 필요한 부분을 판단하기가 어렵다.

1-8 정리

이 장에서는 이 책에서 목표로 하는 빠른 웹 서비스를 위한 전제 조건을 배웠다.

- 웹 서비스가 사용자에게 유용하고 시장 경쟁력을 높이기 위해서는 빠른 속도가 중요한 요소다.
- 빠른 웹 서비스를 결정하는 데 사용되는 지표는 지연 시간(latency)이다.
- 속도와 용량은 서로 다른 지표지만 관련이 있다.

또한 고속화를 실천하는 데 있어서 중요한 기본 사항을 배웠다.

- 웹 서비스의 고속화는 감성이 아닌 논리로 접근해야 한다.
- 이 책을 통해 이론과 실천 방법을 배우고 실습으로 습득함으로써 재현성 있는 방법으로 빠른 웹 서비스를 구현할 수 있다.

이 장에서는 웹 서비스 고속화의 기초 이론을 다뤘다. 웹 서비스 고속화에 대한 접근 방법이나 결과가 만족스럽지 않았다면 특히 도움이 될 것이다. 이 장은 추상적인 내용이 많지만, 다음 장부터는 더 구체적인 내용으로 설명되어 쉽게 이해할 수 있을 것이다. 이 책을 전체적으로 읽은 후 첫 장을 다시 읽으면 새로운 발견과 이해가 가능할 것이다.

Chapter

2

모니터링

이 장에서는 웹 응용 프로그램의 성능 계측 기술인 모니터링에 대해 설명한다. 웹 서비스를 고속화하기 위해서는 모니터링이 중요한 작업 중 하나다. 고속화 대상이 무엇인지를 파악하지 못하면 고속화를 위한 변경 작업이 효과적이지 않을 수 있다. 이 장에서는 실제 부하 테스트나 고속화를 기반으로 모니터링이 무엇인지, 어떻게 수행해야 하는지를 소개한다.

2-1　모니터링이란 – 인프라에서의 테스트

모니터링(monitoring)이란 감시, 도청, 관찰 등을 의미한다. 웹 서비스를 제공하는 측의 모니터링은 웹 응용 프로그램이나 그것들을 제공하는 기반의 상태를 계측한다는 의미로 사용된다. 제공하는 웹 서비스가 올바르게 작동하는지, 기반 CPU 자원은 예상한 사용률로 동작하는지를 확인한다. 제공하는 서비스가 예상한 형태로 작동하는지 확인하는 성격을 갖기 때문에 **모니터링은 지속적인 테스트**라고도 한다.

웹 서비스는 24시간 365일 동작하기 때문에 사람이 상태를 계속 확인하기는 어렵다. 매분 웹 브라우저에서 응용 프로그램이 문제없이 작동하는지 확인하는 개발자는 없다. 따라서 사람이 확인할 때의 통신 방법을 그대로 모방한 자동화된 소프트웨어를 사용하여 응용 프로그램의 상태를 모니터링한다.

서비스 상태 정보를 자동으로 수집하여 저장함으로써 정상 상태에서도 변화가 있는지 파악할 수 있다. 이를 통해 문제가 발생하면 운영자가 신속하게 감지하여 대응이 필요한지, 어떤 대응을 해야 할지 판단할 수 있다.

또한 장기간 메트릭을 저장하면 변화 추세를 파악할 수 있다. 예를 들어 한 웹 서비스의 메인 페이지의 지연 시간이 1초 이내인 것이 정상이라면 지연 시간이 1초를 초과하면 경고 알림을 받는다. 알림을 받은 이후 지연 시간이 서서히 느려져서 1초를 넘게 된 것인지, 아니면 갑자기 지연 시간이 1초 이상이 된 것인지를 파악할 수 있다. 이는 조치를 할 때 매우 유용하다.

메트릭(metrics)은 특정 시점의 상태를 정량적으로 나타내는 값이며, 이를 시간순으로 저장하고 특정 시간대의 상태를 시각화하는 것을 모니터링 그래프라고 한다. **모니터링 그래프**[1]를 시각화해 저장하면 그림 2.1과 같이 값의 변화를 즉시 확인할 수 있다(지연 시간은 응답 시간으로도 불린다).

1　감시 그래프라고도 한다.

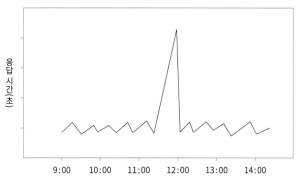

그림 2.1 웹 응용 프로그램의 지연 시간을 시간순으로 표시한 그래프

또한 유용한 정보를 표시하는 여러 그래프를 한 화면에 배치해 전체적인 상태를 파악하는 화면을 만들수도 있다. 이러한 화면을 **모니터링 대시보드(Monitoring Dashboard)**라고 한다[2].

2-2 모니터링 개념

웹 응용 프로그램은 업데이트로 인해 코드가 변경되거나 다른 웹 서비스로부터 갑작스럽게 접근이 증가하는 등 상황이 변할 수 있다. 때로는 ISUCON과 같이 8시간 이내에 고속화할 필요가 있거나 특정 시점까지 고속화를 유지해야 할 때도 있다.

매일 변화하는 웹 응용 프로그램에서는 일관된 시각으로 모니터링하는 것이 중요하다. 모니터링할 때는 목적을 명확히 하고 운영자들끼리 모니터링 목적을 공유해야 한다.

웹 서비스에 따라 모니터링 목적이 다를 수 있다.

각 웹 서비스는 응답 속도나 요청 순서 등의 목적이 상이하다. 그러므로 이러한 목적에 대한 절대적인 해결책은 없다. 모니터링 대상인 웹 서비스의 응용 프로그램과 조직의 상황 등에 따라 목적이 달라질 수 있으며 동일한 조직의 응용 프로그램이더라도 시간이 지나면서 목적이 변경될 수 있다. 때에 따라서는 유연하게 목적을 조정하는 것도 필요하다.

웹 응용 프로그램의 성능 개선을 위해서는 올바른 병목 현상을 발견하는 것이 매우 중요하다. 하지만 이를 위해서는 CPU 사용률만 확인하는 것이 아니라 메모리 사용량 등 다른 매개 변수도 확인해야 한다. 이러한 매개 변수를 눈으로 보면 대략 확인할 수는 있지만, 나중에 다시 확인할 필요가 있을 수 있다.

---

2 큰 디스플레이에서 전체 화면으로 표시해 상태를 공유할 수 있다.

이때 대시보드로 웹 응용 프로그램의 상태 변화를 정량적으로 비교해 문제점을 발견할 수 있다. 같은 시간대에 여러 자원의 상태를 비교하거나 과거와 현재의 상태를 비교해 앞으로의 상황을 예측할 수 있다. 예를 들어 점심시간에 부하가 증가하는 웹 서비스라면 낮에는 자원을 늘리고 밤에는 줄이는 대응을 할 수 있다. 또한 웹 프로그램이 변경되면 어떤 변화가 발생했는지도 시각화할 수 있다.

웹 응용 프로그램이 변화함에 따라 문제점도 지속해서 변화하므로 시각화된 정보를 이용해 정확하게 파악하고 대응해야 한다.

2-3 모니터링 종류

모니터링은 크게 외형 감시와 내부 감시로 나눌 수 있다.

▌외형 감시

외형 감시는 실제 작동 중인 응용 프로그램을 외부의 시각에서 모니터링하는 방법으로 주요 목적은 실제 사용자가 사용하는 경로를 따라 서비스가 정상적으로 작동하는지 확인하는 것이다. 이를 **Synthetic Monitoring**이라고도 부르며 웹 서비스에서는 보통 사용자에게 제공하는 HTTP 엔드포인트(endpoint)에 대해 실제 HTTP 요청을 보내 응답 코드와 응답 바디가 의도한 것과 일치하는지 확인하며, HTTP 응답 시간의 변화나 에러 발생 비율 등을 정기적으로 계측한다.

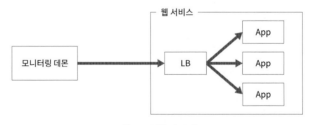

그림 2.2 외형 감시 예

웹 서비스에서는 외형 감시를 위해 동작 중인 서비스와 다른 환경에서 데몬(daemon)[3]을 실행한다. 이는 사용자와 유사한 경로로 접근하고 서비스가 올바르게 작동하는지 확인하며 네트워크 연결 문제 등

---

3 백그라운드에 상주하면서 동작하는 응용 프로그램

을 찾을 수 있는 장점이 있지만, 완전한 재현은 불가능하기 때문에 어느 정도 비용과 타협이 필요하다. 여러 조직이 동시에 감시하는 것이 이상적이지만 비용이나 관리 문제로 인해 SaaS(Software as a Service)를 사용하기도 한다[4]. SaaS에서는 특정 시간대의 지연 시간을 시각화하고 어떤 종류의 에러가 발생했는지 브라우저에서 확인할 수 있다.

간단한 HTTP 응답 모니터링 외에도 사용자의 상황을 시뮬레이션하기 위해 **시나리오 테스트**를 실시하기도 한다. 사용자 로그인, 마이페이지 표시, 로그아웃 등의 동작을 시나리오로 만들어 이들이 문제없이 실행되는지 모니터링한다. ISUCON의 벤치마커도 DOM[5] 생성 여부 확인 및 일정 시간 내에 타임아웃이 발생하는지를 확인하는 외형 모니터링을 위해 시나리오 테스트를 수행한다.

▌ 내부 감시

내부 감시는 작동 중인 응용 프로그램 내부를 모니터링하는 방법이다(그림 2.3). 외형 감시와는 달리 사용자가 볼 수 없는 부분의 상태를 주로 확인해 올바르게 작동하는지 확인하는 것이 목적이다. 웹 서비스에서는 작동 중인 응용 프로그램, OS, 미들웨어 등에서 메트릭을 수집해 자원의 상태나 추세를 파악한다.

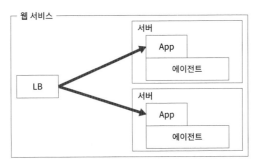

그림 2.3 내부 감시 예

구체적으로 설명하면 웹 서비스가 작동하는 환경에서 메트릭 수집과 모니터링을 위해 모니터링용 데몬을 실행하는데 여기서 데몬을 에이전트(agent)라고 한다. 만약 여러 대의 서버를 사용해 웹 응용 프로그램을 실행하는 경우 서버마다 에이전트를 실행해 정보를 수집할 수 있다. 또한 수집하는 메트릭이 웹 응용 프로그램이나 미들웨어마다 다르기 때문에 각각의 에이전트를 실행한다. 일반적으로 하나의 웹 서비스를 제공할 때 여러 개의 에이전트를 동시에 실행한다.

---

4 (옮긴이) SaaS(Software as a Service)의 약자로, 서비스로서의 소프트웨어라는 의미다. 벤더가 제공하는 클라우드 서버에 있는 소프트웨어를 인터넷 경유로 유저가 사용할 수 있는 서비스로서 AWS(Amazon Web Services)가 제공하는 Amazon CloudWatch synthetics가 대표적이다.
5 (옮긴이) DOM(Document Object Model)은 HTML, XML과 같은 문서의 구조화된 표현을 제공하는 프로그래밍 인터페이스를 말한다.

2-4 수동 모니터링

실제로 리눅스 서버에서 간단한 명령을 사용해 내부 감시를 시작해 본다.

리눅스에서는 자원을 표시할 수 있는 명령이 있다. 자주 사용되는 명령으로는 CPU 사용률을 확인할 수 있는 top 명령과 메모리 사용량을 확인할 수 있는 free 명령이 있다. 다음은 top 명령의 사용 예다.

```
$ top
top - 21:34:17 up 4 min,  2 users,  load average: 0.01, 0.03, 0.02
Tasks:  94 total,    1 running,  93 sleeping,    0 stopped,   0 zombie
%Cpu(s):  0.0 us,  0.0 sy,  0.0 ni,100.0 id,  0.0 wa,  0.0 hi,  0.0 si,  0.0 st
KiB Mem : 1882084 total, 1563992 free,   187576 used,    130516 buff/cache
KiB Swap:  839676 total,  839676 free,        0 used.  1550016 avail Mem

  PID USER      PR  NI    VIRT    RES    SHR S %CPU %MEM     TIME+ COMMAND
    1 root      20   0  128020   6616   4144 S  0.0  0.4   0:00.80 systemd
    2 root      20   0       0      0      0 S  0.0  0.0   0:00.00 kthreadd
    3 root      20   0       0      0      0 S  0.0  0.0   0:00.00 kworker/0:0
    4 root       0 -20       0      0      0 S  0.0  0.0   0:00.00 kworker/0:0H
```

그림 2.4 top 명령 사용 예

%Cpu(s) 열에는 CPU 사용률이 표시된다. id(idle)는 사용되지 않는 CPU 사용률을 표시하고, 나머지 항목의 총합은 사용 중인 CPU 사용률이다. **CPU 유휴 시간**이라고도 불리며, 현재 id 값이 100이므로 CPU는 거의 사용하지 않는 상태다(측정이 불가능할 정도로 사용률이 낮기 때문에 100으로 표시된다).

다음은 free 명령의 사용 예다. --human(-h) 옵션을 추가해 사람이 읽기 쉽게 단위와 함께 메모리 사용량을 표시할 수 있다.

```
$ free --human
              total        used        free      shared  buff/cache   available
Mem:           1.8G        182M        1.5G        8.6M        127M        1.5G
Swap:          819M          0B        819M
```

그림 2.5 free 명령 사용 예

Mem으로 시작하는 열에는 메모리의 총량과 그중 얼마나 사용되고 있는지가 표시된다. total에서 이 서버는 1.8G 메모리가 장착돼 있으며 used에서 182M가 사용 중임을 알 수 있다.

이러한 명령을 사용해 CPU나 메모리가 얼마나 사용되고 있는지를 확인할 수 있다.

CPU 사용률을 증가시켜 본다. stress 명령으로 CPU에 부하를 주어 서버 성능을 실험할 수 있다. 다음은 stress 명령 사용 예다.

```
$ stress --cpu 2
stress: info: [1576] dispatching hogs: 2 cpu, 0 io, 0 vm, 0 hdd
```

그림 2.6 stress 명령 사용 예

이 명령을 실행한 상태에서 다른 터미널을 열고 top 명령과 free 명령을 실행한다.

```
$ top -cd1
top - 21:48:53 up 18 min,  3 users,  load average: 1.95, 1.05, 0.44
Tasks:  96 total,   3 running,  93 sleeping,   0 stopped,   0 zombie
%Cpu(s):100.0 us,  0.0 sy,  0.0 ni,  0.0 id,  0.0 wa,  0.0 hi,  0.0 si,  0.0 st
KiB Mem : 1882084 total, 1561040 free,   190324 used,   130720 buff/cache
KiB Swap:  839676 total,  839676 free,        0 used.  1547152 avail Mem

  PID USER      PR  NI    VIRT    RES    SHR S %CPU %MEM     TIME+ COMMAND
 1578 root      20   0    7312    100      0 R 50.5  0.0   1:48.79 stress --cpu 2
 1577 root      20   0    7312    100      0 R 48.5  0.0   1:48.78 stress --cpu 2
    1 root      20   0  128020   6620   4144 S  0.0  0.4   0:00.89 /usr/lib/systemd/systemd --
    2 root      20   0       0      0      0 S  0.0  0.0   0:00.00 [kthreadd]
```

그림 2.7 stress 명령 실행 중 top 명령 결과

%Cpu(s) 열을 보면 이전에는 100이었던 id가 0.0이 되고 대신 us가 100.0이 되어 CPU 사용률이 100%이고 자원이 다 사용되고 있다는 것을 알 수 있다. 또한 %CPU 항목을 통해 각 프로세스가 CPU를 어느 정도 사용하고 있는지 확인할 수 있다. 다음으로 top 명령의 실행 결과에서 상위 2개를 확인해 본다.

```
상위 2개 프로세스
  PID USER      PR  NI    VIRT    RES    SHR S %CPU %MEM     TIME+ COMMAND
 1578 root      20   0    7312    100      0 R 50.5  0.0   1:48.79 stress --cpu 2
 1577 root      20   0    7312    100      0 R 48.5  0.0   1:48.78 stress --cpu 2
```

그림 2.8 stress 명령 실행 중 top 명령 결과(상위 2개 프로세스)

stress 명령의 CPU 사용률이 99%(50.5 + 48.5)다. 이 프로세스가 많은 CPU 자원을 사용하고 있는 것을 알 수 있다.

다음은 free 명령의 결과다.

```
$ free --human
              total        used        free      shared  buff/cache   available
Mem:           1.8G        185M        1.5G        8.6M        127M        1.5G
Swap:          819M          0B        819M
```

그림 2.9 stress 명령 실행 중 free 명령 결과

큰 변화가 있었던 top 명령의 결과와 달리 거의 아무런 변화가 없는 것을 알 수 있다. 이러한 결과로 현재 메모리는 병목이 없으며 CPU에 병목이 있음을 알 수 있다. stress 명령이 웹 응용 프로그램이었다면 이러한 모니터링 결과에서 웹 응용 프로그램의 CPU 사용률을 낮추는 변경을 해야 한다는 판단을 할 수 있다.

리눅스에서는 top, free 외에도 자원을 표시하는 다양한 명령어가 있다. 전반적인 자원 개요를 확인할 수 있는 vmstat나 dstat, OS 내부에 저장된 정보를 표시하는 sar가 대표적이다. 이러한 명령어를 사용해 현재 상태를 확인할 수 있지만, 24시간 365일 웹 서비스를 제공하는 경우에는 수동으로 명령을 실행하고 결과를 기록하는 것이 불가능하다. 이러한 경우 자동으로 메트릭을 수집하는 모니터링 도구를 사용해야 한다.

2-5 모니터링 도구

모니터링 도구는 다음과 같은 기능을 가진 도구를 의미한다.

- 메트릭을 자동으로 수집하고 저장한다.
- 저장된 메트릭을 웹 브라우저 등에 시간순으로 표시한다.
  - 집계용 쿼리(Query) 등으로 표시를 전환할 수 있다.
- 메트릭이 특정 임곗값에 도달하면 알린다.

모니터링 도구는 기능에 따라 다르다. 다른 응용 프로그램과 결합해 사용하는 경우도 있지만, 일반적으로 앞에서와 같은 기능을 가진 도구를 모니터링 도구라고 한다. 다양한 도구 중 이 책에서는 SoundCloud의 엔지니어가 개발한 뒤 OSS(Open Source Software)로 공개한 프로메테우스(Prometheus)[6]와 프로메테우스 용으로 개발된 리눅스 자원 수집 에이전트인 node_exporter[7]를 설명한다. 프로메테우스는 뒤늦게 출시된 소프트웨어지만, 과거 모니터링 도구의 좋은 부분을 포함하고 있어 매우 쉽게 사용할 수 있다. 따라서 프로메테우스는 현재 웹 응용 프로그램의 모니터링을 할 경우 반드시 언급되는 소프트웨어 선택지 중 하나다.

---

6 https://prometheus.io/
7 https://github.com/prometheus/node_exporter

모니터링 도구의 구조

모니터링 도구는 크게 풀(pull) 형과 푸시(push) 형으로 구분한다. 응용 프로그램 동작 환경 내에 모니터링을 위한 에이전트를 동작시켜 모니터링 대상의 정보를 수집하는데, 이때 내부 감시를 할 경우 어떤 구조를 사용하든지 에이전트가 필요하다. SSH 등의 원격 통신용 프로세스를 매번 사용하는 것은 비효율적이며, 일정한 시간 간격으로 정보를 수집하고 모니터링 도구와 메트릭을 교환하는 것이 에이전트의 역할이다.

풀 형은 모니터링 도구가 에이전트로부터 메트릭을 가져오는 구조다(그림 2.10). 모니터링 도구가 클라이언트로서 에이전트에게 메트릭 수집 요청을 전송하면 에이전트는 요청받을 때만 메트릭을 수집해 모니터링 도구에 전송한다.

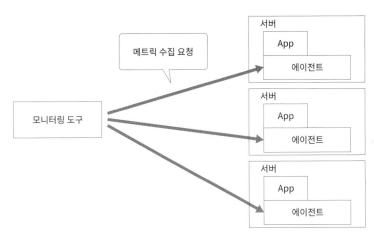

그림 2.10 풀 방식 모니터링 개요도

이 구조로 메트릭 수집 간격을 모니터링 도구에서 관리할 수 있고 에이전트 구현을 단순화한다는 장점이 있다. 이번에 소개하는 프로메테우스도 풀 형 구조를 사용한다. 에이전트인 node_exporter는 간단한 웹 서버 내부 구현으로 프로메테우스에서 HTTP 요청을 받으면 메트릭을 검색해 HTTP 응답을 전송한다.

푸시 형은 에이전트가 메트릭을 수집하고 일정한 간격(예: 1분마다)으로 모니터링 도구로 전송하는 구조다(그림 2.11).

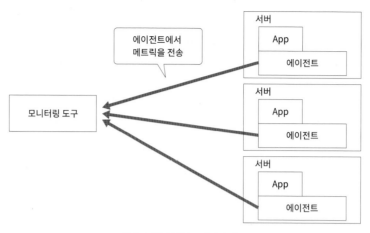

그림 2.11 푸시 방식 모니터링 개요도

푸시 형은 에이전트가 동작하는 서버의 포트에 대한 연결을 허용하지 않아도 된다는 장점이 있다. 대개 하나의 모니터링 도구에서 여러 서버를 모니터링하는데 대부분의 웹 서비스 서버는 외부에서 내부로의 통신은 제한된 포트만 허용하고 내부에서 외부로의 통신은 크게 제한하지 않는다. 풀 형은 에이전트에서 모니터링 도구로 접속하는 방식으로 모니터링 도구가 여러 서버의 에이전트와 통신하기 위해 통신 포트를 허용하면 되므로 관리하기가 편하다.

푸시 형의 또 다른 장점은 모니터링 대상을 추가하거나 제거할 때 모니터링 도구의 설정을 변경할 필요가 없다는 것이다(그림 2.12). 반면에 풀 형 방식은 모니터링 도구가 모든 대상 서버의 목록을 관리해야 하는 어려움이 있다.

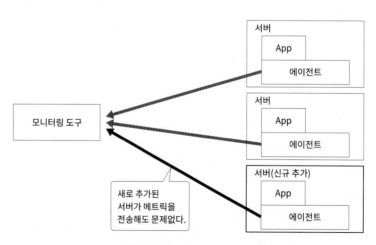

그림 2.12 모니터링 대상이 변경돼도 설정 변경이 필요 없는 푸시 형

이번에 예로 사용할 프로메테우스는 풀 형 구조지만 Service Discovery라는 기능을 통해 동적으로 모니터링 대상 목록을 변경할 수 있어 앞서 설명한 단점을 보완한다. 이 기능은 API나 DNS 레코드를 참조해 개방형 클라우드의 모니터링 대상 서버 목록을 수집하고 갱신할 수 있다. 또한 Pushgateway[8] 데몬을 사용하면 푸시 형으로 프로메테우스를 사용할 수도 있다.

풀 형과 푸시 형의 장단점이 상호 보완적이므로 어느 쪽이 더 나은 구조인지 결정하는 것은 모니터링 구성에 있어서 큰 문제가 아니다.

모니터링 도구의 역사

이번에는 모니터링 도구를 설명하기 위해 프로메테우스를 선택했지만 그 외에도 여러 모니터링 도구가 있다. 정기적인 명령 실행 결과에서 알람을 발생시키는 Nagios[9]나 SNMP(Simple Network Management Protocol)로 메트릭을 수집해 결과를 그래프로 표시하는 RRDtool[10]과 Cacti[11]의 조합, 알람 발생 기능과 자원 수집 기능을 모두 결합한 Zabbix[12] 등이 웹 서비스의 초기부터 현재까지 사용되고 있다. 이러한 도구는 대부분 풀 형이다.

하지만 인터넷 보급과 함께 웹 서비스의 성능이 높아지면서 서버 대수가 증가해 정기적인 명령 실행 및 서버 관리에 문제가 제기됐다. 이 문제를 해결하기 위해 Sensu[13]나 StatsD[14]와 같은 푸시 형 도구가 등장했으며, Datadog[15]나 Mackerel[16]과 같은 SaaS 형 웹 서비스도 제공된다. 이러한 도구들은 서버에 에이전트를 설치해 자원 정보를 서비스로 전송하는 푸시 형을 사용한다.

프로메테우스는 풀 형이지만, 프로메테우스가 만든 몇 가지 기능으로 풀 형의 문제를 해결했다. Exporter와 함께 HTTP 기반[17]의 평문으로 상호작용하는데, OpenMetrics 표준화와 함께 다양한 미들웨어용 exporter 개발이 빠르게 진행됐고, 웹 응용 프로그램에는 OpenMetrics 형식의 모니터링용 엔드포인트를 직접 추가하는 경우도 있다[18].

OpenMetrics를 따르는 프로메테우스는 많은 exporter가 개발됐다. 또한, Remote Storage[19]나 Agent mode[20] 등의 기능도 개발 중이기 때문에 풀 방식과 푸시 방식의 경계가 흐려지고 있다.

---

8 https://github.com/prometheus/pushgateway
9 https://www.nagios.org/
10 https://oss.oetiker.ch/rrdtool/
11 https://www.cacti.net/
12 https://www.zabbix.com/
13 https://sensu.io
14 https://github.com/statsd/statsd
15 https://www.datadoghq.com
16 https://mackerel.io
17 HTTP(S) 외에도 gRPC/Protobuf를 사용할 수 있다
18 kubelet 및 kube-apiserver와 같은 Kubernetes 컴포넌트에는 표준으로 탑재돼 있다.
   https://kubernetes.io/docs/concepts/cluster-administration/system-metrics/
19 프로메테우스가 작동하는 서버가 아닌 외부 스토리지에 메트릭 정보를 저장하는 기능이다.
   https://prometheus.io/docs/prometheus/latest/storage/#remote-storage-integrations
20 Remote Storage를 활용하기 위해 대시보드 기능 등을 끄고 메트릭을 수집하는 특화된 기능이다.
   https://prometheus.io/blog/#prometheus-agent-mode

▌ 에이전트 node_exporter

내부 감시의 예로 프로메테우스의 에이전트 중 하나인 node_exporter[21]는 리눅스에서 시스템 메트릭을 수집할 수 있다. node_exporter는 정확히 유닉스와 유사한 커널을 대상으로 한 소프트웨어지만 이번에는 리눅스에서 사용하는 것을 전제로 진행한다.

node_exporter는 리눅스 호스트당 1개씩 설치되며, 프로메테우스에서 메트릭 전송 요청을 받으면 현재 상태를 수집하여 HTTP 응답으로 반환한다. node_exporter에 HTTP 요청을 전송하여 프로메테우스가 수집하는 값을 확인하려면 curl 명령을 사용하면 된다. 자세한 환경 설정 방법은 다음 URL에서 확인할 수 있다.

- https://prometheus.io/docs/prometheus/latest/getting_started/

```
$ curl 192.168.3.17:9100/metrics
```

그림 2.13 curl 명령으로 node_exporter에 HTTP GET 요청

HTTP 응답으로는 다음과 같은 내용이 출력된다(일부 발췌).

```
# HELP node_cpu_guest_seconds_total Seconds the CPUs spent in guests (VMs) for each mode.
# TYPE node_cpu_guest_seconds_total counter
node_cpu_guest_seconds_total{cpu="0",mode="nice"} 0
node_cpu_guest_seconds_total{cpu="0",mode="user"} 0
# HELP node_cpu_seconds_total Seconds the CPUs spent in each mode.
# TYPE node_cpu_seconds_total counter
node_cpu_seconds_total{cpu="0",mode="idle"} 1581.37
node_cpu_seconds_total{cpu="0",mode="iowait"} 0.44
node_cpu_seconds_total{cpu="0",mode="irq"} 0
node_cpu_seconds_total{cpu="0",mode="nice"} 0
node_cpu_seconds_total{cpu="0",mode="softirq"} 0.3
node_cpu_seconds_total{cpu="0",mode="steal"} 0
node_cpu_seconds_total{cpu="0",mode="system"} 4.46
node_cpu_seconds_total{cpu="0",mode="user"} 1.86
```

그림 2.14 HTTP 응답 출력 내용

프로메테우스 에이전트인 node_exporter를 비롯한 에이전트(프로메테우스에서는 데이터를 출력하기 때문에 exporter라고도 함)의 HTTP 응답은 정해진 형식을 따르며 이 형식은 **OpenMetrics**[22]라는 표준화된 형식이다. HELP와 TYPE은 해당 메트릭을 설명하는 메타데이터이며, 그 다음부터 메트릭 값이 표시된다. 이러한 값을 기반으로 프로메테우스가 메트릭을 수집하고 저장하며, 이를 집계하여 중요한 정보를 얻는 것이 모니터링의 목적이다.

---

21 https://github.com/prometheus/node_exporter
22 https://openmetrics.io/

node_cpu_seconds_total 메트릭을 기반으로 서버의 CPU 사용량을 확인할 수 있다. 이 값은 프로메테우스에 의해 기록되고 표시된다. top 명령어의 결과와 같으며 기계적으로 처리할 수 있는 형태다.

▌node_exporter로 얻을 수 있는 메트릭

node_exporter는 CPU, 메모리, 디스크 I/O, 네트워크 등 다양한 메트릭을 수집할 수 있는 응용 프로그램이다. 기본 설정으로도 많은 메트릭을 수집할 수 있으며 다음 URL에서 이러한 메트릭의 목록을 확인할 수 있다.

- Enabled by Default
  https://github.com/prometheus/node_exporter#enabled-by-default

기본 설정에는 수집되지 않지만 실행 시 옵션을 추가하면 수집할 수 있는 메트릭도 있다. 예를 들어 다음 명령을 사용하여 wifi 메트릭을 수집할 수 있다(그림 2.15).

```
$ ./node_exporter --collector.wifi
```

그림 2.15 node_exporter 실행_wifi 메트릭 수집 옵션 추가

옵션을 추가하면 더 많은 정보를 수집할 수 있지만, 그럴 경우 프로메테우스에 부하를 더하고 수집되는 메트릭의 정보가 많아져 디스크 공간 부족 현상이 발생할 수 있다. 모니터링 목적에 맞게 필요한 메트릭을 미리 결정하고 필요 없다면 수집하지 않아야 한다. 메트릭을 결정하지 못했다면 처음에는 기본 설정으로 시작하고 필요한 시점에 옵션을 추가하는 것이 좋다.

다른 에이전트를 사용해도 수집되는 메트릭은 크게 다르지 않다. 모니터링 대상이 '리눅스에서 실행되는 웹 응용 프로그램'이라면 node_exporter 이외의 에이전트를 사용해도 유사한 메트릭을 얻을 수 있다. 중요한 것은 모니터링 **대상이 무엇인가**이며, **무엇을 사용할 것인가**가 아니다.

2-7 모니터링 실시

모니터링 개념을 이해했다면 프로메테우스를 사용해 어떤 그래프가 표시되는지 소개한다. 프로메테우스는 웹 브라우저를 통해 대시보드를 표시한다.

프로메테우스가 실행 중인 서버에 접속한다. 기본 상태라면 `http://<프로메테우스를 설치한 서버 IP 주소>:9090`으로 접속할 수 있다. 수집된 메트릭 정보를 집계하고 그래프로 표시하려면 PromQL(Prometheus Query Language)이라는 수식을 텍스트 상자에 입력하면 된다(그림 2.16).

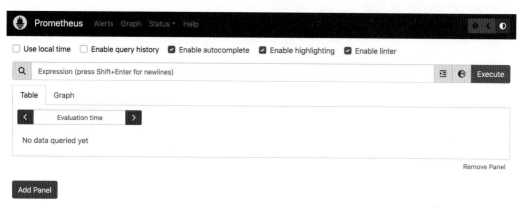

그림 2.16 프로메테우스 기본 화면

CPU 사용 시간을 표시하는 다음 쿼리를 입력한다. 다음은 CPU가 1코어인 서버에서 `node_cpu_secondes_total`이라는 이름으로 저장된 CPU 사용 시간 메트릭의 분당 변동 값을 표시하는 쿼리다(리스트 2.1).

리스트 2.1 CPU 사용 시간을 표시

```
avg without(cpu) (rate(node_cpu_seconds_total{mode!="idle"}[1m]))
```

시스템이 올바르게 구축됐다면 시간이 흐르면서 메트릭 수집이 이루어지므로 해당 메트릭의 그래프가 그려진다. 다음은 시간을 가로축으로 하고 CPU 사용 시간을 세로축으로 하는 그래프다.

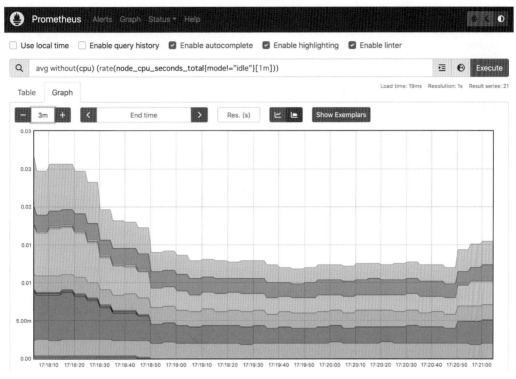

그림 2.17 CPU 누적 사용 시간 메트릭을 표시하는 그래프

현재 웹 응용 프로그램은 실행 중이 아니고 서버에는 프로메테우스와 node_exporter가 실행 중이므로 그래프에 큰 변화가 없다. 이전에 설명한 대로 stress 명령을 사용해 부하를 발생시켜 본다.

```
$ stress -c 1
stress: info: [1855] dispatching hogs: 1 cpu, 0 io, 0 vm, 0 hdd
```

그림 2.18 CPU 1개에 부하 발생 명령

명령을 실행하면 부하가 증가하면서 그래프 값이 증가하는 것을 알 수 있다(그림 2.19). 모니터링 도구를 사용하면 서버에 직접 접속하지 않고도 부하 상태를 시각화할 수 있다.

그림 2.19 CPU 부하가 상승하면서 동시에 그래프 값도 증가

이번에는 CPU 부하를 소개했지만 모니터링 도구는 CPU 부하 외에도 다양한 메트릭 값을 그래프로 표시할 수 있으며 대시보드 기능으로 여러 그래프를 세로로 나열해 비교할 수도 있다.

2-8 모니터링 시 주의점

지금까지 모니터링 도구를 이용해 모니터링의 개요를 소개했다. 하지만 실제 운영을 진행할 때는 몇 가지 함정이 있다. 이번 절에서는 주의해야 할 점에 대해 소개한다.

▌올바른 측정 결과 확인

모니터링용 도구에서 그래프를 집계할 때는 표시되는 숫자에도 주의해야 한다. 다음 그래프(그림 2.20)를 예로 들면, 그래프의 가로축은 시간이고 세로축은 CPU 사용률이다.

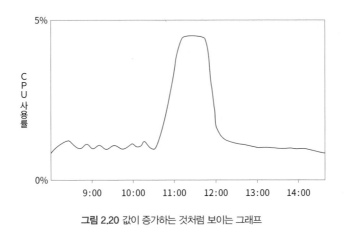

그림 2.20 값이 증가하는 것처럼 보이는 그래프

그래프가 크게 변동했지만 실제로 CPU 부하의 상승은 크지 않다. 세로축에 주목한다.

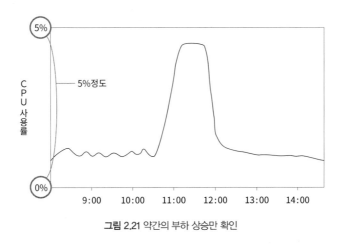

그림 2.21 약간의 부하 상승만 확인

그래프의 선이 격렬하게 변동한 것처럼 보이지만 실제로는 세로축의 상한선이 5%로 크게 변동하지 않았다는 것에 주목해야 한다(그림 2.21). 그래프의 세로축과 가로축을 명확히 인식하면 수집된 정보나 표시된 그래프의 내용을 정확히 판단할 수 있다.

이번에는 CPU 사용률만 그래프로 확인했지만 웹 서비스를 고속화하기 위해서는 다양한 메트릭을 수집해 집계한 그래프를 참조해 병목을 확인해야 한다. 이때 주의할 점은 각 메트릭을 표시하는 그래프의 가로축과 세로축을 비교할 수 있는 단위로 맞춰야 한다는 것이다. 예를 들어, CPU 사용률과 메모리 사용량을 비교하려면 CPU 사용률 그래프와 메모리 사용량 그래프의 가로축 단위를 동일하게 맞춰야 같은 시간대에 발생한 변화를 정확하게 비교할 수 있다.

대개는 세로축 값을 고정한다. 예를 들어 비율을 표시할 경우 0%에서 100%로 고정하도록 설정한다(그림 2.22). 이렇게 하면 그래프마다 값이 다르게 표시되는 것을 막을 수 있고 시각적으로 비교했을 때도 전반적인 비율을 올바르게 이해할 수 있다.

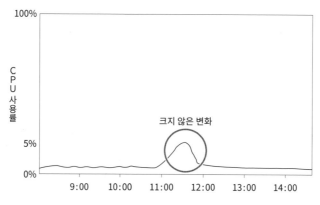

그림 2.22 세로축을 고정해 비율의 변화를 올바르게 파악

흔한 사례로 멀티 코어 환경에서 CPU 사용률 그래프를 들 수 있다. 코어마다 사용률이 측정되기 때문에 코어당 100%라면 10코어의 경우 최댓값은 1000%다. 이 경우 프로메테우스는 PromQL의 avg 함수를 사용해 모든 CPU 코어의 평균값을 계산하거나 최대치를 1000%로 설정하는 등의 처리를 한다.

수집한 데이터를 그래프로 표시할 때는 데이터 처리 방식에 주의해야 한다. 프로메테우스와 같은 쿼리 기반의 그래프 작성 도구를 사용할 때는 rate() 함수와 같이 즉각적인 값의 변동을 반올림하는 특징을 갖는 쿼리가 있을 수 있으므로 이를 이해하고 미세한 변화를 파악할 수 있게 해야 한다.

▌2개의 그래프를 비교할 때 다른 조건 맞추기

2개의 그래프를 비교할 때는 비교하고자 하는 데이터 이외의 값들도 일치시키는 것이 중요하다. 비교하고자 하는 정보를 일치시키고, 같은 조건하에 데이터를 그래프로 표시해야 올바르게 비교할 수 있다. 종종 서로 **다른 기준을 갖는 그래프를 비교**하는 실수를 한다. 실험 조건을 비교한 그래프를 여러 개 작성할 때 비슷한 그래프로 오해하고 비교하면 전제가 잘못된 그래프 비교가 될 수 있다.

다음의 A와 B 두 가지 방법의 적용 전후 그래프를 비교하면 A 방법의 상승률이 더 높아 보인다.

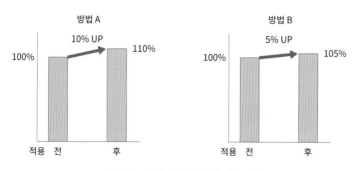

그림 2.23 비슷하지만 비교할 수 없는 그래프

하지만 방법 A와 방법 B의 '적용 전 100%' 값이 항상 같다는 보장이 없다. 따라서 두 가지 방법을 올바르게 비교하려면 비교하고 싶은 '방법 적용 후' 이외의 요소를 같게 설정한 후 비교해야 한다. 이를 위해 '적용 전 상태'라는 서로 다른 원점을 설정하는 것은 적절하지 않으며 비율 대신 절댓값으로 그래프를 그려야 올바른 비교가 가능하다. 이러한 문제는 단순 비교가 아니라 비슷한 그래프를 다루거나 장기간 다양한 그래프를 다룰 때 의식하지 못하고 발생할 수 있다.

▌ 부하가 높은 상태 모니터링

다음은 모니터링 도구나 에이전트를 사용할 때 주의할 점이다. 이들은 CPU나 메모리 등의 자원을 사용해 동작하기 때문에 특히 웹 응용 프로그램과 같은 서버에서 작동하는 경우가 많아서 각별한 주의가 필요하다.

웹 서비스를 실행하거나 부하 테스트를 할 때 웹 응용 프로그램의 부하가 증가하고 서버 자원이 부족해지는 경우가 자주 발생한다. 이런 고부하 상태에서는 에이전트의 동작이 불안정해지는 등의 문제가 발생할 수 있다. 많은 에이전트 구현에서는 이러한 문제를 해결하기 위해 적은 자원으로 동작하도록 구현되어 있지만, 완벽하게 해결되지는 않았다.

부하 테스트 때문에 발생하는 부하에 대해서도 고려해야 한다. 웹 서비스의 부하 테스트를 하기 위해서는 **웹 응용 프로그램, 모니터링할 에이전트, 부하 테스트를 실행할 HTTP 클라이언트**가 필요한데, 이들을 같은 서버에 설치하는 것은 지양해야 한다. 특히 부하를 발생시키는 HTTP 클라이언트는 많은 자원을 사용해 웹 응용 프로그램의 성능 한계를 측정하기 위해 많은 HTTP 요청을 전송한다. 웹 응용 프로그램의 성능을 검증하기 위한 부하 테스트에서는 부하를 발생시키는 HTTP 클라이언트의 자원 사용을 고려하지 않아도 되도록 측정 대상이 아닌 다른 곳에서 HTTP 요청을 전송하는 구성을 해야 한다(그림 2.24). 사용자가 많은 서비스일수록 실제 환경과 비슷하게 구성해 부하 시험을 실시한다.

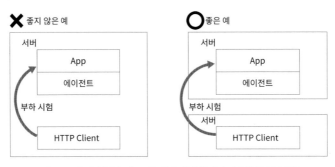

그림 2.24 올바른 부하 테스트를 위해 실제 환경과 비슷한 구성이 필요

모니터링하는 에이전트도 부하 테스트 대상 서버에 설치되면 자원을 사용하므로 정확한 부하 테스트를 할 수 없을 것 같지만, 대부분은 같은 서버에 설치하여 부하 테스트를 진행한다. 이는 **부하 테스트 환경이 실제 환경과 유사해야 하기 때문**이다. 만약 부하 테스트 환경과 실제 환경이 다르면 부하 테스트 시 견딜 수 있는 HTTP 요청이 실제 환경에서는 견딜 수 없는 상황이 발생할 수 있다.

부하 테스트 결과를 바탕으로 실제 웹 서비스를 제공하는 환경에 배포한다. 실제 환경에서 모니터링 에이전트를 실행하면 실시간 또는 정기적으로 모니터링 결과를 수집할 수 있다. 또한 부하 테스트를 실시할 때 RFC 2544[23]를 참고하는 것도 좋은 방법이다. RFC 2544는 네트워크 장비에 대한 부하 시험 시의 방법론에 관한 내용이지만, 웹 서버를 운영할 때도 유용하게 참고할 수 있다.

▌ 모니터링 해상도[24]

메트릭은 자원 상태를 확인하고 저장한 값이다. 그래프를 작성하려면 **일정한 간격**으로 메트릭을 수집해야 한다.

예를 들어 1분마다 메트릭을 수집한다면 5분간 고부하 상태가 지속된 경우 최대 5번 메트릭이 수집되어 고부하 상태를 기록할 수 있다. 하지만 30초 동안 고부하 상태가 계속된다면 어떨까? 메트릭 수집 간격에 그 30초가 포함된다면 고부하 상태를 확인할 수 없다. 이는 부하가 증가하는 경우 **해상도가 낮거나 부족한 상태**라고 할 수 있다. 웹 서비스 메트릭을 수집할 때는 가능하다면 실시간으로 높은 해상도를 유지해 **숨겨진 이상을 발견**할 수 있게 해야 한다.

요청을 전송하고 응답을 받는 데 1초 이내로 처리되는 환경이거나 가끔 요청이 발생하는 환경에서는 처리 정보를 수집하기 어렵다. 메트릭 수집 간격을 높이면 처리하는 메트릭의 양이 줄어든다. 그러나 프로

---

23 역주: Benchmarking Methodology for Network Interconnect Devices
 https://www.rfc-editor.org/rfc/rfc2544
24 (옮긴이) 모니터링 해상도란 모니터링 도구가 수집하는 데이터의 정밀도와 빈도를 의미한다.

메테우스와 같은 모니터링 도구의 CPU 부하가 증가하거나 디스크 사용량이 크게 증가하기 때문에 적절한 간격을 찾는 것이 중요하다. 예를 들어, ISUCON 벤치마커와 같이 1분간의 부하 테스트를 실시하는 경우 몇 초 단위의 짧은 간격으로 메트릭을 수집해야 하며, 웹 서비스와 같이 운영 중인 서비스에 대해서는 더 긴 간격으로 정보를 수집하게 조정해야 한다.

응용 프로그램 모니터링

여기서는 CPU 사용률을 예로 들어 소개했지만, OS에서 동작하는 웹 응용 프로그램 내부도 모니터링해야 한다. 응용 프로그램이 의도한 대로 작동하는지 확인해 의도하지 않은 에러나 성능 저하를 방지할 수 있다.

응용 프로그램 내부에서 자원을 사용하는 방법을 조사하는 도구를 **프로파일러**라고 하고 조사하는 과정을 **프로파일링**이라고 한다. 프로그래밍 언어와 관계없이 다양한 도구가 제공된다. 그중 어떤 소스 코드의 어떤 줄에서 얼마나 시간이 걸렸는지를 시각화하는 도구를 라인 프로파일러라고 한다. 웹 응용 프로그램의 프로세스에서 CPU 사용률이 증가하는 경우 라인 프로파일러를 사용해 CPU 사용률이 높은 함수를 확인할 수 있다. FlameGraphs[25]는 라인 프로파일러로 각 함수에서의 CPU 사용 시간을 계층적으로 시각화하는 도구로 많이 사용된다.

		DB_New Conn	DB_SELECT	...
render	...	DB_Get User		...
handle_Get Index		handle_Get User		...

그림 2.25 FlameGraphs의 예

최근에는 **마이크로 서비스**(microservices) 구조가 많이 사용된다. 이 구조는 1개의 대형 웹 응용 프로그램[26] 대신 각 웹 서비스 기능마다 작은(마이크로) 웹 응용 프로그램을 만들고 다수의 웹 응용 프로그램으로 1개의 웹 서비스를 제공한다. 이 경우, 1개의 요청을 처리하는 데 다수의 웹 응용 프로그램이 개입하므로 1개의 웹 응용 프로그램에서 동작하는 라인 프로파일러만으로는 1개의 요청에 사용된 자원을 확인할 수 없다.

이 문제를 해결하기 위해 **분산 추적**(Distributed Tracing)이라는 기술이 제안됐다. 프로그래밍 언어, OSS, 클라우드 벤더 등에서 많은 솔루션이 제공되고 있으며, AWS에서는 분산 추적을 위해 AWS X-Ray을 제공한다. Perl 응용 프로그램에서 AWS X-Ray을 사용한 사례가 공개돼 있으니 자세한 내용은 'WEB+DB PRESS Vol.111 Perl Hackers Hub'를 참조한다[27]. 분산 추적은 로깅(Logging), 메트릭을 중요 요소로 하는 모니터링 개념인 **관측 가능성**(observability)에 포함된다.

---

25 https://www.brendangregg.com/flamegraphs.html
26 마이크로 서비스(microservices)와 비교해 모놀리식(monolithic)이라고 한다.
27 https://gihyo.jp/dev/serial/01/perl-hackers-hub/005601(일본어 사이트이므로 구글 번역 등을 사용해 내용을 확인할 수 있다)

로그 모니터링

지금까지 서버 상태의 메트릭을 모니터링하는 방법을 설명했는데, 웹 서비스에 대해서도 모니터링할 수 있다. 그중 하나인 로그 모니터링은 웹 응용 프로그램이나 미들웨어에서 출력하는 로그를 실시간으로 모니터링하고 그 결과를 기반으로 처리한다.

예를 들면 nginx나 Apache HTTP Server와 같은 웹 서버에서 출력하는 액세스 로그 등이 있다. 액세스 로그는 보통 1 액세스당 1행의 로그를 출력한다. Combined Log Format으로 기록된 액세스 로그는 다음과 같은 형식을 갖는다(리스트 2.2).

리스트 2.2 Combined Log Format의 액세스 로그 예

```
192.0.2.1 - - [01/Jan/20XX:01:00:00 +0900] "GET / HTTP/1.1" 200 4 "" "Mozilla/5.0 (Windows NT
6.1) AppleWebKit/535.1 (KHTML, like Gecko) Chrome/13.0.782.112 Safari/535.1"
192.0.2.1 - - [01/Jan/20XX:01:01:00 +0900] "GET / HTTP/1.1" 200 4 "" "Mozilla/5.0 (Windows NT
6.1) AppleWebKit/535.1 (KHTML, like Gecko) Chrome/13.0.782.112 Safari/535.1"
192.0.2.1 - - [01/Jan/20XX:01:01:00 +0900] "GET / HTTP/1.1" 200 4 "" "Mozilla/5.0 (Windows NT
6.1) AppleWebKit/535.1 (KHTML, like Gecko) Chrome/13.0.782.112 Safari/535.1"
```

1 액세스당 1행의 로그를 출력하기 때문에 일정 시간마다 행 수를 세어 특정 시간대에 발생한 액세스 수를 파악할 수 있다. 예를 들어, 리스트 2.2에서는 01:00에 1번, 01:01에 2번 액세스가 발생했음을 알 수 있다. 이러한 결과를 집계한 후 모니터링 도구에 기록해 시간당 액세스 수의 변화를 모니터링할 수 있다.

로그를 집계하고 프로메테우스에 전송하는 도구로 mtail[28]이 있다. 이 도구는 로그 파일을 감시하고 특정 패턴이 일치하면 프로메테우스에 해당 행 수 등을 기록한다. HTTP 액세스 로그에 적용하면 요청 수와 지연 시간을 집계해 시각화할 수 있다. 또한 Mackerel이라는 도구는 mackerel-plugin-axslog[29] 플러그인을 제공하여 액세스 로그가 아닌 웹 서버에서 제공하는 통계 정보로 시각화 처리를 할 수 있다[30].

---

[28] https://github.com/google/mtail
[29] https://github.com/kazeburo/mackerel-plugin-axslog
[30] https://prometheus.io/docs/instrumenting/exporters/#http

성능 튜닝 관점에서는 각 요청의 지연 시간을 액세스 로그에 기록해 어떤 엔드포인트가 느린지 시각화해서 고속화가 필요한 엔드포인트를 즉시 파악할 수 있다. 실제 시각화 예에 대해서는 3장에서 설명한다. 또한 로그의 시작 부분에 표시되는 에러의 심각도에 따라 알람을 발생시킬 수도 있다.

리스트 2.3 에러 로그에 표시된 심각도

```
[INFO] AAA
[WARN] BBB
[ERROR] EEE!!!
```

에러 로그를 구조적으로 모니터링하면, 발생 빈도에 따라 대응할 수 있는 규칙을 구현할 수 있다. 예를 들어 ERROR는 즉각적으로 대응하고 WARN은 1분에 10건 이상 발생할 경우 대응한다는 규칙을 만들 수 있다. 이러한 모니터링 규칙은 시스템 안정성을 유지하는 데 중요한 역할을 한다.

2-10 | 정리

이 장에서는 다음 내용을 설명했다.

- 모니터링이란 무엇이며 그 의의는 무엇인가

- 모니터링 종류

- 실제 모니터링 방법

- 모니터링 시 주의점

3장에서는 모니터링을 기반으로 한 부하 테스트 방법을 설명한다. 다양한 테스트를 지속해 실시하고 모니터링 대상 및 참조할 메트릭을 변경해 본다.

Chapter

3

부하 테스트의
기초

이 장에서는 웹 서비스의 성능을 개선하기 위해 부하 테스트를 실시하는 방법을 소개한다. 부하 테스트를 통해 성능 문제를 파악하고 해당 문제를 수정한 후 성능 개선 여부를 확인한다. 이를 위해 벤치마커(benchmark)라는 도구를 사용하여 웹 서비스의 성능을 수치화한다.

벤치마커는 웹 서비스에 대해 기계적으로 많은 수의 요청을 보내 부하를 가하고 응답 시간 등의 결과를 수치로 출력하는 도구다. 성능 튜닝 후에도 벤치마커를 다시 실행해 수치가 개선됐는지 확인함으로써 성능 향상을 평가할 수 있다. 수치화하지 않은 상태에서는 변경해도 효과를 확인할 수 없다. 따라서 측정할 수 있는 수치를 사용해 평가해야만 확실하게 성능을 개선할 수 있다.

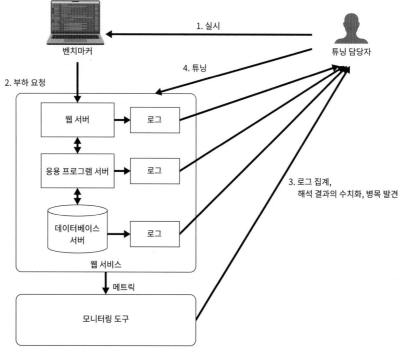

그림 3.1 성능 튜닝 절차

3-1 | private-isu

이제 웹 서비스의 성능 튜닝 및 부하 테스트 방법을 설명한다. 우선 대상이 되는 웹 서비스에 대해 설명한다.

- https://github.com/catatsuy/private-isu

이 웹 서비스는 이 책의 6장부터 8장을 집필한 가네코 타츠야(catatsuy)가 중심이 돼 2016년 픽시브 주식회사에서 개최한 내부 ISUCON을 위해 만들어진 것으로, 일반에 공개돼 있다[1]. 2021년 내용을 수정한 후 PR TIMES 주식회사 사내 ISUCON에서 사용했다[2]. 이 리포지토리(repository)에는 Go, Ruby, PHP 언어로 만들어진 웹 응용 프로그램과 Go를 사용한 벤치마커가 포함돼 있다. 이 책에서는 성능 튜닝을 실시할 대상인 웹 응용 프로그램으로 Go와 Ruby로 구현된 private-isu를 사용한다.

private-isu 사양 및 운영 환경

private-isu는 Iscogram이라는 이미지 게시 사이트로, 사용자 등록 및 로그인 기능을 제공하며 로그인한 사용자는 이미지를 게시하거나 댓글을 작성할 수 있다. 이 웹 서비스를 구현하기 위해서는 언어별 웹 응용 프로그램뿐만 아니라 OS 및 미들웨어가 필요하다.

- OS는 Ubuntu Linux(20.02LTS)
- 데이터를 저장하는 RDBMS로 MySQL
- 세션 관리 스토리지로 memcached
- 웹 서버 겸 리버스 프락시로 nginx

직접 private-isu를 동작

private-isu을 실행하기 위한 방법으로 다음과 같은 3가지가 있다.

---

1 https://devpixiv.hatenablog.com/entry/2016/05/18/115206
2 https://developers.prtimes.jp/2021/06/04/times-isucon-1/

1. Amazon Elastic Compute Cloud(EC2)에서 이미지를 사용해 인스턴스를 시작하는 방법

2. Docker를 사용해 실행하는 방법

3. Vagrant를 사용해 실행하는 방법

여기서는 EC2와 Docker에서 동작하는 방법을 설명한다.

이 장에서는 EC2와 Docker에서 동작하는 방법에 대해 설명하며, 이후에는 EC2에서 private-isu를 실행한다는 전제로 설명한다. 로컬 머신에서 Docker나 Vagrant를 사용하는 경우 나른 응용 프로_1램 동작이나 머신의 사용 상황에 따라 성능에 영향을 받을 수 있으므로 이후의 성능 튜닝 결과를 판단하기 어려울 수 있기 때문이다.

▌Amazon EC2에서 private-isu 시작

AWS 리전 'Asia Pacific ap-northeast-1(도쿄)'에서 README(https://github.com/catatsuy/ private-isu#ami)에 기재된 AMI[3] ID를 사용해 인스턴스를 시작한다. 시작할 인스턴스 종류는 c5.large로 CPU 2코어를 선택한다. 버스트 성능(T 시리즈)을 가진 인스턴스는 부하 테스트 실행 중에 안정적인 성능을 발휘하지 못할 수도 있어서 권장하지 않는다.

네트워크 설정에서 Public IP 사용 가능으로 설정하고 보안 그룹의 TCP/80 연결을 허용해 HTTP로 액세스할 수 있게 한다. 보안상 문제가 발생할 수 있으므로 접속원을 0.0.0.0/0으로 설정하지 말고 회사나 집 등 특정 IP 주소에서만 액세스하게 해야 한다. 불필요한 액세스가 발생하면 의도하지 않은 성능 변동의 원인이 될 수 있다. 또한, 부하 테스트 중에는 벤치마커 이외의 액세스가 발생하지 않도록 주의해야 한다.

EC2 인스턴스에서 응용 프로그램, 미들웨어, OS를 조작하려면 원격 로그인이 필요하다. EC2 인스턴스 프로파일에 IAM 정책 'AmazonEC2RoleforSSM'을 부여해 AWS Systems Manager(SSM)를 통해 콘솔 로그인을 할 수 있다. SSH 연결을 외부에서 접근하게 허용하지 않아도 되기 때문에 이 방법을 권장한다.

SSM을 사용하지 않는다면 외부에서 TCP/22 연결을 허용한 후 SSH를 통해 연결해야 한다. 이 경우 특정 IP 주소만 연결할 수 있게 설정해야 한다. 초기 SSH 설정은 공개 키 인증만 허용하기 때문에 외부에서 불법적으로 접근해도 공격이 성공할 가능성이 거의 없다. 단, 패스워드 인증을 사용한다면 불법적인 접근 가능성이 높아지므로 특정 IP 주소에서만 연결하도록 설정해야 한다.

---

3 AMI: Amazon Machine Image

EC2 인스턴스가 시작되면 해당 인스턴스의 '퍼블릭 IPv4 주소'를 통해 웹 사이트에 접속할 수 있다. 만약 퍼블릭 IPv4 주소가 203.0.113.1이라면 http://203.0.113.1/로 접속할 수 있다. 정상적으로 설정이 완료됐다면 Iscogram 사이트가 표시된다.

▮ Docker에서 private-isu 시작

Docker[4]나 Docker Compose[5]를 사용해 private-isu 웹 서비스를 시작할 수 있다. private-isu 의 Git 리포지토리를 클론(clone)하고 그 안의 webapp 디렉터리로 이동해 `docker compose up` 명령을 실행하면 쉽게 시작할 수 있다. 윈도우나 맥OS 용 Docker Desktop을 사용하는 경우 Docker Compose가 이미 포함돼 있기 때문에 별도로 설치할 필요가 없다. 리눅스를 사용한다면 Docker Compose V2[6] 지침에 따라 설치한다.

MySQL 데이터베이스의 초기 데이터는 리포지토리에 없으므로 실행 전에 데이터 파일을 GitHub 릴리스에서 내려받아 webapp/sql 디렉터리에 저장해야 한다. 이후 `docker compose up` 명령을 실행하면 MySQL로 초기 데이터를 읽어 들이는 프로세스가 자동으로 실행된다. 초기 데이터 크기가 1GB 이상이므로 읽어 들이는 작업이 완료될 때까지 몇 분간 기다려야 한다.

```
$ cd webapp/sql
$ curl -L -O https://github.com/catatsuy/private-isu/releases/download/img/dump.sql.bz2
$ bunzip2 dump.sql.bz2

$ cd ..
$ docker compose up
(생략)
mysql_1    | [Entrypoint] running /docker-entrypoint-initdb.d/dump.sql   #<- 초기 데이터 가져오기
(생략)
mysql_1    | 2023-02-19T11:58:14.825638Z 0 [System] [MY-010931] [Server] /usr/sbin/mysqld: ready fo
r connections. Version: '8.0.32'  socket: '/var/lib/mysql/mysql.sock'  port: 3306 MySQL Community Se
rver - GPL.
```

그림 3.2 Mysql로 초기 데이터 가져오기

실행이 완료되면 호스트에서 브라우저를 열어 Iscogram의 메인 페이지를 확인할 수 있다. 초기 상태에서는 Ruby 구현이 실행된다.

Docker Compose 환경에서는 TCP/80과 TCP/3306을 호스트에 대응하도록 구성돼 있다. 만약 호스트에서 이미 포트 80과 3306을 사용하는 다른 프로세스가 실행 중이라면 실행할 수 없으므로 해당 프

---

4 https://www.docker.com/
5 https://docs.docker.com/compose/
6 https://github.com/docker/compose

로세스를 일시적으로 중지하거나 docker-compose.yml을 수정해 대응할 포트를 변경해야 한다. 포트를 변경하려면 docker-compose.yml 파일 내의 services 항목에서 nginx와 mysql에서 정의한 ports를 변경한다(리스트 3.1).

리스트 3.1 리포지토리에서 제공하는 docker-compose.yml

```
services:
nginx:
    #생략
    ports:
      - "80:80"
mysql:
    #생략
    ports:
      - "3306:3306"
```

호스트의 포트 80과 3306을 각각 8080과 13306으로 변경하려면 리스트 3.2처럼 변경하면 된다.

리스트 3.2 nignx 및 mysql 포트를 변경한 예

```
services:
  nginx:
    #생략
    ports:
      - "8080:80"  #  nginx가 열고 있는 포트를 8080으로 변경
  mysql:
    #생략
    ports:
      - "13306:3306" # mysql 이 열고 있는 포트를 13306으로 변경
```

▌private-isu 실행

private-isu 웹 서비스를 실행했다면 웹 브라우저에서 접속해 본다.

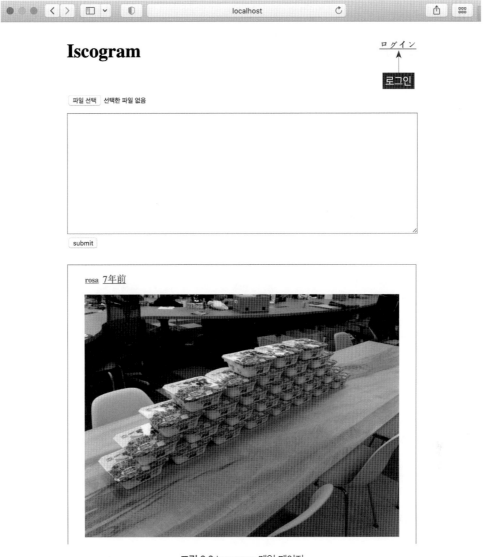

그림 3.3 Iscogram 메인 페이지

오른쪽 상단의 [ログイン](로그인) 버튼을 클릭해 [ユーザー登録](사용자 등록) 페이지로 이동한 후 계정 이름과 비밀번호를 입력해 등록한다(그림 3.3, 그림 3.4). 등록이 완료되면 로그인한 상태가 되며 이 상태에서 댓글을 추가해 본다(그림 3.5).

그림 3.4 사용자 등록

그림 3.5 사진 등록

브라우저에서 시작된 HTTP 요청의 흐름은 다음과 같다(인라인 사진, CSS, JavaScript 요청은 제외).

1	GET /	메인 페이지 표시
2	GET /login	로그인 화면 표시
3	GET /register	사용자 등록 화면 표시
4	POST /register	사용자 등록(HTTP 리디렉션으로 인해 메인 페이지로 전환)
5	GET /	메인 페이지 표시
6	POST /	사진 등록(이후 HTTP 리디렉션으로 등록된 사진 페이지로 전환)
7	GET /posts/{post_id}	등록된 사진 페이지 표시

이와 같은 HTTP 요청을 벤치마커를 사용해 사람이 아닌 기계적으로 부하를 가하면서 웹 서비스의 성능을 계측할 수 있다.

브라우저에서 조작할 때 체감 속도는 어땠는지는 수치화하기는 어렵다. 제공되는 웹 서비스의 초기 상태는 튜닝이 되어 있지 않으므로 성능이 낮은 상태로 부하 테스트를 실행해 현재 성능을 수치화해 본다.

3-2 부하 테스트 준비

여기서는 웹 서비스에 부하를 주기 위해 기계적으로 요청을 전송하고 이를 통해 얻은 성능 지표를 수치화하는 방법을 설명한다. 이때 수치화되는 성능 지표는 웹 서비스가 요청받아 응답을 반환하기까지 걸린 시간(지연 시간)이나 일정한 시간 내에 처리할 수 있는 요청의 수(처리량)다.

이러한 값을 구하려면 벤치마커에서 계측하는 방법과 부하를 받는 웹 서비스에서 계측하는 방법이 있다. 벤치마커에 내장된 기능으로 계측하는 방법은 간단하지만 실제 운영 중에는 벤치마커로 부하를 지속해서 주지 않기 때문에 운영 중 성능을 계측할 수 없다는 단점이 있다. 또한 벤치마커로 생성된 트래픽은 실제 사용자의 액세스로 인해 발생하는 트래픽과 다를 수 있기 때문에 정확한 성능 측정이 어려울 수 있다. 반면 웹 서비스에서 성능을 계측하는 방법은 부하 테스트 중뿐만 아니라 실제 운영 중에도 측정이 가능하며, 계측한 수치를 그래프화해 지속적으로 성능 상태를 모니터링할 수 있다.

실행 중인 응용 프로그램을 변경했을 때 언제부터 성능이 변경되는지 모니터링할 수 있다면 잘못된 변경으로 인해 성능이 저하되기 전에 대응할 수 있다. 이는 문제를 빨리 파악하여 웹 서비스를 안정적으로 운영하는 데 도움이 된다. 따라서 부하 테스트 중에는 웹 서비스가 운영 중인 서버에서 웹 서비스의 성능을 계측해야 한다.

여기서는 먼저 웹 서비스에서 출력한 로그를 사용해 성능을 계측하는 방법을 설명하고, 그 후 벤치마커로 부하를 주어 벤치마커에서 계측한 값과 웹 서비스에서 계측한 값을 비교하는 방법을 설명한다. 만약 웹 서비스와 벤치마커에서 각각 측정한 성능 값이 일치한다면 부하 테스트 중에 간단하게 얻을 수 있는 벤치마커 출력값을 신뢰할 수 있다.

▌ 부하 테스트 환경 준비

private-isu는 여러 가지 방법으로 실행할 수 있지만, 이번에는 Amazon EC2에서 실행하는 방법을 사용한다. 벤치마커를 실행하는 호스트는 웹 서비스를 실행하는 호스트와는 별도의 호스트여야 하지만, 이번 성능 튜닝에서는 웹 서비스를 실행하는 호스트에서 간단한 부하 테스트를 실행한다.

이 장의 범위에서 실시하는 성능 튜닝에는 요청 수가 적기 때문에 부하 테스트를 실행할 때 발생하는 부하(소비하는 CPU 시간이나 네트워크 대역)가 웹 서비스의 자원에 거의 영향을 주지 않아서 측정 결과에도 큰 영향이 없다.

하지만 이 장의 범위를 넘어서 튜닝하면(구체적인 튜닝의 예는 부록 A를 참조) 웹 서비스는 더 낮은 부하에서 대량의 응답을 빠르게 반환할 수 있게 된다. 이에 따라 벤치마커가 보다 많은 요청을 송수신하게 되면서 사용하는 자원량이 증가한다. 벤치마커가 웹 서비스의 자원을 너무 많이 사용하게 되면 실제 성능을 정확하게 계측할 수 없게 되므로 벤치마커와 웹 서비스를 별도의 호스트에서 실행해야 한다.

▌ nginx의 액세스 로그 집계

웹 서비스의 성능을 계측하기 위한 지표는 여러 가지가 있는데, 각 URL의 지연 시간(응답 시간)을 집계하여 수치화하는 것이 일반적이다. 웹 서버의 액세스 로그에는 액세스한 URL과 요청을 받은 후 응답을 반환하기까지 경과한 시간이 기록되어 있다.

private-isu에서 사용하는 웹 서버는 nginx로, 초기 액세스 로그 형식은 combined로 정의돼 있다(리스트 3.3).

리스트 3.3 nginx combined 액세스 로그 형식

```
log_format compression '$remote_addr - $remote_user [$time_local] '
                       '"$request" $status $bytes_sent '
                       '"$http_referer" "$http_user_agent"'
```

$로 시작하는 변수는 nginx에서 사용할 수 있는 변수로, 처리한 요청 및 응답의 내용에 따라 값을 출력한다. 변수의 의미는 다음과 같다.

표 3.1 nginx에서 사용하는 변수

변수 이름	의미
$remote_addr	요청의 출발지 IP 주소
$remote_user	HTTP로 인증한 사용자 이름
$time_local	요청 처리 완료 시간
$request	요청의 HTTP 메소드, 경로, HTTP 버전
$status	응답으로 반환된 HTTP 상태 코드
$body_bytes_sent	응답으로 반환된 HTTP 응답 본문의 바이트 수
$http_referer	요청에 포함된 Referer 헤더 값
$http_user_agent	요청에 포함된 User-Agent 헤더 값

이러한 형식에 의해 출력되는 실제 액세스 로그는 다음과 같다.

```
172.18.0.1 - - [25/Jul/2021:05:04:47 +0000] "GET / HTTP/1.1" 200 34184 "-" "curl/7.77.0"
```

일반적으로 combined 형식은 웹 서버가 출력하는 로그 형식이다. 하지만 여러 값이 큰따옴표 묶여 있거나 큰따옴표로 묶인 값 안에 공백이 들어가는 등 자동화로 값을 집계해 처리하기에는 다소 번거롭다. 또한 요청을 처리하는 데 걸린 시간(응답 시간)이 포함돼 있지 않기 때문에 응답 시간을 파악할 수 없다. 따라서 응답 시간을 로그에 포함하고 처리하기 쉬운 JSON 형식으로 출력하도록 nginx 설정을 수정한다.

▌액세스 로그를 JSON 형식으로 출력

nginx 설정 파일에서 log_format 지시문으로 JSON 형식의 출력 형식을 정의하고, access_log 지시문으로 해당 형식을 지정하여 로그를 출력할 수 있다.

출력 형식에 escape=json을 지정하면 JSON 문자열로 허용되지 않는 문자(큰따옴표나 백슬래시 등)가 포함돼 있어도 이스케이프(escape) 처리해 올바른 형식으로 출력된다(리스트 3.4).

리스트 3.4 nginx에서 JSON 형식의 액세스 로그를 출력하는 구성 예

```
log_format json escape=json '{"time":"$time_iso8601",'
                            '"host":"$remote_addr",'
                            '"port":$remote_port,'
                            '"method":"$request_method",'
                            '"uri":"$request_uri",'
                            '"status":"$status",'
                            '"body_bytes":$body_bytes_sent,'
                            '"referer":"$http_referer",'
                            '"ua":"$http_user_agent",'
                            '"request_time":"$request_time",'
                            '"response_time":"$upstream_response_time"}';

access_log /var/log/nginx/access.log json;
```

EC2 인스턴스에서의 설정 파일 위치는 /etc/nginx/nginx.conf다. Docker에서 실행하는 경우 리포지토리의 webapp/etc/nginx/conf.d/default.conf 파일 내용 중 시작 부분(server { 앞)에 log_format을 작성하고 server { 안에 access_log를 작성한다. 이 예에는 기본 combined 형식에 없는 변수가 있다. 각 변수의 의미는 다음과 같다.

표 3.2 사용 가능한 변수

변수 이름	의미
$time_iso8601	요청 종료 시간(ISO 8601 형식 예: 2021-01-02T15:04:05+09:00)
$remote_port	요청 출발지 포트 번호
$request_method	요청 HTTP 메소드
$request_uri	요청 URI
$request_time	요청을 처리하는 데 걸린 시간(초)
$upstream_response_time	리버스 프락시로 작동하는 경우 프락시 대상에서 응답을 얻는 데 걸리는 시간(초)

이 예제에서는 $request_time 및 $upstream_response_time 값을 사용하여 웹 서비스의 지연 시간을 출력한다(그림 3.6).

- $request_time: nginx가 클라이언트의 요청을 받은 후 응답을 반환하기까지 걸린 시간

- $upstream_response_time: nginx가 웹 애플리케이션에 대한 리버스 프락시로 작동하는 경우 웹 애플리케이션이 요청을 처리하고 nginx에 응답을 반환하는 데 걸린 시간

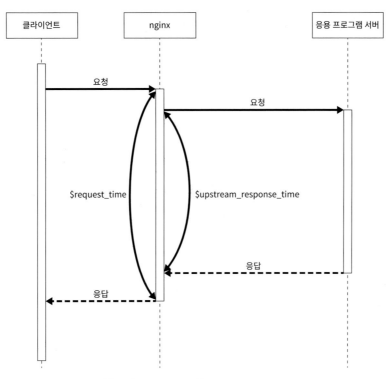

그림 3.6 $request_time과 $upstream_response_time

클라이언트에서 nginx까지의 네트워크가 충분히 낮은 지연 시간과 넓은 대역폭을 가지고 있다면 $request_time과 $upstream_response_time의 값은 거의 동일하다. 그러나 클라이언트 측 회선이나 네트워크에 문제가 있다면 차이가 생길 수 있다. 이러한 이유로 두 값을 모두 기록하는 것이 유용하다. 또한, 성능 튜닝을 위해서도 두 값의 차이를 분석하는 것이 중요하다.

Docker에서 실행하는 경우, 로그 파일의 위치는 컨테이너의 /var/log/nginx/access.log다. 하지만 이 위치에서 로그를 집계하는 것은 어렵기 때문에 docker-compose.yml 파일의 volumes 설정에 추가하여 로그 디렉터리를 호스트 측에 마운트할 수 있다(리스트 3.5). 그러나 Docker Desktop for Mac의 경우 호스트 측에 로그를 마운트하면 성능이 크게 저하될 수 있다.

리스트 3.5 컨테이너 내의 /var/log/nginx를 호스트 측에 마운트하는 docker-compose.yml의 설정 예

```
services:
  nginx:
    image: nginx:1.20
    volumes:
      - ./etc/nginx/conf.d:/etc/nginx/conf.d
```

```
    - ./public:/public
    - ./logs/nginx:/var/log/nginx # <- 이 설정을 추가
```

nginx 설정 변경 시에는 문법 오류가 없는지 검증한 후에 변경 내용을 적용하기 위해 재시작해야 한다. root 사용자 권한으로 `nginx -t` 명령을 실행하면 nginx는 설정 파일을 해석하고 문법 오류가 없으면 명령이 정상적으로 종료된다. 'test failed'라는 메시지가 표시된다면 해당 메시지에 따라 설정을 수정해야 한다.

```
# nginx -t
nginx: the configuration file /etc/nginx/nginx.conf syntax is ok
nginx: configuration file /etc/nginx/nginx.conf test is successful
```

그림 3.7 nginx -t 명령이 성공적으로 종료된 실행 예

nginx의 설정을 변경한 후에는 변경 사항을 적용하기 위해 nginx를 재시작하거나 다시 로드해야 한다. EC2에서 실행 중이라면 root 사용자로 `systemctl reload nginx` 명령어를 실행한다. Docker를 사용하고 있다면 `docker-compose down` 명령어로 일시 중지한 후, `docker-compose up` 명령어로 다시 시작한다. 이제 nginx 액세스 로그에서 응답 시간을 포함한 JSON 형식으로 출력할 수 있다.

▎JSON 형식의 액세스 로그 집계

JSON 형식의 액세스 로그를 집계하는 방법에 대해 설명한다. 직접 스크립트를 작성하거나 jq 명령[7] 등을 사용할 수 있지만, 여기서는 alp[8]라는 도구를 소개한다.

alp는 JSON 형식 및 LTSV 형식[9]으로 저장된 액세스 로그를 해석하는 도구이며 Go 언어로 구현되어 있어 GitHub에서 제공하는 단일 바이너리 파일을 내려받아 간편하게 사용할 수 있다. 액세스 로그를 URI 및 요청 메소드별로 집계해 다음과 같은 내용을 간편한 표 형식으로 출력하므로 집계 값을 쉽게 파악할 수 있다.

- 상태 코드별 응답 횟수

- 응답 시간의 최소, 최대, 평균, 총합, 백분위 값

- 반환된 응답 크기(바이트)의 최소, 최대, 평균, 총합

---

7 https://stedolan.github.io/jq/
8 https://github.com/tkuchiki/alp
9 http://ltsv.org/

alp를 사용하여 액세스 로그를 처리하면 웹 서비스에서 가장 많이 액세스하는 URI, 처리하는 데 시간이 오래 걸리는 URI, 반환 크기가 큰 URI 등을 쉽게 파악할 수 있다. '벤치마커로 부하를 줘 로그를 집계하고, 처리하는 데 시간이 많이 소요되는 곳을 개선하는 작업을 수행한 후 다시 로그를 집계한다'라는 과정을 반복해 웹 서비스의 성능을 개선할 수 있다.

실제 운영 중인 로그 해석

alp는 짧은 기간의(최대 수십만 줄) 액세스 로그 해석에는 유용하지만, 장기간 로그를 지속해 분석하기에는 적합하지 않다. 이는 alp의 구조상 하나의 큰 로그 파일을 해석해 텍스트로 결과를 표시하는 제약 때문이다. 즉, ISUCON 대회나 성능 튜닝을 설명하는 이 책의 목적에는 부합하지만, 실제 운영 중인 서비스의 로그를 지속해 해석하기에는 적합하지 않다.

실제 운영 환경에서는 여러 대의 웹 서버가 가용성을 위해 실행될 수 있으며 개별적으로 로그를 생성한다. 따라서 이러한 다수의 로그를 하나의 공통된 위치에 집계하여 해석하는 것이 중요하다. 로그의 지속적인 집계 및 해석 방법은 다양하며 Fluentd[10]와 같은 오픈소스 솔루션 또는 클라우드 서비스 에이전트를 활용하여 로그를 클라우드에 집계하고 데이터 웨어하우스인 BigQuery[11]나 Amazon Redshift[12]와 같은 곳에서 해석하거나 Elasticsearch[13]와 같은 검색/분석 엔진을 사용해 해석하는 방법이 일반적이다. 하지만 이러한 방법들은 이 책의 범위를 벗어나므로 자세한 내용은 생략한다.

alp를 설치하는 방법

Github의 릴리스 페이지(https://github.com/tkuchiki/alp/releases)에서 환경에 맞는 파일을 내려받아 PATH를 통해 추가한다. 맥OS나 리눅스에서 homebrew를 사용한다면 `brew install alp` 명령으로 설치할 수 있다.

alp를 사용한 로그 해석 방법

alp로 JSON 형식의 로그를 해석하려면 `alp json` 명령으로 표준 입력에서 JSON 형식의 로그를 제공하거나 `--file` 옵션으로 파일 이름을 지정한다.

---

10 https://www.fluentd.org/
11 https://cloud.google.com/bigquery?hl=ko
12 https://aws.amazon.com/ko/redshift/
13 https://www.elastic.co/kr/elasticsearch/

```
$ cat access.log | alp json
$ alp json --file access.log
```

그림 3.8 alp 명령 사용 예

아무 옵션을 지정하지 않으면 `alp`는 기본적으로 다음 JSON 키 값을 집계에 사용한다(표 3.3).

표 3.3 집계에 사용하는 JSON 키 값

키 이름	설명
`method`	요청 HTTP method
`uri`	요청 URI
`status`	응답 HTTP Status Code
`body`	응답 크기(bytes)
`response_time`	응답 시간

로그의 각 행에는 표 3.3의 키 이름이 있어야 `alp`가 집계할 수 있다. 다른 이름으로 저장된 경우에는 `--(기본 키 이름)-key=(로그에 기록된 키 이름)` 옵션을 사용해 `alp`에서 해석할 수 있다. 예를 들어 응답 크기를 나타내는 키가 `body_bytes` 대신 `size`로 기록된 경우, `--body-bytes-key=size`를 사용할 수 있다.

```
+-------+-----+-----+-----+-----+-----+--------+-----------------------+-------+-------+-------+-------+-------+-------+-------+--------+--------
-----+-------------+-------------+-------------+
| COUNT | 1XX | 2XX | 3XX | 4XX | 5XX | METHOD |          URI          |  MIN  |  MAX  |  SUM  |  AVG  |  P90  |  P95  |  P99  | STDDEV | MIN(BO
DY) |  MAX(BODY)  |  SUM(BODY)  |  AVG(BODY)  |
+-------+-----+-----+-----+-----+-----+--------+-----------------------+-------+-------+-------+-------+-------+-------+-------+--------+--------
-----+-------------+-------------+-------------+
| 1     | 0   | 1   | 0   | 0   | 0   | GET    | /posts/10001          | 0.193 | 0.193 | 0.193 | 0.193 | 0.193 | 0.193 | 0.193 | 0.000  | 1568.00
0   | 1568.000    | 1568.000    | 1568.000    |
| 1     | 0   | 1   | 0   | 0   | 0   | GET    | /login                | 0.008 | 0.008 | 0.008 | 0.008 | 0.008 | 0.008 | 0.008 | 0.000  | 1111.00
0   | 1111.000    | 1111.000    | 1111.000    |
| 2     | 0   | 0   | 2   | 0   | 0   | GET    | /css/style.css        | 0.005 | 0.039 | 0.044 | 0.022 | 0.039 | 0.039 | 0.039 | 0.017  | 0.000
    | 0.000       | 0.000       | 0.000       |
| 2     | 0   | 0   | 2   | 0   | 0   | GET    | /js/main.js           | 0.010 | 0.042 | 0.052 | 0.026 | 0.042 | 0.042 | 0.042 | 0.016  | 0.000
    | 0.000       | 0.000       | 0.000       |
| 2     | 0   | 0   | 2   | 0   | 0   | GET    | /js/timeago.min.js    | 0.006 | 0.042 | 0.048 | 0.024 | 0.042 | 0.042 | 0.042 | 0.018  | 0.000
    | 0.000       | 0.000       | 0.000       |
| 2     | 0   | 2   | 0   | 0   | 0   | GET    | /                     | 1.675 | 1.752 | 3.427 | 1.714 | 1.752 | 1.752 | 1.752 | 0.038  | 34930.0
00  | 34930.000   | 69860.000   | 34930.000   |
| 2     | 0   | 2   | 0   | 0   | 0   | GET    | /image/10000.png      | 0.100 | 0.129 | 0.229 | 0.115 | 0.129 | 0.129 | 0.129 | 0.014  | 1056749
.000 | 1056749.000 | 2113498.000 | 1056749.000 |
| 2     | 0   | 0   | 2   | 0   | 0   | GET    | /img/ajax-loader.gif  | 0.113 | 0.129 | 0.242 | 0.121 | 0.129 | 0.129 | 0.129 | 0.008  | 0.000
    | 0.000       | 0.000       | 0.000       |
| 2     | 0   | 2   | 0   | 0   | 0   | GET    | /image/9999.jpg       | 0.116 | 0.128 | 0.244 | 0.122 | 0.128 | 0.128 | 0.128 | 0.006  | 89928.0
00  | 89928.000   | 179856.000  | 89928.000   |
| 2     | 0   | 2   | 0   | 0   | 0   | GET    | /image/9998.jpg       | 0.039 | 0.104 | 0.143 | 0.071 | 0.104 | 0.104 | 0.104 | 0.033  | 61656.0
00  | 61656.000   | 123312.000  | 61656.000   |
| 2     | 0   | 2   | 0   | 0   | 0   | GET    | /image/9996.jpg       | 0.067 | 0.130 | 0.197 | 0.099 | 0.130 | 0.130 | 0.130 | 0.032  | 374805.
000 | 374805.000  | 749610.000  | 374805.000  |
| 2     | 0   | 2   | 0   | 0   | 0   | GET    | /image/9997.jpg       | 0.030 | 0.149 | 0.179 | 0.089 | 0.149 | 0.149 | 0.149 | 0.059  | 176404.
000 | 176404.000  | 352808.000  | 176404.000  |
| 2     | 0   | 2   | 0   | 0   | 0   | GET    | /image/9995.jpg       | 0.075 | 0.077 | 0.152 | 0.076 | 0.077 | 0.077 | 0.077 | 0.001  | 123364.
000 | 123364.000  | 246728.000  | 123364.000  |
| 2     | 0   | 2   | 0   | 0   | 0   | GET    | /image/9980.jpg       | 0.073 | 0.075 | 0.148 | 0.074 | 0.075 | 0.075 | 0.075 | 0.001  | 95919.0
00  | 95919.000   | 191838.000  | 95919.000   |
| 2     | 0   | 2   | 0   | 0   | 0   | GET    | /image/9993.jpg       | 0.086 | 0.093 | 0.179 | 0.089 | 0.093 | 0.093 | 0.093 | 0.004  | 85546.0
00  | 85546.000   | 171092.000  | 85546.000   |
| 2     | 0   | 2   | 0   | 0   | 0   | GET    | /image/9991.jpg       | 0.095 | 0.110 | 0.205 | 0.103 | 0.110 | 0.110 | 0.110 | 0.007  | 153465.
000 | 153465.000  | 306930.000  | 153465.000  |
| 2     | 0   | 2   | 0   | 0   | 0   | GET    | /image/9990.jpg       | 0.072 | 0.092 | 0.164 | 0.082 | 0.092 | 0.092 | 0.092 | 0.010  | 102371.
000 | 102371.000  | 204742.000  | 102371.000  |
```

그림 3.9 alp 출력 결과 예

alp의 출력 결과는 URI별 행 수(count)를 기본으로 오름차순으로 정렬돼 있다. 하지만 --sort 옵션으로 다른 요소로 정렬할 수 있으며, -r(--reverse) 옵션으로 내림차순으로도 정렬할 수 있다. 자주 사용하는 정렬 옵션은 다음과 같다.

표 3.4 자주 사용하는 정렬 옵션

옵션 이름	설명
-r	접속된 URI가 많은 순서
--sort=sum -r	URI별 응답 시간 합계가 큰 순서
--sort=avg -r	URI별 응답 시간 평균이 큰 순서

alp는 기본적으로 URI의 쿼리 문자열(? 이후)은 무시하고 집계하는데, 무시하지 않으려면 -q(--query-string) 옵션을 지정한다. 쿼리 문자열의 값만 전부 같게 만들려면 -q 옵션과 --qs-ignore-values 옵션을 지정한다. 예를 들어 /user?id=1234라는 로그와 /user?id=2345라는 로그가 있다면 쿼리 문자열의 id 값(1234와 2345)을 하나로 모아서 집계할 때 이 옵션을 사용한다.

URI에 /diary/entry/1234와 /diary/entry/5678과 같은 경로의 일부로 매개 변수가 포함돼 있으면 기본적으로 별개의 URI로 처리한다. 이를 동일하게 처리하려면 -m(--matching-groups=PATTERN) 옵션을 사용한다. PATTERN에는 URI를 동일하게 처리하기 위한 정규식을 지정한다. 예를 들어 -m '/diary/entry/[0-9]+'를 지정하면 이 정규식과 일치하는 URI인 /diary/entry/1234와 /diary/entry/5678이 동일한 URI로 처리된다. -m 옵션의 정규식은 쉼표로 구분해 여러 개를 사용할 수 있다.

3-3 벤치마커로 부하 테스트 실시

지금까지의 작업으로 웹 서버에서 JSON 형식의 액세스 로그를 출력하고 해당 로그를 집계할 준비가 됐다. 이제부터 실제 벤치마커를 사용해 HTTP 요청을 보내고 부하를 줘 보자.

HTTP 벤치마커 중 Apache HTTP Server[14]에 포함된 ab 명령(Apache Bench)을 사용한다[15]. ab는 단일 URL에 대해 요청을 보내 웹 서버의 처리 속도를 벤치마크하는 하는 명령이다.

---

[14] https://httpd.apache.org/
[15] https://httpd.apache.org/docs/2.4/programs/ab.html

░ ab 명령 설치

데비안(Debian)/우분투(Ubuntu) 리눅스는 apt를 사용해 apache2-utils 패키지를 설치한다.

```
# apt update
# apt install apache2-utils
```

그림 3.10 ab 명령 설치

Red Hat Enterprise Linux나 CentOS, Amazon Linux는 yum 명령을 사용해 httpd-tools 패키지를 설치한다. 맥OS는 표준으로 ab 명령이 설치돼 있다(/usr/bin/ab).

░ ab 명령 사용법

ab 명령은 URL을 인수로 받아 해당 URL에 여러 요청을 보내 웹 서버의 처리 속도를 벤치마크한다. 예를 들어, 다음 명령은 http://localhost/에 병렬(또는 직렬)로 10번 요청을 보낸다.

```
$ ab -c 1 -n 10 http://127.0.0.1/
```

그림 3.11 ab 명령 사용 예

다음은 ab 명령과 함께 사용하는 대표적인 옵션이다.

표 3.5 ab 명령 옵션

옵션	설명
-c	동시에 다중 세션을 요청하는 수
-k	HTTP KeepAlive 사용[16]
-n	시도 횟수
-t	시도 시간
-C	쿠키 헤더 지정
-H	임의의 HTTP 헤더 지정
-T	요청의 Content-Type 지정(POST, PUT 사용 시 필요)
-p	POST할 파일 지정(-T 옵션 필요)
-l	응답 크기가 요청 별로 다른 경우에도 실패하지 않음[17]

---

16 기본적으로 비활성화돼 있으므로 각 요청마다 TCP 연결을 끊는다. 이 옵션을 활성화하면 각 클라이언트가 연속적으로 요청을 보낼 때 Keep-Alive를 활성화해 TCP 연결을 유지한 상태에서 HTTP 요청을 반복적으로 송수신한다.

17 기본적으로 응답 크기(Content Length)가 다른 경우 실패로 처리된다. 동적인 URL의 경우 액세스당 크기가 다르더라도 정상적인 경우가 있으므로 옵션을 지정해야 한다.

ab 명령은 지정된 횟수나 시간에 HTTP 요청을 보낸 후 결과를 표준 출력으로 출력한다.

```
This is ApacheBench, Version 2.3 <$Revision: 1879490 $>
Copyright 1996 Adam Twiss, Zeus Technology Ltd, http://www.zeustech.net/
Licensed to The Apache Software Foundation, http://www.apache.org/

Benchmarking 127.0.0.1 (be patient).....done


Server Software:        nginx/1.22.1
Server Hostname:        127.0.0.1
Server Port:            8080

Document Path:          /
Document Length:        34930 bytes

Concurrency Level:      1              지정된 병렬도 (Concurrency Level: 옆에 추가)
Time taken for tests:   16.899 seconds 완료까지 경과 시간 (Time taken for tests: 옆에 추가)
Complete requests:      10             성공한 요청 수 (Complete requests: 옆에 추가)
Failed requests:        0              실패한 요청 수 (Failed requests: 옆에 추가)
Total transferred:      352930 bytes   서버에서 전송된 바이트 수의 합계 (Total transferred: 옆에 추가)
HTML transferred:       349300 bytes
Requests per second:    0.59 [#/sec] (mean)      초당 처리할 수 있는 요청 수 (Requests per second: 옆에 추가)
Time per request:       1689.914 [ms] (mean)         한 개의 요청을 처리하는 데 걸린 결과 시간(ms)의 평균값 (Time per request: 옆에 추가)
Time per request:       1689.914 [ms] (mean, across all concurrent requests)
Transfer rate:          20.40 [Kbytes/sec] received

Connection Times (ms)
              min  mean[+/-sd] median   max
Connect:        0    0    0.0      0       0
Processing:  1676 1690   13.8   1684    1720
Waiting:     1676 1690   13.8   1684    1720
Total:       1676 1690   13.8   1685    1720

Percentage of the requests served within a certain time (ms)
  50%   1685
  66%   1686
  75%   1693
  80%   1708
  90%   1720
  95%   1720
  98%   1720
  99%   1720
 100%   1720 (longest request)
```

그림 3.12 ab 명령의 출력 결과 예

결과에서는 지정한 병렬도(Concurrency Level), 완료까지의 경과 시간(Time Taken for Tests), 성공/실패한 요청 수(Complete/Failed Requests), 서버에서 전송된 총 바이트 수(Total Transferred) 등이 표시된다. Requests Per Second는 1초당 처리할 수 있는 요청 수로, 그림 3.12에서는 초당 0.59 요청을 처리할 수 있다는 것을 알 수 있다. Time Per Request는 단일 요청을 처리할 때 걸린 경과 시간(ms)의 평균으로, 그림 3.12에서는 약 1689ms(1.689s)다.

요청 1개를 처리하는 시간인 지연 시간을 성능 지표로 확인한 결과 1개 요청당 처리 시간은 1.689초로 측정됐다. 이 값을 기준으로 성능 개선을 위해 요청당 처리 시간을 단축해야 한다.

▎ ab의 결과와 alp의 결과 비교

ab로 10번 요청한 결과 평균 응답 시간이 1.689초임을 확인했다. 이 값과 nginx 액세스 로그를 집계한 결과를 비교하기 위해 로그 파일에서 마지막 10줄을 tail 명령으로 추출하고 이를 alp로 분석한다. 결과는 count, method, uri, min, avg, max만 출력하여 보기 쉽게 했다(그림 3.13).

```
$ tail -n 10 /var/log/nginx/access.log | alp json -o count,method,uri,min,avg,max
+-------+--------+-----+-------+-------+-------+
| COUNT | METHOD | URI |  MIN  |  AVG  |  MAX  |
+-------+--------+-----+-------+-------+-------+
|    10 | GET    | /   | 1.168 | 1.172 | 1.184 |
+-------+--------+-----+-------+-------+-------+
```

그림 3.13 10건의 요청에 대한 로그를 alp로 분석한 결과

평균 응답 시간은 1.689초로, ab의 측정값과 일치한다(보통 약간의 차이가 있다).

액세스 로그에서 얻은 응답 시간과 ab의 측정값에 차이가 있다면, nginx를 실행하는 서버와 ab를 실행하는 호스트 간의 네트워크에 문제가 있을 수 있다. 특히 모바일 회선과 같은 느린 네트워크에서는 서버에서 처리한 결과가 클라이언트에 도달하는 시간이 오래 걸릴 수 있어 서버 측 측정값보다 ab에서 측정한 값이 느리게 나타날 수 있다.

또한 네트워크 대역폭이 작은 경우에 서버에서 반환되는 응답에 의해 대역폭의 상한까지 소비돼 버릴 수 있다. 대역폭이 작으면 서버 고속화로는 클라이언트와의 통신 회선 병목까지는 해결할 수 없다.

부하 테스트를 실행할 때는 충분한 대역폭과 낮은 지연 시간이 보장된 회선에서 실행하는 것이 중요하다. 예를 들어 서버가 클라우드 서비스에서 실행되고 있다면 같은 리전 내에서 부하 테스트를 실행해야 한다.

▎ 액세스 로그 로테이션

alp로 액세스 로그를 해석할 때는 부하 테스트를 실행해 발생한 로그를 한 번의 시험에 해당하는 로그 파일에 기록하고, 이 파일을 alp로 해석해야 한다. 여러 번의 테스트 결과가 기록된 액세스 로그를 alp로 해석하면 어느 테스트에 대한 결과를 집계했는지 알 수 없기 때문이다. 따라서 로그 **로테이트 (rotate)**를 통해 액세스 로그 파일을 변경해 이러한 문제를 해결해야 한다.

EC2에서 웹 서버를 실행한다면 /var/log/nginx/access.log의 이름을 변경하고 Docker에서 실행한다면 컨테이너의 /var/log/nginx/access.log의 이름을 변경해야 한다(로그 출력 디렉터리를 호스트 측에 마운트하고 있다면 호스트 측에서 log/nginx/access.log의 이름을 변경해도 문제없다).

```
# mv /var/log/nginx/access.log /var/log/nginx/access.log.old
```

그림 3.14 mv 명령으로 액세스 로그 파일 이름 변경

하지만 nginx가 실행 중일 때 로그 파일의 이름을 변경해도 로그는 새 파일에 출력되지 않고 기존 파일 끝에 추가된다. 따라서 nginx에 새로운 로그 파일을 사용하도록 알려줘야 하는데, 이를 위해 다음과 같은 방법을 사용할 수 있다.

1. nginx를 재시작하거나 리로드

systemd에서 nginx가 실행 중인 경우 `systemctl restart nginx` 명령으로 nginx를 재시작하거나 `systemctl reload nginx` 명령으로 리로드해서 새로운 로그 파일에 로그를 출력할 수 있다.

2. nginx의 master 프로세스에 신호 전송

nginx는 master 프로세스라는 부모 프로세스에서 실제 요청 등을 처리하기 위해 여러 worker 프로세스를 실행하는 구조다. 이 마스터 프로세스에 `kill -USR1 {master 프로세스 PID}` 명령으로 USR1 신호를 전송해 로그의 출력처를 새 파일로 바꿀 수 있다.

직접 `kill` 명령으로 USR1 신호를 전송하는 것 외에도, nginx 명령으로 로그 파일을 다시 열기 위한 신호를 전송할 수 있다.

```
# /usr/sbin/nginx -s reopen
```

그림 3.15 nginx가 새로운 로그 파일을 열도록 하기 위한 명령

부하 테스트 중 로그 파일을 로테이트하는 것을 잊지 말아야 한다. 부하 테스트 실시 전 로그 파일을 로테이트 한 후 nginx에 신호를 보내는 셸 스크립트 등을 실행하는 것도 좋은 방법이다(리스트 3.6).

리스트 3.6 로그 파일의 로테이트를 실시하는 셸 스크립트

```
#!/bin/sh

# 실행 시점의 시간을 YYYYMMDD-HHMMSS 형식으로 만드는 파일명으로 로테이트한다.
Mv /var/log/nginx/access.log /var/log/nginx/access.log.`date +%Y%m%d-%H%M%S`
# nginx에 로그 파일을 다시 만드는 신호를 전송한다.
Nginx -s reopen
```

성능 튜닝 시작

지금까지 설명한 내용을 바탕으로 웹 서비스의 성능 튜닝을 위한 일반적인 프로세스를 살펴보면 다음과 같다.

1. 웹 서비스에 대해 부하 테스트를 실행한다. 이를 위해 벤치마커(ab 명령 등)를 사용한다.

2. 부하 테스트 결과를 확인하여 성능 지표를 파악한다. 예를 들어 응답 시간, 처리량, 에러 발생률 등을 확인한다.

3. 부하 테스트 중 웹 서비스가 실행되는 환경의 자원 사용량을 모니터링한다. CPU, 메모리, 디스크 I/O 등을 살펴본다.

4. 자원 사용량이 많은 요소를 파악하고, 이를 개선할 방법을 찾는다. 예를 들어 코드 최적화, 캐시 설정, 데이터베이스 인덱스 추가 등이 있다.

5. 개선된 웹 응용 프로그램 코드나 미들웨어 설정을 적용한다.

6. 1~5단계를 반복하여 성능을 지속해 개선한다.

이러한 프로세스를 반복함으로써 웹 서비스의 성능을 지속해 개선할 수 있다.

▌ 부하 테스트 실시 – 첫 번째 결과 확인

웹 서비스가 동작 중인 서버에 ab -c 1 -t 30 명령으로 요청을 전송한다. 1개의 병렬 처리로 30초간 요청을 보낸 결과는 다음과 같다(그림 3.16, 일부 발췌).

```
Requests per second:    0.57 [#/sec] (mean)
Time per request:       1744.485 [ms] (mean)
```

그림 3.16 ab -c 1 -t 30 명령 실행 결과

앞에서 성능 지표로 Time per request(응답 시간, 지연 시간)를 사용했다. 1개의 요청에 대한 처리 시간은 로그에 직접 숫자로 출력할 수 있는 값이며, 집계가 용이하기 때문에 벤치마커의 출력 결과와 로그의 집계에 의한 수치를 비교하기에 편리한 지표다. 하지만 여기서는 다음과 같은 이유로 Requests per second(초당 처리할 수 있는 요청 수, 처리량)를 성능 지표로 사용한다.

- 부하 테스트의 점수로써 성능을 개선해 향상되는 수치를 알기 쉽다.

- 지연 시간을 일정 수준 이하로 줄이면 사용자가 체감할 수 없다. 사용자와의 통신 경로에서 반드시 발생하는 지연 시간(수ms~수백ms)을 고려하면 10ms 이하의 차이는 사용자에게 미치는 영향을 거의 무시할 수 있다.

실제 운영에서는 지연 시간이 일정 수준 이하면 사용자의 체감에는 영향이 없기 때문에 대량의 요청이 발생했을 때 단위 시간당 처리할 수 있는 요청 수(처리량)가 중요한 지표다.

지연 시간과 처리량의 관계

지연 시간이 줄어들면 단위 시간당 처리할 수 있는 요청 수가 증가한다. 요청이 직렬 처리되는 경우 1개의 요청을 100ms로 처리하면 초당 10개의 요청을 처리할 수 있다. 하지만 1개의 요청을 처리하는 시간을 10ms로 줄이면 1초당 100개의 요청(10배)을 처리할 수 있다. 즉, 지연 시간과 처리량은 반비례 관계다.

하지만 단순히 지연 시간을 줄이는 것만으로는 처리량에 한계가 있다. 응용 프로그램이 처리해야 하므로 물리적인 제약으로 인해 지연 시간은 일정 수준 이하로 줄일 수 없다. 예를 들어 데이터베이스에 쿼리를 발행하고 결과를 반환해야 하는 웹 서비스가 있다면 응용 프로그램 서버와 데이터베이스 서버의 네트워크 지연 시간으로 인해 웹 서비스의 지연 시간은 1ms 이하로 줄일 수 없다는 제약이 생긴다. 따라서 지연 시간을 1ms로 줄일 수 있다고 가정하면 직렬로 요청이 처리되는 경우 최대 처리량은 1,000개의 요청/초가 될 것이다(그림 3.17).

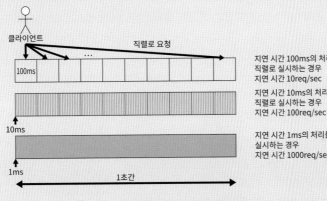

그림 3.17 직렬로 요청하는 경우

요청이 직렬로 이루어지는 것을 전제로 하지 않고, 병렬로 요청이 발생하는 경우를 살펴본다(그림3.18).

웹 서비스의 지연 시간이 10ms인 상황에서 100개의 클라이언트가 1초에 1회 요청을 보낸다고 가정한다. 서버에서는 10ms의 처리를 1초당 100회 수행해야 하므로 처리 능력을 모두 사용하게 된다. 이때 처리량은 1초당 100개의 요청을 처리할 수 있다. 웹 서비스의 지연 시간을 1ms로 줄일 수 있다면 1초에 1,000개의 클라이언트가 요청을 보낼 수 있는 상황에 대처할 수 있다. 이때 처리량은 1초당 1,000개의 요청이다. 이는 요청이 직렬인 경우와 동일한 처리량이다.

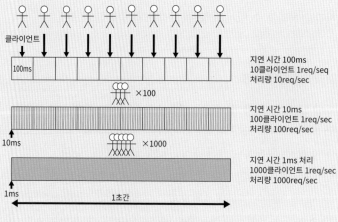

지연 시간 100ms
10클라이언트 1req/seq
처리량 10req/sec

지연 시간 10ms
100클라이언트 1req/sec
처리량 100req/sec

지연 시간 1ms 처리
1000클라이언트 1req/sec
처리량 1000req/sec

1초간

그림 3.18 병렬로 요청하는 경우

하지만 요청이 병렬로 처리될 경우 지연 시간을 1ms 미만으로 줄일 수 없어도 서버 자원을 늘리면 동시에 더 많은 클라이언트 요청에 대처할 수 있다. 서버 자원을 10배 증설하면 이상적으로는 1ms의 지연 시간을 유지한 채 10,000개의 클라이언트 요청을 처리할 수 있다. 이 경우 총처리량은 1초당 10,000개의 요청까지 향상된다(그림 3.19).

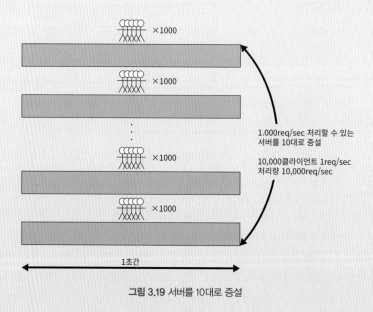

1,000req/sec 처리할 수 있는
서버를 10대로 증설

10,000클라이언트 1req/sec
처리량 10,000req/sec

1초간

그림 3.19 서버를 10대로 증설

앞에서 '이상적으로'라고 했는데, 실제로 서버를 추가했을 때 대수에 따라 처리량이 선형적으로 증가하는 것이 이상적인 상황이지만, 실제 시스템에는 다양한 병목이 있어 전체 처리량의 한계가 결정된다.

예를 들어 요청마다 데이터베이스 서버에 쿼리를 한 번 실행하고 그 결과를 반환해야 하는 웹 서비스가 있다면, 데이터베이스 서버가 최대 5,000쿼리/초인 경우 응용 프로그램 서버를 증설하더라도 전체 시스템의 처리량은 5,000 요청/초를 초과할 수 없다.

서버 자원을 증설하는 것만으로 처리량이 향상되는 것이 보장되지는 않는다. 이상적인 시스템에서는 서버 자원을 증설함으로써 총처리량도 향상된다. 하지만 이를 실현하기 위해서는 시스템 전체의 병목이 최소화돼야 한다.

▌ 부하 테스트 중 부하 모니터링

벤치마커가 동작하는 호스트에서 top 명령어를 사용하여 부하를 관찰한다. 해당 호스트는 EC2의 c5.large 인스턴스를 사용하며 2개의 CPU 코어를 사용한다. 부하 테스트는 ab -c 1 -t 30 명령어를 사용했다.

```
top - 18:03:49 up 11 min,  1 user,  load average: 0.54, 0.30, 0.17
Tasks: 105 total,   1 running, 104 sleeping,   0 stopped,   0 zombie
%Cpu(s): 45.3 us,  0.3 sy,  0.0 ni, 53.3 id,  0.0 wa,  0.0 hi,  0.2 si,  0.8 st
MiB Mem :    941.2 total,     60.5 free,    625.4 used,    255.4 buff/cache
MiB Swap:      0.0 total,      0.0 free,      0.0 used.    162.9 avail Mem

  PID USER      PR  NI    VIRT    RES    SHR S  %CPU  %MEM     TIME+ COMMAND
  588 mysql     20   0 1791756 412044  21296 S  90.3  42.8   2:42.78 mysqld
  718 isucon    20   0  194148  59632   9520 S   2.3   6.2   0:06.22 bundle
  577 www-data  20   0   55964   5696   3676 S   0.3   0.6   0:00.05 nginx
```

그림 3.20 top 명령 결과

top 명령은 CPU 사용률이 높은 프로세스가 상위에 표시된다. 이 결과에서는 다음과 같은 정보를 얻을 수 있다.

- 호스트의 2코어 CPU 중 약 45%가 사용 중

- MySQL 프로세스(mysqld)가 전체 CPU 사용률의 90%를 사용 중

- 웹 응용 프로그램 프로세스(bundle)[18]는 CPU의 2.3%를, 웹 서버 프로세스(nginx)는 0.3%를 사용 중

이를 통해 웹 서비스 부하 테스트에서 MySQL이 대부분의 CPU를 사용하고 있으며, 호스트 전체 CPU 중 1코어는 거의 사용되지 않고 있다는 것을 알 수 있다.

---

18 응용 프로그램 서버는 Ruby에서 실행 중이지만, bundle exec라는 명령으로 실행되고 있기 때문에 bundle로 표시된다.

모니터링 도구에서 CPU 사용률 표기

top 명령에서 CPU 사용률은 여러 백분율 표기가 섞여 있기 때문에 주의해야 한다. 가장 위(3번째 줄)에서 표시되는 %Cpu(s)는 호스트에서 사용할 수 있는 모든 CPU 코어를 합산한 것을 100으로 한 사용률이다. 2코어 호스트의 경우 %Cpu(s)가 50이면 전체 CPU의 반인 1코어를 사용하고 있다는 것을 의미한다. 동일한 표시지만 4코어 호스트의 경우 2코어를 사용하고 있다는 의미다.

반면 각 프로세스의 %CPU는 1코어를 전부 사용했을 때를 100으로 한 사용률이다. 앞에서 나온 예에서 mysqld가 90.3%를 사용하고 있다는 것은 호스트에 있는 2코어 중 1코어를 대부분 사용하고 있다는 의미다. 프로세스가 여러 CPU 코어를 사용하는 경우 각 프로세스의 %CPU 표시는 100을 초과할 수 있다.

또한 top 명령에서 실행 중에 '1'을 입력하면 기본 호스트의 전체 CPU를 집계한 %Cpu(s) 및 개별 CPU 사용률을 %Cpu0, %Cpu1…의 표시로 전환할 수 있다.

(기본 전체 CPU 표시)

```
top - 18:36:08 up 43 min,  1 user,  load average: 0.00, 0.00, 0.00
Tasks: 107 total,   1 running, 106 sleeping,   0 stopped,   0 zombie
%Cpu(s):  0.2 us,  0.2 sy,  0.0 ni, 99.7 id,  0.0 wa,  0.0 hi,  0.0 si,  0.0 st
MiB Mem :    941.2 total,     60.3 free,    623.7 used,    257.2 buff/cache
MiB Swap:      0.0 total,      0.0 free,      0.0 used.    164.3 avail Mem
```

(개별 CPU 상태 표시)

```
top - 18:37:25 up 44 min,  1 user,  load average: 0.00, 0.00, 0.00
Tasks: 107 total,   1 running, 106 sleeping,   0 stopped,   0 zombie
%Cpu0  :  0.3 us,  0.3 sy,  0.0 ni, 99.3 id,  0.0 wa,  0.0 hi,  0.0 si,  0.0 st
%Cpu1  :  0.0 us,  0.3 sy,  0.0 ni, 99.7 id,  0.0 wa,  0.0 hi,  0.0 si,  0.0 st
MiB Mem :    941.2 total,     60.3 free,    623.7 used,    257.2 buff/cache
MiB Swap:      0.0 total,      0.0 free,      0.0 used.    164.3 avail Mem
```

그림 3.21 기본 전체 CPU 표시와 개별 CPU 표시

CPU 사용률의 수치는 top 명령뿐만 아니라 도구나 상황에 따라 모든 코어를 사용한 경우를 100으로 하는지, 1개 코어를 전부 사용한 경우를 100으로 하는지 다양하다. 여러 개의 코어가 있는 호스트에서는 단순히 CPU 100%라고 할 때 어떤 것을 의미하는지 알기 어렵다. 도구에 따라 어떤 표시가 무엇을 의미하는지를 정확히 이해하고 해석해야 한다.

▌MySQL 병목을 발견할 준비

현재 MySQL이 병목이라는 것을 알았으므로 MySQL에서 처리되는 쿼리를 로그에서 파악해 개선할 수 있는 부분을 찾아본다.

MySQL에서는 처리된 SQL의 쿼리를 슬로우 쿼리(Slow Query) 로그에 출력할 수 있다. 슬로우 쿼리 로그에는 처리된 SQL 문, 쿼리 실행에 든 경과 시간(Query_time), 락(lock)을 획득하는 데 걸리는 시간 (Lock_time), 쿼리 실행 결과로 클라이언트에게 전송된 행 수(Rows_sent), MySQL 내부에서 읽은 행 수 (Rows_examined) 등이 기록된다. 이 로그를 분석하여 MySQL에서의 쿼리 문제를 파악할 수 있다(리스 트 3.7).

리스트 3.7 슬로우 쿼리 예

```
# Time: 2021-10-03T02:43:21.834477Z
# User@Host: isuconp[isuconp] @ localhost [] Id: 8
# Query_time: 0.006620 Lock_time: 0.000097 Rows_sent: 20 Rows_examined: 10034
use isuconp;
SET timestamp=1633229001;
SELECT `id`, `user_id`, `body`, `created_at`, `mime` FROM `posts` ORDER BY `created_at` DESC
LIMIT 20;
```

MySQL에서 슬로우 쿼리 로그를 출력하려면 사용자가 직접 활성화해야 한다. 이를 위해 `my.cnf`의 [mysqld] 섹션에 리스트 3.8의 내용을 추가하고 MySQL을 재시작해야 한다. 이 설정 파일의 위치는 EC2와 Docker의 경우 다르다.

EC2

/etc/mysql/mysql.conf.d/mysqld.cnf

docker

webapp/etc/mysql/conf.d/my.cnf

리스트 3.8 슬로우 쿼리 로그를 출력하는 my.cnf 설정 예

```
[mysqld]
slow_query_log      = 1
slow_query_log_file = /var/log/mysql/mysql-slow.log
long_query_time     = 0
```

각 설정의 의미는 다음과 같다.

표 3.6 슬로우 쿼리 로그 설정

설정	의미
slow_query_log	슬로우 쿼리 로그를 사용
slow_query_log_file	슬로우 쿼리 로그의 출력 대상 파일 이름
long_query_time	지정한 시간(초) 이상 걸린 쿼리만 로그로 출력

long_query_time을 0으로 설정하면 모든 쿼리를 로그에 기록하게 된다. 실제 서비스에서는 long_query_time을 0보다 큰 값으로 설정해 처리 시간이 오래 걸린 쿼리만 기록하는 것이 일반적이다.

하지만 웹 서비스 튜닝에서는 실행 속도가 빠른 쿼리도 대량으로 발생하는 경우가 있기 때문에 long_query_time을 0으로 설정해 모든 쿼리를 로그에 기록해야 한다. MySQL 사이트[19]에서도 슬로우 쿼리 로그에 대해 자세히 설명하고 있다.

설정 파일에 반영한 변경 사항을 적용하기 위해서는 MySQL을 재시작해야 한다. EC2에서는 root 사용자 권한으로 systemctl restart mysql 명령어를 사용하여 재시작할 수 있으며 Docker에서는 docker compose down으로 일단 중지한 후 docker compose up으로 재시작한다.

Docker에서 동작하는 경우 로그는 컨테이너 내부에 출력되기 때문에 로그 분석이 어려울 수 있다. 이를 해결하기 위해서는 docker-compose.yml 파일의 volume 설정에 로그 출력 디렉터리를 호스트 측에 마운트해 사용할 수 있다(리스트 3.9). 다만, Docker Desktop for Mac에서는 로그 출력을 호스트 측에 마운트하면 성능이 저하될 수 있으므로 주의해야 한다.

리스트 3.9 MySQL의 로그 출력 디렉터리를 호스트 측에 마운트하는 docker-compose.yml의 설정 예

```
services:
#(생략)
mysql:
    cpus: 1
    mem_limit: 1g
    image: mysql/mysql-server:8.0
    command: --default-authentication-plugin=mysql_native_password
    environment:
      - "TZ=Asia/Tokyo"
      - "MYSQL_ROOT_HOST=%"
      - "MYSQL_ROOT_PASSWORD=root"
    volumes:
```

---

[19] https://dev.mysql.com/doc/refman/8.0/en/slow-query-log.html

```
    - mysql:/var/lib/mysql
    - ./etc/mysql/conf.d/my.cnf:/etc/my.cnf
    - ./sql:/docker-entrypoint-initdb.d
    - ./logs/mysql:/var/log/mysql # <- 이 설정 추가
```

▌슬로우 쿼리 로그 구문 해석

MySQL의 슬로우 쿼리 로그는 많은 양의 로그가 출력되기 때문에 전반적인 상황을 파악하기 어렵다. 이를 위해 집계 도구로 MySQL에 내장된 `mysqldumpslow` 명령을 사용한다. 다른 도구에 의한 분석 방법은 5장에서 다룬다.

슬로우 쿼리 로그를 활성화한 상태에서 `ab -c 1 -t 30` 명령을 재실행한 결과, 모든 쿼리에 대해 슬로우 쿼리 로그를 기록하도록 해 MySQL에 부하가 증가하여 약간의 성능 저하가 발생했다(Requests Per Second: `0.57` → `0.53`).

```
Requests per second:    0.53 [#/sec] (mean)
Time per request:       1895.580 [ms] (mean)
```

그림 3.22 ab −c 1 −t 30 실행 결과 (발췌)

`mysqldumpslow` 명령을 사용하여 출력된 슬로우 쿼리를 분석한다. 로그는 권한이 있는 사용자만 읽을 수 있으므로 root 권한으로 실행해야 한다.

```
# mysqldumpslow /var/log/mysql/mysql-slow.log

Reading mysql slow query log from /var/log/mysql/mysql-slow.log
Count: 330  Time=0.06s (20s)  Lock=0.00s (0s)  Rows=3.0 (990), isuconp[isuconp]@localhost
  SELECT * FROM `comments` WHERE `post_id` = N ORDER BY `created_at` DESC LIMIT N

Count: 15  Time=0.02s (0s)  Lock=0.00s (0s)  Rows=10000.0 (150000), isuconp[isuconp]@localhost
  SELECT `id`, `user_id`, `body`, `created_at`, `mime` FROM `posts` ORDER BY `created_at` DESC

Count: 330  Time=0.02s (6s)  Lock=0.00s (0s)  Rows=1.0 (330), isuconp[isuconp]@localhost
  SELECT COUNT(*) AS `count` FROM `comments` WHERE `post_id` = N

Count: 1  Time=0.00s (0s)  Lock=0.00s (0s)  Rows=0.0 (0), isuconp[isuconp]@localhost
  SET NAMES utf8mb4

Count: 1320  Time=0.00s (0s)  Lock=0.00s (0s)  Rows=1.0 (1320), isuconp[isuconp]@localhost
  SELECT * FROM `users` WHERE `id` = N

Count: 3828  Time=0.00s (0s)  Lock=0.00s (0s)  Rows=1554.8 (5951682), isuconp[isuconp]@localhost
  #

Count: 1980  Time=0.00s (0s)  Lock=0.00s (0s)  Rows=0.0 (0), 0users@0hosts
  administrator command: Prepare

Count: 1848  Time=0.00s (0s)  Lock=0.00s (0s)  Rows=0.0 (0), 0users@0hosts
  administrator command: Close stmt
```

그림 3.23 mysqldumpslow 실행 결과

mysqldumpslow 명령은 슬로우 쿼리 로그를 해석하여 실행 시간이 가장 긴 쿼리부터 순서대로 나열한다. 이 결과를 통해 다음 쿼리가 가장 많은 시간을 소비하고 있다는 것을 알 수 있다.

```
Count: 330  Time=0.06s (20s)  Lock=0.00s (0s)  Rows=3.0 (990), isuconp[isuconp]@localhost
  SELECT * FROM `comments` WHERE `post_id` = N ORDER BY `created_at` DESC LIMIT N
```

그림 3.24 가장 많은 시간을 소비하는 쿼리

해당 쿼리는 1회 실행 시간이 약 0.06초(60msec)인데, 30초 동안 부하 테스트를 실행할 때 330번 호출되어 총 19.8초를 소비한다. 이 쿼리를 개선하면 큰 효과가 예상된다.

만약 long_query_time이 1초 또는 0.01초와 같이 짧게 설정되어 있다면 이 쿼리는 슬로우 쿼리 로그에 출력되지 않기 때문에 문제를 파악할 수 없다. 따라서 성능 튜닝 중에는 long_query_time을 0으로 설정해 모든 실행 쿼리를 로그에 출력해야 한다. 이 쿼리는 실제 로그에 다음과 같이 기록된다.

```
# Query_time: 0.065076  Lock_time: 0.000002 Rows_sent: 3  Rows_examined: 100003
SET timestamp=1677328550;
SELECT * FROM `comments` WHERE `post_id` = 10000 ORDER BY `created_at` DESC LIMIT 3;
```

그림 3.25 실제 슬로우 쿼리 로그에 출력된 로그

출력된 로그에서 Rows_examined: 100003과 Rows_sent: 3의 비율을 주목한다. Rows_examined는 MySQL이 내부에서 읽은 테이블의 행 수이고 Rows_sent는 쿼리를 실행한 결과 실제로 클라이언트에 전송된 행 수다. 이 쿼리에서는 클라이언트에게 3개의 행을 변환하기 위해 내부에서 약 10만 개의 행을 처리해야 한다는 것을 의미한다.

클라이언트가 10만 개 행이 필요하다면 내부에서도 10만 개의 행을 읽어야 한다. 그러나 클라이언트가 단 몇 행의 결과를 얻기 위해 내부적으로 많은 양의 행을 읽어야 하는 것은 데이터베이스 처리에서 비효율적인 쿼리다.

comments 테이블의 구조를 확인해 본 후에 이러한 비효율적인 쿼리가 발생하는 이유를 파악할 수 있다. SHOW CREATE TABLE comments를 실행하면 comments 테이블의 스키마를 확인한다.

```
mysql> SHOW CREATE TABLE comments\G
*************************** 1. row ***************************
       Table: comments
Create Table: CREATE TABLE `comments` (
  `id` int NOT NULL AUTO_INCREMENT,
  `post_id` int NOT NULL,
  `user_id` int NOT NULL,
  `comment` text NOT NULL,
  `created_at` timestamp NOT NULL DEFAULT CURRENT_TIMESTAMP,
  PRIMARY KEY (`id`)
) ENGINE=InnoDB AUTO_INCREMENT=100001 DEFAULT CHARSET=utf8mb4 COLLATE=utf8mb4_0900_ai_ci
1 row in set (0.00 sec)
```

그림 3.26 comment 테이블 스키마

해당 테이블은 기본 키(PRIMARY KEY(id)) 이외에는 인덱스가 없다. 따라서 WHERE 절에서 지정한 조건으로 행을 찾기 위해서는 일반적으로 테이블의 모든 행을 읽어야 한다(5장 참조).

EXPLAIN 문을 사용하여 MySQL이 이 쿼리를 처리하는 방식을 확인한다[20].

```
[mysql> EXPLAIN SELECT * FROM `comments` WHERE `post_id` = 9995 ORDER BY `created_at` DESC LIMIT 3\G
*************************** 1. row ***************************
           id: 1
  select_type: SIMPLE
        table: comments
   partitions: NULL
         type: ALL
possible_keys: NULL
          key: NULL
      key_len: NULL
          ref: NULL
         rows: 99823
     filtered: 10.00
        Extra: Using where; Using filesort
1 row in set, 1 warning (0.01 sec)
```

그림 3.27 EXPLAIN 문으로 쿼리 실행 계획을 확인

현재 출력된 EXPLAIN 결과에서는 key 값이 NULL이므로 인덱스가 사용되지 않고, 약 10만 개의 행을 읽는 실행 계획을 확인할 수 있다. comments 테이블에는 약 10만 개의 행이 존재하기 때문에 쿼리 실행에도 10만 개의 읽기가 필요하다.

이를 개선하기 위해 문제가 되는 쿼리의 WHERE 문에서 post_id 열을 지정해 추출하기 때문에 post_id 열에 대한 인덱스를 생성해야 한다. 인덱스를 생성한 후 다시 EXPLAIN 문을 실행하면 실행 계획이 변경되는 것을 확인할 수 있다.

```
[mysql> ALTER TABLE comments ADD INDEX post_id_idx(post_id);
Query OK, 0 rows affected (0.64 sec)
Records: 0  Duplicates: 0  Warnings: 0

[mysql> EXPLAIN SELECT * FROM `comments` WHERE `post_id` = 9995 ORDER BY `created_at` DESC LIMIT 3\G
*************************** 1. row ***************************
           id: 1
  select_type: SIMPLE
        table: comments
   partitions: NULL
         type: ref
possible_keys: post_id_idx
          key: post_id_idx
      key_len: 4
          ref: const
         rows: 6
     filtered: 100.00
        Extra: Using filesort
1 row in set, 1 warning (0.00 sec)
```

그림 3.28 ALTER TABLE 문으로 인덱스 생성 후 EXPLAIN 문 실행

---

20 https://dev.mysql.com/doc/refman/8.0/en/explain.html

출력 결과에서 방금 생성한 post_id_idx라는 인덱스가 사용되고, rows가 6으로 표시되어 6개의 행만 읽어서 처리될 것으로 예상된다. 이제 실제 쿼리를 실행해 본다.

```
mysql> SELECT * FROM `comments` WHERE `post_id` = 9995 ORDER BY `created_at` DESC LIMIT 3\G
*************************** 1. row ***************************
        id: 90318
   post_id: 9995
   user_id: 974
   comment: どもども( ^-^)4๑。.:*:・'°*。.・:*:・'°*
created_at: 2016-01-04 10:05:18
*************************** 2. row ***************************
        id: 74491
   post_id: 9995
   user_id: 549
   comment: (ﾉ_・.)ﾉ*:・゜[ 哀 ] *:・'\(・_・.)
created_at: 2016-01-04 05:41:31
*************************** 3. row ***************************
        id: 63212
   post_id: 9995
   user_id: 395
   comment: ﾌﾞﾝﾌﾞﾝ( ̄ ^ ̄ ﾒ)\ (_ _ ;)ﾊﾝｾｲ_
created_at: 2016-01-04 02:33:32
3 rows in set (0.01 sec)
```

그림 3.29 인덱스 생성 후 SELECT 문 실행

이 쿼리를 실행하면 다음 슬로우 쿼리 로그가 기록된다.

```
# Query_time: 0.000480  Lock_time: 0.000004 Rows_sent: 3  Rows_examined: 9
SET timestamp=1677341703;
SELECT * FROM `comments` WHERE `post_id` = 9995 ORDER BY `created_at` DESC LIMIT 3;
```

그림 3.30 인덱스 생성 후 SELECT 문으로 기록된 로그

쿼리 실행 결과는 Query_time: 0.000480(0.4msec), Rows_sent: 3, Rows_examined: 9다. 이전에는 인덱스가 없는 상태에서 3개의 결과를 반환하기 위해 내부적으로 10만 개의 행을 읽는 방법으로 실행에 65msec이 걸렸지만, 인덱스를 생성한 후에는 9개의 행만 읽으면 되므로 0.4msec만에 완료됐다.

실행 계획에서는 rows가 6이었지만 실제 실행된 쿼리가 읽은 행 수는 9(Rows_examined: 9)였다. 이는 실행 계획이 쿼리를 실행하기 전에 테이블에 있는 데이터의 통계 정보를 기반으로 예측한 값으로, 실제 결과와 차이가 있을 수 있다.

▍ 튜닝 결과를 확인하는 부하 테스트

인덱스 생성 후 웹 서비스의 성능을 확인하기 위해 부하 테스트를 실시한다. 이전 실행 로그와 섞이지 않도록 MySQL의 슬로우 쿼리 로그를 삭제해야 한다. 이미 삭제했거나 이름을 변경한 경우에는 mysqladmin flush-logs 명령을 실행하여 MySQL이 로그 파일을 새로 생성하게 한다.

```
# rm /var/log/mysql/mysql-slow.log
# mysqladmin flush-logs
```

그림 3.31 슬로우 쿼리 로그를 삭제한 후 다시 작성

다시 ab -c 1 -t 30을 실행한 결과는 다음과 같다.

```
Requests per second:    7.33 [#/sec] (mean)
Time per request:       136.376 [ms] (mean)
```

그림 3.32 인덱스 생성 후 ab 명령 실행 결과(ab -c 1 -t 30 http://127.0.0.1/)

인덱스를 생성함으로써 Requests per second가 0.53에서 7.33으로 대략 14배 향상되었고, Time per request도 1895.580ms에서 136.375ms로 대략 14분의 1로 줄어들었다. 이는 MySQL의 테이블에 인덱스를 추가하는 것만으로 이루어진 것이다.

인덱스 생성 후 top 명령의 결과는 다음과 같다.

```
top - 01:39:03 up  7:46,  1 user,  load average: 0.99, 0.28, 0.09
Tasks: 108 total,   1 running, 107 sleeping,   0 stopped,   0 zombie
%Cpu(s): 24.2 us,  2.2 sy,  0.0 ni, 60.2 id,  0.2 wa,  0.0 hi,  0.2 si, 13.1 st
MiB Mem :    941.2 total,     63.2 free,    628.5 used,    249.5 buff/cache
MiB Swap:      0.0 total,      0.0 free,      0.0 used.    160.9 avail Mem

   PID USER      PR  NI    VIRT    RES    SHR S  %CPU %MEM     TIME+ COMMAND
   718 isucon    20   0  195160  57632   6388 S  41.9  6.0   0:44.39 bundle
  2109 mysql     20   0 1827800 417572  19360 S  30.9 43.3   2:04.71 mysqld
   577 www-data  20   0   56136   4852   2832 S   0.7  0.5   0:00.38 nginx
   473 memcache  20   0  413424   6248   2968 S   0.3  0.6   0:03.78 memcached
```

그림 3.33 인덱스 생성 후 벤치마커 실행 중 top 명령을 실행한 결과

현재 CPU 사용량은 여전히 38.9%로 높지만 웹 응용 프로그램의 CPU 사용량은 이전에 비해 많이 증가해 41.9%를 차지하고 있다. 이는 MySQL 처리 속도가 빨라져서 단위 시간당 더 많은 요청을 처리할 수 있게 되었기 때문에 응용 프로그램 서버가 더 많은 CPU를 사용한 결과다.

웹 서비스를 튜닝하면서 지금까지 병목이었던 부분 외에 다른 부분도 많이 처리하게 되는데, 이 예시에서는 아직 MySQL에서 개선할 수 있는 부분이 많이 보인다. 하지만 이후의 튜닝 결과에 따라 병목이 MySQL에서 다른 부분(응용 프로그램, 다른 미들웨어, OS, 네트워크 등)으로 이동할 수 있으므로 항상 같은 부분이 문제가 되는 것은 아니다.

성능 튜닝은 [부하 테스트 실시 및 부하 모니터링] → [모니터링 결과를 기반으로 튜닝] → [다시 부하 테스트를 실시해 튜닝이 유효한지 확인]하는 과정을 반복해야 한다.

하나의 대책에 대한 변경마다 부하 테스트 실시

성능 튜닝 시에는 여러 가지 대책이 떠오르는 경우가 있는데, 이때는 먼저 한 가지 대책만 선택하여 적용한 후 부하 테스트를 실시하고 결과를 기록해야 한다. 결과가 유의미한 차이가 있다면 그 대책은 효과적이었다는 것이고, 그렇지 않다면 무의미할 가능성이 높다.

여러 개의 대책을 동시에 적용하면 어떤 대책이 실제로 효과가 있었는지 알 수 없으며, 필요 없는 복잡한 코드만 추가하게 된다. 따라서 튜닝 전에 단순하고 이해하기 쉬운 코드를 유지하며 필요한 경우에만 간단한 대책을 적용해야 한다.

어떤 대책을 설정했을 때 웹 서비스의 지연 시간에 변화가 없더라도 CPU 사용률, 네트워크 전송량, 메모리 사용량이 낮아져서 시스템 자원에 여유가 생긴다. 따라서 더 많은 클라이언트의 요청을 처리할 수 있어 처리량이 향상될 수 있으며, 클라우드 환경에서는 인스턴스 사이즈나 수를 줄여 비용을 절약할 수 있다.

시스템 자원 사용량이 낮아지는 대책은 결과적으로 처리량의 향상이나 금전적인 비용의 절약으로 이어질 수 있기 때문에 유용하다. 그러나 지연 시간을 줄이는 것이 목표라면 시스템 자원 사용량을 줄이는 것만으로는 충분하지 않다. 따라서 성능 튜닝에서는 항상 목적과 목표를 고려하고 결과를 평가해야 한다.

새로운 병목 찾기

comments 테이블에 인덱스를 생성한 후 실시한 부하 테스트에서 mysqldumpslow의 결과는 다음과 같다.

```
Reading mysql slow query log from /var/log/mysql/mysql-slow.log
Count: 1083  Time=0.02s (24s)  Lock=0.00s (0s)  Rows=10000.0 (10830000), isuconp[isuconp]@localhost
  SELECT `id`, `user_id`, `body`, `created_at`, `mime` FROM `posts` ORDER BY `created_at` DESC

Count: 23826  Time=0.00s (3s)  Lock=0.00s (0s)  Rows=3.0 (71478), isuconp[isuconp]@localhost
  SELECT * FROM `comments` WHERE `post_id` = N ORDER BY `created_at` DESC LIMIT N

Count: 23826  Time=0.00s (2s)  Lock=0.00s (0s)  Rows=1.0 (23826), isuconp[isuconp]@localhost
  SELECT COUNT(*) AS `count` FROM `comments` WHERE `post_id` = N

Count: 95304  Time=0.00s (7s)  Lock=0.00s (0s)  Rows=1.0 (95304), isuconp[isuconp]@localhost
  SELECT * FROM `users` WHERE `id` = N
```

그림 3.34 인덱스 생성 후 mysqldumpslow 결과

가장 시간을 많이 소비하는 쿼리는 posts 테이블에 대한 쿼리로 변경됐다. 이 쿼리를 더 빠르게 실행할 수 있다면 더 나은 성능 향상이 예상된다.

```
Count: 1083  Time=0.02s (24s)  Lock=0.00s (0s)  Rows=10000.0 (10830000), isuconp[isuconp]@localhost
  SELECT `id`, `user_id`, `body`, `created_at`, `mime` FROM `posts` ORDER BY `created_at` DESC
```

그림 3.35 인덱스 생성 후 가장 많은 시간을 소비하는 쿼리

또한, 초기에는 comments 테이블에 대한 쿼리가 총 20초를 소비했지만, 이제는 두 번째로 이동해 소비 시간이 3초로 감소했다. 그러나 Count: 23826에서 이 쿼리가 30초 동안 23826번 실행되었음을 알 수 있다. 초당 평균 794번 실행됐다는 것이다.

```
Count: 23826  Time=0.00s (3s)  Lock=0.00s (0s)  Rows=3.0 (71478), isuconp[isuconp]@localhost
  SELECT * FROM `comments` WHERE `post_id` = N ORDER BY `created_at` DESC LIMIT N
```

그림 3.36 인덱스 생성 전 20초를 소비했던 쿼리가 3초로 변경

ab 명령의 출력 결과인 Requests per second는 7.33이었으므로, 해당 쿼리는 약 108회(≒794/7.33) 실행됐다. 같은 테이블에 대해 1개의 요청을 처리하기 위해 108번이나 같은 쿼리를 실행하는 것은 웹 응용 프로그램에서 루프마다 쿼리를 발행하고 있다는 의미로, N+1 문제를 발생시킬 가능성이 높다. 웹 응용 프로그램 코드를 변경하여 코드 발행을 줄일 수 있다면 MySQL의 처리를 더욱 줄일 수 있다.

3-5 벤치마커의 병렬성

지금까지 ab 명령을 사용할 때는 -c 1 옵션으로 하나의 HTTP 클라이언트가 직렬로 요청을 보내고 받는 상황을 재현했다. 그러나 실제 웹 서비스에서는 여러 클라이언트가 동시에 액세스하는 경우가 대부분이다. 특히 부하가 높을 때는 많은 클라이언트로부터 동시에 요청이 도착하므로 서버는 동시에 처리해야 한다.

ab 명령에서는 -c 옵션을 변경해 여러 클라이언트가 동시에 요청을 보내고 받는 부하 테스트를 실시할 수 있다. 인덱스를 생성한 후 성능을 향상시킨 상태에서 2개의 클라이언트가 동시에 액세스하는 설정으로 ab를 실행한다. 서버는 MySQL에 인덱스를 생성한 튜닝을 실시한 상태로 1개의 클라이언트가 직렬로 요청하는 ab -c 1에서 Requests Per Second: 7.43, Time Per Request: 134.633의 성능을 발휘하는 상태다.

```
Requests per second:    9.69 [#/sec] (mean)
Time per request:       206.346 [ms] (mean)
```

그림 3.37 2개의 클라이언트에서 병렬 요청($ ab -c 2 -t 30 http://127.0.0.1/)

2개의 클라이언트에서 동시에 부하 테스트를 실시했지만, Requests per second는 7.33에서 9.69로 약간 증가했다. 즉, 1초당 서버가 처리할 수 있는 요청 수는 1개의 클라이언트나 2개의 클라이언트가 요청하더라도 변화가 크게 없다.

하지만 Time per request는 136.376ms에서 206.346ms가 됐다. 즉, 1개의 요청이 반환될 때까지 평균 지연 시간은 약 1.5배 증가했다. 이는 어떤 상황을 의미할까?

또 동시에 액세스하는 클라이언트를 4개로 늘려 ab 명령을 실시한다(그림 3.38).

```
Requests per second:    10.98 [#/sec] (mean)
Time per request:       364.269 [ms] (mean)
```

그림 3.38 4개 클라이언트에서 병렬 요청($ ab -c 4 -t 30 http://127.0.0.1/)

Requests per second는 거의 변화가 없지만 Time per request는 2개 병렬 시 206.346ms에서 364.269ms로 1.5배 높아졌다. 이는 1개 클라이언트에서 실시했을 때보다 약 3배 더 긴 지연 시간이다. 지금까지의 결과로부터 다음을 알 수 있다.

- 병렬 수준을 변경해도 서버가 처리할 수 있는 초당 요청 수는 큰 변화가 없다.
- 하나의 요청을 반환하기 전 지연 시간은 병렬성에 비례해 높아진다.

이 결과에서 '서버 처리 능력이 포화 상태인 직렬 요청 시점에 동시에 요청을 처리하면 병렬 처리만큼의 시간이 소요되므로 지연 시간이 악화된다'는 상황을 파악할 수 있다.

▌ 서버의 처리 능력을 전부 사용할 수 있는지 확인

실제로 서버의 처리 능력을 전부 사용하고 있다면 병렬성을 더 높여도 지연 시간이 높아질 수 있다. 그러나 서버 자원이 아직 충분한데도 자원을 효율적으로 사용하지 못해 이러한 결과가 나올 수도 있다. CPU 사용률을 확인하기 위해 ab 명령을 -c 1, -c 2, -c 4와 같이 병렬성을 변경하면서 실행하고 모니터링한다.

top 명령은 시간이 지남에 따라 표시되는 내용이 바뀌기 때문에 여기서는 dstat 명령[21]을 사용해 CPU 사용률을 시간순으로 확인한다. dstat --cpu 명령을 실행한 상태에서 병렬성을 변화시켜 ab 명령을 실행한 결과는 다음과 같다.

---

21 dstat 명령은 기본으로 설치돼 있지 않기 때문에 apt나 yum을 사용해 설치한다.

```
$dstat --cpu
--total-cpu-usage--
usr sys idl wai stl
  0   0 100   0   0
 32   3  66   0   0 <- ab -c 1 시작
 30   4  67   0   0
 33   4  63   0   0
 32   4  64   0   0 <- ab -c 1 종료
  0   0 100   0   0
  0   0 100   0   0
 46   5  50   0   0 <- ab -c 2 시작
 44   6  50   0   0
 46   4  50   0   0
 46   5  50   0   0 <- ab -c 2 종료
  0   0 100   0   0
  0   0 100   0   0
 45   5  49   0   0 <- ab -c 4 시작
 47   4  49   0   0
 46   4  49   0   0
 47   4  49   0   0 <- ab -c 4 종료
```

그림 3.39 dstat에서 CPU 사용률을 표시하면서 병렬성을 바꾸어 부하 테스트를 한 결과(발췌)

병렬성과 무관하게 CPU 사용률은 거의 변하지 않지만, usr은 약 47%, sys는 약 4%, idl은 약 49%로 바뀌었다. idl 열은 CPU가 유휴 상태, 즉 처리하지 않고 여유가 있는 상태의 비율이다. 이 서버는 CPU가 2코어를 사용할 수 있기 때문에 idle이 47%이면 2개 코어 중 1개는 작동하지 않고 대기 중인 상태를 의미한다. 이러한 유휴 CPU를 활용하면 성능을 더 향상시킬 수 있다.

▌ 왜 CPU를 사용하지 않는가?

이 서버에서는 Ruby로 구현된 웹 응용 프로그램이 실행 중이며, 이를 HTTP 서버로 실행하기 위해 unicorn[22]이라는 라이브러리가 사용된다. unicorn은 1개의 프로세스가 1개의 요청을 처리하는 구조다 (6장 참조). 4개 병렬로 ab를 실행하고 있는 상태에서 top 명령의 출력을 확인한다.

```
top - 18:37:53 up  1:03,  1 user,  load average: 0.47, 0.11, 0.07
Tasks: 109 total,   2 running, 107 sleeping,   0 stopped,   0 zombie
%Cpu(s): 45.8 us,  4.3 sy,  0.0 ni, 49.2 id,  0.0 wa,  0.0 hi,  0.7 si,  0.0 st
MiB Mem :   941.2 total,    59.1 free,   634.5 used,   247.6 buff/cache
MiB Swap:     0.0 total,     0.0 free,     0.0 used.   153.4 avail Mem

  PID USER      PR  NI    VIRT    RES    SHR S  %CPU  %MEM     TIME+ COMMAND
19101 isucon    20   0  192064  55976   8508 R  60.0   5.8   0:59.80 bundle    Ruby 프로세스
 8616 mysql     20   0 1792612 413004   5008 S  41.0  42.9   1:46.12 mysqld    MySQL 프로세스
19062 www-data  20   0   55836   5152   3152 S   0.3   0.5   0:00.39 nginx
19174 root      20   0   10900   3968   3272 R   0.3   0.4   0:00.03 top
```

그림 3.40 ab -c 4 실행 중 top 명령 출력 예

---

22 https://rubygems.org/gems/unicorn

1행의 `bundle`은 Ruby 프로세스, 2행의 `mysqld`는 MySQL 프로세스다. 활성화된 Ruby 프로세스는 하나뿐이다. 서버에서 `systemctl status isu-ruby`를 실행해 실행 중인 응용 프로그램 프로세스의 상태를 확인한다.

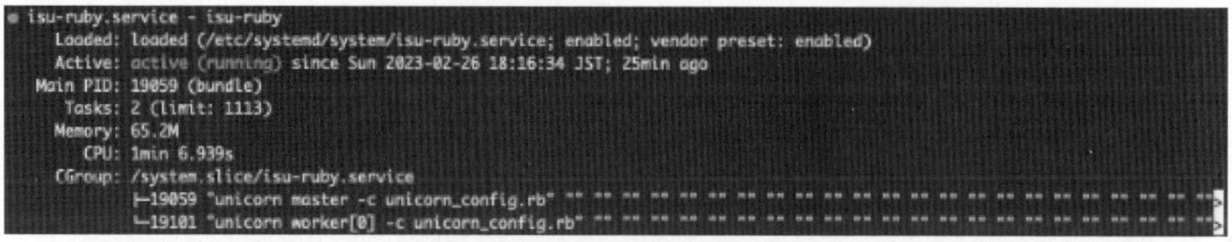

그림 3.41 systemctl status isu-ruby 실행

현재 `unicorn master` 프로세스와 `unicorn worker[0]` 프로세스가 실행 중임을 알 수 있다. `unicorn`은 부모 프로세스(master)에서 실제 요청 처리를 담당하는 여러 개의 자식 프로세스(worker)를 실행하는 구조로 되어 있다. 현재 worker 프로세스가 1개 실행 중이다.

'1개 프로세스에서 1개 요청을 처리하는 구조'에서 1개 프로세스만 동작하고 있다는 것은 동시에 처리할 수 있는 요청이 1개뿐이라는 뜻이다. 따라서 여러 요청이 동시에 도착해도 먼저 도착한 요청을 처리한 후 응답이 완료될 때까지 이후에 도착한 요청은 처리를 시작할 수 없고 대기해야 한다. 이 서버는 2개의 CPU를 사용할 수 있는 능력이 있지만, 현재 설정으로는 모든 CPU를 활용하지 못한다.

▌ 여러 CPU를 효과적으로 사용하기 위한 설정

서버에는 여러 개의 CPU가 있어도 소프트웨어 구조나 설정 때문에 모든 CPU를 효과적으로 사용할 수 없다는 것을 알았다. `unicorn` 설정을 변경해 CPU를 최대한 사용할 수 있게 한다. EC2에서 실행 중이라면 `/home/isucon/private_isu/webapp/Ruby/unicorn_config.rb` 파일이 unicorn 설정 파일이다. 설정 파일의 내용은 다음과 같다(리스트 3.10).

리스트 3.10 unicorn_config.rb 초기 상태

```
worker_processes 1
preload_app true
listen "0.0.0.0:8080
```

`worker_processes`는 master 프로세스에서 실행할 worker 프로세스 수를 정의한다. 일반적으로 1개 프로세스에서 1개 요청을 처리하는 구조에서는 worker 프로세스를 CPU 수보다 크게(일반적으로 CPU 수의 몇 배) 설정한다. 이 인스턴스에는 2개의 CPU가 있으므로 일단 4로 설정한다(리스트 3.11).

리스트 3.11 worker 프로세스를 4로 변경

```
worker_processes 4
preload_app true
listen "0.0.0.0:8080"
```

unicorn_config.rb를 변경하고 응용 프로그램을 재시작하면 worker 프로세스가 4개로 늘어난 것을 확인할 수 있다.

```
● isu-ruby.service - isu-ruby
    Loaded: loaded (/etc/systemd/system/isu-ruby.service; enabled; vendor preset: enabled)
    Active: active (running) since Sun 2023-02-26 21:00:10 JST; 12s ago
  Main PID: 19600 (bundle)
     Tasks: 5 (limit: 1113)
    Memory: 53.3M
       CPU: 550ms
    CGroup: /system.slice/isu-ruby.service
            ├─19600 "unicorn master -c unicorn_config.rb" ...
            ├─19602 "unicorn worker[0] -c unicorn_config.rb" ...
            ├─19603 "unicorn worker[1] -c unicorn_config.rb" ...
            ├─19604 "unicorn worker[2] -c unicorn_config.rb" ...
            └─19605 "unicorn worker[3] -c unicorn_config.rb" ...
```

그림 3.42 응용 프로그램 재시작 및 실행 중인 프로세스 확인(systemctl restart isu-ruby / systemctl status isu-ruby)

적절한 worker 프로세스 수

적절한 worker 프로세스 수는 응용 프로그램 특성에 따라 다르다. 요청 처리 시간에는 CPU 사용 시간뿐만 아니라 데이터베이스와의 통신 시간도 포함된다. 통신을 기다리는 시간은 응용 프로그램이 CPU를 사용하지 못하고 대기하는 시간이므로 CPU 코어 수와 같은 worker 프로세스 수를 설정하면 동시에 통신 대기 상태가 된 시점에 CPU를 사용할 수 있는 프로세스가 없는 상태가 될 수 있다. 저자의 경험상 프로세스 외부의 미들웨어와 통신이 많은 웹 응용 프로그램의 경우 CPU 코어 수의 약 5배를 설정하는 것이 가장 적합했다.

CPU 코어 수보다 많은 프로세스를 실행함으로써 어떤 응용 프로그램 프로세스가 통신 대기 시간으로 CPU를 사용할 수 없는 시간에 다른 응용 프로그램 프로세스가 CPU를 사용할 수 있게 된다. 따라서 효율적으로 CPU를 사용할수 있다.

하지만 worker 프로세스 수가 많을수록 항상 좋은 것은 아니다. 동작하는 프로세스가 많아질수록 그만큼 메모리도 소비하게 되고 CPU의 인터럽트나 컨텍스트 스위치라고 하는 처리도 증가한다(6장과 9장 참조). 따라서 부하 테스트 시작 시점에는 CPU 코어 수의 몇 배 정도를 임시로 설정하고 그 후 부하 테스트나 모니터링을 통해 적절한 설정값을 찾아야 한다.

▌서버 병렬성을 높여 부하 테스트 실시

unicorn worker 프로세스 4개가 동작 중인 상태에서 병렬성을 1, 2, 4로 변경하면서 ab 명령을 실행한 결과 CPU 사용률의 변화는 다음과 같다. CPU idl은 병렬성이 1일 때 약 40%, 2일 때 약 10%, 4일 때 약 2%다. 병렬성을 높일수록 CPU를 거의 100% 사용하는 것을 알 수 있다.

```
$dstat --cpu
--total-cpu-usage--
usr sys idl wai stl
  0   0 100   0   0
 30   5  65   0   0 <- ab -c 1 시작
 32   2  66   0   0
 32   3  65   0   0
 32   4  64   0   0 <- ab -c 1 종료
  0   0 100   0   0
  0   0 100   0   0
 66   7  27   0   0 <- ab -c 2 시작
 65   7  28   0   0
 64   8  28   0   0
 61   9  30   0   0 <- ab -c 2 종료
  0   0 100   0   0
  0   0 100   0   0
 85  12   3   0   0 <- ab -c 4 시작
 88   7   5   0   0
 90   8   2   0   0
 89   9   2   0   0 <- ab -c 4 종료
```

그림 3.43 dstat에서 CPU 사용률을 표시하면서 병렬도를 바꾼 부하 시험을 한 결과(발췌)

4개의 병렬로 부하 테스트 실행 중 top 명령의 결과는 다음과 같다(그림 3.44). MySQL이 여전히 가장 많은 CPU를 사용하고 있지만, 웹 응용 프로그램의 worker 프로세스가 4개이며 CPU를 거의 균일하게 사용하는 것을 확인할 수 있다.

```
top - 21:33:11 up  3:58,  1 user,  load average: 1.26, 0.46, 0.23
Tasks: 112 total,   4 running, 108 sleeping,   0 stopped,   0 zombie
%Cpu(s): 88.5 us,  9.9 sy,  0.0 ni,  1.0 id,  0.0 wa,  0.0 hi,  0.5 si,  0.2 st
MiB Mem :    941.2 total,     65.2 free,    743.4 used,    132.6 buff/cache
MiB Swap:      0.0 total,      0.0 free,      0.0 used.     54.7 avail Mem

  PID USER      PR  NI    VIRT    RES    SHR S  %CPU %MEM     TIME+ COMMAND
 8616 mysql     20   0 1795708 427532   1256 S  72.1 44.4   4:00.64 mysqld
19602 isucon    20   0  193036  56184   7524 S  32.2  5.8   0:46.60 bundle
19603 isucon    20   0  192004  55232   7636 R  32.2  5.7   0:33.31 bundle
19605 isucon    20   0  192468  55560   7844 R  31.9  5.8   0:21.09 bundle
19604 isucon    20   0  191796  54944   7860 S  27.9  5.7   0:20.32 bundle
```

그림 3.44 unicorn 설정 후 4개 병렬로 부하 테스트 중에 top 명령을 실행한 결과

Requests per second와 Time per request는 다음과 같은 결과를 얻었다.

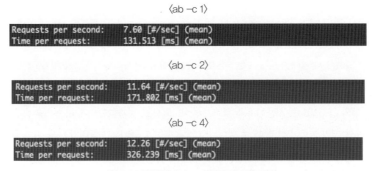

그림 3.45 각 병렬마다 ab 명령으로 얻은 결과

Requests Per Second는 병렬성이 증가할수록 개선된다. 초기에는 worker 프로세스가 1개이기 때문에 병렬성을 높여도 개선되지 않았지만, worker 프로세스를 늘려 CPU를 효과적으로 사용할 수 있게 되면서 Requests Per Second는 7에서 12로 대략 70%(약 1.7배) 개선됐다.

여기서 '1개의 병렬에서는 CPU가 65% 남았기 때문에(즉, 35%밖에 사용할 수 없었다) CPU를 100% 사용할 수 있다면 단순 계산으로 성능이 더 향상되지 않을까?'라는 의문이 있을 수 있지만, 웹 응용 프로그램은 단순히 CPU를 소비하는 계산 처리만을 하는 것이 아니다. 또한 아직 웹 응용 프로그램에서 가장 큰 병목은 MySQL이기 때문에 단순히 비례해 수치가 향상된 것이 아니다.

지연 시간에도 주목한다. 4개의 병렬에서 지연 시간은 unicorn의 worker 수에 따라 다음과 같이 변경됐다.

- unicorn worker 수 1 = 364.269 ms

- unicorn worker 수 4 = 326.239 ms

1개의 병렬에서 약 131ms의 지연 시간이었지만, worker 수를 증가시킴으로써 남은 CPU를 효과적으로 활용하게 되어 지연 시간이 낮아졌다.

동시 멀티 스레딩(SMT)의 영향

일부 CPU는 동시 멀티 스레딩(Simultaneous Multi-Threading, 이하 SMT) 구조를 사용해 실제 존재하는 물리적인 CPU 코어 수보다 많은 스레드를 동시에 실행시켜 물리 코어 수 이상의 CPU가 논리적으로 존재하는 것처럼 보이게 한다. 이번 장에서 사용한 c5.large 인스턴스도 Hyper-Threading Technology가 활성화되어 있어서 OS에서 인식되는 코어 수는 2개지만, 물리적인 코어가 2개 할당된 것은 아니다.

SMT는 idle 상태의 CPU 코어를 사용해 여러 코어가 동작하고 있는 것처럼 보이게 하는 기술이다. 하지만 CPU 사용률이 높아질수록 처리 능력이 선형적으로 향상되지 않기 때문에 CPU 사용률이 50%를 넘는 경우에는 CPU 사용률이 100%일 때 처리할 수 있는 요청 수의 2배를 처리할 수 있는 것이 아니다. 따라서 저자는 응용 프로그램 서버에 오토 스케일을 설정할 때 CPU 사용률이 50%를 넘지 않도록 용량 계획을 실시한다.

3-6 정리

이 장에서는 성능 향상 대상인 웹 서비스에 대해 부하 테스트를 실시하고 실제 성능을 개선하는 일련의 과정을 설명했다.

- 웹 응용 프로그램에서 성능을 계측하는 로그의 출력 및 집계 방법

- 벤치마커로 부하를 발생시키는 방법

- 부하 테스트 중 서버 자원 모니터링

- 로그 분석으로 병목 발견

- 데이터베이스에 인덱스를 생성해 성능 개선

다음 장에서는 좀 더 실제와 가까운 요청으로 웹 서비스에 액세스하는 부하를 발생시킬 수 있는 벤치마커의 구현에 대해 설명한다.

4

시나리오
부하 테스트

3장에서는 웹 서비스의 단일 URL에 ab 명령을 사용해 단순한 부하 테스트를 실시하면서 성능 튜닝을 시작했다. 이미 웹 서비스 내에서 부하가 높은 문제를 파악한 상태라면 1개의 URL에 대해 반복적으로 액세스하는 ab 명령만으로 목적을 달성할 수 있다.

하지만 실제 웹 서비스에서는 미리 어느 부분에 병목이 있는지 알 수 있는 경우가 많지 않고 오히려 병목 현상을 찾기 위해 부하 테스트를 실시하는 경우가 더 많다. 그러기 위해서는 실제 사용 상황을 모방해 다수의 URL에 여러 클라이언트에서 동시에 액세스하는 상황을 재현하고 그 상태에서 병목이 어디인지 확인해야 한다. 로그인 기능이 있는 웹 서비스라면 사용자의 로그인 상태 유지 등도 포함한 액세스가 필요하다.

이번 장에서는 k6 도구를 활용하여 복잡한 시나리오 부하 테스트를 실시할 수 있는 벤치마커를 만드는 방법을 소개한다.

ISUCON 대회 벤치마커

이번 장에서는 웹 서비스의 성능을 계측하는 벤치마커를 만드는 방법을 설명하는데, 실제 웹 서비스와 ISUCON 대회에서 사용하는 벤치마커는 다소 차이가 있다.

ISUCON에서는 웹 서비스의 외적인 동작은 변경하지 않는 것이 요구사항이다(규정에서 허용하는 범위는 제외). 하지만 점수를 겨루는 대회의 성격상 참가자가 벤치마커의 성능 값은 높지만 실제 웹 서비스에서는 허용되지 않는 변경을 할 수 있다. 예를 들어 필요한 데이터를 저장하는 과정을 생략해 응답 속도를 높이거나 특정 사용자를 위해 생성한 콘텐츠를 캐시한 후 다른 사용자에게 빠르게 반환하는 등의 행위다. 이러한 행위는 벤치마커가 자동으로 확인할 수 있게 해야 한다.

따라서 ISUCON 벤치마커에는 측정 중인 웹 서비스가 잘못된 방법으로 점수를 높이는 치트 행위를 하는지 실행 중에 확인하는 코드가 대량으로 포함돼 있다. 하지만 일반적으로 자신의 웹 서비스의 성능을 계측할 때는 점수를 잘 받기 위한 치트 행위를 하지 않는다. 이번 장에서 만들 벤치마커에서는 ISUCON 벤치마커에서 구현된 치트 행위를 감지하는 과정은 생략한다.

4-1　부하 테스트 도구 k6

k6[1]는 Grafana Labs[2]에서 공개한 부하 테스트를 위한 OSS로 다음과 같은 특징을 가지고 있다.

- 개발자가 사용하기 쉬운 API를 가진 CLI 제공
- 시나리오는 JavaScript(ES2015/ES6)로 작성 가능
- 실행 엔진은 Go로 구현(Node.js가 아님)

예를 들어 부하 테스트 시나리오는 다음과 같은 코드로 작성된 일련의 처리다.

1. 특정 URL로 요청 전송
2. 서버에서 반환된 응답 결과 분석
3. HTML에 있는 링크를 클릭하거나 양식을 제출하고 다시 요청을 전송
4. (위 과정을 반복)

k6는 다양한 종류의 시나리오를 작성하고 결합해 실제 사용 상황과 유사한 부하를 웹 서비스에 줄 수 있다. 단일 URL에 대한 연속적인 요청보다 웹 서비스의 실제 동작 상태를 더 잘 모방할 수 있어서 병목을 감지하는 데 효과적이다.

k6는 브라우저와 비슷하게 쿠키를 해석하고 시나리오에서 요청할 때 쿠키 헤더를 자동으로 추가해 사용자 로그인과 세션 유지를 모방할 수 있다. 또한 임의의 HTTP 헤더를 요청에 추가할 수 있기 때문에 사용자 지정 헤더로 인증 정보를 설정하는 API 서버에 대한 부하 테스트도 가능하다.

k6는 HTTP/1.1, HTTP/2, WebSocket, gRPC 프로토콜을 지원해 일반적인 웹 서비스와 REST API뿐만 아니라, WebSocket 스트리밍 API 및 gRPC 백엔드 서버에 대한 부하 테스트 시나리오도 작성할 수 있다.

▌k6 설치

k6 설치 방법은 공식 문서를 참조한다[3]. 설치를 완료하면 k6 명령을 실행할 수 있다(그림 4.1).

1　https://k6.io/
2　https://grafana.com/
3　https://k6.io/docs/get-started/installation/

```
$ k6 version
k6 v0.42.0 ((devel), go1.19.6, darwin/amd64)
```

그림 4.1 k6 버전 확인 ($ k6 version)

4-2 k6로 간단한 부하 테스트

3장에서 ab 명령을 사용해 1개의 URL에 요청을 송수신하는 것과 같은 시나리오를 k6로 작성하는 방법을 설명한다. 리스트 4.1의 코드를 ab.js로 저장한다. http.get()은 지정된 URL에 GET 요청을 전송하는 함수다.

리스트 4.1 단일 URL로 요청을 전송하는 시나리오

```
import http from "k6/http";

const BASE_URL = "http://localhost"; <- 요청을 보내는 URL을 작성

export default function () {
  http.get(`${BASE_URL}/`);
}
```

k6 명령을 사용해 private-isu에 ab -c 1 -t 30 명령과 마찬가지로 1개의 병렬로 30초간 요청을 전송한다. 3장에서 소개한 튜닝을 끝까지 완료한 상태(MySQL에 인덱스를 생성하고 unicorn의 worker 수를 4로 설정)다.

k6에서 병렬성은 --vus 옵션으로 지정한다[4]. k6에서 'Vus'(Virtual Users)는 웹 서비스 사용자를 나타낸다. 1개의 병렬(--vus 1), 30초간 실행(--duration 30s) 옵션을 지정해 k6를 실행한다.

---

4 https://k6.io/docs/cloud/#what-are-vus-virtual-users

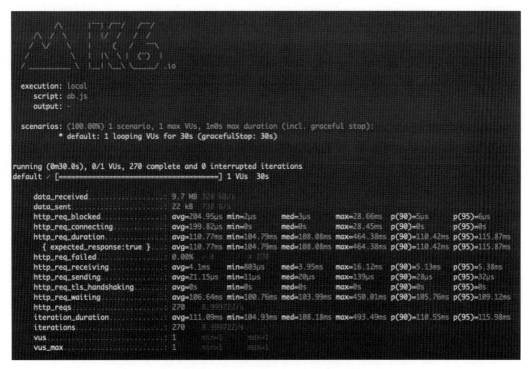

그림 4.2 k6 run −vus 1 −duration 30s ab.js 실행 결과

k6 run의 출력 결과 중 ab 명령에서의 Requests Per Second(초당 처리 가능한 요청 수, 처리량)는
http_reqs이며 Time Per Request(mean)(평균 응답 시간)은 http_req_duration의 avg다.

리스트 4.2 k6 run −−vus 1 −−duration 30s ab.js 실행 결과 (발췌)

```
http_reqs....................: 270    8.999722/s
http_req_duration.............: avg=110.77ms min=104.79ms med=108.08ms max=464.38ms
p(90)=110.42ms p(95)=115.87ms
```

3장에서는 ab 명령을 병렬성 1, 2, 4로 변경해 가며 실행했다. k6에서도 마찬가지로 −−vus를 1, 2, 4로
변경하며 실행한 결과 http_reqs와 http_req_duration(avg)은 다음과 같다.

표 4.1 병렬성 변경 결과(http_reqs)

병렬성	http_reqs(/s)	3장 ab의 Requests per second
1	8.999722/s	7.60/s
2	11.956636/s	11.64/s
4	12.361641/s	12.26/s

표 4.2 병렬성 변경 결과(http_req_duration)

병렬성	http_req_duration(avg)	3장 ab의 Time per request
1	110.77ms	131.513ms
2	166.84ms	171.802ms
4	322.47ms	326.239ms

3장에서 ab 명령으로 얻은 결과와 비슷한 것을 알 수 있다.

부하 테스트의 적절한 실행 시간

이 장에서 소개하는 부하 테스트는 30초라는 상대적으로 짧은 실행 시간을 지정한다. ISUCON 대회에서 벤치마커의 부하 실행 시간(점수 측정을 위해 계속해서 요청을 전송하는 시간)은 대부분 1분이다. 이렇게 상대적으로 짧은 시간이라도 초당 수십 개 이상의 요청을 처리할 수 있는 웹 서비스라면 처리 성능 자체의 계측은 문제없다. 부하 테스트 시간을 단축하면 짧은 시간에 여러 테스트를 반복해서 실행할 수 있다.

하지만 실제 웹 서비스에 대한 부하 테스트는 더 긴 시간 동안 부하를 줘서 계측하는 것이 좋다. 최소 5분 이상이 필요하다고 생각된다. 부하 테스트 중에는 서버 자원 모니터링을 하면서 지연 시간, 처리량뿐만 아니라 CPU, 메모리, Disk IO, 네트워크 트래픽 등의 자원 사용 상황도 기록하고 모니터링해야 한다.

서버 자원 모니터링 도구는 대부분 15초에서 1분 간격으로 결과를 기록한다. 그러나 장기간 결과를 기록할 때는 데이터양이 매우 많아지기 때문에 더 짧은 시간 간격으로 결과를 기록하기가 어렵다. 따라서 부하 발생 시간이 1분 이하인 경우 자원 사용에 대한 정확한 값을 기록하기가 어렵다.

1분 간격으로 기록되는 모니터링 도구를 사용해 5분간의 부하 테스트를 실시하는 경우 처음과 마지막 1분은 부하가 걸리지 않는 시간이 있을 수 있기 때문에 이때 얻은 값은 정확하지 않다. 따라서 처음과 마지막 1분을 제외한 3분간은 계속 부하가 걸리는 상태이므로 이 부분에서 얻은 값이 신뢰할 수 있는 정확한 값이 되므로, 최소 3개 이상의 기록 시간을 설정해야 한다.

응용 프로그램이나 미들웨어를 다시 시작한 직후에는 실행 중에 생성되는 캐시가 없고 JIT 컴파일러도 충분한 성능을 발휘하지 못할 수 있다. 따라서 캐시나 실행 환경의 워밍업을 위해 충분한 시간 동안 부하를 유지해야 한다.

부하 테스트에는 성능 테스트와 스트레스 테스트가 있다. 성능 테스트는 짧은 시간 동안 성능을 측정하는 것이 목적이며, 스트레스 테스트는 장기간 부하를 가하면서 자원 사용량이나 성능 등의 변화를 모니터링하는 것이 목적이다. 몇 시간에서 며칠 간의 긴 시간 동안 부하를 가하면 특히 웹 응용 프로그램이나 미들웨어의 메모리 사용량이 계속 증가하지 않는지(메모리 누수가 없는지), 실행 중에 데이터가 계속 증가함으로써 성능 문제가 발생하지 않는지 등을 모니터링 할 수 있다.

k6로 시나리오 작성

여기서는 복잡한 시나리오를 가진 벤치마커를 예로 private-isu와 함께 제공되는 ISUCON 벤치마커와 같은 요청을 k6에서 재현한다. 먼저 초기화를 위해 GET /initialize URL에 액세스하고, 웹 서비스가 규격을 충족하는지 확인하기 위한 요청을 순서대로 실행한다. 만약 문제가 발견되지 않으면 병렬성을 높여 다시 시작한다.

이번에는 ISUCON 벤치마커가 처음에 실행하는 요청에서 다음 처리 내용을 재현한다.

1. 웹 응용 프로그램 초기화 처리

2. 사용자가 로그인해 댓글을 작성하는 처리

3. 사용자가 로그인해 이미지를 게시하는 처리

▌ 시나리오에서 공통으로 사용하는 함수를 정의

먼저 부하 테스트 대상 URL을 지정하기 위한 함수를 정의하고 config.js로 저장한다. 시나리오가 작성된 코드에서 config.js 파일에 정의된 url() 함수를 import해 실행하기 때문에 부하 테스트 대상 URL을 하나의 파일에서 관리할 수 있다(리스트 4.3).

리스트 4.3 대상 URL을 지정하는 함수를 정의한 config.js

```
//localhost 이외를 대상으로 하는 경우는 아래 URL을 변경
const BASE_URL = "http://localhost";""


export function url(path)
  return `${BASE_URL}${path}`;
}
```

▌ 웹 서비스 초기화 처리 시나리오 작성

private-isu의 ISUCON 벤치마커는 실행 시 /initialize URL에 GET 요청을 먼저 보낸다. /initialize 요청은 private-isu에서 초기화를 수행한다.

이때 private-isu 규정에 따르면 `GET /initialize` 요청에 대한 응답은 10초 이내에 반환돼야 한다. 이를 위해 `http.get()` 함수의 두 번째 매개변수에 타임아웃을 설정하는 매개변수를 추가한다(리스트 4.4). 추가할 수 있는 매개변수에 대해서는 문서[5]를 참조하면 된다.

이외에도 사용자 지정 쿠키 전송이나 요청 헤더 추가 등이 가능하다.

리스트 4.4. 웹 서비스를 초기화하는 시나리오 initialize.js

```
// k6의 http 처리 모듈을 import
import http from "k6/http";""

// k6의 sleep 함수를 import
import { sleep } from "k6";""

// 사용자 지정 url 함수를 import
import { url } from "./config.js";""

// k6이 실행하는 함수
// /initialize에 10초의 타임아웃을 지정해 GET 요청을 전송하고 요청 완료 후 1초 동안 대기
export default function () {
  http.get(url("/initialize"), {""
    timeout: "10s",""
  });
  sleep(1);
}
```

initialize.js는 `k6 run` 명령으로 단독 실행을 할 수 있고 다른 코드에서 `import initialize fro"m "./initialize"js";` 옵션으로 import해 시나리오의 일부로 실행할 수도 있다. 다음은 k6로 `GET /initialiuze`를 1회 송수신한 결과다(그림 4.3).

---

5 https://k6.io/docs/javascript-api/k6-http/params/

```
execution: local
   script: initialize.js
   output: -

scenarios: (100.00%) 1 scenario, 1 max VUs, 10m30s max duration (incl. graceful stop):
         * default: 1 iterations for each of 1 VUs (maxDuration: 10m0s, gracefulStop: 30s)


running (00m01.5s), 0/1 VUs, 1 complete and 0 interrupted iterations
default ✓ [======================================] 1 VUs  00m01.5s/10m0s  1/1 iters, 1 per VU

   data_received..................: 264 B 172 B/s
   data_sent......................: 93 B  61 B/s
   http_req_blocked...............: avg=14.09ms  min=14.09ms  med=14.09ms  max=14.09ms  p(90)=14.09ms  p(95)=14.09ms
   http_req_connecting............: avg=13.95ms  min=13.95ms  med=13.95ms  max=13.95ms  p(90)=13.95ms  p(95)=13.95ms
   http_req_duration..............: avg=515.38ms min=515.38ms med=515.38ms max=515.38ms p(90)=515.38ms p(95)=515.38ms
     { expected_response:true }...: avg=515.38ms min=515.38ms med=515.38ms max=515.38ms p(90)=515.38ms p(95)=515.38ms
   http_req_failed................: 0.00%  ✓ 0        ✗ 1
   http_req_receiving.............: avg=115µs    min=115µs    med=115µs    max=115µs    p(90)=115µs    p(95)=115µs
   http_req_sending...............: avg=233µs    min=233µs    med=233µs    max=233µs    p(90)=233µs    p(95)=233µs
   http_req_tls_handshaking.......: avg=0s       min=0s       med=0s       max=0s       p(90)=0s       p(95)=0s
   http_req_waiting...............: avg=515.03ms min=515.03ms med=515.03ms max=515.03ms p(90)=515.03ms p(95)=515.03ms
   http_reqs......................: 1      0.65163/s
   iteration_duration.............: avg=1.53s    min=1.53s    med=1.53s    max=1.53s    p(90)=1.53s    p(95)=1.53s
   iterations.....................: 1      0.65163/s
   vus............................: 1      min=1      max=1
   vus_max........................: 1      min=1      max=1
```

그림 4.3 $ k6 run —vus 1 initialize.js

sleep() 함수: 일정시간 대기

`initialize.js` 파일에서는 `GET /initialize`의 응답을 받은 후 1초간 대기하는데, 이때 사용하는 함수는 k6에서 제공하는 `sleep` 함수다. `sleep` 함수는 인수로 받은 초 단위의 시간 동안 대기하는 기능을 수행한다.

일반적으로 사용자의 행동을 시뮬레이션할 때는 요청을 연속해서 보내는 것보다 응답 받은 후 일정 시간을 두고 다음 요청을 보내는 것이 적절하다.

사용자가 로그인해 댓글을 작성하는 시나리오 작성

private-isu는 쿠키를 사용해 로그인 세션을 유지한다. 댓글이나 이미지를 게시하려면 로그인이 필요하다. 앞에서 설명했듯이 k6는 `Set-Cookie` 헤더를 해석하고 후속 요청에 자동으로 `Cookie` 헤더를 자동으로 추가하기 때문에 로그인 세션을 유지하기 위해 추가적인 기술을 사용할 필요가 없다.

이 시나리오는 다음과 같은 순서로 요청을 전송한다.

1. /login에 계정 이름과 비밀번호를 POST해서 로그인

2. 로그인에 성공하면 사용자 페이지 /@(계정 이름)을 GET으로 취득

3. 사용자 페이지 양식에서 댓글을 POST

   HTML 양식의 hidden 요소로 포함된 csrf_token과 post_id도 함께 전송

이러한 과정을 k6의 시나리오로써 코드로 작성하면 다음과 같다(리스트 4.5). 일련의 과정대로 코드에 작성돼 있다.

리스트 4.5 사용자가 로그인해 댓글을 게시하는 시나리오 comment.js

```javascript
// k6의 http 처리 module을 import
import http from 'k6/http';

// k6에서 check함수를 import
import { check } from 'k6';

// k6에서 HTML을 구문 분석하는 함수 import
import { parseHTML } from "k6/html";

// url 함수를 import
import { url } from "./config.js";

// 벤치마커가 실시하는 시나리오 함수
// 로그인 후 댓글 게시
export default function () {
// /login에 계정 이름과 비밀번호 전송
  const login_res = http.post(url("/login"), {""
    account_name: 'terra',
    password: 'terraterra',
  });

// 응답의 상태 코드가 200인 것을 확인
  check(login_res, {
    "is status 200": (r) => r.status === 200,""®
  });
  // 사용자 페이지 /@terra 을 GET
```

```
  const res = http.get(url("/@terra"));""
  // 응답 내용을 HTML로 해석
  const doc = parseHTML(res.body);
  // 양식의 hidden 요소에서 csrf_token, post_id을 추출
  const token = doc.find('input[name="csrf_token"]').first().attr("value");'""'"
  const post_id = doc.find('input[name="post_id"]').first().attr("value");'""'"
  // /comment에 대해 post_id, csrf_token과 함께 댓글 본문을 POST
  const comment_res = http.post(url("/comment"), {""
    post_id: post_id,
    csrf_token: token,
    comment: "Hello k6!",""
  });
  check(comment_res, {
"    "is status 200": (r) => r.status === 200,"
  });
}
```

comment.js는 initialize.js와 마찬가지로 k6 run 명령으로 단독 실행을 할 수 있고 다른 코드에서
import comment fr"om "./comment.js""; 옵션으로 import해 시나리오의 일부로 실행할 수도 있다.

그림 4.4 k6 run --vus 1 comment.js 실행

check() 함수: 응답 내용 확인

k6가 정의한 check() 함수를 사용해 시나리오 실행 중 원하는 값을 검사할 수 있다[6]. comments.js에서는 요청 결과로 받은 응답의 상태 코드가 200과 일치하는지 확인하기 위해 check() 함수를 적절히 사용해 시나리오 실행 중 얻은 응답의 상태 코드가 벤치마커가 의도한 값인지 확인할 수 있다.

k6는 서버에서 받은 응답이 HTTP 리디렉션(redirection)인 경우(상태코드 302 등) 자동으로 해당 URL로 요청을 전송하므로 시나리오 코드에서 받은 응답 객체는 리디렉션 후 요청의 결과다.

private-isu의 웹 응용 프로그램은 /login이나 /comment로의 POST가 정상적으로 완료된 후 리디렉션하므로 comments.js에서 검사하는 응답 객체는 리디렉션을 나타내는 302가 아닌, 리디렉션 후 요청이 성공한 것을 나타내는 200이다. k6 run 출력에서 check() 함수의 실행 횟수와 성공 횟수가 표시된다.

```
checks.........................: 100.00% ✓ 2         ✗ 0
```

그림 4.5 k6 run 출력에서 check()의 실행 결과 표시(1)

checks 100%는 시나리오에서 실행된 check() 함수의 결과다.

만약 check() 함수가 실패하면 벤치마커가 예상하지 못한 응답을 받았거나 웹 서비스가 정상적으로 작동하지 않을 가능성이 있다.

```
checks.........................: 50.00% ✓ 19        ✗ 19
```

그림 4.6 k6 run 출력에서 check()의 실행 결과 표시(2)

부하 테스트를 할 때는 서버 모니터링 및 로그 분석도 함께 진행하기 때문에 서비스가 정상적으로 동작하지 않을 가능성이 있다. 벤치마커에서도 중요한 확인 시점에 check() 함수를 사용하여 예상치 못한 응답이 반환되지 않았는지 확인해야 한다.

parseHTML() 함수: HTML 내의 요소를 취득

시나리오 작성 시 웹 서비스에서 반환된 응답의 내용을 추출해 후속 요청의 매개변수로 사용해야 할 때가 있다. 예를 들어 private-isu에서 댓글을 게시할 때 csrf_token 및 post_id 값을 요청에 포함해야 한다. 이 값을 추출하기 위해서는 응답 결과의 HTML을 구문 분석해야 한다.

6 https://k6.io/docs/using-k6/checks/

k6에서는 HTML을 구문 분석하려면 k6/html 모듈[7]의 parseHTML() 함수[8]를 사용한다(리스트 4.6). 이 함수는 구문 분석된 결과를 DOM 트리에 저장하는 Selection 객체를 반환한다. 이 객체에 대해 find() 함수를 실행해 요소를 가져올 수 있다. find() 함수는 jQuery[9]의 find()와 유사한 선택자(selector) 문자열을 인수로 받고 Selection 객체를 반환한다.

리스트 4.6 k6의 parseHTML() 사용 예

```
// 응답 내용을 HTML로 구문 분석
const doc = parseHTML(res.body);

// 양식의 hidden 요소에서 csrf_token, post_id 추출
const token = doc.find('input[name="csrf_token"]').first().attr("value");
const post_id = doc.find('input[name="post_id"]').first().attr("value");
```

HTML의 구문 분석은 처리하기에 비교적 무겁기 때문에 k6를 실행할 때 CPU를 많이 소비한다. 불필요한 부분에서 실행하면 벤치마커를 실행하는 호스트의 CPU를 많이 소비하게 돼 웹 서비스보다 벤치마커에서 병목이 발생할 수 있다. 실행은 가능한 한 최소한으로 제한해야 한다.

▌파일 업로드가 포함된 양식 제출

private-isu는 이미지를 게시하는 게시판이므로 k6에서 이미지 파일 업로드를 할 수 있어야 한다. 이를 위해 k6에서는 open() 함수[10]로 파일을 읽어 들일 수 있다. 읽어 들인 파일을 http.file()로 처리해 업로드할 파일을 http.post() 함수에 전달할 매개 변수로 지정할 수 있다. 따라서 사용자가 로그인한 후 양식에서 이미지를 업로드하는 시나리오의 코드는 다음과 같다(리스트 4.7).

리스트 4.7 로그인한 후 양식에서 이미지를 업로드하는 시나리오 postimage.js

```
// http 처리 모듈을 import
import http from 'k6/http';

// HTML을 구문 분석하는 함수를 import
import { parseHTML } from "k6/html";

// 요청 대상 URL을 생성하는 함수를 import
```

---

7 https://k6.io/docs/javascript-api/k6-html/
8 https://k6.io/docs/examples/parse-html/
9 https://jquery.com/
10 https://k6.io/docs/javascript-api/init-context/open/

```
import { url } from "./config.js";

// 파일을 바이너리로 열기
const testImage = open("testimage.jpg", "b");

// k6가 실행하는 함수
// 로그인한 후  사진을 게시하는 시나리오
export default function () {
  const res = http.post(url("/login"), {
    account_name: "terra",
    password: "terraterra",
  });
  const doc = parseHTML(res.body);
  const token = doc.find('input[name="csrf_token"]').first().attr("value");
  http.post(url("/"), {

    // http.file에서 파일 업로드
    file: http.file(testImage, "testimage.jpg", "image/jpeg"),
    body: "Posted by k6",
    csrf_token: token,
  });
}
```

▌시나리오에서 사용할 외부 데이터 준비

지금까지 소개한 시나리오에서는 코드 내에 직접 작성한 account_name과 password를 사용해 로그인을 처리했다. 그러나 이 방법은 병렬성을 높여도 여전히 하나의 계정으로만 로그인하게 된다. 따라서 실제 사용 상황을 재현하기 위해서는 k6에서 병렬 실행 단위(VUs)마다 다른 계정을 사용해야 한다. 미리 사용할 수 있는 계정 정보를 준비하고 시나리오에서 해당 정보를 사용해 본다.

사전에 존재하는 계정 정보를 JSON 형식 파일로 준비한다(리스트 4.8). 리스트 4.9는 JSON에서 계정 정보를 임의로 선택하고 반환하는 함수를 getAccount()라는 이름으로 export하는 모듈의 예다.

SharedArray는 k6의 초기화 시에 한 번만 메모리에 읽히고 각 VUs에서 읽기 전용으로 공유되는 배열 객체다[11]. Vus 간에 공유할 읽기 전용 데이터를 유지하는 데 사용할 수 있다. 또 이 SharedArray에 쓰기를 해도 다른 Vus에는 반영되지 않기 때문에 SharedArray는 Vus 간의 통신 수단으로 사용할 수 없다.

---

[11] https://k6.io/docs/javascript-api/k6-data/sharedarray/

리스트 4.8 계정 정보를 정의하는 JSON 파일 accounts.json

```json
[
  {
    "account_name": "terra",
    "password": "terraterra"
  },
  {
    "account_name": "sheri",
    "password": "sherisheri"
  },
  {
    "account_name": "janelle",
    "password": "janellejanelle"
  },
  {
    "account_name": "chasity",
    "password": "chasitychasity"
  },
]
```

리스트 4.9 accounts.json을 SharedArray로 로드하는 모듈 accounts.js

```javascript
// SharedArray를 import
import { SharedArray } from 'k6/data';

// accounts.json을 읽어 들여 SharedArray로 지정
const accounts = new SharedArray('accounts', function () {
  return JSON.parse(open('./accounts.json'));
});

// SharedArray에서 임의로 1건 꺼내 반환하는 함수
export function getAccount() {
  return accounts[Math.floor(Math.random() * accounts.length)];
}
```

리스트 4.9의 코드를 `accounts.js`라는 이름으로 저장하면 시나리오 코드에서 리스트 4.10과 같이 `import`해 사용할 수 있다.

리스트 4.10 accounts.js를 import해 getAccount() 함수를 사용하는 시나리오

```
// getAccount 함수를 accounts.js에서 import
import { getAccount } from "./accounts.js";

function commentScenario() {
  // 임의로 1개 계정 선택
  const account = getAccount();

  // /login에 전송
  const login_res = http.post(url("/login"), {
    account_name: account.account_name,
    password: account.password,
  });
  // …
```

앞에서 설명한 comment.js와 postimage.js의 로그인 처리를 리스트 4.10과 같이 변경한다.

4-4 여러 시나리오를 결합한 통합 시나리오 실시

지금까지 작성한 3개의 시나리오인 initialize.js, comment.js, postimage.js를 조합해 일련의 부하 테스트를 실시한다. k6에서는 여러 시나리오 함수를 지정한 조건으로 조합해 실행할 수 있다[12].

다음 코드는 k6에서 여러 시나리오 함수를 조합해 실행하는 방법의 예다(리스트 4.11). 각 주석에 코드 정의를 기술하고 있다.

리스트 4.11 여러 시나리오 함수를 조합해 실행 integrated.js

```
// 각 파일에서 시나리오 함수 가져오기
import initialize from "./initialize.js";
import comment from "./comment.js";
import postimage from "./postimage.js";

// k6이 각 함수를 실행할 수 있도록 export
export { initialize, comment, postimage };
```

---

12 https://k6.io/docs/using-k6/scenarios/

```
// 여러 시나리오를 결합하여 실행하는 옵션 정의
export const options = {
  scenarios: {
    initialize: {
      executor: "shared-iterations",  // 일정량의 실행을 복수의 VUs로 공유하는 메커니즘
      vus: 1,                          // 동시 실행 수(초기화이므로 1)
      iterations: 1,                   // 반복 횟수(초기화이므로 1회만)
      exec: "initialize",              // 실행할 시나리오의 함수 이름
      maxDuration: "10s",              // 최대 실행 시간
    },
    comment: {
      executor: "constant-vus",        // 여러 VUs를 병렬로 실행하는 메커니즘
      vus: 4,                          // 4 VUs에서 실행
      duration: "30s",                 // 30초 동안 실행
      exec: "comment",                 // comment 함수 실행
      startTime: "12s",                // 12초 후 실행 시작
    },
    postImage: {
      executor: "constant-vus",
      vus: 2,
      duration: "30s",
      exec: "postimage",
      startTime: "12s",
    },
  },
};

// k6이 실행하는 함수. 정의는 공란
export default function() { }
```

실행 옵션을 코드로 정의하는 경우, export default function에 빈 함수 정의만 필요하다. k6 run 실행 시 --vus와 같은 옵션을 지정하지 않고 파일 이름만 지정하여 실행할 수 있다.

또한 각 시나리오에서 지정한 executor는 shared-iterations나 constant-vus 외에도 다른 것이 있다. 상세한 내용은 k6 문서를 참조해야 한다.

▌통합 시나리오 실행 결과 예

integrated.js를 사용해 여러 시나리오를 조합한 부하 테스트의 결과는 다음과 같다(일부 발췌).

```
scenarios: (100.00%) 3 scenarios, 7 max VUs, 1m12s max duration (incl. graceful stop):
         * initialize: 1 iterations shared among 1 VUs (maxDuration: 10s, exec: initialize, gracefulStop: 30s)
         * comment: 4 looping VUs for 30s (exec: comment, startTime: 12s, gracefulStop: 30s)
         * postImage: 2 looping VUs for 30s (exec: postimage, startTime: 12s, gracefulStop: 30s)


running (0m43.3s), 0/7 VUs, 272 complete and 0 interrupted iterations
initialize ✓ [==========================] 1 VUs  01.1s/10s  1/1 shared iters
comment    ✓ [==========================] 4 VUs  30s
postImage  ✓ [==========================] 2 VUs  30s


     ✓ is status 200

     checks.........................  100.00% ✓ 320    ✗ 0
     data_received..................  13 MB   290 kB/s
     data_sent......................  1.7 MB  40 kB/s
     http_req_blocked...............  avg=218.44µs min=1µs    med=4µs     max=21.16ms p(90)=6µs     p(95)=7µs
     http_req_connecting............  avg=212.85µs min=0s     med=0s      max=21.05ms p(90)=0s      p(95)=0s
     http_req_duration..............  avg=146.25ms min=14.4ms med=86.96ms max=1.29s   p(90)=332.22ms p(95)=369.03ms
       { expected_response:true }...  avg=146.25ms min=14.4ms med=86.96ms max=1.29s   p(90)=332.22ms p(95)=369.03ms
     http_req_failed................  0.00%   ✓ 0      ✗ 1245
     http_req_receiving.............  avg=2.77ms   min=35µs   med=111µs   max=22.11ms p(90)=12.41ms  p(95)=13.43ms
     http_req_sending...............  avg=30.45µs  min=9µs    med=24µs    max=225µs   p(90)=59.6µs   p(95)=90µs
     http_req_tls_handshaking.......  avg=0s       min=0s     med=0s      max=0s      p(90)=0s      p(95)=0s
     http_req_waiting...............  avg=143.44ms min=14.34ms med=86.86ms max=1.28s   p(90)=322.83ms p(95)=361.66ms
     http_reqs......................  1245    28.786091/s
     iteration_duration.............  avg=675.75ms min=333.51ms med=657.66ms max=1.99s p(90)=864.87ms p(95)=977.96ms
     iterations.....................  272     6.289009/s
     vus............................  1       min=0      max=6
     vus_max........................  7       min=7      max=7
```

그림 4.7 k6로 integrated.js를 실행한 결과

이 결과에서 다음 값을 확인할 수 있다.

- http_reqs: 총 1245개의 요청을 보내고 초당 요청 수는 28.786091req/sec

- http_req_failed: HTTP 요청 실패는 0

- http_req_duration: 평균 응답 시간은 146.25ms

- checks: check() 함수에 의한 검사는 모두 성공

이 결과는 모든 엔드포인트에 대한 요청 결과가 한꺼번에 출력돼 있다. 이번 시나리오에 포함된 각 URL에 대해 개별적으로 횟수나 응답 시간을 집계해 본다.

K6에는 실행 중에 상세한 메트릭을 출력하는 기능이 포함돼 있다. 출력 대상은 CSV나 JSON과 같은 파일 외에도 프로메테우스[13]나 StatsD[14]와 같은 모니터링 도구, Amazon CloudWatch[15], Datadog[16], New Relic[17]과 같은 클라우드 서비스에 출력해 시각화할 수 있다. 자세한 내용은 k6 문서를 참조한다[18].

하지만 이 기능으로 출력된 메트릭은 시나리오가 실행 중 1개의 요청당 여러 메트릭이 출력되는 원시 데이터다. 따라서 만약 URL별로 평균 응답 시간을 출력하려면 다른 방법으로 집계해야 한다.

부하 테스트 실행 결과를 비교했을 때 ab와 k6 run에 의한 결과가 거의 일치했다. 또한 3장에서는 ab 실행 결과와 nginx의 액세스 로그를 alp로 분석한 결과가 거의 일치했다. 즉, nginx의 액세스 로그 집계를 통해 URL별 평균 응답 시간을 계산하면 k6에 의한 통합 시나리오 부하 테스트 결과도 파악할 수 있다.

4-5 부하 테스트에서 얻은 액세스 로그 해석

여러 시나리오 부하 테스트에 의해 기록된 액세스 로그를 3장에서 설명한 alp로 해석해 본다. alp를 실행한 결과는 다음과 같다.

```
| COUNT | METHOD |      URI      |  MIN  |  AVG  |  MAX  |  SUM   |
| 271   | GET    | /             | 0.184 | 0.308 | 0.844 | 83.384 |
| 160   | GET    | /@\w+         | 0.048 | 0.196 | 0.440 | 31.312 |
| 271   | POST   | //login       | 0.016 | 0.072 | 0.260 | 19.532 |
| 271   | GET    | /posts/[0-9]+ | 0.004 | 0.038 | 0.312 | 10.432 |
| 160   | POST   | //comment     | 0.004 | 0.042 | 0.212 | 6.656  |
| 1     | GET    | //initialize  | 0.048 | 0.048 | 0.048 | 0.048  |
```

그림 4.8 alp json --sort sum -r -m "/posts/[0-9]+,/@₩w+" -o count,method,uri,min,avg,max,sum --file /var/log/nginx/
access.log 실행 결과

---

13 https://prometheus.io/
14 https://github.com/statsd/statsd
15 https://aws.amazon.com/ko/cloudwatch
16 https://www.datadoghq.com/
17 https://newrelic.com/
18 https://k6.io/docs/results-output/real-time/

alp에 지정한 옵션의 의미는 다음과 같다

- **--sort sum -r**: 응답 합계가 큰 URL에서 내림차순으로 표시
- **-m "/posts/[0-9]+,/@\w+"**
  - URL의 /posts/{ 게시 ID}를 /posts/[0-9]+에 집계
  - URL의 /@{계정 이름}을 /@\w+로 집계
- **-o count,method,uri,min,avg,max,sum**: URL별 요청 횟수, 메소드, 응답 시간 최소, 평균, 최대, 합계 출력

이제 이 결과를 해석해 본다. 초기화 처리인 GET /initialize를 제외한 모든 엔드포인트에 대해 수치를 확인해 본다. 응답 시간의 합계(SUM)가 가장 큰 순으로 정렬하면 상위 3개는 다음과 같다.

1. 메인 페이지(GET /)......................................83.384s
2. 사용자 페이지(GET /@{계정 이름})....31.312s
3. 로그인 처리(POST /login).......................19.352s

'튜닝은 병목에서부터'라는 원칙을 고려하면 대량으로 호출되고 평균 응답 시간이 큰 사용자 페이지와 메인 페이지를 개선해야 한다. 또한, 이번 시나리오에서는 사용자가 로그인한 후 댓글이나 이미지를 게시하는 과정이기 때문에 로그인 처리 엔드포인트인 POST /login도 많이 호출되어 상위에 있다.

다음으로 게시물 처리에 사용되는 POST 엔드포인트에만 주목해 본다. 호출 횟수를 무시하고 평균 응답 시간만 보면 다음 2개를 확인할 수 있다.

1. 로그인 처리(POST /login).......................0.072.s
2. 댓글 게시 처리(POST /comment)............0.042s

이미지나 댓글을 게시하는 처리보다 로그인 처리가 더 느리다는 결과가 나왔다. private-isu의 초기 상태에서는 로그인 처리에서 외부 명령을 호출하기 때문에 성능 문제가 발생하기 쉬운 구조다. 이 문제에 대한 자세한 내용은 8장에서 다룰 것이지만, 웹 응용 프로그램 내에서 함수 정의가 외부 명령을 호출하지 않도록 변경하면 쉽게 성능을 향상시킬 수 있다.

이처럼 실제 사용자의 액세스 동작을 재현한 시나리오 벤치마커를 실행하고 얻은 액세스 로그를 분석해 호출 횟수가 많은 부분이나 상대적으로 무거운 부문(병목)을 확인할 수 있었다. 병목을 발견하면 해당

처리를 코드나 로그 등으로 자세히 확인해 문제를 수정해야 한다. 그 후에 다시 부하 테스트를 실행해 수정한 내용이 실제로 효과를 발휘하는지 수치로 확인할 수 있다.

실제 웹 서비스에 대한 성능 튜닝에도 부하 테스트 결과나 로그 분석, 부하가 걸린 상태의 시스템 자원 사용 상태에서 병목을 발견해야 한다. 어디가 문제인지 모르는 상태에서 막연하게 코드를 변경하거나 미들웨어 설정을 변경하는 것만으로는 성능을 개선하기 어렵다.

4-6 정리

이 장에서는 private-isu에 대한 부하 테스트를 위한 시나리오를 갖춘 벤치마커를 만들고 부하 테스트 결과 및 로그를 분석하는 방법에 대해 설명했다.

이후 장에서는 웹 서비스를 구성하는 요소와 각각의 튜닝 방법에 대해 자세히 다룬다. 모든 구성 요소에서 '계측으로 병목을 발견하고 각 문제에 대해 수정한 후 결과를 확인하고 다시 병목을 수정'하는 개선 과정이 중요하다.

실제 액세스 상황을 재현한 부하 테스트를 위해

이번 장에서 작성한 시나리오 벤치마커는 실제 웹 서비스에 대한 요청과 차이가 있으며 사용자가 이미지나 CSS와 같은 정적 콘텐츠를 받는 것을 재현하지 않는다. 따라서 정적 콘텐츠 전송에 성능 문제가 있어도 이를 감지할 수 없다는 한계가 있다(다만, private-isu에 있는 ISUCON 벤치마커는 정적 콘텐츠를 취득한다는 차이점이 있다).

또한, 실제 웹 서비스에서의 사용자 이용 상황을 고려하면 이번 장에서 작성한 시나리오처럼 로그인 처리가 매번 발생하지 않을 수도 있다. 이번 장에서는 설명을 단순화하기 위해 사용자가 로그인한 후 댓글이나 이미지 업로드를 한 번 실행한 후 즉시 서비스에서 벗어나도록 설정했지만, 실제 웹 서비스에서는 로그인한 후 사용자가 다른 작업도 많이 수행하게 된다.

부하 테스트를 실시하기 전에는 웹 서비스의 실제 액세스 로그를 분석해 사용자의 사용 패턴을 파악해야 한다. 또한 출시 전에는 예상되는 사용 사례에서 액세스 패턴을 가정하고 그에 맞는 시나리오를 작성해야 한다. 사용자의 액세스 패턴을 완전히 재현하기는 어렵지만, 실제 액세스 상황과 크게 다른 시나리오로 부하 테스트를 실행하면 그 결과의 타당성이 떨어진다.

5

데이터베이스
튜닝

이 장에서는 데이터베이스 튜닝을 통한 웹 서비스의 고속화에 대해 설명한다. 이전 장에서 서버 부하나 MySQL의 슬로우 쿼리 로그에서 부하 원인을 찾고 데이터베이스에 인덱스를 생성해 RPS(Requests Per Second) 값이 개선된 것을 확인했다. 이번 장에서는 인덱스를 생성해 응답 속도가 개선된 이유를 단계적으로 설명하고 데이터베이스 튜닝 방법을 알아본다.

웹 서비스에서 데이터베이스는 필수적이며 저장소 역할을 한다. 데이터베이스는 데이터를 저장하고 필요한 정보를 언제든지 가져올 수 있다. 데이터베이스는 매우 중요한 시스템으로서 일상생활에서 사용하는 대부분의 웹 서비스에서 사용된다. 데이터베이스가 없으면 SNS나 EC 사이드 등 일싱생활에서 사용하는 대부분의 웹 서비스를 구현할 수 없다. 데이터베이스의 역할은 중요하며 일단 저장된 데이터를 잃지 않는 것, 데이터 불일치를 일으키지 않거나 즉시 불일치를 발견할 수 있는 것을 요구하는 중요한 시스템으로, 항상 빠른 응답 속도를 유지해야 하는 고부하 시스템이다. 웹 서비스의 고속화에서도 데이터베이스 튜닝이 차지하는 비중은 크며, 과거 ISUCON에서도 점수를 높이기 위해 가장 먼저 데이터베이스의 부하를 줄여야 했다.

5-1 데이터베이스의 종류 및 선택

웹 서비스에서는 사용 용도에 따라 다양한 종류의 데이터베이스를 사용한다. private-isu 대회용 응용 프로그램 서버에서는 MySQL 8.0을 사용한다. MySQL은 오라클이 개발한 오픈소스 관계형 데이터베이스 관리시스템(RDBMS)으로, 세계에서 가장 인기 있는 오픈소스 RDBMS 중 하나다. 이 장에서는 RDBMS, NoSQL, NewSQL 등 웹 서비스에서 사용되는 데이터베이스의 특징과 웹 서비스 고속화와의 관계를 설명한다.

▌일관성을 강조하는 RDBMS

관계형 데이터베이스는 데이터를 테이블 형식으로 다루는 시스템으로, SQL 쿼리를 사용해 조회하고 강력한 일관성을 갖는 것이 특징이다.

일관성이란 무엇일까? 예를 들면 은행 시스템에서 계좌 간에 이체할 때 이체 처리 과정 전후로 일관성이 유지돼야 한다. 이체 계좌의 잔액이 음수가 되지 말아야 하고, 문제가 발생하면 처리한 것을 취소해 다시 원점으로 되돌릴 수 있어야 한다. 여러 테이블에 걸쳐 처리해야 하는 경우에도 일관성을 유지해야 한다는 특성이 있는데, RDBMS는 이 특성을 갖추고 있다. MySQL 이외의 대표적인 관계형 데이터베이스인 오픈소스 소프트웨어로는 다음과 같은 것이 있다.

- MariaDB: MySQL에서 파생된 오픈소스 데이터베이스

  https://mariadb.org/

- PostgreSQL: 다기능 및 확장성이 뛰어난 데이터베이스

  https://www.postgresql.org/

- SQLite: 라이브러리로 제공되며 응용 프로그램에 내장되어 사용되는 데이터베이스

  https://www.sqlite.org/index.html

또한 상용 제품으로는 Oracle Database나 SQL Server 등이 있으며 클라우드 서비스로는 오픈소스의 호환 데이터베이스 또는 상용 데이터베이스를 관리형 서비스(Managed Service)로 제공하는 다음과 같은 서비스가 있다.

- Amazon RDS, Amazon Aurora(AWS)

  https://aws.amazon.com/ko/rds/

- Cloud SQL(GCP)

  https://cloud.google.com/sql?hl=ko

웹 서비스 개발자는 시스템 특성과 운영 형태 등을 고려해 적절한 RDBMS를 선택해 사용한다. RDBMS를 사용할 때 몇 가지 예외를 제외하고 웹 응용 프로그램과 동일한 또는 다른 서버에 독립된 프로세스로 RDBMS 서비스를 시작한다. 응용 프로그램으로부터 TCP/IP 또는 Unix Domain Socket(동일 서버의 경우)을 통해 각각 독자적인 프로토콜로 통신을 확립하고 데이터 접근은 SQL을 통해 이루어진다.

RDBMS는 강력한 일관성을 유지하기 위해 다양한 대책을 강구한다. 예를 들면 서버 프로세스의 갑작스러운 종료나 전원 차단 등의 상황에서도 데이터를 보존하기 위해 업데이트 로그를 작성하거나 트랜잭션 커밋마다 디스크에 강제로 기록하는 시스템 콜 등의 방식을 사용한다.

일반적으로 RDBMS는 여러 서버에 데이터를 분산시키는 방식으로는 확장성(scalability) 개선이 어렵다고 알려져 있다. 같은 서버 내가 아닌 네트워크에서 데이터를 일치시키고 안정적으로 기록하는 등 여러 서버 간에 일관성을 유지하기 위해서는 극복해야 할 기술적인 어려움이 있다. 이를 극복하기 위해 데이터 일치를 비동기적으로 수행해 백업 또는 읽기 전용 복제본(Read Replica)을 만드는 등으로 일관성을 완화할 수 있다. 또한 데이터의 읽기 부하를 읽기 전용 복제본으로 오프로드(offload)해 스케일을 확보할 수 있다.

▌응용 프로그램 요구에 맞춘 NoSQL

RDBMS는 강한 일관성 때문에 성능이 떨어지는 경우가 있다. 동시에 여러 개의 트랜잭션이 발생하면 충돌을 피하고자 모든 것이 처리될 때까지 데이터를 락(lock)으로 처리하기 때문이다. 2000년대 중반부터 SNS 등 사용자 참여형 웹 서비스가 등장하면서 데이터 크기나 갱신 트랜잭션 수가 방대해지면서 이러한 일관성을 유지하는 RDBMS만으로는 부하를 처리하기 어려운 상황이 발생했다. 그래서 NoSQL이 주목받게 됐다.

NoSQL은 RDBMS처럼 강한 일관성을 갖지 않지만, 대신 처리 속도가 빠르고 높은 확장성을 갖는다.

NoSQL 중 하나인 **memcached**는 livejournal[1]라는 블로그 시스템을 운영하는 회사에서 만들어진 캐시용 키-값 데이터베이스(Key Value Store, 이하 KVS)로, 1개의 키에 1개의 데이터를 저장한다. memcached는 모든 데이터를 메모리에서 처리하기 때문에 처리 속도가 빠르다는 특징이 있다(사례는 많지 않지만, 버전 1.5.4 이후에는 외부 스토리지에 데이터를 저장할 수 있다[2]).

많은 사람이 SNS나 블로그 서비스를 운영할 때 memcached를 사용한다. memcached는 데이터를 임시로 저장하기 위해 만들어졌다. 실행 시 지정한 메모리 영역에 도달해 새로운 데이터를 저장할 수 없게 되면 사용하지 않는 데이터를 자동으로 삭제하고 공간을 확보하는 LRU(Least Recently Used) 알고리즘을 사용한다. livejournal에서는 응용 프로그램 서버에서 여유 있는 메모리를 사용해 memcached를 운영했다[3]. RDBMS에서 읽어 들인 거의 변경되지 않는 데이터를 memcached에 옮겨 RDBMS에서의 조회 빈도를 줄이고 RDBMS의 부하를 감소시켜 전체 시스템의 확장성을 유지할 수 있다.

memcached와 더불어 대표적인 OSS NoSQL로는 Redis가 있다. **Redis**[4]도 memcached와 마찬가지로 1개의 키에 1개의 데이터를 저장하는 KVS로 사용할 수 있으며 다음과 같은 데이터 구조를 지원하기 때문에 사용 용도가 다양하다.

Redis가 지원하는 주요 데이터 구조 예

- 일반적인 문자열
- Lists
- Sets
- Sorted sets
- Hash

---

[1] https://www.livejournal.com/
[2] https://github.com/memcached/memcached/wiki/Extstore
[3] https://www.usenix.org/legacy/event/lisa04/tech/talks/livejournal.pdf
[4] https://redis.io/

Redis는 비동기적으로 처리하는 작업 큐로 활용되거나 RDBMS가 처리하기 어려운 랭킹 등의 분야에서 많이 사용되며 ISUCON의 해법으로도 자주 사용된다. NoSQL에서는 서버를 넘어 데이터를 분산 배치해 더 높은 가용성과 규모를 구현할 수 있다. Redis는 클러스터 구성을 지원하며 Apache Cassandra[5]와 Apache HBase[6]는 대량의 데이터를 저장하는 데 사용되고 MongoDB[7]는 JSON과 같은 데이터 구조를 저장하는 데 적합한 문서 데이터베이스로 사용되며 로그 저장 등에도 사용된다.

또한 NoSQL은 클라우드를 통한 관리형 서비스도 있다. 낮은 지연시간과 높은 처리량을 제공하는 DynamoDB[8], 모바일 응용 프로그램에서 사용하기 적합한 Firebase Realtime Database[9], Cloud Firestore[10] 등 용도에 맞게 특화된 NoSQL이 제공된다.

▮ 일관성과 분산을 모두 충족하는 NewSQL

강한 일관성을 갖는 RDBMS의 확장성에 대한 문제를 극복하기 위해 NoSQL이 등장했지만, 트랜잭션 관리 및 데이터 불일치가 발생하지 않는 구조를 보장하기 위해서는 응용 프로그램에 요구되는 부담이 크고 기존 응용 프로그램 데이터 저장소를 쉽게 RDBMS에서 NoSQL로 변경할 수 없다. 그래서 등장한 것이 NewSQL이다. NewSQL은 강력한 일관성과 기존의 SQL이 사용할 수 있는 RDBMS의 특징을 유지하면서 데이터를 여러 서버로 분산시켜 높은 확장성과 가용성을 보장한다.

대표적인 NewSQL로는 클라우드 관리형 서비스인 Cloud Spanner(GCP)나 OSS로 MySQL 호환 인터페이스를 갖춘 TiDB[11], PostgreSQL과 호환 인터페이스를 갖춘 Cockroach DB[12] 등이 있다. 복잡한 구성이 필요한 만큼 NewSQL은 최소한의 구성에 필요한 서버 비용 및 지연 시간 부분에서는 뒤처지지만, 분산 구성으로 높은 가용성과 처리량을 실현할 수 있어 클라우드 네이티브 데이터베이스로 사용이 기대된다.

▮ 데이터베이스 선택

웹 서비스를 개발할 때는 적합한 데이터베이스를 선택해야 한다. 하지만 대규모 서비스를 개발하지 않는 한 관계형 데이터베이스의 적용 범위가 넓기 때문에 NoSQL이나 NewSQL을 선택할 필요는 없다.

---

5 https://cassandra.apache.org/_/index.html
6 https://hbase.apache.org/
7 https://www.mongodb.com/
8 https://aws.amazon.com/ko/dynamodb/
9 https://firebase.google.com/docs/database?hl=ko
10 https://firebase.google.com/docs/firestore?hl=ko
11 https://www.pingcap.com/tidb/
12 https://www.cockroachlabs.com/product/

또한 클라우드 관리형 서비스를 적극적으로 사용해 백업 및 스케일 업과 같은 운영 부담을 줄일 수 있다.

이 장에서는 관계형 데이터베이스의 사용 방법과 함께 NoSQL 중 Redis와 같이 응용 프로그램에 적합한 데이터 구조를 갖춘 데이터베이스를 사용해 웹 서비스를 고속화하는 사례를 소개한다.

5-2 데이터베이스 부하 측정

웹 서비스의 속도를 향상하기 위해 데이터베이스 부하를 줄이는 방법으로 3장에서 인덱스를 생성하기 전 상황을 분석하는 것이 필요하다. 그 후 데이터베이스 부하 측정과 프로파일링, 인덱스 생성에 대해 단계적으로 소개한다.

▍OS에서 부하를 모니터링

3장에서는 private-isu 웹 응용 프로그램의 성능을 측정하기 위해 ab 명령을 사용했다. 이번 장에서는 private-isu 웹 응용 프로그램에 대해 private-isu 벤치마커를 다른 서버에서 실행시켜서 private-isu 웹 응용 프로그램이 CPU를 어떻게 사용하는지 확인하고자 한다. 이번 장에서는 Go 언어로 작성된 private-isu 웹 응용 프로그램을 사용한다.

```
top - 10:17:23 up 11 days, 21:19,  1 user,  load average: 1.99, 0.73, 0.30
Tasks:  94 total,   1 running,  93 sleeping,   0 stopped,   0 zombie
%Cpu(s): 97.0 us,  2.3 sy,  0.0 ni,  0.0 id,  0.0 wa,  0.0 hi,  0.7 si,  0.0 st
MiB Mem :    981.1 total,     64.4 free,    625.5 used,    291.1 buff/cache
MiB Swap:   4096.0 total,   3871.7 free,    224.2 used.    207.8 avail Mem

    PID USER      PR  NI    VIRT    RES    SHR S  %CPU  %MEM     TIME+ COMMAND
    487 mysql     20   0 1760580 448368  17084 S 182.7  44.6  33:56.41 /usr/sbin/mysqld
    775 isucon    20   0 1446828  98520   6580 S  12.6   9.8   2:31.26 /home/isucon/private_isu/webapp/golang/app -bind 127.0.0.1:8080
    451 www-data  20   0   56532   3640   2484 S   1.3   0.4   0:05.66 nginx: worker process
     11 root      20   0       0      0      0 I   0.3   0.0  11:45.21 [rcu_sched]
     88 root      20   0       0      0      0 S   0.3   0.0   0:00.88 [kswapd0]
  94871 root      20   0       0      0      0 I   0.3   0.0   0:01.69 [kworker/1:1-events]
 101634 isucon    20   0   12916   3864   3208 R   0.3   0.4   0:00.03 top
      1 root      20   0  170088   9328   6804 S   0.0   0.9   0:13.20 /sbin/init
      2 root      20   0       0      0      0 S   0.0   0.0   0:00.20 [kthreadd]
      3 root       0 -20       0      0      0 I   0.0   0.0   0:00.00 [rcu_gp]
      4 root       0 -20       0      0      0 I   0.0   0.0   0:00.00 [rcu_par_gp]
      6 root       0 -20       0      0      0 I   0.0   0.0   0:00.00 [kworker/0:0H-kblockd]
      9 root       0 -20       0      0      0 I   0.0   0.0   0:00.00 [mm_percpu_wq]
     10 root      20   0       0      0      0 S   0.0   0.0   0:05.61 [ksoftirqd/0]
     12 root      rt   0       0      0      0 S   0.0   0.0   0:04.25 [migration/0]
     13 root     -51   0       0      0      0 S   0.0   0.0   0:00.00 [idle_inject/0]
     14 root      20   0       0      0      0 S   0.0   0.0   0:00.00 [cpuhp/0]
     15 root      20   0       0      0      0 S   0.0   0.0   0:00.00 [cpuhp/1]
     16 root     -51   0       0      0      0 S   0.0   0.0   0:00.00 [idle_inject/1]
     17 root      rt   0       0      0      0 S   0.0   0.0   0:03.97 [migration/1]
     18 root      20   0       0      0      0 S   0.0   0.0   0:05.94 [ksoftirqd/1]
     20 root       0 -20       0      0      0 I   0.0   0.0   0:00.00 [kworker/1:0H-kblockd]
     21 root      20   0       0      0      0 S   0.0   0.0   0:00.00 [kdevtmpfs]
     22 root       0 -20       0      0      0 I   0.0   0.0   0:00.00 [netns]
     23 root      20   0       0      0      0 S   0.0   0.0   0:00.00 [rcu_tasks_kthre]
     24 root      20   0       0      0      0 S   0.0   0.0   0:00.00 [kauditd]
     25 root      20   0       0      0      0 S   0.0   0.0   0:00.39 [khungtaskd]
     26 root      20   0       0      0      0 S   0.0   0.0   0:00.00 [oom_reaper]
     27 root       0 -20       0      0      0 I   0.0   0.0   0:00.00 [writeback]
     28 root      20   0       0      0      0 S   0.0   0.0   0:00.00 [kcompactd0]
     29 root      25   5       0      0      0 S   0.0   0.0   0:00.00 [ksmd]
     30 root      39  19       0      0      0 S   0.0   0.0   0:09.21 [khugepaged]
```

그림 5.1 top 명령으로 CPU 사용률 확인

private-isu 웹 응용 프로그램은 2개의 가상 CPU를 갖는 서버에서 실행 중이다(그림 5.1). 다수의 CPU 코어를 가진 서버에서 CPU 사용률은 각 코어의 사용률을 더한 값(상한선이 코어 수 X 100%)과 100%가 상한이 되도록 코어 수로 나눈 값이 있으므로 주의해야 한다. 그림 5.1의 top 명령 결과에서 3번째 줄을 보면 100%가 상한선이며, 현재 97%를 사용자 프로세스를 실행하는 데 사용하고 있다.

검은색 줄로 표시된 행 아래부터 실행 중인 사용자 프로세스 목록이 표시된다. 상단에 위치한 mysqld는 MySQL 프로세스를 나타내며, 전체 CPU 사용률의 200% 중 182.7%가 MySQL에서 사용되고 있음을 알 수 있다. 두 번째 줄에서는 Go로 구현된 프로세스가 실행 중이지만, CPU 사용률은 12.6%에 불과하다. MySQL의 CPU 사용률이 가장 높으므로 병목이 의심된다. MySQL 서버의 부하가 높은 이유를 확인해 보자.

MySQL 프로세스 목록

MySQL에는 어떤 프로세스(MySQL은 멀티 스레드로 작동하기 때문에 정확히는 스레드)가 있고 얼마나 많은 CPU를 사용하는지 조사하기 위해 top 명령과 유사한 방법으로 MySQL의 SHOW PROCESSLIST 명령을 사용한다[13].

```
$ mysql -u root -p
mysql> SHOW PROCESSLIST;
```

그림 5.2 SHOW PROCESSLIST 실행

SHOW PROCESSLIST 명령을 실행한 시점에 MySQL의 스레드가 처리하고 있는 내용을 확인할 수 있다. 긴 쿼리는 생략되어 표시될 수 있으므로 SHOW FULLPROCESSLIST나 FULL을 추가해 쿼리를 생략하지 않고 표시할 수 있다(그림 5.3).

---

13 MySQL 콘솔에 로그인하려면 암호가 필요하다. private-isu에서 암호를 확인하는 방법은 다음 URL을 참고한다.
https://github.com/catatsuy/memo_isucon#mysql

```
● ● ●
mysql> SHOW FULL PROCESSLIST;
+-------+-----------------+-----------------+---------+---------+---------+------------------------+----------------------------------------------------+
| Id    | User            | Host            | db      | Command | Time    | State                  | Info                                               |
+-------+-----------------+-----------------+---------+---------+---------+------------------------+----------------------------------------------------+
|     5 | event_scheduler | localhost       | NULL    | Daemon  | 6946114 | Waiting on empty queue | NULL                                               |
| 16003 | root            | localhost       | NULL    | Query   |       0 | init                   | SHOW FULL PROCESSLIST                              |
| 16021 | isuconp         | localhost:43048 | isuconp | Execute |       0 | executing              | SELECT * FROM `comments` WHERE `post_id` = 2455 ORDER BY `c
reated_at` DESC LIMIT 3 |
| 16023 | isuconp         | localhost:43056 | isuconp | Execute |       0 | executing              | SELECT * FROM `comments` WHERE `post_id` = 9984 ORDER BY `c
reated_at` DESC LIMIT 3 |
| 16025 | isuconp         | localhost:43064 | isuconp | Execute |       0 | executing              | SELECT * FROM `comments` WHERE `post_id` = 10197 ORDER BY `
created_at` DESC LIMIT 3 |
| 16028 | isuconp         | localhost:43076 | isuconp | Execute |       0 | executing              | SELECT * FROM `comments` WHERE `post_id` = 10198 ORDER BY `
created_at` DESC LIMIT 3 |
| 16030 | isuconp         | localhost:43084 | isuconp | Execute |       0 | executing              | SELECT * FROM `comments` WHERE `post_id` = 9967 ORDER BY `c
reated_at` DESC LIMIT 3 |
| 16031 | isuconp         | localhost:43088 | isuconp | Execute |       0 | executing              | SELECT * FROM `comments` WHERE `post_id` = 9984 ORDER BY `c
reated_at` DESC LIMIT 3 |
| 16032 | isuconp         | localhost:43092 | isuconp | Execute |       0 | executing              | SELECT * FROM `comments` WHERE `post_id` = 10197 ORDER BY `
created_at` DESC LIMIT 3 |
| 16033 | isuconp         | localhost:43096 | isuconp | Execute |       0 | executing              | SELECT * FROM `comments` WHERE `post_id` = 1116 ORDER BY `c
reated_at` DESC LIMIT 3 |
| 16034 | isuconp         | localhost:43106 | isuconp | Execute |       0 | executing              | SELECT * FROM `comments` WHERE `post_id` = 10196 ORDER BY `
created_at` DESC LIMIT 3 |
| 16035 | isuconp         | localhost:43110 | isuconp | Execute |       0 | executing              | SELECT * FROM `comments` WHERE `post_id` = 9984 ORDER BY `c
reated_at` DESC LIMIT 3 |
| 16036 | isuconp         | localhost:43114 | isuconp | Execute |       0 | executing              | SELECT * FROM `comments` WHERE `post_id` = 9981 ORDER BY `c
reated_at` DESC LIMIT 3 |
+-------+-----------------+-----------------+---------+---------+---------+------------------------+----------------------------------------------------+
13 rows in set (0.00 sec)
```

그림 5.3 SHOW FULL PROCESSLIST 실행 결과

SHOW PROCESSLIST 명령으로 스레드 ID와 스레드의 작업 내용 등을 확인할 수 있다. 그림 5.3에서는 13 개의 스레드가 작동 중이며, 첫 번째 열은 스레드 ID를 의미한다. 첫 번째 행의 스레드 ID 5는 MySQL 내부 스레드를, 두 번째 행의 스레드 ID 16003은 SHOW FULL PROCESSLIST 명령을 실행한 스레드를 나타낸다. 나머지 스레드는 private-isu 웹 응용 프로그램에서 실행되는 쿼리다.

6번째 열은 Time으로 해당 처리에 든 시간(초)을 나타내고 State는 현재 실행 중인 처리의 상태를 보여 주며 info에는 해당 SQL 쿼리가 표시된다. State에 표시되는 상태는 MySQL 문서를 참조해야 한다. 그림 5.3의 SHOW FULL PROCESSLIST 결과에는 표시되지 않았지만, 주의해야 할 State는 Sending data 이다. Sending data로 표시된 스레드는 디스크나 메모리에서 대량의 데이터를 읽어 들일 가능성이 있는 쿼리다.

private-isu의 벤치마커를 실행 중인 상황에서 연속으로 SHOW PROCESSLIST를 실행해 같은 종류의 쿼리가 여러 번 실행되고 있음을 확인할 수 있다. 이는 해당 쿼리가 웹 응용 프로그램에서 자주 실행되거나 한 번 실행할 때 소요 시간이 긴 스레드일 가능성이 있으며, 둘 다 부하가 높은 쿼리일 가능성이 있다. SHOW PROCESSLIST는 결과를 쉽게 이해할 수 있도록 표시하므로 부하 확인에 유용하지만, 쿼리나 스레드 수가 많아지면 전체 상황을 파악하기가 어려울 수 있다. 더 자세한 정보를 수집하기 위해서는 실행 쿼리를 수집하고 구문 분석해야 한다.

▌pt-query-digest로 슬로우 쿼리 로그 분석

수집하고 분석할 쿼리를 슬로우 쿼리 로그로 수집하는 것이 일반적이다. 슬로우 쿼리 로그는 실행 시간이 지정된 임곗값 이상인 쿼리를 기록한다. private-isu에서 벤치마커를 실행하는 동안 슬로우 쿼리 로그가 다음과 같이 기록된다(리스트 5.1). 로그에는 실행에 걸린 시간과 처리된 행 수가 함께 기록된다.

리스트 5.1 슬로우 쿼리(발췌)

```
# Time: 2021-06-05T16:22:20.388770Z
# User@Host: isuconp[isuconp] @ localhost [127.0.0.1]  Id: 18360
# Query_time: 0.000906  Lock_time: 0.000064  Rows_sent: 1  Rows_examined: 1
SET timestamp=1622910140;
SELECT mime,imgdata FROM `posts` WHERE `id` = 12420;
# Time: 2021-06-05T16:22:20.485849Z
# User@Host: isuconp[isuconp] @ localhost [127.0.0.1]  Id: 18369
# Query_time: 0.000088  Lock_time: 0.000037  Rows_sent: 1  Rows_examined: 1
SET timestamp=1622910140;
SELECT * FROM `users` WHERE `id` = 765;
# Time: 2021-06-05T16:22:20.485997Z
# User@Host: isuconp[isuconp] @ localhost [127.0.0.1]  Id: 18360
# Query_time: 0.000194  Lock_time: 0.000066  Rows_sent: 3  Rows_examined: 6
SET timestamp=1622910140;
SELECT * FROM `comments` WHERE `post_id` = 5043 ORDER BY `created_at` DESC;
```

MySQL에서 슬로우 쿼리 로그를 활성화하는 방법은 앞에서 이미 소개했다. 설정 파일을 편집하여 slow_query_log, slow_query_log_file, long_query_time을 설정하고 MySQL을 재시작하는 방법 외에도 MySQL 콘솔에서 SET GLOBAL 명령을 사용해 온라인으로 설정을 변경할 수 있다. 이렇게 변경한 설정은 새로운 클라이언트에서 즉시 사용할 수 있다.

```
$ mysql -u root -p
mysql> SET GLOBAL slow_query_log = 1;
mysql> SET GLOBAL slow_query_log_file = "/var/log/mysql/mysql-slow.log";
mysql> SET GLOBAL long_query_time = 0;
```

그림 5.4 슬로우 쿼리 활성화

여기서 설정한 내용은 MySQL을 다시 시작하면 원래대로 돌아가기 때문에 영구적으로 설정을 유지하기 위해서는 MySQL 설정 파일(my.cnf)에 작성하거나 MySQL 8.0 이상에서 지원하는 SET PERSIST를 사용해야 한다[14].

3장에서는 mysqldumpslow 명령을 사용해 슬로우 쿼리 로그를 분석했지만, 여기서는 pt-ptquery-digest를 사용한다. 이 도구는 Percona Toolkit[15]에 포함돼 있으며 MySQL 운영, 모니터링, 분석 등에 사용되는 도구를 모은 패키지다.

Percona Toolkit을 패키지로 설치하거나 직접 내려받아 명령 파일을 사용할 수 있다. 데비안/우분투 계열의 운영체제에서는 표준 패키지에 포함돼 있으므로 apt 명령으로 설치할 수 있다.

```
$ sudo apt update
$ sudo apt install percona-toolkit
```

그림 5.5 데비안/우분투 운영체제에서 패키지를 설치

레드햇 계열의 운영체제에서 rpm으로 패키지를 설치하는 경우 Percona사의 URL에서 패키지 정보를 가져와 yum 명령으로 설치할 수 있다.

```
$ sudo yum install https://repo.percona.com/yum/percona-release-latest.noarch.rpm
$ sudo yum install percona-toolkit
```

그림 5.6 레드햇 계열의 운영체제에서 rpm 패키지를 설치

또한 패키지를 사용한 설치가 아닌 소스코드를 직접 내려받아 사용할 수 있다. Percona 사이트에서 내려받아 적절한 실행 권한을 부여한다.

```
$ cd /usr/local/bin
$ sudo curl -LO percona.com/get/pt-query-digest
$ sudo chmod +x pt-query-digest
```

그림 5.7 소스코드를 내려 받는 경우

pt-query-digest는 Perl과 몇 가지 Perl 모듈만 있으면 작동하기 때문에 직접 내려받아 사용할 수 있다. 설치 후 버전을 표시해 설치를 확인한다.

---

14 MySQL :: MySQL 8.0 Reference Manual :: 5.1.9.3 Persisted System Variables https://dev.mysql.com/doc/refman/8.0/en/persisted-system-variables.html

15 https://www.percona.com/software/database-tools/percona-toolkit

```
$ pt-query-digest --version
pt-query-digest 3.3.1
```

그림 5.8 버전 표시해 동작 확인

pt-query-digest는 슬로우 쿼리 로그뿐만 아니라 일반 로그나 바이너리 로그와 같은 MySQL 로그를 읽을 수 있으며 앞에서 소개한 SHOW PROCESSLIST나 tcpdump 명령으로 캡처한 원시 패킷 정보를 통해 로그를 분석할 수 있다. 여기서는 로그 파일에 출력된 슬로우 쿼리 로그를 대상으로 실행하는 방법을 소개한다[16].

```
$ pt-query-digest /var/log/mysql/mysql-slow.log

# 140ms user time, 20ms system time, 28.19M rss, 36.95M vsz
# Current date: Tue Oct 5 02:01:15 2021
# Hostname: private-isu
```

그림 5.9 슬로우 쿼리 로그를 분석하는 예

pt-query-digest를 실행할 때 슬로우 쿼리 로그 파일 이름을 지정하면 결과가 표준 출력으로 표시된다. 결과를 파일로 작성하려면 리디렉션을 사용하여 파일을 생성하면 된다.

```
$ pt-query-digest /var/log/mysql/mysql-slow.log | tee digest_$(date +%Y%m%d%H%M).txt
```

그림 5.10 분석 결과를 파일로 저장하는 예

웹 응용 프로그램에서 무엇인가 변경하면 그때마다 분석하는 것이 튜닝에서는 중요한 과정이다. 과거의 분석 결과와 비교할 수 있도록 이전과 마찬가지로 수집한 시간을 파일 이름에 작성해야 한다.

▌query-digester를 사용한 프로파일링 자동화

슬로우 쿼리 로그의 분석은 응용 프로그램이나 서버에 어떤 변경이 발생할 때마다 수집하는 것이 중요하다. 하지만 분석 대상이 되는 슬로우 쿼리 로그를 매번 로테이션해 로그 파일을 초기화하는 것은 매우 귀찮기 때문에 필요한 경우에만 슬로우 쿼리 로그의 출력 방법을 변경하고 수집이 끝나면 자동으로 복구하는 작업 과정을 자동화해야 한다. 저자가 만든 pt-query-digest의 래퍼 스크립트인 query-digest로 이런 과정을 자동화할 수 있다. 설치는 GitHub의 리포지토리에서 소스코드를 git clone으로 할 수 있다.

---

16 클라우드의 관리형 서비스를 사용할 때 슬로우 쿼리 로그를 클라우드의 API 등에서 분석해야 한다.

```
git clone https://github.com/kazeburo/query-digester.git
cd query-digester
sudo install query-digester /usr/local/bin
```

그림 5.11 query-digester 설치

다음은 query-digester의 실행 예다.

```
$ sudo query-digester -duration 10
exec mysql to change long_query_time and slow_query_log_file
save slowlog to /tmp/slow_query_20200811172244.log
wait 10 seconds
finished capturing slowlog.
start query-digest
finished pt-query-digest.
digest saved to /tmp/slow_query_20200811172244.digest
```

그림 5.12 query-digester 실행 예

이 명령은 슬로우 쿼리 로그를 10초 동안 `TMPDIR` 이하의 임시 파일에 저장한다. 10초 후 설정을 원래대로 돌려놓고 `pt-query-digest`를 실행해 슬로우 쿼리 로그를 가져온 시간으로 파일 이름을 변경하고 분석 결과를 저장한다. 저자는 ISUCON 참가 시에도 이 도구를 사용해 데이터베이스의 부하를 조사했다. 다음으로 슬로우 쿼리 로그의 분석 결과를 확인한다.

▌ pt-query-digest 결과 확인

pt-query-digest의 결과에는 전반적인 통계와 순위, 그리고 각 쿼리의 상세 내용이 표시된다(리스트 5.2).

리스트 5.2 pt-query-digest의 분석 결과

```
# Profile
# Rank Query ID                           Response time Calls R/Call V/M
# ==== ================================== ============= ===== ====== ====
#    1 0x624863D30DAC59FA16849282195BE09F 73.5949 68.4%   245 0.3004 0.01 SELECT comments
#    2 0x422390B42D4DD86C7539A5F45EB76A80 21.4206 19.9%   276 0.0776 0.00 SELECT comments
#    3 0x100EC8B5C400F34381F9D7F7FA80A53D  8.4087  7.8%    29 0.2900 0.01 SELECT comments
#    4 0x4858CF4D8CAA743E839C127C71B69E75  1.5330  1.4%    14 0.1095 0.01 SELECT posts
#    5 0xC37F2207FE2E699A3A976F5EBE87A97C  0.5464  0.5%     4 0.1366 0.00 SELECT comments
#    6 0xDA556F9115773A1A99AA0165670CE848  0.5134  0.5%  2127 0.0002 0.00 ADMIN PREPARE
#    7 0x396201721CD58410E070DA9421CA8C8D  0.3853  0.4%  1243 0.0003 0.00 SELECT users
#    8 0xCDEB1AFF2AE2BE51B2ED5CF03D4E749F  0.3277  0.3%     4 0.0819 0.00 SELECT comments
#    9 0x19759A5557089FD5B718D440CBBB5C55  0.3044  0.3%   297 0.0010 0.01 SELECT posts
```

```
#   10 0x009A61E5EFBD5A5E4097914B4DBD1C07   0.1844   0.2%      1 0.1844 0.00 INSERT posts
#   11 0xE83DA93257C7B787C67B1B05D2469241   0.1530   0.1%      5 0.0306 0.00 SELECT posts
#   12 0x7A12D0C8F433684C3027353C36CAB572   0.1147   0.1%      1 0.1147 0.00 SELECT posts
#   13 0xC9383ACA6FF14C29E819735F00B6DBDF   0.0287   0.0%      4 0.0072 0.00 SELECT posts
#   14 0x07890000813C4CC7111FD2D3F3B3B4EB   0.0150   0.0%   2126 0.0000 0.00 ADMIN CLOSE STMT
#   15 0xA047A0D0BA167343E5B367867F4BDDDD   0.0133   0.0%     10 0.0013 0.00 SELECT users
#   16 0x9F2038550F51B0A3AB05CA526E3FEDDC   0.0062   0.0%      1 0.0062 0.00 INSERT comments
#   17 0x82E4B026FA27240AB4BB2E774B30F1D4   0.0044   0.0%      5 0.0009 0.00 SELECT users
#   18 0x26489ECBE26887E480CA8067F971EA04   0.0032   0.0%      1 0.0032 0.00 INSERT users
#   19 0x8C29FCE22733B54F960FA98ECCAA76FA   0.0015   0.0%      1 0.0015 0.00 SELECT users
#   20 0x995F41A1456C1CF6746D96521AE5B82C   0.0004   0.0%      8 0.0001 0.00 SET
#   21 0x1FE1379FE2A31B8D162196555761820A2  0.0001   0.0%      2 0.0001 0.00 SELECT
#   22 0x491A04B3F75D443615A4E6D2A1290516   0.0001   0.0%      1 0.0001 0.00 SET
#   23 0x689641C84322E21F0507C5865F1EEF04   0.0001   0.0%      1 0.0001 0.00 ADMIN LONG DATA
#   24 0xD4FCDBB8BA1D74CB88943EC75773CF7F   0.0001   0.0%      1 0.0001 0.00 SET
#   25 0xEDBC971AEC392917AA353644DE4C4CB4   0.0000   0.0%      5 0.0000 0.00 ADMIN QUIT
```

pt-query-digest의 분석 결과에서는 쿼리는 비슷한 쿼리로 그룹화되고 부하에 대한 기여도순으로 순위가 매겨진다. 다음은 나열된 항목에 대한 간단한 설명이다.

표 5.1 pt-query-digest 순위 항목

요소	의미
Query ID	쿼리의 해시 값
Response time	실행 시간의 합계와 전체에서 차지하는 비율
Calls	실행된 횟수
R/Call	1회당 시간

병목 현상을 해결하기 위해서는 각 쿼리의 실행 횟수와 1회 쿼리 실행 시간을 파악하여 문제를 찾아야 한다. 대부분의 부하를 일으키는 쿼리는 실행 횟수는 적지만 1회당 쿼리 부하가 높거나 실행 시간은 매우 짧으나 많은 횟수로 실행되는 것으로 나타나며, 이러한 쿼리는 모두 튜닝 대상이다. 여기서는 여전히 압도적으로 높은 비율인 68.4%의 쿼리에 대한 세부 정보를 확인해 본다(리스트 5.3).

리스트 5.3 pt-query-digest의 분석 결과에 대한 세부 정보

```
# Query 1: 24.50 QPS, 7.36x concurrency, ID 0x624863D30DAC59FA16849282195BE09F at byte 2441167
# This item is included in the report because it matches --limit.
```

```
# Scores: V/M = 0.01
# Time range: 2023-04-29T10:21:30 to 2023-04-29T10:21:40
# Attribute    pct   total     min     max     avg     95%  stddev  median
# ============ === ======= ======= ======= ======= ======= ======= =======
# Count          3     245
# Exec time     68     74s   187ms   456ms   300ms   356ms    41ms   293ms
# Lock time      2     5ms     9us   180us    18us    26us    16us    15us
# Rows sent      0     663       0       3    2.71    2.90    0.86    2.90
# Rows examine  43  23.37M  97.66k  97.66k  97.66k  97.04k       0  97.04k
# Query size     1  19.65k      81      83   82.15   80.10       0   80.10
# String:
# Databases    isuconp
# Hosts        localhost
# Users        isuconp
# Query_time distribution
#   1us
#  10us
# 100us
#   1ms
#  10ms
# 100ms ################################################################
#   1s
#  10s+
# Tables
#    SHOW TABLE STATUS FROM `isuconp` LIKE 'comments'\G
#    SHOW CREATE TABLE `isuconp`.`comments`\G
# EXPLAIN /*!50100 PARTITIONS*/
SELECT * FROM `comments` WHERE `post_id` = 100 ORDER BY `created_at` DESC LIMIT 3\G
```

리스트 5.3의 쿼리는 3장에서 인덱스를 생성한 쿼리로, 도구는 다르지만 같은 병목을 확인했다. 쿼리의 세부 정보에는 실행 횟수, 처리하는 데 걸린 시간 및 처리된 행 수(표 5.2)의 총합, 최솟값, 최댓값, 평균 등이 기록되며 맨 아래에는 쿼리 샘플이 표시된다.

리스트 5.3의 쿼리는 245번 실행됐으며 총 74초가 소요됐다. Lock time은 작고 다른 스레드의 영향을 받을 가능성은 없다. 주목해야 할 부분은 Rows sent와 Rows examine의 차이다. 총 663개의 행을 반환하기 위해 2337만 개의 행을 처리했다. 쿼리에는 LIMIT 3이 있으며 최대 3개의 행을 반환하는 쿼리를 위해 1회당 평균 10만 개의 행을 처리하고 있는 것을 알 수 있다.

요소	의미
Count	분석 대상 기간 동안 실행된 쿼리 수
Exec time	쿼리를 실행하는 데 소요된 시간
Lock time	쿼리 실행까지 걸린 시간, 다른 스레드에 의한 락(lock) 대기 시간
Rows sent	쿼리를 실행하고 클라이언트에 반환한 행 수
Rows examine	쿼리를 실행할 때 검색한 행 수
Query size	실행된 쿼리의 길이(문자 수)

3장에서 인덱스를 생성해 성능을 개선했다. 이번에도 같은 인덱스를 추가해 `pt-query-digest` 결과를 확인한다.

```
mysql> ALTER TABLE `comments` ADD INDEX `post_id_idx` (`post_id`);
```

그림 5.13 comments 테이블에 인덱스 생성

`ALTER TABLE`로 인덱스를 생성하고 벤치마커를 다시 실행하면 `pt-query-digest`의 실행 결과는 다음과 같다(리스트 5.4).

리스트 5.4 pt-query-digest 분석 결과 순위(인덱스 생성 후)

```
# Profile
# Rank Query ID                            Response time Calls  R/Call V/M
# ==== ================================== ============= ===== ====== ====
#    1 0x4858CF4D8CAA743E839C127C71B69E75  8.2483 38.7%    144 0.0573 0.01 SELECT posts
#    2 0x19759A5557089FD5B718D440CBBB5C55  2.2742 10.7%   2497 0.0009 0.00 SELECT posts
#    3 0xDA556F9115773A1A99AA0165670CE848  2.1094  9.9%  19694 0.0001 0.00 ADMIN PREPARE
#    4 0x7A12D0C8F433684C3027353C36CAB572  2.0165  9.5%     26 0.0776 0.01 SELECT posts
#    5 0x396201721CD58410E070DA9421CA8C8D  1.6021  7.5%   8980 0.0002 0.00 SELECT users
#    6 0xCDEB1AFF2AE2BE51B2ED5CF03D4E749F  1.3884  6.5%     34 0.0408 0.01 SELECT comments
#    7 0x624863D30DAC59FA16849282195BE09F  0.8991  4.2%   3725 0.0002 0.00 SELECT comments
#    8 0x422390B42D4DD86C7539A5F45EB76A80  0.8297  3.9%   3928 0.0002 0.00 SELECT comments
#    9 0x009A61E5EFBD5A5E4097914B4DBD1C07  0.6920  3.2%     13 0.0532 0.05 INSERT posts
#   10 0xE83DA93257C7B787C67B1B05D2469241  0.5736  2.7%     35 0.0164 0.00 SELECT posts
#   11 0x07890000813C4CC7111FD2D3F3B3B4EB  0.1234  0.6%  19686 0.0000 0.00 ADMIN CLOSE STMT
#   12 0xC9383ACA6FF14C29E819735F00B6DBDF  0.1150  0.5%     34 0.0034 0.00 SELECT posts
#   13 0x26489ECBE26887E480CA8067F971EA04  0.1091  0.5%     16 0.0068 0.01 INSERT users
```

```
# 14 0x9F2038550F51B0A3AB05CA526E3FEDDC    0.0976  0.5%     16 0.0061  0.00 INSERT comments
# 15 0x100EC8B5C400F34381F9D7F7FA80A53D    0.0795  0.4%    204 0.0004  0.00 SELECT comments
# 16 0x995F41A1456C1CF6746D96521AE5B82C    0.0762  0.4%   1146 0.0001  0.00 SET
# 17 0xA047A0D0BA167343E5B367867F4BDDDD    0.0316  0.1%    103 0.0003  0.00 SELECT users
# 18 0xC37F2207FE2E699A3A976F5EBE87A97C    0.0160  0.1%     34 0.0005  0.00 SELECT comments
# 19 0x82E4B026FA27240AB4BB2E774B30F1D4    0.0145  0.1%     35 0.0004  0.01 SELECT users
# 20 0x8C29FCE22733B54F960FA98ECCAA76FA    0.0111  0.1%     16 0.0007  0.00 SELECT users
# 21 0xEDBC971AEC392917AA353644DE4C4CB4    0.0006  0.0%    539 0.0000  0.00 ADMIN QUIT
# 22 0x491A04B3F75D443615A1E6D2A1290516    0.0006  0.0%      1 0.0006  0.00 SET
# 23 0x689641C84322E21F0507C5865F1EEF04    0.0004  0.0%      5 0.0001  0.00 ADMIN LONG DATA
# 24 0xD4FCDBB8BA1D74CB88943EC75773CF7F    0.0001  0.0%      1 0.0001  0.00 SET
# 25 0x1FE1379FE2A31B8D16219655761820A2    0.0001  0.0%      2 0.0000  0.00 SELECT
```

리스트 5.4의 분석 결과에서는 상위 순위가 바뀌었다. 인덱스 생성 이전의 쿼리는 7위까지 내려가고 부하에 미치는 영향도 상당히 줄어들었다. 이처럼 응용 프로그램을 변경할 때마다 쿼리를 분석한다. 데이터베이스의 병목 현상을 하나씩 해결해 나가는 것이 웹 응용 프로그램을 고속화하기 위한 튜닝에서 매우 중요하다. 다음으로 인덱스의 역할에 대해 알아본다.

5-3 인덱스로 데이터베이스를 고속화

앞에서 데이터베이스가 병목 현상의 원인임을 파악하고 분석을 통해 느린 SQL을 찾아냈다. 이제 데이터베이스의 중요한 기능 중 하나인 인덱스의 개념과 데이터베이스가 인덱스를 통해 어떻게 빨라지는지 설명한다.

▌데이터베이스에서 결과를 빠르게 얻으려면

전문 엔지니어가 아니라면 관계형 데이터베이스에 대해 많은 양의 데이터를 저장할 수 있고 저장된 데이터를 빠르게 검색하거나 집계할 수 있는 편리한 컨테이너라고 생각할 수 있다. 확실히 데이터베이스는 데이터 저장 방법, 알고리즘, OS 및 스토리지 디바이스의 기능을 활용해 결과 출력까지의 시간을 단축한다.

또한 데이터베이스에 대해 조금이라도 알고 있다면 SQL이라는 배우기 쉬운 관계형 데이터베이스 쿼리 언어를 사용해 필요한 정보를 필요한 형태로 빠르게 추출해 목적을 달성하는 시스템이라고 생각할 수 있다. SQL을 사용하면 데이터베이스의 내부가 어떻게 구성돼 있는지 몰라도 데이터를 추출할 수 있다. 하지만 초당 수백, 수천 개의 SQL이 실행되고 즉각적인 응답이 예상되는 웹 서비스에서 사용되는 데이터베이스라면 얘기가 다르다. 데이터베이스에서 데이터를 빠르게 추출하는 방법, 특히 데이터베이스에서의 인덱스를 이해해야 한다.

▌데이터베이스에서 인덱스의 역할

인덱스는 '색인'이라는 의미를 가진다. 사전이나 어휘집을 예로 들면 이해하기 쉽다. 예를 들어 10만 개의 단어가 나열된 책에서 특정 발음의 단어 수를 세는 경우, 책 전체를 읽어가며 10만 개의 단어를 눈으로 보고 세기는 매우 어렵다. 이와 비슷하게, 데이터베이스에서 어떤 값을 세는 경우도 많은 시간과 자원이 소모된다. 따라서 인덱스는 데이터베이스에서 원하는 값을 빠르게 찾을 수 있게 해주는 자료 구조다. 인덱스를 사용하면 데이터베이스는 해당 인덱스의 키 값만을 검색하면 되므로 처리 속도가 매우 빨라진다. MySQL에서는 인덱스를 사용하여 검색한 행 수를 Rows_examined로 표시한다.

10만 개의 단어가 있는 사전이 있다고 가정하자. 특정 발음을 하는 단어의 수를 세는 경우, 색인을 사용하면 쉽게 개수를 구할 수 있다. 색인 페이지를 열어 원하는 발음으로 시작하는 단어를 찾고 거기에서 세기만 하면 된다. 이렇게 하면 모든 페이지를 읽는 것보다 훨씬 더 빠르게 결과를 얻을 수 있다. 데이터베이스에서도 인덱스라는 데이터와는 별도로, 특정 규칙에 따라 나열돼 있는 또 하나의 데이터베이스를 작성해 사용함으로써 빠른 검색을 할 수 있게 된다.

▌인덱스로 인해 검색이 빨라지는 이유

사전의 예에서 '사전은 단어가 가나다순으로 정렬돼 있다'와 '사용자는 가나다순을 이해하고 있다'가 전제였다. 이제 색인을 사용해 '데이터베이스'라는 단어를 찾기 위한 단계를 설명한다.

먼저 색인 페이지의 중간쯤을 펼친다. 펼친 페이지에서 '라'로 시작하는 색인이 있다면 '데이터베이스'의 '데'는 '라'보다 앞에 있으므로 현재 페이지와 1페이지의 중간 페이지를 다시 펼친다. 펼친 페이지에 '나'로 시작하는 색인이 있다면 '데'는 나보다 뒤에 있으므로 현재 페이지와 처음에 펼쳤던 페이지의 중간 페이지를 다시 펼친다(그림 5.14).

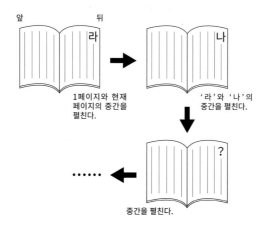

그림 5.14 색인 페이지 사용

이렇게 검색 대상이 있는 범위의 중간을 먼저 조사하고, 찾고자 하는 대상이 현재 위치보다 앞에 있는지 뒤에 있는지 판단해 검색 범위를 반으로 좁혀 나가면서 최소한의 검색 횟수로 찾는 것을 **이진 탐색 (Binary Search)**이라고 한다. 이진 탐색에 적합한 구조인 B-트리는 데이터베이스의 인덱스 중에서도 응용 범위가 넓고 자주 사용된다. B-트리나 트리 구조 내에서의 데이터 탐색을 이미지화하면 데이터베이스의 속도 개선이나 SQL 튜닝을 고려할 때 문제 해결이 쉬워진다.

▌MySQL에서 인덱스 사용

MySQL에서의 인덱스를 더 자세히 알아보기 위해 3장이나 이 장에서 인덱스를 생성한 후 comments 테이블과 검색 쿼리를 살펴본다(리스트 5.5).

리스트 5.5 comments 테이블에 대한 쿼리

```
SELECT * FROM `comments` WHERE `post_id` = 100 ORDER BY `created_at` DESC LIMIT 3
```

인덱스 생성 후 comments 테이블의 스키마는 다음과 같다(리스트 5.6).

리스트 5.6 comments 테이블 스키마(인덱스 생성 후)

```
CREATE TABLE comments (
  `id` int NOT NULL AUTO_INCREMENT PRIMARY KEY,
  `post_id` int NOT NULL,
  `user_id` int NOT NULL,
  `comment` text NOT NULL,
```

```
    `created_at` timestamp NOT NULL DEFAULT CURRENT_TIMESTAMP,
    INDEX `post_id_idx` (`post_id`)
) DEFAULT CHARSET=utf8mb4;
```

검색 쿼리에서는 post_id가 100인 데이터를 찾는데, 이를 위해 생성한 post_id_idx 인덱스를 사용할
수 있다. post_id는 int 형식으로 정수를 저장하기 때문에 인덱스 내부는 작은 숫자에서 큰 숫자로 오름
차순으로 정렬된다. 인덱스는 일반적으로 오름차순으로 생성되지만, MySQL 8.0 이상에서는 내림차순
으로도 생성할 수 있다[17].

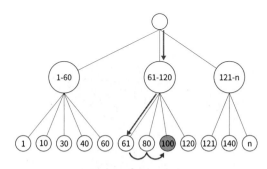

그림 5.15 인덱스 트리 이미지

그림 5.15와 같이 트리를 따라 100을 찾아 좁혀가는 방식으로 짧은 단계를 거쳐 원하는 post_id에 도달
할 수 있다. 추가로 읽는 데이터의 양도 줄어든다.

MySQL에서는 EXPLAIN 문을 사용하여 쿼리의 실행 계획, 사용되는 인덱스 그리고 사용되지 않는 인덱
스를 확인할 수 있다. SELECT 또는 UPDATE로 시작하는 쿼리 앞에 EXPLAIN을 추가하여 쿼리 실행 계획을
볼 수 있다. 그림 5.16은 comments 테이블에서 인덱스를 생성하기 전 검색 쿼리의 EXPLAIN 결과이며,
그림 5.17은 comments 테이블에 인덱스를 생성한 후 검색 쿼리의 EXPLAIN 결과다.

---

17 MySQL :: MySQL 8.0 Reference Manual :: 8.3.13 Descending Indexes https://dev.mysql.com/doc/refman/8.0/en/descending-indexes.html

```
mysql> EXPLAIN SELECT * FROM `comments` WHERE `post_id` = 100 ORDER BY `created_at` DESC LIMIT 3\G
*************************** 1. row ***************************
           id: 1
  select_type: SIMPLE
        table: comments
   partitions: NULL
         type: ALL
possible_keys: NULL
          key: NULL
      key_len: NULL
          ref: NULL
         rows: 99653
     filtered: 10.00
        Extra: Using filesort
1 row in set, 1 warning (0.01 sec)
```

그림 5.16 comments 테이블 검색 쿼리의 EXPLAIN 결과(인덱스 생성 전)

```
mysql> EXPLAIN SELECT * FROM `comments` WHERE `post_id` = 100 ORDER BY `created_at` DESC LIMIT 3\G
*************************** 1. row ***************************
           id: 1
  select_type: SIMPLE
        table: comments
   partitions: NULL
         type: ref
possible_keys: post_id_idx
          key: post_id_idx
      key_len: 4
          ref: const
         rows: 5
     filtered: 100.00
        Extra: Using filesort
1 row in set, 1 warning (0.00 sec)
```

그림 5.17 comments 테이블 검색 쿼리의 EXPLAIN 결과(인덱스 생성 후)

인덱스 생성 전후로 가능한 인덱스가 표시되는 possible_key가 post_id_idx로 변경되었고, rows도 10만 개에서 5개로 감소했다[18].

데이터베이스에서 SQL 쿼리를 분석해 인덱스 사용 여부를 결정하는 역할을 하는 것은 **옵티마이저 (optimizer)** 기능이다. MySQL의 옵티마이저는 통계 데이터 등을 고려해 적절한 인덱스를 결정하며 EXPLAIN을 통해 그 결과를 확인할 수 있다. OPTIMIZER_TRACE를 사용하면 더 자세한 실행 계획을 얻을 수 있다[19].

---

[18] 일반적으로 EXPLAIN 결과는 테이블 형식으로 표시되는데 편의상 메타명령 \G를 사용했다. 쿼리 끝에 세미콜론(;) 대신 \G를 사용해 결과를 세로 방향으로 펼쳐서 표시할 수 있다.

[19] MySQL :: MySQL 8.0 Reference Manual:: 26.3.19 The INFORMATION_SCHEMA OPTIMIZER_TRACE Table https://dev.mysql.com/doc/refman/8.0/en/information-schema-optimizer-trace-table.html

▌복합 인덱스 및 정렬에 사용되는 인덱스

그림 5.6의 EXPLAIN과 SQL을 다시 확인해 본다. Extra 항목에 `Using filesort`가 표시된다. 이는 MySQL 내부에서 정렬(sort) 처리[20]가 이루어지고 있다는 것을 나타낸다. 대상 건수(rows)는 많지 않지만, 정렬 처리는 데이터베이스에 부하가 큰 처리 중 하나다. 이를 해결하는 것도 인덱스다. 정렬 처리도 인덱스로 처리할 수 있도록 ALTER 쿼리를 사용해 인덱스를 변경한다.

```
mysql> ALTER TABLE `comments` DROP INDEX `post_id_idx`, ADD INDEX `post_id_idx` (`post_id`, `created_at`);
```

그림 5.18 정렬 처리도 가능한 인덱스로 변경

이 쿼리에서 post_id와 created_at 두 개의 열로 이루어진 '복합 인덱스(Composite Index)'가 생성된다. 다음은 인덱스를 사용한 검색의 이미지다(그림 5.19).

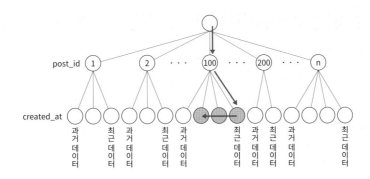

그림 5.19 복합 인덱스의 트리 이미지

먼저 post_id가 100인 조건으로 검색을 실시한다. created_at의 데이터가 오름차순으로 정렬된 것을 확인할 수 있다. 날짜를 최신부터(내림차순으로) 검색함으로써 결과를 최단 시간 내에 얻을 수 있으며 별도의 정렬 작업이 필요 없어진다.

EXPLAIN으로도 확인한다.

---

20 `filesort`로 표시되면 데이터를 파일에 쓰고 정렬 처리를 한다고 생각할 수 있지만, 실제로는 메모리에서 처리한다.

```
mysql> EXPLAIN SELECT * FROM `comments` WHERE `post_id` = 100 ORDER BY `created_at` DESC LIMIT 3\G
*************************** 1. row ***************************
           id: 1
  select_type: SIMPLE
        table: comments
   partitions: NULL
         type: ref
possible_keys: post_id_idx
          key: post_id_idx
      key_len: 4
          ref: const
         rows: 5
     filtered: 100.00
        Extra: Backward index scan
1 row in set, 1 warning (0.00 sec)
```

그림 5.20 comments 테이블 검색 쿼리의 EXPLAIN 결과(복합 색인 생성 후)

Using filesort가 표시되지 않는다. Backward index scan은 그림 5.19처럼 오름차순으로 정렬된 인덱스를 역순으로 읽는 것을 나타낸다. 이 부분을 내림차순 인덱스를 사용함으로써 처리를 줄일 수 있다.

```
mysql> ALTER TABLE `comments` DROP INDEX post_id_idx, ADD INDEX post_id_idx(`post_id`,`created_at` DESC);
```

그림 5.21 내림차순 인덱스로 변경

다시 EXPLAIN을 실행하면 Backward index scan이 없는 것을 확인할 수 있다.

```
mysql> EXPLAIN SELECT * FROM `comments` WHERE `post_id` = 100 ORDER BY `created_at` DESC LIMIT 3\G
*************************** 1. row ***************************
           id: 1
  select_type: SIMPLE
        table: comments
   partitions: NULL
         type: ref
possible_keys: post_id_idx
          key: post_id_idx
      key_len: 4
          ref: const
         rows: 5
     filtered: 100.00
        Extra: NULL
1 row in set, 1 warning (0.00 sec)
```

그림 5.22 내림차순 인덱스를 사용한 EXPLAIN결과

▌ 클러스터 인덱스 구성 및 클러스터 인덱스에서 인덱스 튜닝

MySQL을 비롯한 많은 데이터베이스는 **기본 인덱스(Primary Index)**와 보조 인덱스(Secondary Index)가 있다. 기본 인덱스는 어떤 열(칼럼, column)에 저장되는 값이 모두 고유한 값이 되는 테이블을 대표하는 기본키에 붙는 인덱스다. 하나의 테이블에는 하나의 기본 인덱스를 생성할 수 있다.

INT 형의 열을 기본 키로 준비하고 AUTO_INCREMENT를 스키마에 지정해 순차적인 숫자를 자동으로 부여하는 테이블 설계를 자주 볼 수 있다. 최근에는 UUID를 자주 사용한다. 기본 인덱스는 하나의 열로 구성될 필요는 없으며, 두 개의 열 데이터의 조합이 고유하다면 복합 인덱스도 생성할 수 있다.

MySQL(InnoDB 스토리지 엔진을 사용한 경우) 데이터 구조의 특징으로서 클러스터 인덱스라는 것도 있다. 이는 기본 인덱스의 트리 구조 끝에 데이터가 포함된 구조다(그림 5.23).

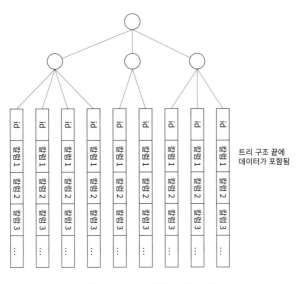

그림 5.23 클러스터 인덱스의 트리 이미지

기본 인덱스 이외의 모든 인덱스는 **보조 인덱스**라고 한다. 보조 인덱스의 구조는 트리 구조의 끝에 기본 인덱스가 포함된 구조다(그림 5.24).

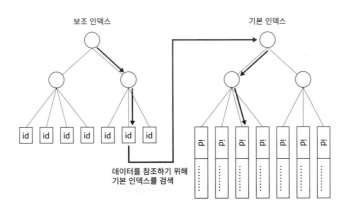

그림 5.24 보조 인덱스의 트리 구조

클러스터 인덱스는 기본 인덱스와 달리 검색 시 스토리지 장치에서 데이터를 읽는 횟수를 줄일 수 있다는 장점이 있다. 클러스터 인덱스 구조가 아니라면 인덱스 처리 후 실제 데이터 읽기가 추가로 필요하다. 클러스터 인덱스 구조를 통해 스토리지에 대한 I/O 횟수를 줄일 수 있기 때문에 규모가 큰 웹 서비스에서 MySQL을 자주 사용한다.

Private-isu의 comments 테이블에서 특정 사용자의 댓글 수를 세는 쿼리를 실행해야 한다고 하자. 이때 보조 인덱스의 특징을 활용해 검색 효율을 높일 수 있다. 예를 들어 리스트 5.7과 같은 쿼리를 사용할 수 있다.

리스트 5.7 comments 테이블에서 특정 사용자의 댓글 수를 계산하는 쿼리

```
SELECT COUNT(*) FROM comments WHERE user_id = 123;
```

이 쿼리를 빠르게 실행하려면 먼저 user_id에 대한 인덱스를 생성해야 한다.

```
mysql> ALTER TABLE `comments` ADD INDEX `idx_user_id` (`user_id`);
```

그림 5.25 user_id 인덱스 추가

user_id 인덱스가 있다면 검색 과정은 그림 5.26과 같다. user_id로 대상을 좁힌 후 기본 키인 id를 인덱스에서 가져올 수 있다. 기본 키(여기서는 comments 테이블의 id)가 있으면 COUNT(*)로 계산할 수 있으므로 기본 키 인덱스까지 액세스할 필요가 없다. 이렇게 보조 인덱스에 포함된 정보만으로 결과를 반환할 수 있는 최적화를 커버링 인덱스(Covering Index)라고 한다.

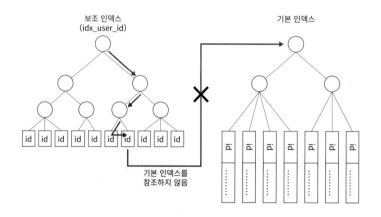

그림 5.26 트리에서 COUNT 쿼리를 해결하는 방법

커버링 인덱스가 쿼리를 해결할 수 있다면 EXPLAIN 결과의 Extra에 Using index가 표시된다.

```
mysql> EXPLAIN SELECT COUNT(*) FROM comments WHERE user_id = 123\G
*************************** 1. row ***************************
           id: 1
  select_type: SIMPLE
        table: comments
   partitions: NULL
         type: ALL
possible_keys: NULL
          key: NULL
      key_len: NULL
          ref: NULL
         rows: 99653
     filtered: 10.00
        Extra: Using where
1 row in set, 1 warning (0.00 sec)
```

그림 5.27 댓글 수 카운트 쿼리(인덱스 생성 전)

```
mysql> EXPLAIN SELECT COUNT(*) FROM comments WHERE user_id = 123\G
*************************** 1. row ***************************
           id: 1
  select_type: SIMPLE
        table: comments
   partitions: NULL
         type: ref
possible_keys: idx_user_id
          key: idx_user_id
      key_len: 4
          ref: const
         rows: 100
     filtered: 100.00
        Extra: Using index
1 row in set, 1 warning (0.00 sec)
```

그림 5.28 댓글 수 카운트 쿼리(인덱스 생성 후)

댓글 수 카운트 쿼리의 EXPLAIN 결과에서도 Using index가 표시돼 있으며, 커버링 인덱스를 통해 처리되는 것을 알 수 있다(그림 5.27, 그림 5.28).

▌너무 많은 인덱스 생성으로 인한 안티 패턴

테이블 내의 모든 열에 인덱스를 생성하는 것은 인덱스의 안티 패턴이다. 모든 검색 요구 사항을 고려해 인덱스를 생성하면 인덱스의 수가 증가해 데이터 갱신 시 부하가 증가하고 속도가 느려지는 원인이 될 수 있다. 인덱스는 자체가 정렬된 데이터베이스이므로 인덱스를 생성, 추가, 갱신할 때 부하가 발생한다.

MySQL에서는 하나의 테이블에 대해 동시에 사용할 수 있는 인덱스는 1개이며[21], 여러 개의 인덱스가 있어도 데이터의 필터링이 효율적으로 변경되지는 않는다.

따라서 여러 가지 조건으로 검색하는 기능이 있다면 자주 사용하는 조건에는 인덱스를 준비하고, 그 외에는 'ORDER BY를 위한 인덱스'를 생성해 나가는 것이 좋다. 또한 검색 조건의 순서가 중요하며, 날짜 열에 인덱스를 생성하고 새로운 행부터 탐색하도록 하는 것이 효율적이다. 이렇게 하면 정렬 처리(firesort)를 할 필요가 없어져서 쿼리 처리가 더욱 빨라진다.

█ MySQL이 지원하는 기타 인덱스

MySQL에서는 보통 B-트리 인덱스 외에도 몇 가지 다른 종류의 인덱스 생성을 지원한다. 여기서는 간단히 다음 두 가지 인덱스를 설명한다.

- 전체 텍스트 검색 인덱스(Full Text Index)

- 공간 인덱스(Spatial Index)

전체 텍스트를 검색하는 인덱스

데이터베이스에 저장된 텍스트 데이터에서 특정 문자열을 포함하는 행을 검색하기 위해 LIKE 쿼리를 사용하는 경우가 있다(리스트 5.8).

리스트 5.8 LIKE 쿼리 예

```
SELECT * FROM comments WHERE comments LIKE '%데이터베이스%';
```

이 LIKE 쿼리 예에서는 private-isu의 comments 테이블에서 '데이터베이스'라는 문자열이 포함된 행을 검색한다. 이 SQL은 인덱스를 사용할 수 없으므로 모든 행을 검색하는 쿼리다. 또 LIKE 검색은 LIKE '데이터베이스%'나 와일드카드 문자(%나 _) 앞에만 인덱스를 사용한다. B-트리 인덱스 구조상 접두사 일치에만 인덱스를 사용할 수 있고 문장 중간에 포함된 문자열은 인덱스를 사용해 검색할 수 없다.

---

21 인덱스 병합으로 다수의 인덱스가 사용될 수도 있다.
https://dev.mysql.com/doc/refman/8.0/en/index-merge-optimization.html

따라서 Elasticsearch[22]나 Apache Solr[23], Groonga[24]와 같은 전체 텍스트 검색 엔진을 사용해야 한다. 전체 텍스트 검색 엔진은 문자열을 단어 또는 형태소 분석을 통해 분할하거나 N-gram으로 분할해 전치 인덱스를 구축한다. 전치 인덱스는 단어로부터 문자 ID, 출현 위치 등을 찾을 수 있다. MySQL도 전체 텍스트 검색 인덱스를 지원한다. comments 테이블의 comment 데이터에 전체 텍스트 인덱스를 생성하려면 다음을 실시한다.

```
mysql> ALTER TABLE comments ADD FULLTEXT INDEX comments_full_idx (comment) WITH PARSER ngram;
Query OK, 0 rows affected, 1 warning (10.53 sec)
Records: 0  Duplicates: 0  Warnings: 1
```

그림 5.29 전체 텍스트 인덱스 생성

텍스트를 분할하는 방법으로 N-gram을 사용했다. 검색을 위해서는 MATCH(column) AGAIST(expr)라는 전체 텍스트 검색용 함수를 사용한다[25].

```
SELECT * FROM comments WHERE MATCH (comment) AGAINST ('데이터베이스' IN BOOLEAN MODE);
```

MySQL의 전체 텍스트 검색 인덱스는 사용하기는 쉽지만, 검색이나 갱신 시 부하가 증가하여 서비스 전체에 영향을 줄 수 있다. 또한, 검색 품질을 높이기 위해 동의어를 그룹화하거나 관련성이 높은 문장으로 검색 성능을 개선하려면 Elasticsearch와 같은 전체 텍스트 검색 엔진을 사용해야 한다.

위도와 경도를 기반으로 검색하는 인덱스

공간 인덱스는 ISUCON의 예선 문제에 대한 설명에도 사용된다.

- ISUCON10 예선 문제 해설 및 평가

    https://isucon.net/archives/55025156.html

ISUCON10 예선에서는 부동산 검색 사이트가 주제였다. 부동산 검색 웹 서비스 내에는 '손으로 그리는 검색' 기능이 있어 지도상에서 손으로 그린 다각형 범위에 포함된 부동산을 검색할 수 있다. 이 기능을 구현하기 위해 발생하는 SQL에 의한 부하가 커졌으며 이 문제를 어떻게 해결할 것인가가 예선 통과의 열쇠가 됐다.

---

22 https://www.elastic.co/kr/elasticsearch/
23 https://solr.apache.org/
24 https://groonga.org/
25 MySQL :: MySQL 8.0 Reference Manual :: 12.10.1 Natural Language Full-Text Searches https://dev.mysql.com/doc/refman/8.0/en/fulltext-natural-language.html

초기 구현에서는 먼저 다각형으로부터 위도와 경도의 최대 및 최솟값을 구해 사각형을 만들고 부동산을 대략 검색했다. 그리고 그중 하나씩 다각형에 포함되는지 확인하는 구현이었다. 하지만 이 방법은 부하가 크고 처리 속도가 느리다는 문제가 있기 때문에 공간 인덱스를 사용해 하나의 쿼리로 필터링을 수행하고 빠른 속도로 실행할 수 있다. **경도**와 **위도** 데이터로 만들어진 다각형 안에 있는 부동산을 찾는 쿼리는 다음과 같다.

리스트 5.9 공간 인덱스를 사용하는 쿼리

```
SELECT id FROM estate \
WHERE ST_Contains(ST_PolygonFromText('POLYGON((35.140453 136.716575,\
35.743798 136.716032,35.879481 136.873225,35.999629 137.643797,\
35.271095 137.571651,35.187708 137.495990,35.144636 137.216676,\
35.141714 136.974318,35.140453 136.716575))'), point) \
ORDER BY popularity DESC, id ASC LIMIT 50")
```

35.140으로 시작하는 수는 경도와 위도 데이터다. 공간 인덱스는 ST로 시작하는 함수를 사용하여 필터링을 수행한다. R-트리가 사용되며 이에 대한 자세한 설명은 생략한다.

최신 버전의 MySQL은 이전에 비해 기능이 많이 추가됐다. 성능 향상을 위해 블로그나 웹사이트에서 새로운 기능을 참고하여 데이터베이스의 성능 튜닝을 진행해야 한다.

5-4 N+1이란?

N+1 문제란 데이터베이스와 같은 외부 자원을 사용하는 웹 서비스에서 자주 발생하는 성능 저하의 원인이다. private-isu에서도 N+1 문제가 있다. 이번에는 private-isu를 예로 N+1 문제가 무엇인지 확인하고 이를 해결하는 방법을 설명한다.

▌쿼리 수가 증가하면 응용 프로그램이 느려지는 이유

앞에서 소개한 `pt-query-digest` 결과(리스트 5.2)에서 7번째 쿼리는 다른 쿼리가 몇 건에서 300건 미만인 것에 비해 1,200회 이상 실행됐다. 여기서 쿼리 세부 정보를 확인한다.

리스트 5.10 pt-query-digest 분석 결과 실행 횟수가 많은 쿼리

```
# Query 7: 124.30 QPS, 0.04x concurrency, ID 0x396201721CD58410E070DA9421CA8C8D at byte 2661502
# This item is included in the report because it matches --limit.
# Scores: V/M = 0.00
# Time range: 2023-04-29T11:21:30 to 2023-04-29T11:21:40
# Attribute    pct   total     min     max     avg     95%  stddev  median
# ===========  ===  =======  ======= ======= ======= ======= ======= =======
# Count         19    1243
# Exec time      0   385ms    43us    13ms   309us     2ms   906us    89us
# Lock time     28    48ms     8us     8ms    38us    21us   308us    11us
# Rows sent      0   1.21k       1       1       1       1       0       1
# Rows examine   0   1.21k       1       1       1       1       0       1
# Query size     3  45.99k      36      39   37.89   36.69    0.20   36.69
# String:
# Databases    isuconp
# Hosts        localhost
# Users        isuconp
# Query_time distribution
# 1us
# 10us ###############################################################
# 100us ##############################
#   1ms ######
#  10ms #
# 100ms
#    1s
#  10s+
# Tables
#    SHOW TABLE STATUS FROM `isuconp` LIKE 'users'\G
#    SHOW CREATE TABLE `isuconp`.`users`\G
# EXPLAIN /*!50100 PARTITIONS*/
SELECT * FROM `users` WHERE `id` = 635\G
```

쿼리 자체는 기본 인덱스에서 검색을 실시하므로 95% 이상이 2ms 이하로 매우 빠르게 완료됐다(리스트 5.10). 하지만 실행 횟수가 많기 때문에 부하가 큰 쿼리로 상위 순위에 올라있다. 다음 쿼리는 EXPLAIN에서도 기본 인덱스를 사용하기 때문에 빠르게 처리되고 있음을 알 수 있다.

```
mysql> EXPLAIN SELECT * FROM `users` WHERE `id` = 635\G
*************************** 1. row ***************************
           id: 1
  select_type: SIMPLE
        table: users
   partitions: NULL
         type: const
possible_keys: PRIMARY
          key: PRIMARY
      key_len: 4
          ref: const
         rows: 1
     filtered: 100.00
        Extra: NULL
1 row in set, 1 warning (0.01 sec)
```

그림 5.30 빠른 처리가 이루어지고 있는 것을 알 수 있는 EXPLAIN

private-isu의 벤치마커는 게시글 목록 페이지로 많은 요청을 보낸다. 게시글 목록 페이지에서는 먼저 게시글 목록을 가져와 각 게시글에 대해 makePosts라는 함수[26]를 호출해 게시자의 정보와 최신 3개의 댓글을 가져온다. 또한 사용자 정보를 가져오는 처리도 구현돼 있다. 최초 1번의 SQL 실행으로 루프 내에서 몇 배나 많은 사용자 정보를 요청하는 쿼리가 발생한다.

쿼리 실행 횟수가 많아지면 쿼리 시행에 드는 총시간뿐만 아니라 응용 프로그램 서버와 데이터베이스 서버 간의 통신 횟수도 증가해 최종 결과를 반환하는 데 걸리는 시간이 증가한다. 이러한 코드로 인해 한 번의 쿼리로 얻은 결과의 수(이를 N이라고 함)에 대해 관련 정보를 수집하기 위해 N회 이상의 쿼리를 실행함으로써 응용 프로그램의 응답 속도가 저하되고 데이터베이스 부하의 원인이 되는 것을 **N+1 문제**라고 한다.

N+1을 찾고 해결하는 방법

N+1 문제를 해결하기 위해서는 슬로우 쿼리 로그를 확인하여 실행 횟수가 많은 쿼리를 찾고, 이를 힌트로 사용하여 응용 프로그램 내에서 SQL을 실행하는 위치를 파악해야 한다. 또한 New Relic[27] 등의 APM이나 프로파일러 정보를 참고하거나 PHP의 Laravel[28] 등의 프레임워크 기능으로 N+1 문제를 찾고 알람을 받는 방법도 있다.

응용 프로그램 코드에서 N+1 부분을 찾았다면 발견한 문제가 병목을 발생시키는지 확인하기 위해 데이터베이스 프로파일과 비교해 다시 확인한다. 코드에 문제가 있다고 판단해 수정했지만, 배치 실행 시에만 호출돼 속도에 전혀 영향이 없는 경우도 있다. 여기서는 N+1의 수정 방법으로써 캐시를 사용하는 방

26 Go 구현에서는 makePosts지만 Ruby 구현에서는 make_posts다.
27 https://newrelic.com/
28 https://laravel.com/

법, 별도 쿼리로 프리로드(preload)하는 방법, SQL 쿼리를 사용하는 방법을 소개한다. 어떤 방법이 가장 적합한지는 웹 서비스의 규모나 운영 상황에 따라 다르다.

캐시를 사용하는 방법은 캐시를 유지하는 미들웨어를 추가하는 것으로, 데이터베이스의 부하를 줄이고 대규모 웹 서비스에서 높은 확장성을 제공한다.

별도 쿼리에서의 프리로드는 미들웨어나 복잡한 SQL 쿼리를 작성하지 않아도 되는 장점이 있으며 구현 비용도 높지 않다. JOIN을 사용한 해결은 간단하고 빠르게 동작한다. 단, 웹 서비스 규모가 커지고 더 높은 확장성이 필요한 경우 데이터베이스 분할로 인한 개발에서 병목 현상이 발생할 수 있다.

캐시를 사용한 해결 방법과 캐시 획득으로 N+1 회피

memcached나 Redis와 같은 NoSQL을 사용해 데이터베이스의 정보를 캐시로 저장하고 데이터베이스에 접근하는 대신 캐시를 참조하는 방법을 소개한다. 대규모 웹 서비스에서는 자주 변경되지 않는 정보를 memcached 등에 저장해 두고 이를 참조해 데이터베이스의 부하를 줄이는 방식을 사용한다. 여기서는 private-isu의 데이터베이스를 사용해 최신 게시물 및 해당 게시물에 연결된 사용자 정보를 가져오는 예를 들어 N+1 회피 방법을 설명한다. 다음은 N+1이 존재하는 상태의 코드다(리스트 5.11). SQL이 실행된 후 가져온 게시물 수(❶)와 20개의 getUser를 통해(❷) 쿼리가 실행된다.

리스트 5.11 N+1이 있는 소스 코드

```
var db *sqlx.DB

func main() {
  var err error
  // 데이터베이스에 연결
  db, err = sqlx.Open("mysql", "isuconp:@tcp(127.0.0.1:3306)/isuconp?parseTime=true")
  if err != nil {
    log.Fatal(err)
  }

  results := []Post{}
  // 게시물 목록 취득 ❶

  err = db.Select(&results, "SELECT `id`, `user_id`, `body`, `mime`, `created_at` FROM `posts`
ORDER BY `created_at` DESC LIMIT 20")
  if err != nil {
    log.Fatal(err)
```

```
  }

  for _, p := range results {
    // 게시물 목록에 사용자 정보 부여 ❷
    p.User = getUser(p.UserID)
  }
}

func getUser(id int) User {
  user := User{}
  // 사용자 정보 취득
  err := db.Get(&user, "SELECT * FROM `users` WHERE `id` = ?", id)
  if err != nil {
    log.Fatal(err)
  }
  return user
}
```

다음은 캐시를 참조해 데이터베이스의 N+1을 회피하는 코드다(리스트 5.12).

리스트 5.12 캐시를 참조해 데이터베이스의 N+1을 회피(1)

```
var db *sqlx.DB
var mc *memcache.Client

func main() {
  var err error
  // 데이터베이스에 연결
  db, err = sqlx.Open("mysql", "isuconp:@tcp(127.0.0.1:3306)/isuconp?parseTime=true")
  if err != nil {
    log.Fatal(err)
  }
  // memcached에 연결
  mc = memcache.New("127.0.0.1:11211")

  results := []Post{}
  // 게시물 목록 얻기
  err = db.Select(&results, "SELECT `id`, `user_id`, `body`, `mime`, `created_at` FROM `posts`
ORDER BY `created_at` DESC LIMIT 30")
  if err != nil {
```

```go
    log.Fatal(err)
  }


  for _, p := range results {
    // 게시물 목록에 사용자 정보 부여
    p.User = getUser(p.UserID)
  }
}


func getUser(id int) User {
  user := User{}
  // memcached에서 사용자 정보 취득 ❶
  it, err := mc.Get(fmt.Sprintf("user_id:%d", id))
  if err == nil {
    // 사용자 정보가 있으면 JSON을 디코딩하고 반환
    err := json.Unmarshal(it.Value, &user)
    if err != nil {
      return user
    }
  }
  // 데이터베이스에서 사용자 정보 검색 ❷
  err = db.Get(&user, "SELECT * FROM `users` WHERE `id` = ?", id)
  if err != nil {
    log.Fatal(err)
  }
  // JSON으로 인코딩
  j, err := json.Marshal(user)
  if err != nil {
    log.Fatal(err)
  }
  // memcached에 저장 ❸
  mc.Set(&memcache.Item{
    Key:        fmt.Sprintf("user_id:%d", id),
    Value:      j,
    Expiration: 3600,
  })
  return user
}
```

쿼리 실행을 줄이기 위해 먼저 memcached에서 캐시 데이터를 가져온다(❶). 캐시가 없으면 데이터베이스에서 데이터를 가져와(❷) 캐시에 저장한다(❸). 첫 번째 액세스에서는 캐시가 없어 N+1이 발생하지만, 두 번째 이후에는 캐시에서 데이터를 가져오므로 N+1이 발생하지 않는다. 하지만 캐시 참조는 여전히 행 수만큼 발생하므로 성능 개선 여지가 있다. 데이터베이스가 병목인 경우 캐시를 사용하면 부하를 줄일 수 있지만, 응용 프로그램 서버와 캐시 서버 간의 통신은 N번 발생하므로 응용 프로그램의 성능은 더 개선될 수 있다.

memcached나 Redis를 사용하면 한 번의 통신으로 여러 개의 캐시를 가져올 수 있다. 이를 사용해 캐시의 N+1 문제도 발생시키지 않을 수 있다. 예를 들어 리스트 5.13의 코드에서는 먼저 게시글 목록에서 사용자 ID 목록을 만든 후 ❶, ❷의 getUsersFromCache를 사용해 일괄적으로 데이터를 가져온다. 여러 캐시를 가져올 때는 memcached에서 GetMulti 명령을 사용한다(❸). 만약 memcached에서 캐시를 가져올 수 없다면 데이터베이스를 참조해 캐시에 저장한다(❹, ❺).

이를 통해 memcached의 참조는 한 번에 이루어지고 N+1도 해결된다. 하지만 리스트 5.13의 예에서도 아직 캐시가 히트되지 않는 경우 N+1이 발생할 수 있다. 캐시가 쉽게 사라지는 환경이나 부하가 심한 상황에서는 성능을 개선하기 위해 캐시에서 가져올 수 없었던 키의 목록을 만들고 별도의 쿼리에 의한 프리로드와 결합할 수 있다. 웹 서비스의 성능을 향상하기 위해 캐시를 사용하는 방법에 대해서는 7장에서 더 자세히 설명한다.

리스트 5.13 캐시를 참조해 데이터베이스의 N+1을 회피(2)

```
var db *sqlx.DB
var mc *memcache.Client

func main() {
  var err error
  // 데이터베이스에 연결
  db, err = sqlx.Open("mysql", "isuconp:@tcp(127.0.0.1:3306)/isuconp?parseTime=true")
  if err != nil {
    log.Fatal(err)
  }
  // memcached에 연결
  mc = memcache.New("127.0.0.1:11211")

  results := []Post{}
  // 게시물 목록 취득
  err = db.Select(&results, "SELECT `id`, `user_id`, `body`, `mime`, `created_at` FROM `posts`
```

```go
ORDER BY `created_at` DESC LIMIT 30")
  if err != nil {
    log.Fatal(err)
  }


  // 캐시에서 가져올 사용자 ID목록 만들기 ❶
  userIDs := make([]int, 0, len(results))
  for _, p := range results {
    userIDs = append(userIDs, p.UserID)
  }
  // 캐시에서 사용자 정보을 일괄 취득 ❷
  users := getUsersFromCache(userIDs)
  for _, p := range results {
    if u, ok := users[p.UserID]; ok {
      p.User = u
    } else {
      // 캐시에서 취득할 수 없는 경우 데이터베이스에서 취득 ❹
      p.User = getUser(p.UserID)
    }
  }
}


// 캐시에서 사용자 정보를 대량으로 검색하는 함수
func getUsersFromCache(ids []int) map[int]User {
  // 캐시의 키 목록 작성
  keys := make([]string, 0, len(ids))
  for _, id := range ids {
    keys = append(keys, fmt.Sprintf("user_id:%d", id))
  }
  // 결과를 넣은 map(연상 배열)을 작성, 키는 사용자 ID
  users := map[int]User{}
  // 캐시에서 여러 캐시 취득 ❸
  items, err := mc.GetMulti(keys)
  if err == nil {
    return users
  }
  for _, it := range items {
    u := User{}
    // JSON을 디코딩하고 map에 사용자 ID를 키로 저장
```

```go
    err := json.Unmarshal(it.Value, &u)
    if err != nil {
      log.Fatal(err)
    }
    users[u.ID] = u
  }
  return users
}

func getUser(id int) User {
  user := User{}
  // 데이터베이스에서 사용자 정보 취득
  err := db.Get(&user, "SELECT * FROM `users` WHERE `id` = ?", id)
  if err != nil {
    log.Fatal(err)
  }
  // JSON으로 인코딩
  j, err := json.Marshal(user)
  if err != nil {
    log.Fatal(err)
  }
  // 캐시에 저장 ❺
  mc.Set(&memcache.Item{
    Key:        fmt.Sprintf("user_id:%d", id),
    Value:      j,
    Expiration: 3600,
  })
  return user
}
```

별도의 쿼리로 프리로드를 사용해 N+1 해결

당연하게도 캐시를 사용하면 웹 서비스의 시스템 구성 요소가 늘어난다. memcahced나 redis와 같은 미들웨어의 모니터링 및 장애 발생에 대해 주의해야 한다. 또한 데이터 불일치로 인한 문제가 발생하지 않도록 캐시의 파기나 갱신 등 응용 프로그램 개선 작업도 많이 필요하다.

새로운 미들웨어 추가나 N+1 해결을 위해 코드 변경을 최소화하면서 데이터베이스 쿼리를 2회로 줄일 방법을 소개한다(리스트 5.14). 캐시를 사용해 N+1을 해결하는 방법과 비슷하다. ❶의 사용자 ID 목록을 만드는 부분까지는 같다. 목록에서 정보를 얻기 위해 캐시가 아닌 데이터베이스를 참조한다(❷). 데이터베이스에서 가져올 때는 IN 절을 사용한다(❸). 데이터베이스에 대한 참조를 N+1회가 아니라 2회로 제한할 수 있다.

리스트 5.14 N+1 데이터베이스 프리로드

```go
var db *sqlx.DB

func main() {
  var err error
  // 데이터베이스에 연결
  db, err = sqlx.Open("mysql", "isuconp:isuconp@tcp(127.0.0.1:3306)/isuconp?parseTime=true")
  if err != nil {
    log.Fatal(err)
  }


  results := []Post{}
  // 게시물 목록 취득
  err = db.Select(&results, "SELECT `id`, `user_id`, `body`, `mime`, `created_at` FROM `posts`
ORDER BY `created_at` DESC LIMIT 30")
  if err != nil {
    log.Fatal(err)
  }
  // 사용자 ID 목록 만들기 ❶
  userIDs := make([]int, 0, len(results))
  for _, p := range results {
    userIDs = append(userIDs, p.UserID)
  }
  // 사용자 정보 미리 로드 ❷
  users := preloadUsers(userIDs)
  for _, p := range results {
    p.User = users[p.UserID]
  }
}

// 데이터베이스에서 사용자 정보를 대량으로 취득하는 함수
func preloadUsers(ids []int) map[int]User {
  // 결과를 넣을 map(연상 배열)을 작성. 키는 사용자 ID
  users := map[int]User{}
  // 사용자 목록이 비어 있으면
```

```go
    if len(ids) == 0 {
      return users
    }
    // 사용자 ID용 목록
    params := make([]interface{}, 0, len(ids))
    // 플레이스홀더 목록
    placeholders := make([]string, 0, len(ids))
    for _, id := range ids {
      params = append(params, id)
      // 플레이스홀더 목록에 '?'를 넣는다.
      placeholders = append(placeholders, "?")
    }
    us := []User{}
    // IN 절을 사용하여 데이터베이스에서 사용자 정보 취득 ❸
    // 자리 표시자 목록은 ','로 연결하여 쿼리를 만든다.
    err := db.Select(
      &us,
      "SELECT * FROM `users` WHERE `id` IN ("+strings.Join(placeholders, ",")+")",
      params...,
    )
    if err != nil {
      log.Fatal(err)
    }
    for _, u := range us {
      users[u.ID] = u
    }
    return users
}
```

리스트 5.14의 N+1 데이터베이스 프리로드에서는 IN 절을 구축하기 위해 플레이스홀더(placeholder)를 위한 배열을 준비하고 문자열을 연결하는 방법을 사용한다('?'를 플레이스홀더용 리스트에 넣었다). Go언어의 sqlx 라이브러리 기능을 사용해 IN 절을 포함하는 쿼리를 생성할 수 있다. 언어나 프레임워크에 따라 문자열을 연결해 IN 절을 작성하는 방법이 아니더라도 구축 가능한 기능이 있다(리스트 5.15).

리스트 5.15 N+1 데이터베이스 프리로드(sqlx.IN 사용 방법)

```go
func preloadUsersIn(ids []int) map[int]User {
  // 결과를 넣을 map(연상 배열)을 작성. 키는 사용자 ID
```

```go
users := map[int]User{}
// 사용자 목록이 비어 있으면
if len(ids) == 0 {
  return users
}
// IN 구문이 포함된 쿼리 작성
// query: 플레이스홀더 확장된 쿼리
// params: 쿼리 실행 시 전달하는 매개 변수
query, params, err := sqlx.In(
  "SELECT * FROM `users` WHERE `id` IN (?)",
  ids,
)
if err != nil {
  log.Fatal(err)
}
us := []User{}
// 데이터베이스에서 사용자 정보 검색
err = db.Select(
  &us,
  query,
  params...,
)
if err != nil {
  log.Fatal(err)
}
for _, u := range us {
  users[u.ID] = u
}
return users
}
```

IN 절에 전달하는 값이 너무 많으면 쿼리 크기가 커져서 에러가 발생하거나 의도한 인덱스를 사용하지 않을 수 있다. MySQL 8.0에서는 max_allowed_packet이라는 설정으로 기본값으로 64MB가 설정되어 있다. 또한 MySQL은 쿼리 실행 계획을 수립할 때, 인덱스 대신 모든 데이터를 읽는 전체 스캔을 하는 것이 더 빠르다고 판단할 수 있다. 이 동작은 eq_range_index_dive_limit라는 매개변수로 변경할 수 있으며 MySQL 8.0에서는 eq_range_index_dive_limit의 기본값이 200이다. IN 절에 포함된 값이 eq_range_index_dive_limit건 이내면 인덱스를 사용할 때 스캔해야 하는 행 수를 정확하게 추정하려고 한다(인덱스 다이브라고 함). 그러나 `eq_range_index_dive_limit`보다 많은 항목이 포함되면 인덱스 통계 데이터로부터 추정하며 인덱스 통계 데이터는 빠르지만 정확성이 떨어지고 때에 따라 인덱스를 사용하지 않고 전체 스캔을 수행한다.

별도 쿼리를 사용한 프리로드는 JOIN을 사용한 방법보다 복잡한 쿼리를 작성하거나 새로운 미들웨어를 추가할 필요가 없어 충분히 빠르다. 이러한 이유로 최적화의 첫 번째 단계로 권장된다.

JOIN을 사용해 N+1 해결

JOIN(INNER JOIN)을 사용해 2개 이상의 테이블을 1개의 SQL로 참조해 필요한 정보를 추출할 수 있다.

리스트 5.16의 ❶은 JOIN 쿼리다. Go 언어에서 데이터베이스를 다룰 때 사용되는 sqlx에서는 JOIN한 정보를 구조체에 매핑하기 위해 취득할 때의 열 이름을 user, 실제 열 이름으로 사용한다(❷). 이 방법은 한 번의 SQL로 필요한 정보를 모두 취득해 N+1을 해결하는 효율적인 방법이다.

여기서 소개한 JOIN 방법으로는 데이터베이스의 정규화를 깨고(비정규화) JOIN해 가져오고자 하는 정보를 미리 테이블에 저장해 간단한 쿼리로 N+1 문제를 해결할 수도 있다. 장기적으로 사용할 웹 서비스에서는 데이터가 중복돼 갱신 비용이 높아지는 리스크도 있지만, 고속화가 목적이라면 사용할 수 있는 방법이다.

리스트 5.16 JOIN 쿼리를 사용하는 예

```go
// 사용자 정보의 구조체 DB의 열 이름, JSON에서의 키 이름을 부여한다
type User struct {
ID          int       `db:"id" json:"id"`
AccountName string    `db:"account_name" json:"account_name"`
Passhash    string    `db:"passhash" json:"passhash"`
Authority   int       `db:"authority" json:"authority"`
DelFlg      int       `db:"del_flg" json:"del_flg"`
CreatedAt   time.Time `db:"created_at" json:"created_at"`
}

// 게시 정보 구조 DB의 열 이름, JSON의 키 이름을 부여한다
Type Post struct {
ID     int    `db:"id" json:"id"`
UserID int    `db:"user_id" json:"user_id"`
Body   string `db:"body" json:"body"`
Mime   string `db:"mime" json:"mime"`
```

```
CreatedAt    time.Time    `db:"created_at" json:"created_at"`
User         User         `json:"users"`
}

var db *sqlx.DB

func main() {
var err error
db, err = sqlx.Open("mysql", " isuconp:isuconp@tcp(127.0.0.1:3306)/isuconp?parseTime=true")
if err != nil {
    log.Fatal(err)
}

results := []Post{}
// JOIN (INNER JOIN)에 의한 투고 일람 · 유저 정보의 취득 ❶
query := "SELECT " +
    "p.id AS `id`, " +
    "p.user_id AS `user_id`," +
    "p.body AS `body`, " +
    "p.mime AS `mime`, " +
    "p.created_at AS `created_at`, " +
    "u.id AS `user.id`, " + // 사용자 정보의 열 이름 지정 ❷
    "u.account_name AS `user.account_name`, " +
    "u.passhash AS `user.passhash`, " +
    "u.authority AS `user.authority`, " +
    "u.del_flg AS `user.del_flg`, " +
    "u.created_at AS `user.created_at` " +
    "FROM `posts` p JOIN `users` u ON p.user_id = u.id ORDER BY p.created_at DESC LIMIT 30"
err = db.Select(&results, query)
if err != nil {
    log.Fatal(err)
  }
}
```

▋ 데이터베이스 이외에도 있는 N+1 문제

N+1 문제는 데이터베이스에 한정된 문제가 아니다. 최근에는 여러 서비스를 연계해 하나의 웹 서비스를 제공하는 마이크로서비스에서도 루프 중에 HTTPS나 gRPC를 사용해 외부 서비스에 액세스하고 정

보를 가져오는 경우가 많이 있다. 이때도 N+1 문제가 발생하면 웹 서비스의 성능에 영향을 미치므로 대책이 필요하다. 필요한 정보를 일괄로 가져오는 API를 준비하고 사용하는 등의 방법이 있다.

5-5 데이터베이스와 자원을 효율적으로 사용

마지막으로 데이터베이스와 데이터베이스 주변의 최적화에 대해 소개한다.

▌ FORCE INDEX와 STRAIGHT_JOIN

리스트 5.16에서 사용한 JOIN 쿼리는 MySQL의 버전이나 posts 테이블에 생성된 인덱스에 따라 의도한 실행 계획과 다를 수 있다. posts 테이블에는 'ORDER BY를 위한 인덱스'로 posts_order_idx 인덱스와 사용자별 최신 게시물을 가져오기 위한 posts_user_idx 인덱스를 생성했다(리스트 5.17). 스키마는 다음과 같다.

리스트 5.17 인덱스 생성 후 posts 테이블

```
CREATE TABLE `posts` (
  `id` int NOT NULL AUTO_INCREMENT,
  `user_id` int NOT NULL,
  `mime` varchar(64) NOT NULL,
  `imgdata` mediumblob NOT NULL,
  `body` text NOT NULL,
  `created_at` timestamp NOT NULL DEFAULT CURRENT_TIMESTAMP,
  PRIMARY KEY (`id`),
  KEY `posts_order_idx` (`created_at` DESC),
  KEY `posts_user_idx` (`user_id`,`created_at` DESC)
) ENGINE=InnoDB DEFAULT CHARSET=utf8mb4;
```

이 테이블에 대해 JOIN 쿼리의 EXPLAIN 결과를 취득한다. JOIN을 실시하기 위해 2행의 결과가 출력된다(그림 5.31).

```
mysql> EXPLAIN SELECT
    -> p.id AS `id`,
    -> p.user_id AS `user_id`,
    -> p.body AS `body`,
    -> p.mime AS `mime`,
    -> p.created_at AS `created_at`,
    -> u.id AS `user.id`,
    -> u.account_name AS `user.account_name`,
    -> u.passhash AS `user.passhash`,
    -> u.authority AS `user.authority`,
    -> u.del_flg AS `user.del_flg`,
    -> u.created_at AS `user.created_at`
    -> FROM `posts` p JOIN `users` u ON p.user_id = u.id ORDER BY p.created_at DESC LIMIT 30\G
*************************** 1. row ***************************
           id: 1
  select_type: SIMPLE
        table: u
   partitions: NULL
         type: ALL
possible_keys: PRIMARY
          key: NULL
      key_len: NULL
          ref: NULL
         rows: 1234
     filtered: 100.00
        Extra: Using temporary; Using filesort
*************************** 2. row ***************************
           id: 1
  select_type: SIMPLE
        table: p
   partitions: NULL
         type: ref
possible_keys: posts_user_idx
          key: posts_user_idx
      key_len: 4
          ref: isuconp.u.id
         rows: 9
     filtered: 100.00
        Extra: NULL
2 rows in set, 1 warning (0.00 sec)
```

그림 5.31 예상과 다른 JOIN 쿼리의 EXPLAIN 결과

준비한 'ORDER BY를 위한 posts_order_idx 인덱스'를 사용하지 않고 처음에 user 테이블을 모두 조작했다(그림 5.31). 그리고 그 결과에 대해 posts 데이터를 posts_user_idx를 사용해 연결해서 임시 테이블을 만들고 정렬하는 방식으로 문제가 해결됐다. MySQL의 옵티마이저는 실행 계획을 수립하기 위해 샘플링된 인덱스의 통계 정보를 사용한다. 이때 'ORDER BY를 위한 인덱스'를 사용하지 않을 수 있다. 이 경우 SQL에서 어떤 인덱스를 사용할지에 대한 힌트를 제공해야 한다. FORCE INDEX는 이를 위한 방법의 하나다.

FORCE INDEX로 posts_irder_idx를 지정한 쿼리의 EXPLAIN 결과는 검색하는 행도 적고 정렬 처리도 없어 예상대로 효율적인 쿼리가 된다(그림 5.32).

```
mysql> EXPLAIN SELECT
    -> p.id AS `id`,
    -> p.user_id AS `user_id`,
    -> p.body AS `body`,
    -> p.mine As `mime`,
    -> p.created_at AS `created_at`,
    -> u.id AS `user.id`,
    -> u.account_name AS `user.account_name`,
    -> u.passhash AS `user.passhash`,
    -> u.authority AS `user.authority`,
    -> u.del_flg AS `user.del_flg`,
    -> u.created_at AS `user.created_at`
    -> FROM `posts` p FORCE INDEX (`posts_order_idx`) JOIN `users` u ON p.user_id = u.id
    -> ORDER BY p.created_at DESC LIMIT 30\G
*************************** 1. row ***************************
           id: 1
  select_type: SIMPLE
        table: p
   partitions: NULL
         type: index
possible_keys: NULL
          key: posts_order_idx
      key_len: 4
          ref: NULL
         rows: 30
     filtered: 100.00
        Extra: NULL
*************************** 2. row ***************************
           id: 1
  select_type: SIMPLE
        table: u
   partitions: NULL
         type: eq_ref
possible_keys: PRIMARY
          key: PRIMARY
      key_len: 4
          ref: isuconp.p.user_id
         rows: 1
     filtered: 100.00
        Extra: NULL
2 rows in set, 1 warning (0.00 sec)
```

그림 5.32 FORCE INDEX를 사용한 JOIN 쿼리의 EXPLAIN 결과

FORCE INDEX 외에도 STRAIGHT_JOIN이라는 키워드를 사용하는 방법도 있다. 예상과 다른 JOIN 쿼리의 EXPLAIN 결과(그림 5.31)에서는 SQL 쿼리에서 posts 테이블에서 작성했지만, user 테이블에서 처리가 시작됐다. STRAIGHT_JOIN은 SQL 쿼리에 작성한 순서대로 처리하기 위한 힌트가 된다(그림 5.33).

```
mysql> EXPLAIN SELECT STRAIGHT_JOIN
    -> p.id AS `id`,
    -> p.user_id AS `user_id`,
    -> p.body AS `body`,
    -> p.mime AS `mime`,
    -> p.created_at AS `created_at`,
    -> u.id AS `user.id`,
    -> u.account_name AS `user.account_name`,
    -> u.passhash AS `user.passhash`,
    -> u.authority AS `user.authority`,
    -> u.del_flg AS `user.del_flg`,
    -> u.created_at AS `user.created_at`
    -> FROM `posts` p JOIN `users` u ON p.user_id = u.id
    -> ORDER BY p.created_at DESC LIMIT 30\G
*************************** 1. row ***************************
           id: 1
  select_type: SIMPLE
        table: p
   partitions: NULL
         type: index
possible_keys: posts_user_idx
          key: posts_user_idx
      key_len: 4
          ref: NULL
         rows: 30
     filtered: 100.00
        Extra: NULL
*************************** 2. row ***************************
           id: 1
  select_type: SIMPLE
        table: u
   partitions: NULL
         type: eq_ref
possible_keys: PRIMARY
          key: PRIMARY
      key_len: 4
          ref: isuconp.p.user_id
         rows: 1
     filtered: 100.00
        Extra: NULL
2 rows in set, 1 warning (0.00 sec)
```

그림 5.33 STRAIGHT_JOIN을 사용한 EXPLAIN 결과

MySQL 8.0.1부터는 JOIN_ORDER 힌트를 사용할 수 있다. LEFT JOIN 쿼리의 경우 STRAIGHT_JOIN을 사용할 수 없으므로 JOIN_ORDER 힌트를 고려해야 한다[29].

데이터베이스에 저장된 데이터와 옵티마이저 통계 정보에 따라 사용되는 인덱스가 변경될 수 있으므로 주의해야 한다. 웹 서비스가 커지면서 테이블에 저장되는 데이터가 많아진다. 예를 들어 EC 사이트에서는 특정 카테고리의 상품이 크게 증가하는 등 데이터에 편향이 발생할 수 있다. 이 경우 초기에 사용한 인덱스가 갑자기 사용할 수 없게 되거나 전체 스캔을 실시하는 쿼리로 변경되는 등의 문제가 발생할 수 있다. FORCE INDEX나 STRAIGHT_JOIN은 이러한 쿼리 튜닝에 사용한다.

---

29 MySQL :: MySQL 8.0 Reference Manual :: 8.9.3 Optimizer Hints
   https://dev.mysql.com/doc/refman/8.0/en/optimizer-hints.html#optimizer-hints-join-order

웹 서비스의 성능에 영향이 미치지 않도록 데이터베이스의 부하를 모니터링하거나 query-digester 등을 사용해 실제 운영 환경의 데이터베이스에 대해 계속 프로파일링하고 튜닝이 필요한 쿼리를 찾아 개선하는 것이 중요하다.

■ 필요한 열만 취득해 효율화

SQL에서 테이블의 정보를 취득할 때 SELECT *를 사용한다. 여기서 *는 해당 테이블의 모든 열 정보를 가져오는 것을 의미한다. 열을 하나하나 지정하지 않고 사용할 수 있는 SELECT *는 편리하지만 서비스에 불필요한 정보까지 매번 취득해 성능에 영향을 미칠 수 있다. porvate-isu나 이전 ISUCON 대회의 문제에서도 이미지 데이터가 데이터베이스에 기록된 경우가 있었다. ISUCON11 예선 문제에서는 SELECT *로 인해 매번 이미지 데이터를 취득하게 돼 있다.

리스트 5.18 ISUCON11 예선 문제의 isu 테이블 스키마

```
CREATE TABLE `isu` (
  `id` bigint AUTO_INCREMENT,
  `jia_isu_uuid` CHAR(36) NOT NULL UNIQUE,
  `name` VARCHAR(255) NOT NULL,
  `image` LONGBLOB,
  `character` VARCHAR(255),
  `jia_user_id` VARCHAR(255) NOT NULL,
  `created_at` DATETIME(6) DEFAULT CURRENT_TIMESTAMP(6),
  `updated_at` DATETIME(6) DEFAULT CURRENT_TIMESTAMP(6) ON UPDATE CURRENT_TIMESTAMP(6),
  PRIMARY KEY(`id`)
) ENGINE=InnoDB DEFAULT CHARACTER SET=utf8mb4;
```

리스트 5.18의 환경에서 SELECT * FROM isu를 사용해 매번 데이터베이스에서 응용 프로그램 서버로 이미지 데이터가 전송돼 해당 통신 비용이 크게 증가할 수 있다. 이러한 경우 필요할 때만 이미지 데이터를 가져오고 이미지가 필요 없을 때 다음과 같이 칼럼을 지정해 SQL을 실행해야 한다.

```
SELECT `id`,`jia_isu_uuid`,`name`,`character`,`jia_user_id`,`created_at`,`updated_at` FROM `isu`;
```

그림 5.34 이미지 데이터가 필요 없을 때 사용하는 쿼리

MySQL 8.0에서 INVISIBLE COLUMN이라는 기능이 추가됐다. INVISIBLE COLUMN은 칼럼에 INVISIBLE이라는 파라미터를 부여해 SELECT *를 실시했을 때 출력을 억제할 수 있다[30].

---

30 MySQL 8.0 Reference Manual :: 13.1.20.10 Invisible Columns https://dev.mysql.com/doc/refman/8.0/en/invisible-columns.html

프리페어드 스테이트먼트와 Go 언어에서의 연결 설정

리스트 5.2의 pt-query-digest 결과에 나오는 `ADMIN PREPARE`, `ADMIN CLOSE STMT`에 대해서는 다루지 않았지만, 결과에서는 총시간의 10% 이상을 차지하며 다른 쿼리들보다 거의 2만 번 가까이 매우 많이 실행되고 있는 것이 주목할 부분이다.

`ADMIN PREPARE`과 `ADMIN CLOSE STMT`는 데이터베이스의 기능 중 하나인 프리페어드 스테이트먼트 (prepared statement)에서 사용된다. 프리페어드 스테이트먼트에서는 먼저 클라이언트에서 변수를 삽입할 수 있는 형태의 SQL을 발행하고 데이터베이스에서 그것을 분석해 캐시에 저장한다. 그리고 클라이언트에서는 변수만 보내고 SQL을 실행한다. 같은 SQL을 여러 번 실행하는 경우 실행 계획을 캐시에 저장함으로써 데이터베이스의 효율성이 향상되며, 쿼리와 매개변수를 분리함으로써 SQL 인젝션(SQL 일부를 변경해 데이터베이스에 비정상적인 명령을 보내는 공격 방법)과 같은 보안 대책도 될 수 있다.

하지만 웹 응용 프로그램에서는 발행하는 쿼리의 종류도 다양하기 때문에 작성한 프리페어드 스테이트먼트의 캐시가 효율적으로 사용되지 않을 수 있다. 결과적으로 SQL을 발행할 때마다 프리페어드 스테이트먼트를 준비하는, `PREPARE`로 만든 스테이트먼트를 해제하는 `CLOSE` 쿼리가 필요해져 통신 횟수가 증가해 효율이 떨어지기 쉽다.

언어나 프레임워크에 따라 프리페어드 스테이트먼트를 사용할지 여부를 설정하는 방법이 다르지만, Go 언어의 MySQL에 연결하는 드라이버인 `go-sql-driver/mysql`에서는 프리페어드 스테이트먼트가 기본적으로 활성화돼 있다. 이를 비활성화하려면 `interpolateParams`라는 매개변수를 `true`로 설정해야 한다 (리스트 5.19).

리스트 5.19 Go에서 데이터베이스에 연결

```
db, err := sql.Open("mysql", "isuconp:@tcp(127.0.0.1:3306)/isuconp?interpolateParams=true")
```

이 기능을 사용하지 않으려면 실제 데이터베이스의 부하나 보안 문제 등을 검토한 후 실시해야 한다. interpolateParams 설정 후 pt-query-digest 등을 사용해 데이터베이스의 프로파일을 취득하면 `ADMIN` 명령이 줄어드는 것을 알 수 있다.

데이터베이스와의 연결 지속성 및 최대 연결 수

SQLite와 같은 응용 프로그램 내장 데이터베이스를 제외하고 응용 프로그램 서버에서 데이터베이스로의 연결은 TCP 또는 Unix Domain Socket을 사용한다. 보안 문제로 인해 TLS를 사용해 TCP 연결을 암호화할 수도 있다. TCP 연결은 오버헤드가 큰 작업이다. 서버와 클라이언트 간에 TCP 연결을 설정하는 경우 통신을 시작하기 전에 3번의 패킷 교환을 하는 3-방향 핸드셰이크(3-Way Handshake)를 실시한다. TLS를 사용해 암호화하는 경우 패킷 교환에 추가적인 오버헤드가 발생한다.

응용 프로그램 서버와 데이터베이스 간의 통신을 효율적으로 만들기 위해서는 1번 연결한 커넥션을 즉시 끊지 않고 지속해 재사용해야 한다. Go 언어의 `go-sql-driver/mysql`에는 2개의 커넥션 제어 매개변수가 있다(리스트 5.20).

리스트 5.20 Go 언어 연결 관련 설정

```
db.SetMaxOpenConns(8)
db.SetMaxIdleConns(8)
```

`MaxOpenConns`는 데이터베이스로의 최대 동시 연결 수를 의미하며 기본값은 0(무제한)이다. `MaxIdleConns`는 idle 상태의 연결을 유지하는 최대 수를 의미하며, 기본값은 2다.

`MaxOpenConns`의 기본값이 무제한이므로 응용 프로그램 서버에서 동시 요청 수가 증가하면 데이터베이스로의 연결 수도 증가한다. 하지만 데이터베이스는 최대 연결 수가 설정돼 있으므로 그 수를 초과하면 연결 에러가 발생한다. MySQL에서는 `max_connections`라는 매개변수로 동시 연결 수를 설정할 수 있다.

그림 5.35 max_connections 확인

max_connections의 기본값은 151이다. MySQL을 다시 시작하지 않도록 동적으로 변경이 가능하지만, 설정을 지속하고 싶다면 `my.cnf`에 추가하거나 `SET PERSIST`를 사용한다.

그림 5.36 최대 연결 수 변경

MySQL은 1개의 연결당 1개의 스레드를 사용하며, 스레드당 메모리 사용량이 적고 idle 상태에서는 CPU 부하가 거의 없어서 응용 프로그램 서버가 여러 대(또는 여러 컨테이너)인 환경에서는 수천 이상

의 max_connections가 설정될 수 있다. 그러나 자원이 제한된 환경에서 많은 연결을 사용하면 메모리 부족 문제가 발생할 수 있다.

안정적인 서비스를 구현하기 위해 응용 프로그램의 MaxOpenConns와 MaxIdleConns를 설정해 자원을 지나치게 사용하지 않고 다시 연결하는 데 드는 비용이 적은 값을 찾는 것이 중요하다. 이를 위해 3장이나 4장에서 소개한 부하 테스트를 실시하고 그 결과에 따라 숫자를 조정해야 한다.

I/O 부하가 높은 데이터베이스의 경우

이번 장에서는 데이터베이스에서의 인덱스 및 N+1 문제에 대해 다루었지만, 데이터베이스에서의 병목은 그것만이 아니다. 인덱스 부족으로 인해 많은 양의 데이터를 처리하거나 N+1 문제가 발생하는 경우에는 CPU 사용률이 높아진다. 반면에 데이터의 스토리지에서의 읽기 및 쓰기 작업이 많고 I/O 부하가 큰 경우 CPU 사용률 중 io-wait 값이 높아진다. 이는 CPU 처리에서 데이터를 읽고 쓰기를 기다리는 시간을 의미한다.

데이터를 저장하고 처리하는 데 SSD 등의 스토리지를 사용하는 경우 해당 스토리지는 메모리와 CPU에 비해 읽기 및 쓰기 속도가 느리다. 이를 극복하기 위해 웹 서비스의 성능 개선을 위해 데이터의 읽기 횟수를 줄이고 데이터를 안정적으로 보관하면서 스토리지로의 쓰기 횟수를 최소화해야 한다.

읽기 고속화 – 데이터 크기 확인 및 Buffer Pool 활용

일반적인 OS에서는 파일에서 읽어온 데이터는 디스크 캐시에 저장돼, 다음 액세스에서 빠르게 읽을 수 있도록 한다. 웹 서비스에서 사용하는 데이터가 작으면 이 디스크 캐시의 메모리에 모두 저장되므로 읽기에서의 I/O 부하 문제는 발생하지 않는다. 읽기 속도를 높이기 위해 부하 테스트 중에 대상 데이터베이스의 크기를 알아야 한다. MySQL에서는 데이터는 /var/lib/mysql에 있으며 *.ibd 파일의 크기 합을 확인하면 된다.

```
# ls -lh /var/lib/mysql/isuconp
total 1.4G
-rw-r----- 1 mysql mysql  23M Mar  8 02:27 comments.ibd
-rw-r----- 1 mysql mysql 1.3G Mar  4 04:31 posts.ibd
-rw-r----- 1 mysql mysql 336K Mar  4 04:30 users.ibd
```

그림 5.37 private-isu의 데이터 크기

MySQL의 InnoDB Buffer Pool 기능은 읽어 들인 데이터 및 인덱스를 메모리에 보관해 빠른 액세스를 가능하게 한다. 이를 제어하는 설정인 innodb_buffer_pool_size는 MySQL 8.0에서 기본값으로 128MB가 설정되어 있다. 또한, 데이터베이스 전용 서버라면 물리적 메모리의 약 80%를 할당하는 것이 좋다.

innodb_buffer_pool을 사용할 때는 OS의 디스크 캐시와 중복되지 않도록 데이터베이스 파일을 읽고 쓸 때 O_DIRECT 플래그를 사용해야 한다. 이를 설정하는 방법은 MySQL의 설정 파일인 my.cnf의 server 블록에 innodb_flush_method를 추가하고 MySQL 서버를 재시작하는 것이다.

리스트 5.21 O_DIRECT 활성화

```
innodb_flush_method=O_DIRECT
```

갱신 고속화 – 성능과 위험의 균형

데이터 갱신 시 처리가 병목이 되는 경우 갱신 쿼리가 슬로우 쿼리 로그에 기록될 수 있으며 `pt-query-digest` 등의 프로파일링을 통해 발견할 수 있다. 이 장에서 설명하는 'pt-query-digest의 분석 결과 순위'에서는 아직 점유 시간이 낮지만 9번째와 13번째에 갱신 쿼리가 있다.

RDBMS에서는 커밋한 데이터가 손실되지 않도록 다양한 방법이 사용되는데, 그중 하나가 fsync다. fsync는 OS 명령으로, 디스크 캐시에 쓴 데이터를 스토리지 디바이스와 동기화한다. 스토리지 디바이스의 종류에 따라 fsync에 ms 단위의 시간이 소요될 수 있다[31].

데이터 갱신 속도를 높이기 위해 동기식 fsync를 중지하고 OS의 비동기적인 플러시 작업에 맡길 수 있다. 하지만 OS의 플러시 작업은 일정한 주기로 수행되므로 전원 차단이나 OS 다운 등의 예기치 않은 상황에서 데이터를 잃을 수 있으므로 고려해야 한다.

커밋 시 동작은 MySQL(InnoDB)에서 `innodb_flush_log_at_trx_commit`라는 설정으로 제어할 수 있다(리스트 5.22).

리스트 5.22 innodb_flush_log_at_trx_commit 설정

```
innodb_flush_log_at_trx_commit = 2
```

기본값은 1이며 커밋할 때마다 갱신 데이터를 로그(REDO 로그)에 기록하고 로그를 플러시한다. 0으로 설정하면 갱신 데이터를 1초마다 로그에 기록하지만 플러시하지 않는다. 2로 설정하면 커밋할 때마다 로그에 기록하고 1초마다 로그를 플러시한다. 0 또는 2에서는 충돌 시 최대 1초 동안 데이터를 잃을 수 있지만 성능을 우선시하는 설정을 할 수 있다.

또한 MySQL 8.0에서는 이진 로그(바이너리 로그)가 기본적으로 활성화된다. 이진 로그는 MySQL에서 여러 서버에 비동기적으로 데이터를 복제해 읽기 레플리카(replica)를 만드는 레플리케이션 및 고가용성 구성에 필요하다. 일시적인 처리나 ISUCON 등에서는 불필요한 데이터의 중복을 방지하기 위해 이진 로그가 필요하지 않다면 비활성화해 스토리지에 대한 쓰기 양을 줄일 수 있다(리스트 5.23).

리스트 5.23 바이너리 로그 설정

```
disable-log-bin = 1
```

---

31 서버 내의 처리로서 ms 단위의 시간은 느린 편에 속한다.
https://gist.github.com/hellerbarde/2843375

또한 이진 로그를 기록할 필요가 있는 경우 sync_binlog 설정을 변경해 I/O 처리를 줄일 수 있다(리스트 5.24).

리스트 5.24 로그 플러시 시점 조정

```
sync_binlog = 1000
```

sync_binlog의 기본값은 1이다. 1일 경우 커밋(또는 커밋 그룹)마다 이진 로그를 플러시한다. 0으로 설정하면 플러시 명령을 중단하고 OS에 위임하게 된다. 1보다 큰 숫자를 설정하면 커밋이 이진 로그에 기록된 횟수마다 플러시한다. 여기서도 성능과 위험 사이의 균형을 유지하면서 설정해야 한다.

5-6 정리

이 장에서는 웹 서비스에서 중요한 역할을 하는 데이터베이스 튜닝에 대해 이 장에서는 다음 내용을 설명했다.

- RDBMS/NoSQL/NewSQL – 데이터베이스 종류와 특징

- 데이터베이스 프로파일링

- 인덱스 이해와 활용

- N+1 문제 발견과 해결

데이터베이스는 웹 서비스에서 주요 병목 지점 중 하나다. 프로파일링, 효과적인 인덱스 활용, N+1 문제 해결 등의 방법을 사용해 데이터베이스 병목을 해결해야 한다.

Chapter

6

리버스 프락시
사용

사용자의 요청을 직접 웹 응용 프로그램이 받는 구성도 있지만, 편리성이나 확장성을 생각하면 리버스 프락시(Reverse Proxy)를 웹 응용 프로그램의 앞단에 구축하는 구성을 권장한다. 리버스 프락시는 사용자 요청을 받아 해당 요청을 상위 서버인 업스트림(upstream) 서버에 전송하는 기능을 한다. 응용 프로그램 서버를 업스트림 서버로 지정하는 구성은 자주 사용되므로 이 구성을 전제로 설명한다(그림 6.1).

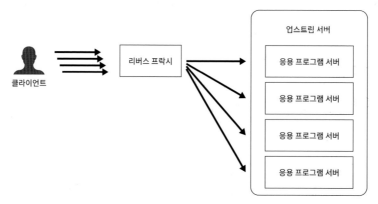

그림 6.1 리버스 프락시가 업스트림 서버에 요청을 전송

리버스 프락시는 대표적으로 다음과 같은 역할을 한다.

- 부하 분산(로드 밸런스)
- 콘텐츠 캐시
- HTTPS 통신의 종단

리버스 프락시는 사용자의 요청을 받아 응용 프로그램 서버로 지정한 업스트림 서버에 분산해 요청을 보냄으로써 대량의 요청 및 응답을 처리할 수 있다. 업스트림 서버로 지정된 서버 수를 늘려 응용 프로그램 서버 1대당 접속량을 줄일 수 있고, 요청을 보내는 서버를 유연하게 제어할 수 있다. 또한, 콘텐츠의 캐시 및 HTTPS 통신의 종단은 사용자와 직접 통신하는 서버에서 처리하는 것이 성능상 유리하므로 리버스 프락시에서 처리하는 것이 일반적이다.

리버스 프락시는 HTTP 헤더의 변경, IP 주소를 사용한 접근 제어, 그리고 로깅 기능 등 다양한 기능을 제공한다. 이번 장에서는 성능에 큰 영향을 미치는 기능으로 다음 3가지를 중점적으로 다룬다.

- 전송 시 데이터 압축
- 요청 및 응답 버퍼링
- 리버스 프락시와 업스트림 서버의 연결 관리

또한 nginx[1], Envoy[2], H2O[3]등의 리버스 프락시는 실제로 ISUCON에서 사용했다. 이 장에서는 private-isu의 초기 구현에 사용되는 nginx를 사용해 리버스 프락시를 소개한다.

리버스 프락시가 필요한 이유를 알기 위해서 먼저 프로세스와 스레드에 대해 설명한다(그림 6.2).

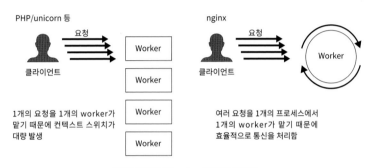

그림 6.2 PHP와 nginx 구조의 차이점

PHP나 unicorn[4]을 사용하는 Ruby 기반의 응용 프로그램 서버는 멀티 프로세스-싱글 스레드 구조로, 1개의 요청을 1개의 프로세스가 처리하며 동시에 처리할 수 있는 요청 수는 프로세스 수와 일치한다. 따라서 클라이언트의 대역폭이 낮거나 응답 시간이 길어지면 프로세스가 점유되어 다른 요청을 처리할 수 없다. 시스템마다 다르지만 일반적으로 하나의 프로세스가 소비하는 메모리는 수십 MB에서 수백 MB 정도다. 예를 들어 1개의 프로세스당 100MB를 사용한다면 프로세스 100개 실행하는 데 10GB 가까운 메모리가 필요하다. 이를 통해 대량의 프로세스를 실행하는 것이 왜 어려운지 알 수 있다.

프로세스 수는 동시에 처리할 수 있는 요청 수의 한계를 가지고 있지만, 대량의 요청이 발생하지 않는 경우 충분한 성능을 발휘할 수 있다. 그러나 동시에 대량의 요청이 발생하는 경우 CPU는 프로세스를 전환하기 위해 컨텍스트 스위치(Context Switching)를 실행해야 한다. 이때 CPU 캐시가 새로운 프로세스에 대한 캐시가 아니기 때문에 캐시를 전환해야 하며 이로 인해 성능이 저하된다. 이러한 문제를 C10K 문제라고 한다. 이 구조에서는 클라이언트 수가 1만을 초과하면 성능이 크게 저하될 수 있다.

1　https://nginx.org/
2　https://www.envoyproxy.io/
3　https://h2o.examp1e.net/
4　https://rubygems.org/gems/unicorn

멀티 프로세스–싱글 스레드 구조는 각 프로세스가 메모리를 독립적으로 사용하기 때문에[5] 많은 메모리를 사용한다. 그래서 대안으로 싱글 프로세스–멀티 스레드 구조도 사용된다. 싱글 프로세스–멀티 스레드 구조는 스레드들이 같은 프로세스상의 메모리 공간을 공유하므로 사용되는 메모리가 적다. 하지만 스레드를 전환할 때도 이전과 마찬가지로 컨텍스트 스위치가 발생하기 때문에 한 스레드가 응답을 반환할 때까지 점유되는 구조로 만들면 이전과 마찬가지로 C10K 문제가 발생한다.

C10K 문제를 해결하는 방법의 하나로 Go 언어의 고루틴(goroutine)을 소개한다. Go의 고루틴은 경량 스레드 구조로, 스레드보다 직은 비용으로 병렬 처리를 가능하게 한다. Go의 런타임은 CPU 코어 수만큼의 스레드를 생성하고(환경변수 GOMAXPROCS 등을 사용해 변경할 수 있다), m:n 스케줄링을 사용해 여러 고루틴을 n개의 스레드에서 실행하며 각 고루틴의 실행 타이밍과 실행할 스레드를 결정한다. 이를 통해 스레드를 의식하지 않고도 효율적인 병렬 처리가 가능하다. Go를 사용하면 C10K 문제를 해결할 수 있다.

PHP나 Ruby의 unicorn에서 사용하는 멀티 프로세스–싱글 스레드 구조가 Go에서 사용하는 경량 스레드와 비교해 뒤처지는 것은 아니다. 병렬 처리를 구현할 때는 많은 고려 사항이 있다. 예를 들어 동시에 참조 및 쓰기 작업을 실시하는 경우, 동작이 보장되지 않고 실행 순서도 보장되지 않는다. 병렬 처리를 구현하는 경우, 복잡성이 증가하고 개발자의 이해도가 필요하다.

다음으로 소개할 Nginx는 멀티 프로세스–싱글 스레드로 작동하지만, C10K 문제를 해결하는 다른 접근 방식인 이벤트 기반(Event–driven)으로도 작동할 수 있으며 이에 대해서는 뒤에서 자세히 설명할 것이다.

6-2 | 리버스 프락시를 이용하는 장점

앞에서 설명한 것처럼 응용 프로그램 서버는 직접 HTTP 연결을 처리하기에 효율적이지 않기 때문에 앞단에 nginx와 같은 리버스 프락시를 구축해야 한다. 이러한 구성으로 클라이언트와의 통신은 리버스 프락시가 담당하고 응용 프로그램 서버는 리버스 프락시와만 통신하게 된다. 이러한 구성에서는 대역폭이 낮거나 응답이 느린 클라이언트에게 응답을 반환하는 경우에도 리버스 프락시가 응답을 반환하기 때문에 응용 프로그램 서버의 프로세스가 느린 클라이언트와 통신하며 독점되는 일이 없다. 따라서 응용 프로그램 서버는 안정적인 통신이 가능한 리버스 프락시에 응답만 반환하면 된다. 소수의 리버스

---

5 https://rubygems.org/gems/unicorn

프락시에서 많은 응용 프로그램 서버로 로드 밸런싱해 대량의 요청을 처리할 수 있는 시스템을 구축할 수 있다.

이미지, CSS, JavaScript 등은 대개 정적 파일이며 정적 파일에 대해서는 응용 프로그램 측의 처리가 필요하지 않기 때문에, 이러한 파일은 리버스 프락시에서 직접 반환하는 것이 성능적으로 유리하다.

리버스 프락시를 적절히 사용함으로써 멀티 프로세스-싱글 스레드 응용 프로그램의 성능 문제를 완화할 수 있으며 다양한 기능이 제공되기 때문에 Go와 같은 다른 구조의 응용 프로그램 앞에 구축해야 한다. 이러한 리버스 프락시 중 nginx를 예로 몇 가지 유용한 기능을 소개한다.

6-3 nginx란?

nginx는 리버스 프락시 소프트웨어로, 설정 파일을 작성해 업스트림으로 지정한 응용 프로그램 서버에 요청을 보내거나 직접 정적 파일을 제공할 수 있다. 설정 파일에서는 if를 사용한 간단한 로직을 사용할 수 있지만[6], 복잡한 로직은 사용할 수 없다. private-isu의 초기 구현에도 사용되었다. Lua-nginx-module나 ngx_mruby를 사용해 Lua 또는 mruby에서 처리할 수 있지만, 여기서는 생략한다.

nginx에는 Mainline Version과 Stable Version 두 가지 버전이 있다. Mainline Version은 최신 버전이지만 실험적인 기능 추가나 매개변수의 기본값 변경 등 큰 변경이 마이너 버전 업에도 적용된다. Stable version는 이른바 안정판으로 최신 기능은 포함되지 않고 버그 수정만 이루어진다. 실제 운영 서버에서는 Stable Version을 사용해야 한다[7]. 이 책에서는 Stable Version 1.20을 전제로 설명한다.

먼저 private-isu의 nginx 설정을 살펴본다. nginx의 설정은 AMI와 Vagrant에서 /etc/nginx/nginx.conf에 작성된다. 다음은 /etc/nginx/nginx.conf 파일의 일부다.

리스트 6.1 /etc/nginx/nginx.conf 설정

```
include /etc/nginx/conf.d/*.conf;
include /etc/nginx/sites-enabled/*;
```

---

6 7장에서 소개하는 APCu는 공유 메모리 세그먼트를 사용해 메모리를 공유한다.
7 nginx의 if에서는 조건에 AND 또는 OR을 사용할 수 없으며 else도 사용할 수 없다. 일반적인 프로그래밍 언어처럼 취급할 수 있다고 생각하면 안 된다. 그 밖에 의도대로 동작하지 않는 경우도 있으므로 필요 없다면 굳이 사용하지 않는 것이 좋다. 의도대로 움직이지 않는 예는 다음의 URL에서 확인할 수 있다.
   https://www.nginx.com/resources/wiki/start/topics/depth/ifisevil/

이는 /etc/nginx/conf.d/ 디렉터리 내의 확장자 conf 파일과 /etc/nginx/sitesenabled/ 디렉터리 내의 파일을 설정으로 읽어 들인다.

리스트 6.2 /etc/nginx/sites-available/isucon.conf 설정

```
server {
  listen 80;

  client_max_body_size 10m;
  root /home/isucon/private_isu/webapp/public/;

  location / {
    proxy_set_header Host $host;
    proxy_pass http://localhost:8080;
  }
}
```

nginx는 가상 호스트 기술을 지원하여 여러 도메인을 하나의 서버에서 운영할 수 있으며, 각 HTTP 서버마다 다른 설정을 적용할 수 있다. HTTP 서버는 80번 포트를 사용해 실행되며 각 설정은 server{} 내에 작성된다. client_max_body_size는 요청 바디의 최대 허용 크기를 지정하며 기본값은 1MB이다. 큰 파일을 다룰 때는 크기를 크게 설정할 수 있으며 10m으로 지정하면 10MB까지 허용된다. root /home/isucon/private_isu/webapp/public/; 설정은 이후에 설명한다.

URL의 경로마다 설정할 때는 location을 사용한다. location 다음에 설정할 경로를 지정하며 기본값은 전방 일치이므로 이번처럼 location /{}로 설정했을 경우 모든 경로에서 유효하다. proxy_set_header는 업스트림 서버로 보내는 요청의 HTTP 헤더를 변경하거나 추가하는 경우에 사용된다. Host 헤더는 nginx가 업스트림 서버에 요청을 보내기 전에 proxy_pass로 지정한 호스트 이름으로 바뀐다. 여기서는 localhost:8080이 Host 헤더에 지정된다. 클라이언트가 보낸 Host 헤더를 응용 프로그램 서버에 보내려면 proxy_set_header Host $host;와 같이 지정해야 한다. proxy_pass는 nginx를 리버스 프락시로 사용할 때 업스트림 서버를 지정하는 중요한 설정이다. 여기서는 http://localhost:8080이 업스트림 서버로 지정돼 있다.

private-isu의 초기 구현 nginx 설정에서는 정적 파일의 전달을 응용 프로그램 서버에서 처리한다. nginx를 통해 정적 파일을 제공하고 싶다면 리스트 6.3과 같이 설정하면 된다.

리스트 6.3 nginx를 통해 정적 파일 배포

```
server {
  listen 80;

  # 생략

  location /css/ {
    root /home/isucon/private_isu/webapp/public/;
  }

  location /js/ {
    root /home/isucon/private_isu/webapp/public/;
  }

  location / {
    proxy_set_header Host $host;
    proxy_pass http://localhost:8080;
  }
}
```

root 디렉터리를 사용하면 URL 경로와 디렉터리 경로에 대응할 수 있다. 앞에서 설명했듯이 location 다음에 지정하는 경로는 전방 일치이므로 앞과 같이 설정하면 /css/style.css에 대한 요청을 해서 location /css/ 설정이 동작해 nginx가 /home/isucon/private_isu/webapp/public/css/style.css 파일을 전달한다. 이를 통해 응용 프로그램 서버의 부하를 줄일 수 있다.

또한, 정적 파일의 전달을 최적화하기 위해 expires 설정도 필요하다. 자세한 내용은 8장에서 설명한다.

리스트 6.4 expires 설정

```
  location /css/ {
    root /home/isucon/private_isu/webapp/public/;
    expires 1d;
  }
```

6-4 | nginx 구조

nginx는 C10K 문제를 해결하기 위해 개발된 웹 서버다[8]. 다양한 용도로 사용할 수 있지만, 여기서는 주로 응용 프로그램 서버의 앞단에 배치하는 구성으로 사용한다(그림 6.3).

그림 6.3 사용자와 웹 응용 프로그램 사이에 nginx 배치

nginx는 멀티 프로세스-싱글 스레드로 작동하지만, 이벤트 기반 아키텍처를 사용해 각 프로세스가 여러 클라이언트로부터의 요청 및 응답을 병렬로 처리할 수 있다.

nginx는 마스터 프로세스와 그 하위 프로세스인 워커 프로세스로 실행된다(캐시를 사용하는 경우 캐시를 관리하는 프로세스도 실행되지만, 여기서는 생략한다). 요청을 접수하는 것은 워커 프로세스이며 마스터 프로세스는 워커 프로세스의 제어와 관리를 담당한다. 마스터 프로세스가 하위 프로세스를 관리하고 하위 프로세스가 실제 처리를 담당하는 구조는 일반적인 구성이다. 각 워커 프로세스는 이벤트 기반으로 클라이언트에서의 요청 및 응답 처리를 병렬로 실시한다. Nginx는 요청과 응답에 따른 I/O 처리를 병렬 및 고속으로 처리하기 위해 다중 I/O 및 논블로킹 I/O를 활용한다. 다중 I/O 및 논블로킹 I/O에 대해 간단히 설명한다.

일반적으로 파일 입출력 작업은 데이터가 도착할 때까지 기다리는 블로킹 상태다. 논블로킹 I/O를 사용하면 블로킹을 피할 수 있다. C 언어에서 논블로킹 I/O는 파일을 열 때 O_NONBLOCK 플래그(플래그에 대해서는 9장에서 설명)를 사용해 활용할 수 있다. 이를 사용하면 I/O 작업에서 블로킹되지 않으나, 처리가 블로킹된 경우 에러가 발생하므로 다시 시도해야 한다. C 언어에서는 errno 전역 변수에 EAGAIN 또는 EWOULDBLOCK(리눅스에서는 같은 값)이 포함된 경우 다시 시도해야 한다.

다중 I/O는 여러 개의 파일 디스크립터(File Descriptor)를 동시에 처리하는 기술이며 C 언어에서 select, epoll(리눅스 전용), kqueue(BSD 전용)를 사용해 활용할 수 있다. 파일 디스크립터 중 하나가 I/O가 가능해지면 알림을 받아 효율적으로 처리할 수 있다. 리눅스에서는 epoll이 select보다 성능이 좋기 때문에 nginx는 기본적으로 epoll을 사용한다.

---

8 Installing NGINX Open Source | NGINX Plus https://docs.nginx.com/nginx/admin-guide/installing-nginx/installing-nginx-open-source/

비슷한 방법으로는 GO 언어 등에서 자주 활용되는 비동기 I/O가 있다. 일반적으로 Go에서는 I/O를 일반적인 블로킹 시스템 콜을 사용해 호출한다. 시스템 콜 호출로 인해 처리가 블록되기 때문에 블록되는 처리를 경량 스레드를 통해 호출하는 고루틴으로 처리한다. 그 고루틴 내부의 처리가 블록되는 동안에는 다른 고루틴의 처리를 실행해 컴퓨터 자원을 활용할 수 있게 한다. 이러한 기술을 비동기 I/O라고 한다.

Go 언어에서도 논블로킹 I/O나 다중 I/O를 사용할 수 있지만, 이를 위해 `syscall` 패키지를 사용해야 한다. 하지만 시스템 콜의 사용법을 잘 모르면 사용이 어려울 수 있다.

Nginx는 이벤트 기반 아키텍처로 논블로킹 I/O와 다중 I/O를 활용해 대량의 요청을 처리할 수 있으므로 C10K 문제를 해결한다. 스레드를 사용하지 않기 때문에[9] 하나의 워커 프로세스가 사용할 수 있는 CPU는 하나뿐이며, 일반적으로 여러 개의 워커 프로세스를 실행하여 처리 성능을 높인다. `Worker_processes` 설정을 변경하여 워커 프로세스의 개수를 지정할 수 있으며, `auto`로 설정하면 CPU 코어 수에 따라 자동으로 지정된다.

웹 응용 프로그램을 구현할 때 논블로킹 I/O나 다중 I/O의 세부 구현 방법을 알 필요는 없지만, 이러한 개념에 대한 기본적인 이해만으로도 문제 해결에 도움이 될 수 있다.

6-5 nginx로 전송할 때 데이터 압축

nginx를 사용하면 HTTP 클라이언트의 요청에 대해 gzip을 사용해 압축된 응답을 반환할 수 있다. 요청의 HTTP 헤더에 `Accept-Encoding: gzip`이 있으면, gzip을 사용할 수 있는 클라이언트이므로 응답 바디를 gzip으로 압축해 응답 크기를 줄일 수 있다. 최근 브라우저의 요청 HTTP 헤더에는 반드시 `Accept-Encoding: gzip`이 지정되어 있으므로 브라우저에서의 요청은 gzip으로 압축된 응답을 반환할 수 있다.

웹 서비스나 응답 크기에 따라 다르기 때문에 일반화하기는 어렵지만, 저자는 HTTP 응답을 gzip으로 압축했을 때 대략 1/5 정도의 크기가 됐다. 응답 크기가 작아지면 그만큼 빠르게 응답을 반환할 수 있다. 불안정한 네트워크를 사용하는 모바일 환경 등에서도 성능상의 효과가 매우 크다. 또한 네트워크가 인프라 비용의 큰 부분을 차지하기 때문에 전송량을 줄여 금전적으로도 장점이 있다.

---

9 기본 설정은 비활성화돼 있지만 aio를 사용해 스레드 풀을 사용할 수 있다. 성능도 향상된다.
   https://www.nginx.com/blog/thread-pools-boost-performance-9x/

Nginx에서 gzip 압축을 사용하는 예는 다음과 같다(리스트 6.5).

리스트 6.5 gzip 압축을 사용하는 경우의 설정

```
gzip on;
gzip_types text/css text/javascript application/javascript application/x-javascript applica-
tion/json;
gzip_min_length 1k;
```

gzip을 사용하기 위해서는 `gzip on` 설정이 필요하다. `gzip_type`은 gzip 압축을 사용할 MIME 타입을 지정한다. 이미지 파일같이 압축된 파일은 gzip으로 더 압축하기 힘들기 때문에, HTML, JSON, CSS, JavaScript 파일과 같이 압축할 수 있는 파일 형식만 `gzip_type`으로 지정한다. HTML의 MIME유형인 `text/html`은 기본적으로 사용할 수 있기 때문에 다른 MIME 유형을 추가한다. `gzip_min_length`은 gzip 압축의 대상이 되는 최소 파일 크기를 지정하며, nginx는 `Content-Length` 헤더를 확인해 gzip 압축의 대상 여부를 판단한다. 기본값은 20이므로, 작은 파일은 gzip 압축하면 오히려 용량이 더 커질 수 있기 때문에 1k(1024) 등 적절한 값을 지정해야 한다.

Nginx는 빌드 시 모듈을 활성화해 추가 기능을 사용할 수 있다. 이 중 `ngx_http_gzip_static_module`과 `ngx_http_gunzip_module`을 소개한다. `ngx_http_gzip_static_module`을 사용하면 미리 gzip 압축한 파일을 nginx에서 제공할 수 있다. 이를 통해 배포 시 gzip 압축하지 않아도 되므로 nginx의 CPU 소비를 줄일 수 있다. 또한 Google이 개발한 Zopfli[10]를 사용해 압축률을 높일 수 있다. Zopfli는 압축 처리 시간이 길어져 요청 시 동적으로 압축하는 용도로는 사용하기 어렵지만, 정적 파일의 경우 1회만 압축하면 되므로 충분히 사용할 수 있다.

`ngx_http_gzip_static_module`을 사용하는 경우 gzip을 지원하지 않는 일부 HTTP 클라이언트에도 응답을 제공하기 위해 gzip 압축된 파일과 압축되지 않은 파일을 모두 준비해야 한다. 이는 시간과 디스크 용량을 소모할 수 있다. 그러나 `ngx_http_gunzip_module`을 사용하면 서버에 gzip 압축한 파일만 배치하면 되므로 이 문제를 해결할 수 있다. 다만 gzip을 지원하지 않는 HTTP 클라이언트에 대한 응답 처리를 위해 nginx의 CPU 소비가 높아지는 문제가 있지만, 대부분의 HTTP 클라이언트가 gzip을 지원하므로 실제로는 큰 문제가 되지 않는다.

압축 레벨을 설정하면 압축에 걸리는 시간과 용량을 조절할 수 있다. 압축 레벨이 낮을수록 압축에 걸리는 시간이 짧아지지만 용량이 커져 전송량이 늘어난다. Nginx는 `gzip_comp_level` 설정으로 압축 레벨

---

10 What is NGINX? – NGINX https://www.nginx.com/resources/glossary/nginx/

을 1에서 9까지 조절할 수 있다. Zlib(nginx 등이 gzip 압축에 사용하는 라이브러리)의 기본 압축 레벨은 6이며, 이는 용량과 압축에 걸리는 시간의 균형점이다. 그러나 웹 서비스의 구성에 따라 압축 레벨은 다를 수 있으므로 적절한 설정을 선택해야 한다.

gzip 압축을 어느 위치에서 하는지도 중요하다. 예를 들어 글로벌 IP 주소를 가진 서버에서 nginx와 같은 웹 서버를 시작하고 해당 서버와 같은 네트워크에 속한 다른 서버에서 응용 프로그램 서버가 실행 중인 경우 nginx만으로 gzip 압축하는 것이 충분한지, 아니면 응용 프로그램 서버에서도 gzip 압축하는 것이 좋은지를 결정해야 한다.

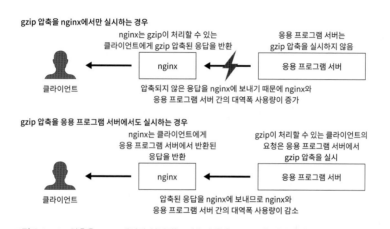

그림 6.4 gzip 압축을 nginx에서만 실시하는 경우와 응용 프로그램 서버에서도 실시하는 경우 비교

이 경우 응용 프로그램 서버에서도 gzip 압축하는 것이 좋다(그림 6.4). 네트워크 비용은 성능적으로나 재정적으로나 높기 때문에 병목 현상이 발생할 가능성이 높다. 또한, CPU를 소모하는 응용 프로그램 서버에서 더 많은 CPU를 사용해 압축 처리를 하기를 원하지 않을 수도 있다. 그러나 고성능 웹 서비스를 제공하는 경우 응용 프로그램 서버에서 gzip 압축을 실시하는 것을 전제로 응용 프로그램 서버의 대수와 구성을 고려해야 한다. gzip 압축하면 대략 응답 크기가 1/5 정도로 줄어들기 때문에 응용 프로그램 서버에서 gzip 압축하지 않는 경우 nginx와 응용 프로그램 서버 간의 네트워크 대역폭 사용량이 5배가 된다. 이를 고려하면 응용 프로그램 서버에서 gzip 압축을 하는 것이 얼마나 중요한지 알 수 있다.

마지막으로 Brotli[11]에 대해 소개한다. Brotli는 Google이 2015년 공개한 비교적 새로운 압축 알고리즘이다. 웹에서의 사용을 염두에 두고 있어 웹상에서 자주 사용되는 단어가 많이 등록된 사전 파일을 압축에 사용해 용량이 작은 HTML 파일 등도 효율적으로 압축할 수 있다는 특징이 있다. 현재 사용되는

---

11 https://github.com/google/brotli

대부분의 브라우저가 지원하며, gzip만큼은 아니지만 브라우저를 대상으로 하는 웹 서비스라면 보급률이 높다고 할 수 있다. Brotli의 단점은 다음과 같다.

- 표준으로 지원되는 소프트웨어 라이브러리가 적다.
  - nginx도 표준으로 대응하지 않으며 모듈을 사용해야 한다.
- 압축 레벨에 따라 gzip보다 압축하는 데 시간이 오래 걸리므로 gzip과 같이 요청 시 동적으로 압축하기는 어렵다.
  - 미리 압축해 놓을 수 있는 정적 파일의 배포에는 사용할 수 있다.
- gzip 압축을 완전히 대체하지 못했기 때문에 사용할 경우 HTTP 서버에서 gzip과 Brotli 모두를 지원해야 한다.
  - 현재 대부분의 브라우저가 지원하지만, 지원하지 않는 HTTP 클라이언트도 있다.
  - 정적 파일의 캐시를 압축해 제공하는 시스템을 사용한다면 gzip, Brotli, 비압축으로 3가지 캐시를 관리해야 하므로 캐시 관리 비용 및 필요한 캐시 용량이 증가한다.

Brotli를 쉽게 사용할 수 있는 CDN 등도 있으므로 적절하게 사용하면 전송량을 줄일 수 있다. CDN에 대해서는 8장에서 다시 소개한다.

6-6 nginx에 의한 요청 응답 버퍼링

nginx는 요청과 응답을 버퍼링해 느린 클라이언트에도 대응할 수 있다. 이렇게 함으로써 응용 프로그램 서버는 nginx와의 통신에만 집중하면 되므로 클라이언트의 속도에 따른 문제가 해결된다.

nginx는 대용량 파일의 요청과 응답을 처리하기 위해 요청 바디와 응답 바디를 임시 파일로 디스크에 기록한다. 그러나 이러한 임시 파일의 기록이 서버의 부하가 될 수 있기 때문에 대용량 파일이 업로드되는 서버 등에서는 적절한 서버 모니터링을 통해 언제, 어떤 파일 I/O가 발생하는지 파악해야 한다. 9장에서 디스크 I/O나 CPU의 Wait 수치 등을 모니터링하는 방법을 소개한다.

요청의 버퍼링은 `client_body_buffer_size`나 `client_body_temp_path` 설정을 변경하여 동작을 조정할 수 있다. 파일 I/O가 높다면 `client_body_temp_path`를 tmpfs[12]로 마운트된 디렉터리로 지정함으로써 메모리에 쓰기를 할 수 있다. 이러한 설정 변경 전에는 충분한 메모리가 있는지 확인해야 한다. 응답의

---

12 기본 설정은 비활성화돼 있지만 aio를 사용해 스레드 풀을 사용할 수 있다. 성능도 향상된다.
https://www.nginx.com/blog/thread-pools-boost-performance-9x/

버퍼링에 대해서는 `proxy_temp_path`나 `proxy_buffer_size` 설정을 변경하여 동일한 작업을 수행할 수 있다.

nginx의 다단 구성에서는 버퍼링을 활성화하지 않아도 되는 경우가 있다. 예를 들어 스토리지 서버를 nginx로 제공하고 다른 nginx 배포 서버가 스토리지 서버의 콘텐츠를 배포하는 구성이 그렇다. 이 구성에서는 배포 서버가 사용자의 요청-응답의 버퍼링을 처리하므로 스토리지 서버의 버퍼링을 활성화할 필요가 없다. 또한 Transfer-Encoding: chunked를 사용해 HTTP 응답을 조각 단위로 조금씩 전송하는 경우에는 버퍼링을 사용하면 문제가 발생할 수 있다.

이러한 경우에는 `proxy_buffering off` 설정을 추가해 버퍼링을 비활성화할 수 있다. 기본 설정이 활성화되어 있으며 대부분의 경우에는 활성화하는 것이 좋지만 앞에서 소개한 예외가 있다. 불필요한 I/O가 발생하지 않는지 모니터링하고 nginx 등에 사용하는 미들웨어의 작동 방식을 이해하면 필요한 설정을 파악할 수 있다.

6-7 nginx와 업스트림 서버의 연결 관리

nginx는 기본적으로 업스트림 서버와의 연결을 매번 끊는 설정이 돼 있다. 연결을 유지하고 재사용하고 싶은 경우 HTTP/1.1을 사용하고 Connection 헤더에 빈 문자열을 설정해야 한다(리스트 6.6).

리스트 6.6 업스트림 서버와의 연결을 유지하는 설정

```
location / {
  proxy_http_version 1.1;
  proxy_set_header Connection "";
  proxy_pass http://app;
}
```

`keepalive`로 업스트림 서버와의 연결 처리를 줄일 수 있다. `keepalive` 설정으로는 유지된 연결 수를 지정하는 `keepalive_connections`와 연결을 닫을 때까지 처리할 수 있는 최대 요청 수를 지정하는 `keepalive_requests`가 있다(리스트 6.7).

리스트 6.7 keepalive 및 keepalive_requests 사용

```
upstream app {
server localhost:8080;
```

```
keepalive 32;
keepalive_requests 10000;
}
```

서버에서 대량의 요청을 처리하는 경우 연결 재생성이 빈번하게 발생하면 서버의 성능이 저하되거나 부하가 높아져 제대로 동작하지 않을 수 있다. 이러한 문제를 해결하기 위해서는 적절한 모니터링이 필요하다. 예를 들어 다음과 같은 모니터링이 힌트가 된다. 이러한 문제를 해결하는 방법은 9장에서 다룬다.

- 리눅스의 ss 명령을 사용해 리눅스에서 사용하는 네트워크 또는 소켓 정보를 수집하고 그래프화해 TCP의 다양한 상태의 연결 수 변화를 볼 수 있다.
- nginx의 에러 로그를 모니터링한다.
  - 업스트림에 연결이 실패했다는 에러가 발생할 수 있다.

6-8 nginx의 TLS 통신 속도 향상

최근에는 HTTPS 등 TLS로 암호화해 통신하는 것이 일반적이다. TLS에 대해서 자세히 알고 싶다면 이반 리스틱(Ivan Ristić)의 저서 『Bulletproof SSL and TLS』(Feisty Duck, 2014)를 참조하고 nginx 설정에 대해서는 "Mozilla SSL Configuration Generator"[13]를 참조한다. TLS에 대해서는 8장에서도 설명한다.

TLS에서는 세션 ID를 공유하여 세션 정보를 캐시하는 세션 캐시를 ssl_session_cache 설정으로 사용할 수 있다. 또한, 인증서 유효성 검사를 효율적으로 하기 위해 OCSP stapling도 활성화해야 한다.

TLS에서 사용할 수 있는 키에도 종류가 있다. 가장 많이 사용되는 것은 RSA 키지만, 타원 곡선 암호를 사용한 ECDSA 키도 최근 사용되고 있으며 RSA 키를 사용하는 것보다 안전하고 성능이 우수하다고 알려졌다. nginx는 여러 개의 키를 동시에 지정할 수 있으므로 RSA 키와 ECDSA 키 두 가지를 지정해 ECDSA 키를 사용할 수 있는 클라이언트에서는 ECDSA 키를 사용할 수 있다.

---

13 https://github.com/google/zopfli

TLS를 사용하면 HTTP/2를 사용할 수 있다. HTTP/2는 TLS가 필수는 아니지만 브라우저는 HTTP/2를 사용하지 않으므로 사실상 TLS 사용이 필수적이다. HTTP/2에서는 HPACK 기술을 사용하여 HTTP 헤더를 압축하므로 데이터 전송량을 줄일 수 있으며 하나의 TCP 연결로 통신 다중화가 가능하므로 성능상 중요한 변경이 많이 이루어졌다. nginx에서는 listen 설정을 변경하여 `listen 443 ssl http2`와 같이 사용할 수 있으며 9장에서 설명하는 AES-NI 기능을 활용해 TLS에서 많이 사용되는 AES의 암호화 및 복호화를 빠르게 처리할 수 있다.

TLS 1.2가 현재 널리 사용되지만[14], 2018년에 표준으로 승인된 TLS 1.3도 있다. TLS 1.3은 보안의 개선과 함께 TLS 1.2보다 필요한 통신 횟수가 적어져 성능 면에서도 개선되었다. nginx에서는 OpenSSL을 사용해 TLS 1.3을 지원하며, `ssl_protocols TLSv1.2 TLSv1.3;` 설정으로 TLS 1.3을 활성화할 수 있다.

커널 내 TLS 기술인 kTLS를 사용하면, 암호화 및 복호화를 커널 내에서 처리할 수 있어서 메모리 복사 없이도 더욱 효율적인 성능을 보인다[15].

6-9 정리

이 장에서는 다음 내용을 설명했다.

- 리버스 프락시를 사용하는 이유
- 프로세스 및 스레드
- nginx의 구조
- nginx를 활용한 고속화 방법

리버스 프락시는 고성능 웹 응용 프로그램을 서비스하는 데 매우 강력한 도구다. 이를 제대로 활용하면 웹 응용 프로그램의 성능을 향상할 수 있다.

다음 장에서는 웹 응용 프로그램에서 캐시를 처리하는 방법을 설명한다.

---

14 https://github.com/google/brotli
15 메모리상의 가상 파일 시스템이다. 사용 방법은 일반 파일 시스템과 동일하지만 디스크 액세스가 발생하지 않기 때문에 속도가 빠르다. 파일 시스템에 대해서는 9장을 참조한다.

더 빨라진 nginx의 속도

nginx의 성능 개선을 위한 방법 중 하나는 리눅스 커널 매개변수 설정이다. 이는 9장에서 자세히 설명한다. 또한 ulimit도 worker_rlimit_nofile 설정에서 변경할 수 있으며 이 또한 9장에서 다룬다.

sendfile과 tcp_nopush는 기본적으로 비활성화되어 있지만, 두 기능 모두 활성화해야 한다. sendfile을 활성화 하면 sendfile 시스템 호출을 사용해 파일을 효율적으로 보낼 수 있으므로, 커널 공간에서 사용자 공간으로 메모리 를 복사하지 않아도 된다. 그러나 sendfile은 NFS와 같은 특정 환경에서 문제가 발생할 수 있으므로 해당 환경에 서는 비활성화해야 한다.

sendfile은 tcp_nopush와 함께 사용할 수 있으며, 이를 통해 전송할 패킷의 수를 줄일 수 있다. 그러나 tcp_nopush는 sendfile과 함께 사용되어야 하며, sendfile이 비활성화된 경우에는 사용할 수 없다. 이러한 설정을 활성화하려면 리스트 6.8과 같이 설정하면 된다.

리스트 6.8 sendfile과 tcp_nopush를 모두 활성화하는 설정

```
sendfile on;
tcp_nopush on;
```

open_file_cache라는 설정을 활용해 파일을 한 번 열면 정보를 캐시로 일정 기간 동안 유지할 수 있다. 정적 파 일을 제공하는 경우 성능에 큰 영향을 미치는 설정이지만 파일 디스크립터 등의 정보를 캐시하므로 rsync 명령을 사용해 같은 파일 이름의 내용을 변경해도 즉시 반영되지 않는다. 장애가 발생하기 쉬우므로 실제 서비스 환경에서 운영할 경우 잘 생각해 보고 사용해야 한다.

nginx는 다양한 기능을 제공하며, 여기서 소개하지 못한 많은 설정이 있다[16]. 또한 앞으로도 다양한 기능이 추가될 것으로 예상되므로 항상 최신 정보를 확인해 성능 향상에 적용할지를 고민해야 한다.

---

16 https://ssl-config.mozilla.org/

캐시 활용

대규모 웹 서비스에서는 다양한 기능을 제공하며, 이에 따라 데이터베이스나 외부 웹 서비스에 대한 요청이 많아질 수 있다. 또한 처리하는 데이터에 따라서는 갱신 처리가 자주 이루어지지 않아 일정 기간 같은 데이터를 사용할 수 있다. 이 기간은 웹 응용 프로그램의 사양에 따라 다르며 1초 미만일 수도 있고 몇 시간 정도일 수도 있다. 이처럼 일정 기간 같은 데이터를 사용할 수 있는 경우 해당 데이터를 캐시해 데이터베이스 등에 대한 요청 수를 줄이고 웹 응용 프로그램을 고속화할 수 있다.

이렇게 캐시를 사용하면 데이터베이스 등에 대한 부하가 줄어들어 인프라 비용을 절감할 수 있다. 또한 슬로우 쿼리 등의 문제를 가진 데이터베이스의 경우 요청 수를 줄이는 것만으로도 성능 개선에 큰 영향을 준다. 마찬가지로 외부 서비스에 대한 요청 수를 줄이는 것도 성능에 영향을 준다. 캐시를 적절히 활용하면 인프라 비용을 줄이고 응답 시간을 단축할 수 있다.

하지만 캐시는 문제가 발생하기 쉽기 때문에 프로그램상이나 운영상 어려운 부분이 있다. 또한 캐시로 인한 문제는 원인을 파악하기가 어렵다.

예를 들어 관리의 번거로움을 생각하면 슬로우 쿼리가 발생하지 않는 데이터베이스의 쿼리 결과를 캐시할 필요는 없다. 요청 수에 따라 다르지만 대개는 큰 부담이 되지 않으며 오히려 갱신했는데도 오래된 데이터가 반환되는 등의 불일치가 발생할 수 있다.

이 장에서는 moznion의 발표 자료[1]를 참조하여 웹 응용 프로그램에서 사용하는 두 가지 캐시 방법인 '웹 응용 프로그램에서 생성된 캐시를 미들웨어에 저장하여 사용하는 방법'과 'HTTP 응답 전체를 캐시하는 방법'을 설명한다. HTTP 응답을 캐시하는 방법은 8장에서 다룬다.

7-1 | 캐시 데이터 저장에 사용되는 미들웨어

캐시를 저장하는 미들웨어는 어디에 저장할지 결정하는 것이 중요하다. 필요한 기능은 그다지 많지 않으며 다음과 같은 기능만 있으면 충분하다.

- key에서 value가 취득할 수 있는 KVS로서의 기능
- TTL(Time-To-Live)을 정하고 TTL이 지나면 expire해 데이터를 삭제하는 기능

---

1 『Pattern and Strategy of Web Application Caching - Speaker Deck』, https://speakerdeck.com/moznion/pattern-and-strategy-of-web-application-caching

이 기능은 많은 미들웨어에서 사용할 수 있지만, 웹 응용 프로그램의 캐시로 자주 사용되는 memcached와 Redis를 소개한다(표 7.1).

표 7.1 memcached와 Redis 비교

기능	memcached	Redis
성능	매우 높음	높음
스토리지 영속화	기본적으로 불가[2]	가능
복제(replication)	불가	가능
기능	적음	많음

memcached는 KVS(Key Value Store)로 가장 유명한 미들웨어다. KVS로서 필요한 기능을 가지고 있어 매우 높은 성능을 발휘하고 널리 사용되기 때문에 다양한 언어의 라이브러리도 잘 갖추어져 있다. 특히 PHP에서 사용할 수 있는 Memcached[3]는 PHP와 memcached의 연결을 영속화할 수 있는 등의 기능이 있다. Memcahced의 단점으로는 스토리지를 영속화할 수 없으며, 5장에서 소개한 레플리케이션(replication) 기능이 없어 재시작이나 장애 등에서 쉽게 데이터가 손실될 수 있다는 점이다. 사라져도 문제가 없는 캐시 이외의 용도로는 사용되지 않는다.

Redis는 KVS 기능 이외에도 다양한 기능을 제공한다. 또한 데이터의 영속화나 레플리케이션 기능을 포함하여 명령이나 다룰 수 있는 구조도 많다. Redis Cluster, Redis Sentinel 등을 사용해 클러스터를 구성할 수도 있다. 그러나 Redis는 싱글 스레드로 동작하므로 단순한 GET/SET 이외의 명령을 실행할 경우 전체 처리가 블록될 가능성이 있다. 이러한 이유로 단순한 KVS 이외의 사용 방법에 대해서는 성능 문제가 발생할 수 있다.

Memcached와 Redis는 유명하고 유용한 캐시 미들웨어지만 의존하는 미들웨어를 늘리면 시스템의 장애 지점이 늘어나고 미들웨어와 통신 비용도 고려해야 한다. 도입 시 성능 기여도를 확인해야 한다. 캐시 모니터링에 대해서는 이후에 소개한다.

또한 캐시 데이터를 웹 응용 프로그램의 인메모리에 저장하는 방법도 있다. 이 방법은 미들웨어와 통신 비용이 필요 없기 때문에 웹 응용 프로그램에서 빠르게 동작한다. 구현 시 주의해야 할 사항이 있다.

---

2 Extstore라는 기능을 사용하면 memcached의 메모리 공간을 스토리지에 내보낼 수 있지만 널리 사용되지 않는다.
https://github.com/memcached/memcached/wiki/Extstore

3 https://www.php.net/manual/ja/book.memcached.php

- 싱글 프로세스-멀티 스레드 구조의 경우 적절한 락(lock)을 통해 병행해서 읽기 및 쓰기를 할 수 있게 해야 한다.
  - Go의 경우 `sync.Mutex` 패키지 등을 사용해 구현할 수 있다.
- 멀티 프로세스-싱글 스레드 구조의 경우 프로세스 간에 메모리를 쉽게 공유할 수 없다
  - PHP에서 사용되는 APCu[4]는 공유 메모리 세그먼트를 사용해 여러 프로세스가 물리적 메모리의 동일한 영역(세그먼트라고 함)을 공유한다.
  - APCu 자체는 C 언어로 구현되며 다른 언어로 쉽게 사용할 수 있는 구조가 아니다.
- 구현에 따라 TTL의 구현이 필요할 수 있다.
  - 이 장에서 소개하는 구현에서는 TTL이 구현돼 있지 않다.
  - PHP에서 사용되는 APCu에는 TTL을 설정할 수 있다.

인메모리 캐시를 사용할 때 다음과 같은 단점이 있다.

- 배포(deploy)하거나 서버를 추가했을 때 캐시가 없기 때문에 배포 직후의 성능 저하나 Thundering herd problem(자세한 내용은 후술)이 발생해 데이터베이스 등에 부하가 집중될 수 있다.
  - PHP의 경우 프로세스를 재시작할 필요가 없기 때문에 APCu 캐시를 배포 전후에 삭제하지 않도록 구성할 수 있다.
  - 액세스가 집중돼 서버를 추가하는 경우 캐시가 없는 서버를 추가하면 데이터베이스 등의 부하가 더욱 증가해 상황을 악화시킬 수 있다.
- 문제가 있는 데이터를 캐시했을 때 쉽게 삭제할 수 없는 경우가 많다.

서버 내 파일에 캐시를 저장하는 방법도 있지만, 인메모리 캐시와 같은 단점이 있다. 프레임워크나 라이브러리에서 제공되는 구현도 있지만 직접 구현할 경우 동시에 읽고 쓸 수 있는 등 인메모리 캐시와 마찬가지로 주의해야 한다.

이처럼 인메모리나 파일을 사용한 캐시는 다루기 어렵기 때문에 캐시는 전용 미들웨어에 저장하는 것이 좋다. 인메모리나 파일을 사용한 캐시는 미들웨어에 대한 요청을 줄이기 위한 보조적인 용도로 사용하면 인메모리 캐시의 빠른 속도를 유지하면서 단점을 줄일 수 있다.

인메모리나 파일을 사용한 캐시의 경우 TTL을 짧게 설정하는 것이 좋다. 이는 문제가 있는 데이터를 캐시한 경우 쉽게 삭제하기 위함이며, 인메모리 캐시를 보조적으로 사용해 미들웨어에 대한 요청을 줄이는 경우 TTL의 합이 캐시로 사용될 수 있는 가능 기간이 되기 때문이다. 따라서 인메모리 캐시의 TTL을 짧게 설정하지 않으면 오래된 캐시가 오랜 기간 재사용될 수 있다.

---

4 https://www.php.net/manual/ja/book.apcu.php

7-2 캐시를 KVS에 저장할 때의 주의점

캐시는 대체로 KVS에 저장되어 RDBMS보다 빠르게 작동한다. 하지만 KVS에 저장하기 위해서는 값을 저장할 키를 결정해야 한다. 잘못된 키를 사용하거나 다른 데이터를 저장할 때 같은 키를 사용하면 데이터가 잘못 출력될 가능성이 있으며, 이에 따라 의도하지 않은 버그나 정보 유출이 발생할 수 있다.

동일한 데이터를 대량의 다른 키에 저장하는 것도 문제가 될 수 있다. 이렇게 되면 데이터가 너무 많아져서 캐시를 저장하는 KVS의 메모리나 디스크 용량이 고갈되는 등의 문제가 발생할 수 있다. 따라서 여러 종류의 ID를 포함하는 경우 구분 문자(예: ':'나 '.')를 사용하여 각 키를 혼동하지 않도록 조치를 취해야 한다. 예를 들어 같은 ID의 데이터를 혼동하지 않게 하려면 user_id:1234, item_id:1234와 같이 각 키를 구분 문자를 사용해 저장한다.

프로그램상의 객체 데이터를 KVS에 저장할 때는 직렬화된 문자열 또는 바이너리 형태로 변환하여 저장한다[5]. 라이브러리에 따라 미들웨어에 저장하기 전에 자동으로 직렬화 처리를 실시하고 그 문자열을 저장하기도 한다. 미들웨어에서는 저장된 데이터를 읽을 때 자동으로 역직렬화하는 구현이 되어 있을 것으로 예상할 수 있다.

라이브러리를 사용해서 자동으로 직렬화 및 역직렬화 처리하는 경우 직렬화 방법을 변경하면 예전 데이터를 읽을 수 없게 될 수 있다. 또한 복수의 직렬화 방법을 사용하는 경우 데이터를 다른 라이브러리에서 불러올 수 없는 문제가 발생할 수 있으므로 저장되는 데이터의 형식을 미리 확인해 둘 필요가 있다.

7-3 언제 캐시를 사용할까?

캐시를 사용하면 다음과 같은 장점이 있다.

- CPU에 부하가 큰 처리나 시간이 오래 걸리는 처리의 실행 횟수를 줄일 수 있으므로 성능이 향상된다.
  - 인프라 비용도 줄일 수 있다.
  - 외부 API를 사용하는 경우 대개 외부 API 호출 횟수에 제한(Rate Limit)이 있으므로 그 경우에는 해당 제한에 도달하지 않도록 캐시를 사용해야 한다.

---

5 언어에 구애받지 않는 직렬화 기술로는 JSON이나 MessagePack(http://msgpack.org/) 등이 있다. 그 밖에도 PHP의 serialize 함수와 같이 프로그래밍 언어에 내장된 기술과 큰 데이터를 저장할 때 압축해서 KVS에 저장하는 라이브러리도 있다.

- 대량의 요청에 견딜 수 있는 시스템을 상대적으로 쉽게 만들 수 있다.

하지만 캐시 구현은 매우 어려우며 구현에 따라 구체적으로 다음과 같은 문제가 발생할 수 있다.

- 오래된 데이터가 표시될 수 있다.
  - 데이터상 불일치가 발생할 수 있다.
  - 데이터를 갱신할 때 적절하게 캐시를 삭제하고 갱신함으로써 어느 정도 완화할 수 있다.
- 캐시를 저장하는 미들웨어가 새로운 웹 서비스상의 장애 지점이 될 수 있다.
  - 미들웨어 용량이 충분한지 등 제대로 작동하는지 감시해야 한다.
  - 미들웨어의 재시작 등에 의해 미들웨어에 저장된 데이터가 일괄 손실될 수 있다.
- 예상치 못한 데이터가 표시돼 정보 유출이 발생할 수 있다.
  - 심각한 보안 위험 요소가 될 수 있다.
- 프로그램의 구현이 복잡해 문제가 발생했을 때 원인 규명이 어려울 수 있다.
- 캐시가 준비되지 않은 상태에서 한 번에 많은 요청을 받는 경우 일부 구현에서는 과도한 캐시 생성 작업을 동시에 실시할 수 있다.
  - Thundering herd problem이라는 문제로 자세한 내용은 뒤에서 설명한다.

이와 같은 문제가 있더라도 캐시를 도입했을 때의 장점이 더 크다고 판단될 경우 사용한다. 먼저 캐시를 사용하지 않는 방법을 모색한다. 슬로우 쿼리가 된다면 SQL을 검토해 슬로우 쿼리가 되지 않는 방법을 생각해 본다. 외부 API의 경우 외부 API를 사용하지 않아도 되는 방법은 없는지 생각해 본다. 그런데도 해결할 수 없고 캐시의 단점을 이해한 후에도 성능 및 인프라 비용에서 캐시 도입의 장점이 큰 경우 캐시를 도입한다. 구체적으로 다음을 고려해야 한다.

- 데이터 불일치가 어디까지 허용되는가?
  - 결제 정보 등 중요한 데이터는 불일치가 치명적이므로 캐시를 사용해서는 안 된다.
  - 갱신해야 하는 데이터가 갱신되지 않으면 사용자가 버그를 의심할 수 있다.
- 데이터의 특성상 실제로 캐시를 사용할 필요성이 있는가?
  - 사용자 정보 등은 사용자별로 캐시가 분산되기 때문에 캐시를 효과적으로 사용하지 못할 수 있다.
  - 효과적으로 사용할 수 없는 캐시가 늘어나면 캐시를 저장하는 미들웨어의 용량이 부족해질 수 있다.
  - 사용자 정보를 잘못 가져오면 심각한 보안 위험으로 이어질 수 있다.

- 데이터 갱신 빈도는 어느 정도인가?
  - 데이터가 자주 갱신되는 경우 캐시를 사용하더라도 효과적으로 활용하지 못할 수 있다.
  - 데이터의 최신화가 중요한 기능인 경우 갱신 빈도가 낮으면 사용자 경험이 나빠진다.
- 데이터 생성 비용을 고려하고 있는가?
  - 생성 비용이 낮다면 캐시를 사용할 필요는 없다.
  - 생성 비용이 너무 높다면 캐시 데이터가 손실됐을 때 장시간 복구할 수 없으므로 생성 결과를 RDBMS 등 데이터가 손실되기 어려운 데이터베이스에 저장해야 한다.

이 장에서는 적절한 캐시 설정 방법, 모니터링 항목 등을 설명한다.

▋ TTL을 충분히 짧게 설정

캐시 도입 시 적절한 TTL 값을 설정해야 한다. TTL은 캐시의 생존 시간을 의미한다. 예를 들어 TTL이 1시간이면 저장한 캐시는 1시간 동안 유지되고 그 이후에는 만료(expire)되어 더 이상 참조할 수 없다.

TTL이 길수록 성능상의 장점이 커지지만 그 동안 캐시 데이터가 갱신되지 않는다. 실제 데이터가 갱신되더라도 TTL이 만료될 때까지 오래된 캐시 데이터가 계속 사용된다. 이 문제를 해결하는 방법은 다음과 같다.

- 데이터의 특성을 고려해 충분히 짧은 TTL을 설정
- 데이터가 갱신될 때 캐시도 동시에 갱신

일반적으로 충분히 짧은 TTL을 설정해야 한다. 데이터가 갱신될 때 캐시도 동시에 갱신하는 구현은 데이터의 이중 관리로 이어지므로 구현이 복잡해진다. 데이터의 특성상 각 캐시에 충분히 짧은 TTL을 설정함으로써 관리와 구현을 단순화할 수 있다.

7-4 구체적인 캐시 구현 방법

다양한 캐시 구현 방법이 있으며 각각 장단점이 있다. 각 방법에 대해 소개한다.

이 장에서는 웹 응용 프로그램을 App, 웹 응용 프로그램을 보내는 클라이언트를 Client, 캐시하려는 콘텐츠를 보유한 서버(데이터베이스 서버나 외부 API 등)를 Origin이라고 한다.

여기서 소개하는 캐시 구현 방법은 Go 언어를 사용하며, 캐시 저장 위치는 Go의 해시맵 구현인 map
을 이용해 프로그램 변수에 저장된다. 하지만 map에 병렬로 읽고 쓰기를 할 경우 적절한 락을 걸어야
하므로 표준 패키지인 sync.Mutex를 사용해 락을 설정한다. 이 방법은 캐시를 사용하는 소스코드의 한
예일 뿐이며 이 방법 자체의 장단점은 앞에서 소개한 인메모리에 저장하는 방법을 참조한다.

▌ 캐시에 데이터가 없으면 캐시를 생성해 생성 결과를 저장하는 방법

먼저 Client가 App에 요청한다. 캐시에 데이터가 있다면 캐시를 반환하고 데이터가 없다면 캐시를 생
성해 생성 결과를 저장하는 방법을 소개한다(그림 7.1, 그림 7.2, 리스트 7.1).

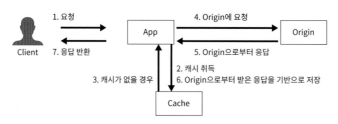

그림 7.1 캐시에 데이터가 없는 경우 요청

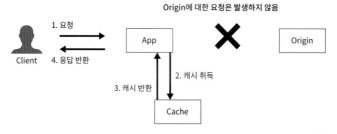

그림 7.2 캐시에 데이터가 있는 경우 요청

리스트 7.1 캐시 생성 및 생성 결과를 저장하는 방법

```
package main

import (
  "log"
  "sync"
  "time"
)
```

```go
type Cache struct {
  mu sync.Mutex
  items map[int]int
}

func NewCache() *Cache {
  m := make(map[int]int)
  c := &Cache{
    items: m,
  }
  return c
}

func (c *Cache) Set(key int, value int) {
  c.mu.Lock()
  c.items[key] = value
  c.mu.Unlock()
}

func (c *Cache) Get(key int) int {
  c.mu.Lock()
  v, ok := c.items[key]
  c.mu.Unlock()

  if ok {
    return v
  }

  v = HeavyGet(key)

  c.Set(key, v)

  return v
}

// 실제로 데이터베이스에 대한 액세스 등이 발생한다
// 이번에는 1초 동안 sleep한 다음 key의 2배를 반환한다
Func HeavyGet(key int) int {
  time.Sleep(time.Second)
```

```
    return key * 2
  }

func main() {
  mCache := NewCache()
  log.Println(mCache.Get(3))
}
```

이 구현의 장점은 다음과 같다.

- 구현이 간단하고 데이터 무결성도 유지하기 쉬워 자주 사용되는 방법이다.

- 액세스가 발생한 것만 캐시를 생성하므로 효율적이다.

이 구현의 단점은 다음과 같다.

- 첫 액세스 또는 캐시가 없을 때 요청한 경우 응답이 느리다.

- 캐시에 저장되지 않은 시점에 대량의 요청이 들어오면 무거운 처리가 동시에 수행된다.

  · App이나 App과 Origin 사이의 미들웨어 등을 통제하지 않으면 캐시 생성 중에 Origin으로의 요청이 집중될 수 있다.
  Thundering herd problem(뒤에서 다시 설명한다)으로 불리는 문제다.

  · memcached와 같이 재시작하면 저장한 데이터가 사라지는 미들웨어에 캐시를 저장하는 경우 캐시가 사라졌을 때 Origin으로의 요청이 집중될 수 있다.

  · 인메모리 캐시 등의 구현 방법에 따라 배포 또는 서버 투입 시 캐시가 없어지는 경우가 있어 캐시가 없어졌을 때 Origin으로 요청이 집중될 수 있다.

구현은 간단하고 효율적이어서 자주 사용된다. 그러나 앞에서 언급한 단점도 있으므로 사용하기 전에 특성을 잘 이해해야 한다.

Thundering herd problem이란?

Thundering herd problem은 캐시를 도입함으로써 발생하는 새로운 문제다.

앞에서 소개한 방법으로 캐시가 없을 때 대량의 요청이 동시에 발생하는 경우를 가정해 본다(그림 7.3). 첫 번째 요청이 도착할 때 이미 캐시 생성을 위한 요청을 Origin에 보내고 있지만, 아직 캐시가 생성되지 않았기 때문에 다른 요청에서도 같은 방식으로 Origin에 요청을 보낸다. 이 상황은 캐시가 생성될 때까지 계속된다. 대량의 요청이 App에 도착하고 캐시가 즉시 생성되지 않는 상황에서는 Origin에 대량의 요청이 발생한다. 이에 따라 Origin이 고부하 상태가 돼 웹 서비스의 지속이 어려워질 수 있다.

따라서 대량의 요청이 발생하는 환경에서는 콘텐츠를 생성하는 것이 슬로우 쿼리가 되는 경우가 발생할 수 있기 때문에 이러한 상황을 대비하여 대책이 필요하다.

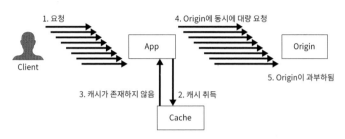

1. 요청
4. Origin에 동시에 대량 요청
App
Origin
Client
5. Origin이 과부하됨
3. 캐시가 존재하지 않음
2. 캐시 취득
Cache

그림 7.3 캐시가 없는 콘텐츠에 동시에 대량의 요청이 오는 경우

이 상황이 시스템에 갑작스럽게 동시에 대량의 번개가 발생하는 것처럼 보인다고 해서 **Thundering herd problem**이라 한다.

앞서 소개한 방법으로는 Thundering herd problem을 방지할 수 없다. Thundering herd problem을 방지하기 위해 캐시를 가져올 때 캐시의 남은 시간도 함께 가져와서 캐시의 남은 시간이 일정 기간보다 짧을 경우 일정 확률로 만료되었다고 가정하고 재구축하는 방법을 사용할 수 있다. 이렇게 구현하면 Origin에 대한 부하를 줄이고 캐시가 동시에 만료될 확률을 줄일 수 있다. 이러한 구현에 대해서는 Thundering herd problem이 발생할 가능성이 있는지 조사하고, 필요성을 판단해야 한다. 이후에 소개할 Thundering herd problem을 방지하는 다른 방법도 고려해 본다.

웹 응용 프로그램의 캐시가 아니지만 이미 설명한 대로 nginx에는 `proxy_cache_lock`이라는 설정이 있다. 이 설정을 활성화하면 `proxy_cache_key`가 동일한 요청이 캐시 갱신 중일 때 차단된다. 또한 nginx를 사용하여 Origin에 요청을 보내기 전에 nginx에서 HTTP 응답을 캐시하는 설정이 있어야 하며, 이러한 설정을 사용하면 nginx를 통해 Thundering herd problem을 방지할 수 있다.

▌캐시가 없다면 기본값이나 이전의 캐시를 반환하고 비동기적으로 캐시 갱신 처리를 실시

다음으로 소개할 방법은 캐시가 없으면 기본값이나 이전 캐시를 반환하고 비동기적으로 캐시 갱신 처리를 실시하는 방법이다(그림 7.4, 리스트 7.2). 캐시가 있는 경우의 동작은 그림 7.2와 같다.

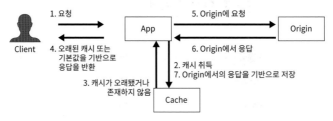

그림 7.4 캐시가 없다면 비동기적으로 캐시를 갱신

리스트 7.2 비동기적으로 캐시 갱신 처리를 실시하는 방법

```go
package main

import (
  "log"
  "sync"
  "time"
)

const defaultValue = 100

type Cache struct {
  mu sync.Mutex
  items map[int]int
}

func NewCache() *Cache {
  m := make(map[int]int)
  c := &Cache{
    items: m,
  }
  return c
}

func (c *Cache) Set(key int, value int) {
  c.mu.Lock()
  c.items[key] = value
  c.mu.Unlock()
}
```

```go
func (c *Cache) Get(key int) int {
  c.mu.Lock()
  v, ok := c.items[key]
  c.mu.Unlock()

  if ok {
    return v
  }

  go func() {
    // 비동기적으로 캐시 갱신 처리 수행
    v := HeavyGet(key)

    c.Set(key, v)
  }()

  return defaultValue
}

// 실제로 데이터베이스에 대한 접근 등이 발생
// 이번에는 1초 동안 슬립하고 키의 2배를 반환
func HeavyGet(key int) int {
  time.Sleep(time.Second)
  return key * 2
}

func main() {
  mCache := NewCache()
  // 처음에는 기본값이 반환됨
  log.Println(mCache.Get(3))
  time.Sleep(time.Second)
  // 다음은 갱신됨
  log.Println(mCache.Get(3))
}
```

이 방법은 Cache-Control 헤더에서 stale-while-revalidate라는 설정으로도 사용된다. 이 구현의 장점은 다음과 같다.

- 대부분 응답을 빠르게 반환할 수 있다.

- 액세스가 있는 것만 캐시를 생성해 효율적이다.

단점은 다음과 같다.

- 로직이 복잡하다.

  - 캐시 갱신을 비동기적으로 실시하기 위해 작업 대기열과 같은 비동기 처리를 실시할 수 있는 구조가 필요하다.

- 캐시가 없으면 기본값을 반환하는 구현이라면, 캐시가 없을 때 요청한 사람에게 적절한 응답을 반환할 수 없다.

  - 오래된 캐시를 반환할 때 사용하면 안 될 오래된 캐시를 사용한다.

- Thundering herd problem은 해결되지 않았다.

  - 캐시 갱신 시의 처리가 여러 번 실시되지 않도록 하는 구조가 별도로 필요하다.

  - Go에서는 golang.org/x/sync/singleflight를 사용해 동시에 발생한 여러 호출을 하나로 결합할 수 있다.

golang.org/x/sync/singleflight를 사용한 코드 예를 소개한다. 리스트 7.3처럼 여러 번 동시에 캐시 갱신 처리가 호출될 때 두 번째 이후는 첫 번째 실행이 끝날 때까지 기다리게 된다.

리스트 7.3 golang.org/x/sync/singleflight를 사용한 코드 예

```
package main

import (
  "fmt"
  "log"
  "sync"
  "time"

  "golang.org/x/sync/singleflight"
)

var group singleflight.Group

type Cache struct {
  mu sync.Mutex
  items map[int]int
}
```

```go
func NewCache() *Cache {
  m := make(map[int]int)
  c := &Cache{
    items: m,
  }
  return c
}

func (c *Cache) Set(key int, value int) {
  c.mu.Lock()
  c.items[key] = value
  c.mu.Unlock()
}

func (c *Cache) Get(key int) int {
  c.mu.Lock()
  v, ok := c.items[key]
  c.mu.Unlock()

  if ok {
    return v
  }

  // singleflight를 사용하면 동시에 여러 번 호출되는 경우 두 번째 호출부터는 첫 번째 실행이 완
  // 료될 때까지 기다린다.
  vv, err, _ := group.Do(fmt.Sprintf("cacheGet_%d", key), func() (interface{}, error) {
    value := HeavyGet(key)
    c.Set(key, value)
    return value, nil
  })

  if err != nil {
    panic(err)
  }

  // interface{}형이므로 int형에 캐스트
  return vv.(int)
}
```

```go
// 실제로 데이터베이스에 대한 접근 등이 발생한다.
// 이번에는 1초 동안 슬립하고 키의 2배를 반환
func HeavyGet(key int) int {
  log.Printf("call HeavyGet %d\n", key)
  time.Sleep(time.Second)
  return key * 2
}


func main() {
  mCache := NewCache()


for iI := 0; i < 100; i++ {
    go func(i int) {
      // 0부터 9까지의 각 키를 거의 동시에 10회 취득하지만 각각 한 번밖에 HeavyGet은 실행되지
않는다
      mCache.Get(i % 10)
    }(i)
  }
  time.Sleep(2 * time.Second)

  for i := 0; i < 10; i++ {
    log.Println(mCache.Get(i))
  }
}
```

리스트 7.4의 실행 결과에서 HeavyGet 함수가 각 Key로 한 번만 호출됐음을 알 수 있다. 고루틴의 실행 순서는 보장되지 않기 때문에 HeavyGet 함수의 호출 순서는 실행할 때마다 바뀔 수 있다.

리스트 7.4 실행 결과

```
2023/02/02 01:19:32 call HeavyGet 5
2023/02/02 01:19:32 call HeavyGet 3
2023/02/02 01:19:32 call HeavyGet 1
2023/02/02 01:19:32 call HeavyGet 0
2023/02/02 01:19:32 call HeavyGet 7
2023/02/02 01:19:32 call HeavyGet 6
2023/02/02 01:19:32 call HeavyGet 2
2023/02/02 01:19:32 call HeavyGet 4
```

```
2023/02/02 01:19:32 call HeavyGet 8
2023/02/02 01:19:32 call HeavyGet 9
2023/02/02 01:19:34 0
2023/02/02 01:19:34 2
2023/02/02 01:19:34 4
2023/02/02 01:19:34 6
2023/02/02 01:19:34 8
2023/02/02 01:19:34 10
2023/02/02 01:19:34 12
2023/02/02 01:19:34 14
2023/02/02 01:19:34 16
2023/02/02 01:19:34 18
```

▌일괄 처리 등으로 정기적으로 캐시를 갱신

다음으로 소개할 방법은 일정 시간마다 캐시를 갱신하는 방법이다(그림 7.5). 여기서는 일괄 처리를 실시하는 서버를 Batch라고 한다.

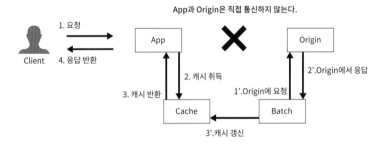

그림 7.5 일괄 처리로 정기적으로 캐시 갱신

웹 응용 프로그램은 캐시에서 가져오는 것만 구현하기 때문에 생략한다. 이 구현의 장점은 다음과 같다.

- 구현이 상대적으로 간단하다.
- Thundering Herd Problem이 발생하지 않는다.

단점은 다음과 같다.

- 배치로 생성할 수 있는 데이터에서만 사용할 수 있다.
- 액세스가 거의 없는 데이터도 미리 생성해야 하므로 거의 사용되지 않는 캐시도 관리해야 한다.

- 장애로 인해 캐시가 없어지면 가져올 수 없기 때문에 에러가 발생한다.
  - 캐시가 없으면 데이터를 가져올 수 없으므로 에러가 발생한다.
  - 배치를 실행하면 복구할 수 있지만, 대량의 배치가 필요한 경우 복구가 어려워진다.

▌Private-isu에서 실제로 캐시 사용

private-isu 코드에서 실제로 캐시를 사용한다(부록 참조). Go 구현을 사용해 memcached에 캐시를 저장한다. 캐시할 데이터는 makePosts 함수에서 가져온 각 게시물의 댓글 수다. 캐시는 처음에 소개한 대로 데이터가 없으면 생성하고 그 생성 결과를 저장하는 방법을 사용한다. 리스트 7.5와 같이 변경 사항을 적용한다.

리스트 7.5 캐시를 생성하고 생성 결과를 저장하는 방법

```
+var mc *memcache.Client
+
  func init() {
    memdAddr := os.Getenv("ISUCONP_MEMCACHED_ADDRESS")
    if memdAddr == "" {
      memdAddr = "localhost:11211"
    }
    memcacheClient := memcache.New(memdAddr)
    store = gsm.NewMemcacheStore(memcacheClient, "iscogram_", []byte("sendagaya"))
    log.SetFlags(log.Ldate | log.Ltime | log.Lshortfile)
+   mc = memcache.New(memdAddr)
  }
+
  func makePosts(results []Post, csrfToken string, allComments bool) ([]Post, error) {
    var posts []Post

    for _, p := range results {
-     err := db.Get(&p.CommentCount, "SELECT COUNT(*) AS `count` FROM `comments` WHERE `post_
id` = ?", p.ID)
-     if err != nil {
+     key := fmt.Sprintf("comments.%d.count", p.ID)
+     val, err := mc.Get(key)
+     if err != nil && err != memcache.ErrCacheMiss {
        return nil, err
      }
```

```
+    if err == memcache.ErrCacheMiss {
+        // 캐시가 존재하지 않는 경우 MySQL로부터 댓글 수를 취득
+        err = db.Get(&p.CommentCount, "SELECT COUNT(*) AS `count` FROM `comments` WHERE `post_
id` = ?", p.ID)
+        if err != nil {
+            return nil, err
+        }
+
+        // 10초 안에 expire하도록 Set
+        err = mc.Set(&memcache.Item{Key: key, Value: []byte(strconv.Itoa(p.CommentCount)), Ex-
piration: 10})
+        if err != nil {
+            return nil, err
+        }
+    } else {
+        // 캐시가 존재하면 캐시 데이터를 대입
+        p.CommentCount, _ = strconv.Atoi(string(val.Value))
+    }
```

게시물 ID가 1234인 경우, 댓글 수를 memcached에 저장할 때는 comments.1234.count라는 키를 사용한다. memcached에서 값을 가져오는데, 값이 존재하면 해당 값을 댓글 수로 사용하고, 존재하지 않으면 MySQL에서 댓글 수를 가져와 memcached에 10초 동안 저장한다. 이렇게 하면 MySQL에 대한 요청 수를 줄일 수 있지만, 캐시가 만료될 때까지 댓글 수가 갱신되지 않는 문제가 있다. 이 문제가 치명적이라면 캐시를 삭제하거나 갱신하기 위한 구현을 고민해야 한다.

7-5 캐시 모니터링

캐시를 사용할 때 적절하게 사용되는지 다음 두 항목을 모니터링해야 한다.

- 만료되지 않았는데 캐시에서 내보내진 항목 수(evicted items)
- 캐시 히트율(cache-hit ratio)

memcahced 또는 Redis 캐시를 저장한다면 다음 설정을 확인해야 한다.

- memcached의 stats 명령의 다음 항목

  · `evictions`, `get_hits`, `get_misses`

- Redis의 INFO 명령의 다음 항목

  · `evicted_key`, `keyspace_hits`, `keyspace_misses`

캐시 용량이 한계가 있기 때문에 용량 초과 시 expire되기 전에 삭제하는 설정이 많이 사용된다. 캐시 데이터를 가져올 때 캐시가 존재하는 경우 캐시 히트, 반대로 캐시가 없는 경우 캐시 미스라고 한다. 캐시 히트율은 캐시가 존재했던 요청 수를 캐시 요청 수로 나눈 값으로, 높을수록 효율이 높다. 그러나 웹 응용 프로그램을 변경할 때 캐시 히트율이 급변하는 경우도 있으므로, 캐시 히트율은 계속해서 모니터링해야 한다.

7-6 정리

이 장에서는 다음 내용을 설명했다.

- 캐시 저장에 사용되는 미들웨어

- 캐시 사용 시기

- 캐시 방법

- Thundering Herd Problem과 같은 캐시를 사용할 때 발생하는 문제와 주의점

- 캐시 모니터링

다음 장에서는 웹 응용 프로그램 가속화 방법을 소개한다.

Chapter

8

알아 두면 좋은
고속화 방법

이 장에서는 웹 응용 프로그램 고속화 방법과 실제 운영하는 웹 서비스에서 알아두면 좋은 고속화 방법에 대해 소개한다.

8-1 | 외부 명령 실행이 아닌 라이브러리 사용

응용 프로그램에서 외부 명령을 실행할 때는 별도의 프로세스를 시작해야 하므로 성능 저하를 야기할 수 있다. 또한, 시작된 프로세스는 메모리를 소비하므로 메모리 사용량도 증가할 수 있다. 따라서 이러한 구현은 성능 측면에서 피하는 것이 좋다.

또한 OS 커맨드 인젝션(OS Command Injection) 취약점이 발생하기 쉽기 때문에 보안 측면에서도 피해야 할 구현이다. 꼭 필요한 경우 OS 커맨드 인젝션 취약점이 발생하지 않게 주의해서 구현해야 한다. 자세한 내용은 IPA에서 공개하는 '안전한 웹 사이트를 만드는 방법[1]'이나 위키북스에서 출판한 『웹 애플리케이션 보안 완벽 가이드[2]』를 참조한다. 여기서는 성능에서 조금 벗어나지만 OS 커맨드 인젝션 취약점을 방지하는 방법을 간단히 설명한다. 대응책으로는 다음 3가지가 있다.

- 외부 명령 호출을 사용하지 않는다.
- 프로그램에서 외부 명령을 호출할 때 외부로부터 입력된 매개변수를 전달하지 않는다.
- 외부 명령에 전달할 매개변수를 안전한 함수를 사용해 이스케이프한다.

여기서는 외부 명령으로 표현했지만, OS 커맨드 인젝션 취약점은 bash 등의 셸을 시작해 외부 명령을 실행할 때 프로그램에서 전달된 문자열을 셸로 해석하면서 외부 명령을 실행할 때 발생한다. 많은 언어에서 외부 명령 호출 시 대부분 셸을 사용한다. 따라서 외부 명령을 호출할 때는 OS 커맨드 인젝션 취약점에 노출되지 않게 주의해야 한다.

OS 커맨드 인젝션 취약점을 방지하기 위해 외부 명령에 전달하는 매개변수를 이스케이프하기 위해 PHP에서는 escapeshellarg 함수, Ruby에서는 Shellwords.shellescape 함수가 표준으로 제공된다. 또한 PHP에서는 proc_open, Ruby에서는 IO.popen 함수 등을 사용해 셸을 경유하지 않고 명령을 실행할 수 있다. 자세한 내용은 각 언어의 문서를 참조한다.

---

1 https://www.ipa.go.jp/security/vuln/websecurity/about.html
2 https://wikibook.co.kr/was/

Go의 exec.Command는 셸을 경유하지 않으므로 일반적인 사용 방법에서는 OS 커맨드 인젝션 취약점이 발생하지 않는다. 그러나 private-isu의 초기 구현에서는 다른 언어와 같은 구현을 위해 bash를 호출하므로 private-isu의 Go 구현에서는 OS 커맨드 인젝션 취약점이 발생할 수 있다. private-isu의 Go 구현에서는 직접 만든 이스케이프 함수를 호출하지만 안전한 보안 검증된 이스케이프 함수를 사용해야 한다.

실제로 private-isu의 예를 살펴본다. Go의 초기 구현에서는 로그인 시 리스트 8.1의 함수를 사용해 openssl 명령을 실행한다.

리스트 8.1 openssl 명령을 실행하는 Go의 초기 구현

```
func digest(src string) string {
    out, err := exec.Command("/bin/bash", "-c", `printf "%s" `+escapeshellarg(src)+` | openssl
dgst-sha512 | sed 's/^.*= //'`).Output()
(생략)
```

Ruby 구현도 소개한다. Ruby의 외부 명령 호출은 셸을 경유하기 때문에 리스트 8.2의 구현으로 Go 구현과 같은 동작을 한다.

리스트 8.2 openssl 명령을 실행하는 Ruby의 초기 구현

```
def digest(src)
`printf "%s" #{Shellwords.shellescape(src)} | openssl dgst -sha512 | sed 's/^.*= //'`.strip
end
```

이 코드는 입력 문자열의 SHA512 해시값을 출력하기 위해 openssl 명령을 사용한다. 이 정도면 표준 라이브러리를 사용하는 구현으로 문제없다. 초기 구현에서는 openssl 명령을 프로세스로 실행하므로 앞에서 설명한 대로 프로세스 시작 자체의 비용도 발생하고, 메모리도 더 소비하는 구현이다. 특히 로그인마다 호출되는 이 코드는 호출 빈도도 높다. 예를 들어 Go에서는 리스트 8.3의 구현을 사용해 원래 구현과 같은 작업을 실시한다.

리스트 8.3 Go 구현

```
import (
    "fmt"
    "crypto/sha512"
(생략)
)
```

```
func digest(src string) string {
  return fmt.Sprintf("%x", sha512.Sum512([]byte(src)))
}
```

Ruby에서는 다음과 같이 구현한다.

리스트 8.4 Ruby 구현

```
require 'openssl'
(생략)

def digest(src)
return OpenSSL::Digest::SHA512.hexdigest(src)
end
```

외부 명령 호출로 셸을 시작하면 안 된다?

외부 명령 호출을 실행할 때 Go에서는 exec 패키지를, PHP에서는 exec 함수를 자주 사용한다. 그에 따라 외부 명령 호출을 exec라고도 한다. 하지만 시스템 콜 측면에서는 fork와 exec[3] 두 가지를 호출한다. 이 두 가지 시스템 호출에 대해서는 9장에서 다시 설명한다.

리눅스에서 fork는 새로운 프로세스를 만드는 유일한 방법이며, fork로 만들어진 새로운 프로세스를 자식 프로세스, 원래의 프로세스를 부모 프로세스라고 한다. fork 시스템 콜을 호출하면 프로세스가 복사되고 메모리의 내용도 같은 프로세스가 만들어지므로 프로세스 안에서 그 프로세스가 부모 프로세스인지 자식 프로세스인지 판단하기 어렵지만, fork 시스템 콜의 반환 값은 자식 프로세스에서는 0, 부모 프로세스에서는 자식 프로세스의 프로세스 ID가 되므로 이를 통해 프로세스가 부모인지 자식인지 판단할 수 있다.

exec 시스템 콜은 이진 파일[4]을 실행하기 위해 메모리에 로드하고 프로세스의 메모리 내용을 변경한다. 하지만 fork 없이 exec 시스템 콜만 실행하면 이후 처리를 실행할 수 없게 된다. 그래서 일반적으로 exec 시스템 콜은 fork 시스템 콜과 함께 사용되어 하위 프로세스에서 이진 파일을 실행하면서도 상위 프로세스는 후속 처리를 계속할 수 있다.

외부 명령을 실행할 때 셸을 거치면 *는 현재 디렉터리의 파일 이름으로 확장되거나 private-isu의 초기 구현과 같이 파이프를 사용할 수 있으며, 셸이 제공하는 다양한 기능을 사용할 수 있다. 그래서 셸에서 실행하는 명령을 그대로 사용할 수 있다. 하지만 Go의 exec.Command에서는 사용할 수 없다. Go의 exec.Command는 fork 후 자식 프로

---

3 공식적인 시스템 호출 이름은 execve지만, 이번에는 exec로 표현한다.
4 #!/bin/sh와 같이 첫 번째 줄을 #!로 시작하는 스크립트 파일도 지정할 수 있다. shebang이라고 한다.

세스에서 exec 시스템 호출을 셸을 거치지 않고 직접 호출한다. 따라서 Go의 exec.Command를 사용할 때는 셸을 거치지 않는 것을 알아둬야 한다.

예를 들어 셸에서 *이라는 문자열을 전달하려고 한다고 가정한다. 셸에서 echo *을 실행하면 현재 디렉터리의 파일 목록이 출력되는 것에서도 알 수 있듯이 셸에서 *가 확장된다. *을 문자열로 전달하려면 '*'와 같이 '(작은 따옴표)로 묶는다. 작은따옴표는 셸에서 제거돼 명령으로 전달된다. 그러나 exec 시스템 호출에는 확장과 같은 기능이 없으며 전달할 문자열을 그대로 해석한다. 그래서 Go의 exec.Command를 통해 *을 문자열로 전달하려면 *을 문자열 그대로 전달한다.

따라서 셸에서 실행하는 명령을 그대로 Go에서 실행하려고 하면 제대로 동작하지 않을 수 있다. 이 경우 셸에서 해석되기를 기대하는 인수가 아닌지 확인해야 한다.

exec 시스템 콜에서는 실행하는 이진 파일은 하나만 지정할 수 있고 전달된 값을 문자열로만 해석하기 때문에 사용자 입력을 인수로 전달하는 경우 OS 커맨드 인젝션 취약점이 발생하지 않는다. 하지만 이스케이프 함수를 누락할 경우[5] 보안에 취약할 수 있으므로 셸을 거치지 않는 것이 안전하다. 외부 명령 호출은 많은 언어가 셸을 경유하기 때문에 셸을 거치지 않는 명령 실행 방법이 제공되는 언어를 선택해야 한다.

 ## 구현하는 언어에 따라 속도가 빨라지는가?

Go는 다른 언어에 비해 빠르다는 인식이 있다. 웹 응용 프로그램을 만들 때 다양한 라이브러리를 사용해 작성한다. 특히 JSON을 다루는 라이브러리나 MySQL과 같은 데이터베이스와의 연결을 관리하는 드라이버 등을 사용하지 않는 웹 응용 프로그램이 거의 없다고 할 수 있다. 물론 이러한 라이브러리의 내부 구현은 언어에 따라 다르다. 특히 Go에서 JSON을 다루는 표준 라이브러리인 encoding/json이나 HTML 양식을 다루는 html/template 등은 PHP와 같은 다른 언어보다 성능 면에서 떨어지기도 한다. 이러한 라이브러리에 의존하는 웹 응용 프로그램도 매우 많기 때문에 반드시 Go가 빠르다고는 할 수 없다.

Go의 성능에 대해서는 다른 언어와는 다른 정규 표현식 엔진의 특성도 자주 언급된다. Go에서 정규 표현식을 다룰 수 있는 표준 패키지인 regexp 패키지는 Perl이나 PHP 등에서 다룰 수 있는 정규 표현식 엔진과는 다른 알고리즘을 사용하므로 성능 특성이 다르다. Go의 정규 표현식 엔진은 Perl이나 PHP 등의 정규 표현식 엔진에서 성능 저하가 발생하는 정규 표현식에서도 성능이 떨어지지 않지만, 그 대신 Perl이나 PHP 등에서 빠르게 동작하는 정규 표현식은 빠르게 처리할 수 없다[6]. 실제로 웹 응용 프로그램에서 자주 사용되는 정규 표현식은 Perl이나 PHP에서 빠르게 처리할 수 있는 경우가 많으며 다른 언어의 웹 응용 프로그램에서 정규 표현식을 사용하는 처리를 Go로 이전하면 Go가 느려질 수 있다.

5　PHP의 표준 함수인 escapeshellcmd는 누락이 있음을 지적하고 있다.
　https://blog.tokumaru.org/2011/01/php-escapeshellcmd-is-dangerous.html
6　Perl이나 PHP로 고속으로 동작하는 정규 표현식을 쓰는 방법에 대해 알고 싶다면 Go의 정규 표현식 엔진의 구현에 대해서는 regexp 패키지 내에
　게시된 링크에서 자세히 설명돼 있다.
　https://swtch.com/~rsc/regexp/regexp1.html

Go의 strings 패키지는 문자열 처리 함수가 다양하게 제공되기 때문에 정규 표현식을 사용하기 전에 strings 패키지의 함수를 사용해 대체할 수 있는지 확인해야 한다. 예를 들어 여러 개의 문자열을 대체하고 싶을 때 strings. NewReplacer 함수를 사용할 수 있다(리스트 8.5).

리스트 8.5 strings.newReplacer 사용

```
r := strings.NewReplacer("<", "&lt;", ">", "&gt;")
fmt.Println(r.Replace("This is <b>HTML</b>!")) // This is &lt;b&gt;HTML&lt;/b&gt;!
```

Go는 다른 언어로는 쉽게 구현하기 어려운 기능을 상대적으로 쉽게 구현할 수 있다는 장점이 있다. 예를 들어 PHP는 멀티 프로세스-싱글 스레드에서 동작하지만, Go는 싱글 프로세스-멀티 스레드로 동작한다. 이러한 특성을 활용하면 인메모리 캐시나 고루틴을 사용한 처리의 백그라운드 실행 등을 구현하기 쉽다. 이러한 특징을 활용해 Go로 구현하면 더 빠른 웹 응용 프로그램을 쉽게 구현할 수 있다.

하지만 다른 언어에서도 비슷한 방식으로 구현할 수 있다. PHP는 APCu를 사용하여 임의의 PHP 변수 값을 캐시할 수 있고, Ruby는 Sidekiq[7]를 사용하여 Redis를 데이터 저장소로 백그라운드 실행을 구현할 수 있다. 이와 같은 구조에서도 Go와 같은 구현을 할 수 있으므로, '특정 언어로 구현했을 때 빠르다'고 단정 지을 수는 없다.

따라서 빠른 웹 응용 프로그램을 제공할 때는 각 서비스에서 사용하는 언어나 구조를 고려하여 적절한 방법으로 구현해야 한다.

8-2 개발용 설정에서 불필요한 로그를 출력하지 않는다

라이브러리나 프레임워크는 개발용과 서비스용 설정을 갖고 있으며 보통 개발용 설정에서는 다양한 종류의 로그를 출력한다. 개발 중에는 로그를 통해 디버깅 및 테스트하기가 쉽지만, 실제 운영에서는 대량의 로그 출력으로 인해 성능이 저하될 수 있다. 따라서 실제 운영 환경에서는 불필요한 처리를 제거해야 한다.

예를 들어 ISUCON11 예선 문제[8]의 초기 구현인 Go 구현에는 디버그 모드가 활성화돼 있다. 또한 로그 레벨도 DEBUG로 설정돼 있어 운영 환경에는 적합하지 않으므로 성능을 향상시키기 위해 디버그 모드를 비활성화하거나 로그 레벨을 변경해야 한다.

---

7 https://github.com/mperham/sidekiq
8 https://github.com/isucon/isucon11-qualify

리스트 8.6 디버그 모드 비활성화, 로그 레벨 변경

```
func main() {
  e := echo.New()
- e.Debug = true
- e.Logger.SetLevel(log.DEBUG)
+ e.Debug = false
+ e.Logger.SetLevel(log.ERROR)
```

일부 라이브러리나 프레임워크는 개발용 설정으로 기본 설정돼 있으며 실제 운영 환경에서는 설정 변경이 필요하다. 이에 따라 운영 환경이 개발용 설정인지 미리 확인하는 것이 중요하다.

미들웨어도 마찬가지다. 예를 들어 MySQL에서는 기본적으로 General Query Log가 비활성화돼 있지만, 모든 쿼리를 로그에 기록하는 설정이 있다. 또한 `long_query_time`을 0으로 설정해 슬로우 쿼리 로그에 실행 시간이 0초 이상 걸린 쿼리를 저장하면 모든 쿼리가 로그에 기록된다. 필요한 로그도 있지만 필요 이상으로 로그를 기록하도록 설정돼 있는지 확인해야 한다.

8-3 | HTTP 클라이언트 사용 기법

최근에는 마이크로 서비스라는 개발 기법을 사용해 여러 API를 연계해 하나의 웹 서비스를 제공하는 경우가 많다. 이때, 마이크로 서비스 간 통신이 매우 빈번하기 때문에 HTTP 클라이언트의 처리 방법이 매우 중요하다. HTTP 클라이언트의 성능을 평가하기 위해서는 다음과 같은 항목들을 확인해야 한다.

- 동일한 호스트에 대한 연결 재사용

- 적절한 타임아웃 설정

- 동일한 호스트에 대량의 요청을 보내는 경우 호스트의 연결 수 제한 확인

- 동일한 호스트의 연결을 재사용

HTTP 클라이언트가 요청마다 대상 호스트와의 TCP 연결을 재사용하지 못하면 TCP 핸드셰이크를 반복해야 하므로 서버 간 통신 수가 증가하고 로컬 포트를 대량으로 소비하게 된다. 따라서 TCP 연결을 재사용하는 것이 성능 향상에 도움이 된다.

또한 최근 웹 서비스는 암호화되지 않은 HTTP가 아니라 HTTPS와 같은 TLS로 암호화해 제공하는 것이 일반적이다. TLS를 사용한다면 암호 통신을 시작하기 위해 TCP에 추가해 TLS에서 어떻게 암호 통신을 구성할지 서버와 클라이언트 간에 결정하기 위해 핸드셰이크 처리가 필요하다. 이 핸드셰이크 처리로 TLS 세션을 설정할 수 있다. TLS의 핸드셰이크에서는 서버와 클라이언트 간에 여러 번의 통신이 이루어진다. TLS의 핸드셰이크 및 통신은 CPU를 많이 필요로 하기 때문에 TLS 세션을 한 번 설정하면 최대한 재사용해야 한다.

Go 언어에서는 `http.Client` 변수를 사용하여 TCP 연결과 TLS 세션을 최내한 새사용할 수 있다. Go는 멀티 스레드로 동작하기 때문에 일반적으로 하나의 변수를 여러 스레드에서 사용할 경우 불일치가 발생하지 않는지 확인해야 한다. 하지만 `http.Client`는 멀티 스레드 환경에서 안전하게 사용할 수 있도록 내부적으로 대책이 마련돼 있기 때문에 여러 스레드에서 동시에 사용해도 문제가 발생하지 않는다. 따라서 `http.Client` 변수를 하나 만들어 항상 재사용하도록 구현하면 더 효율적인 프로그램을 만들 수 있다.

Go의 `http.Get` 함수는 전역 변수인 `http.DefaultClient`를 내부적으로 재사용하지만 실제 환경에서 `http.DefaultClient`를 사용하는 것은 권장하지 않는다.

Go의 `http.Client`에는 다른 주의점도 있다. Go는 응답의 바디를 Close하지 않으면 TCP 연결이 재사용되지 않기 때문에 리스트 8.7과 같이 항상 `res.Body.Close()`를 반드시 실행해야 한다. 또한 `res.Body.Close()`를 실행하고 있어도 응답의 바디를 Read하지 않고 Close하면 매번 TCP 연결이 끊어진다. 따라서 리스트 8.7과 같이 `io.ReadAll`과 같은 방법으로 응답의 바디를 완전히 읽어야 한다[9]. 이러한 세세한 주의점이 있기 때문에 각 라이브러리의 사용 방법을 살펴보고 구현한 프로그램이 의도한 대로 동작하는지 확인해야 한다.

리스트 8.7 res.Body.Close()를 실행해 응답의 Body를 읽는다.

```
res, err := http.DefaultClient.Do(req)
if err != nil {
  log.Fatal(err)
}
defer res.Body.Close()

_, err = io.ReadAll(res.Body)
if err != nil {
```

---

9 'Go에서 net/http를 사용할 때의 세심한 주의 – Qiita'
https://qiita.com/ono_matope/items/60e96c01b43c64ed1d18

```
    log.Fatal(err)
}
```

기본적으로 이러한 연결을 유지하는 것은 OS의 프로세스 단위다. 따라서 멀티 프로세스로 작동하는 언어라면 최소한 1개 프로세스당 1개 연결을 유지하고 재사용한다. 하지만 PHP의 경우 언어 사양상 1회 요청을 처리하는 중에만 연결을 재사용할 수 있기 때문에 외부 웹 서비스에 대한 대량의 요청을 보내는 구현에는 적합하지 않다.

PHP에서도 이 문제를 어느 정도 해결할 방법이 있다. 같은 서버나 같은 데이터 센터 내에서 HTTP 프락시 서버를 설정해 외부 웹 서비스와의 TCP 연결 및 TLS 세션을 유지하도록 구성하는 것이다. HTTP 프락시 서버가 TLS를 복호화하면 HTTP 프락시 서버와 PHP 간에는 암호화 없이 통신할 수 있다.

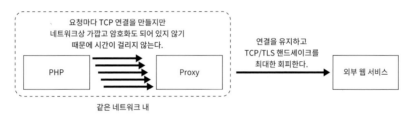

그림 8.1 HTTP 프락시 서버로 PHP에서 외부 웹 서비스와의 연결을 사용하는 구성

이 구성을 사용하더라도 PHP와 HTTP 프락시 서버 간의 통신에서 TCP 연결은 여전히 유지되지 않지만, PHP와 HTTP 프락시 서버 간의 통신은 네트워크에서 가까이 위치하기 때문에 TCP 연결 생성에는 거의 시간이 소요되지 않는다(그림 8.1). 또한 암호화되지 않은 통신이므로 TLS 핸드셰이크는 필요하지 않다. HTTP 프락시 서버가 최소한의 TCP 및 TLS 핸드셰이크 횟수로 시간이 오래 걸리는 외부 웹 서비스와의 통신을 줄인다. 이러한 구성을 위한 소프트웨어도 있다[10].

▌적절한 타임아웃 설정

외부 웹 서비스와의 통신이 항상 성공하는 것은 아니다. 장애가 발생할 가능성도 있다. 타임아웃이 설정되지 않거나 설정돼 있어도 매우 긴 설정이면 외부 웹 서비스 장애로 인해 응답을 반환하지 않았을 때 웹 응용 프로그램 서버의 요청을 처리하는 데 시간이 많이 소요될 수 있다. 그렇게 되면 웹 응용 프로그램 서버에서 처리하는 중인 요청이 대량으로 쌓여서 고부하가 될 수 있다. 따라서 안정적인 웹 서비스를 제공하려면 필수로 적절한 타임아웃 설정을 해야 한다.

---

10 이 책의 저자 중 한 명인 나가노 마사히로가 Go로 구현해 발표한 chocon도 그중 하나다.
https://github.com/kazeburo/chocon

Go의 `http.Client`는 기본적으로 타임아웃이 설정되어 있지 않기 때문에 응답이 반환될 때까지 계속 기다리게 된다. 따라서 실제 운영 환경에서는 Timeout이 지정된 `http.Client`를 사용해야 한다. `http.Get` 함수는 `http.DefaultClient`를 사용하므로 해당 클라이언트에서도 Timeout을 설정해 줘야 한다.

리스트 8.8 Timeout 지정

```
hClient := http.Client{
  Timeout: 5 * time.Second,
}
```

PHP는 HTTP등을 다룰 수 있는 libcurl이라는 유명한 라이브러리를 지원하기 때문에 cURL 함수를 사용할 수 있다. cURL 함수에는 `CURLOPT_TIMEOUT` 외에도 연결을 기다리는 초 단위의 시간을 지정하는 `CURLOPT_CONNECTTIMEOUT` 설정이 있다. 이 두 가지 모두를 지정해야 한다. 또한 대부분의 PHP HTTP 클라이언트 라이브러리도 내부적으로 cURL 함수를 사용하므로 문서를 잘 확인해 필요한 설정을 확인해야 한다.

요청의 특성에 따라 타임아웃 값을 분리하는 것이 효과적이다. 예를 들어 GET 요청은 짧은 타임아웃을 설정하고, POST 요청은 긴 타임아웃을 설정해야 한다. 이렇게 함으로써 데이터를 갱신하지 않는 요청에 대해서는 빠른 응답을 받을 수 있고 데이터를 갱신하는 요청에 대해서는 충분한 시간을 가지고 작업을 완료할 수 있다. 데이터를 갱신하지 않는 요청이 많기 때문에 이 방법은 효과적이다.

▌동일한 호스트에 대량의 요청을 보내는 경우 호스트의 연결 수 제한 확인

일부 라이브러리나 네트워크 시스템은 외부 웹 서비스의 부하를 최소화하기 위해 대상 호스트의 연결 수를 제한할 수 있다. 따라서 동일 호스트에 대량의 요청을 보내는 경우 문서를 확인해 호스트당 제한된 연결 수를 파악해야 한다. Go의 `http.Client`의 경우 동일 호스트에 대한 연결 수의 기본값은 `http.DefaultMaxIdleConnsPerHost`의 2로 제한된다.

`http.Client`의 연결 수 제한 설정을 변경하려면 `http.Transport` 설정을 수정해야 한다. 이때 `http.Transport`에서 확인해야 할 다른 설정으로는 다음과 같은 것이 있다(리스트 8.9).

리스트 8.9 http.Transportd에서 확인해야 하는 좋은 설정

```
hClient := http.Client{
  Timeout: 5 * time.Second,
  Transport: &http.Transport{
    MaxIdleConns:        500,
```

```
    MaxIdleConnsPerHost: 200,
    IdleConnTimeout:     120 * time.Second,
  },
}
```

`MaxIdleConnsPerHost`는 동일 호스트로의 연결 수 설정으로, 기본값은 2다. `MaxIdleConns`는 통신에서 유지할 수 있는 연결 수의 상한값이며, 기본값은 100이다. `IdleConnTimeout`은 유휴 상태의 연결을 유지하는 시간을 설정하며 기본값은 90이다. 요청을 보내는 측과 받는 외부 웹 서비스 측 모두 부하를 견딜 수 있는 한도를 조사하고 그에 맞게 적절한 설정을 해야 한다.

8-4 정적 파일을 리버스 프락시에서 직접 전달

private-isu에서는 이미지 데이터가 MySQL에 저장돼 있어서 이미지를 전달하기 위해서는 매번 MySQL에서 데이터를 가져오는 처리를 해야 한다. 이 처리에는 다음과 같은 문제가 있다.

- MySQL에서 큰 데이터를 읽어 들이므로 MySQL의 메모리나 네트워크 대역폭 등이 부족해질 수 있다.

- 이미지 데이터를 응용 프로그램 서버에서 읽어 들일 필요가 있으므로 응용 프로그램 서버의 메모리에 이미지 데이터를 로드해야 한다.

- nginx에 이미지 데이터를 배포할 때까지 응용 프로그램 서버는 계속 처리를 진행해야 한다.

이번 응용 프로그램은 사진 편집 및 인증 기능이 없으므로 이미지 데이터를 파일로 저장하고 nginx에서 직접 배포하면 MySQL 및 응용 프로그램 서버의 처리를 생략할 수 있다. 6장에서 소개한 대로 정적 파일 배포는 응용 프로그램을 경유하지 않고 nginx에서 직접 하는 것이 좋다. 이를 통해 응용 프로그램의 부하를 줄이고 벤치마커 점수를 향상시킬 수 있다.

nginx는 파일의 확장자에 따라 Content-Type을 자동으로 부여해 주는데, 이를 위해서 /etc/mime.types 파일을 참조한다. 예를 들어 파일의 확장자가 .png인 경우 Content-Type은 image/png가 부여된다. 따라서 파일의 확장자를 적절히 지정해 Content-Type을 부여하는 처리가 가능하므로 nginx에서 구현할 필요가 없다.

모든 이미지 파일을 준비하는 데 시간이 오래 걸리므로 nginx의 `try_files` 설정을 활용할 수 있다. `try_files`는 매개변수에 지정한 파일 경로를 앞에서부터 차례대로 확인하고 파일이 있으면 해당 파일의 내용을 응답으로 반환하고 어떤 파일도 존재하지 않으면 마지막으로 지정한 전송 대상 URI로 내부 리디렉션을 실시하는 설정이다. 이 설정으로 이미지 파일이 있으면 이미지 파일을 그대로 응답으로 반환하고 파일이 없으면 응용 프로그램 서버에 요청을 보낸다.

예를 들어 nginx에서 리스트 8.10과 같은 설정을 하면 /home/isucon/private_isu/webapp/public/image/ 디렉터리에 사진 파일을 배치하지 않았더라도 응용 프로그램이 정상적으로 동작한다. try_files는 Ruby on Rails 등에서도 자주 사용되는 설정이며 동작 방식은 이해하기 어렵지만 제대로 사용하면 매우 유용하다.

리스트 8.10 /home/isucon/private_isu/webapp/public/image/ 디렉터리에 이미지 파일 배치

```
server {
  # 생략
  location /image/ {
    root /home/isucon/private_isu/webapp/public/;
    try_files $uri @app;
  }

  location @app {
    proxy_pass http://localhost:8080;
  }
}
```

이번 문제와는 관련 없지만, 이미지를 배포할 때 응용 프로그램에서 인증을 요구하려면 어떻게 해야 할까? 예를 들어 nginx에서는 X-Accel-Redirect라는 특수한 헤더를 사용할 수 있다. 응용 프로그램에서 인증한 후 X-Accel-Redirect 헤더를 반환함으로써 nginx 내에서 다른 경로로 내부 리디렉션을 실시할 수 있다. 이 헤더를 사용해 응용 프로그램 서버에서 직접 파일을 배포하지 않고 nginx에서 파일을 배포하는 구성을 만들 수 있다. 6장에서 설명한 것처럼 응용 프로그램 서버가 대용량 파일을 직접 배포하는 것은 성능상 피해야 한다. 인증이 필요한 파일을 배포하는 경우 X-Accel-Redirect 헤더를 활용해 응용 프로그램 서버에서 큰 크기의 파일 전달은 피해야 한다.

이미지 파일 변경이 응용 프로그램의 사양에 포함되어 있으면 URL도 함께 변경해야 한다. 이미지 파일은 대개 CDN과 같은 캐시로 반환되며 브라우저에서 캐시를 사용하는 것이 일반적이다. 이미지를 변경하면 CDN 캐시를 삭제하고 관련된 캐시 헤더를 반환해야 한다. CDN 공급 업체에 따라 캐시 삭제에 시간이 걸릴 수도 있으며 클라이언트 측에서의 캐시 삭제는 기본적으로 불가능하다. 따라서 이미지 파일을 변경할 때는 URL도 함께 변경하는 것이 좋다.

쿼리 문자열을 사용해 클라이언트측 캐시를 무효화

파일 이름 변경이 불가능한 경우, URL에 쿼리 문자열로 날짜나 어떤 문자열을 추가하여 캐시를 무효화할 수 있다 (예: app.js?v=random_string과 같은 URL). 브라우저는 쿼리 문자열을 포함한 URL이 일치하는지 여부로 캐시를 사용할 수 있는지 판단한다. 쿼리 문자열을 추가함으로써 클라이언트 측 캐시가 의도치 않게 사용되는 것을 방지할 수 있다.

CDN이나 리버스 프락시에서 콘텐츠를 캐시할 때는 설정에 따라 어떤 캐시를 사용할지 결정된다. nginx에서는 proxy_cache_key 설정으로 판단하며, 기본 설정은 $scheme$proxy_host$request_uri이다. 이때 $request_uri에는 쿼리 문자열도 포함되므로 URL 체계와 쿼리 문자열을 포함한 전체 URL을 캐시의 키로 사용한다. 따라서 쿼리 문자열을 추가하면 nginx에서도 다른 캐시가 되어 캐시 버스팅(Cache Busting)이 가능하다. 하지만 이 방법을 사용할 때 주의할 점이 있다.

- 서버의 캐시 키에 쿼리 문자열이 포함돼 있다.
- 파일이 변경되면 반드시 쿼리 문자열에 넘길 값을 갱신한다.
- 파일이 변경되지 않은 경우 같은 쿼리 문자열을 계속 사용해 캐시 갱신을 최소한으로 유지하는 것이 중요하다.

또한, 쿼리 문자열로 전달되는 값이 예측 가능하다면 외부인이 서버 측의 캐시를 조작할 수 있으며, 배포 방법에 문제가 있다면 오래된 파일과 새로운 파일이 혼재되어 캐시될 수 있어 캐시 무효화에 문제가 발생할 수 있다. 따라서 CDN이나 리버스 프락시가 예상치 못한 캐시를 가질 수 있다는 가능성을 염두에 두고 시스템 구성을 고려해야 한다.

8-5 | 클라이언트 측에서 캐시를 활용하기 위해 HTTP 헤더를 사용

이미지 파일이나 CSS/JavaScript 파일 등은 빈도가 낮고 반복해서 참조될 수 있다. 이러한 콘텐츠를 매번 내려받는 것은 자원 낭비이며 성능상 좋지 않으므로 Cache-Control 헤더를 활용하면 이를 해결할 수 있다.

'HTTP 조건부 요청'이라고 불리는 요청을 통해 서버에서 제공하는 파일이 클라이언트에 이미 존재하는 콘텐츠와 동일한지 판단할 수 있다(그림 8.2). 많은 소프트웨어에서 대응하고 있으며 적절한 설정으로 사용할 수 있다.

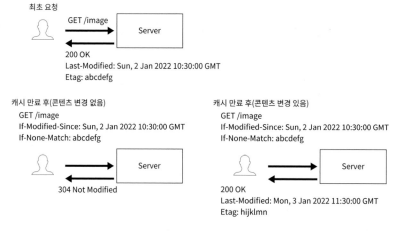

그림 8.2 HTTP 조건부 요청

HTTP 조건부 요청은 다음과 같은 동작을 한다.

- 최초 또는 캐시가 없으면 요청을 정상적으로 전송
  - 응답으로 Last-Modified 및 ETag 헤더 중 하나 또는 둘 다 반환되므로 브라우저는 해당 값을 저장한다.
  - Last-Modified에는 최종 갱신 시간이, ETag에는 자원별 고유 문자열이 포함된다.
- 캐시가 만료된 후 요청할 경우 요청 헤더에 If-Modified-Since 및 If-None-Match 헤더를 추가한다.
  - If-Modified-Since 헤더에는 저장해 둔 Last-Modified, If-None-Match 헤더에는 저장해 둔 ETag 헤더의 내용을 각각 추가한다.
  - 콘텐츠에 변경이 없으면 응답으로는 응답 본문이 비어 있고 HTTP 응답 상태 코드로 304 NOT MODIFIED를 반환한다.
  - 콘텐츠에 변경이 있으면 응답으로는 새로운 콘텐츠 데이터와 갱신된 Last-Modified 및 ETag 헤더를 각각 반환한다.

Cache-Control 헤더는 각 시스템에서 캐시를 유지하는 기간을 설정할 수 있는 HTTP 헤더다. 예를 들어, Cache-Control: max-age=86400 헤더를 반환하면 86400초=24시간=1일 동안 캐시가 활성화된다. 얼마나 긴 기간을 지정할지는 서비스의 특성에 따라 다르며 정적 파일은 내용이 변경되지 않기 때문에 1년 이상의 큰 수치를 지정하는 서비스가 많다. 파일 이름을 변경할 수 없는 경우 쿼리 문자열을 사용하여 캐시 된 정적 파일을 변경하는 것이 좋다. 이렇게 함으로써 오래된 파일이 계속 사용되지 않게 할 수 있다.

304 NOT MODIFIED 응답은 바디를 전송하지 않아 파일 전송 시 전송량을 줄일 수 있다. 예를 들어 private-isu에서는 이미지를 파일에 저장한 후, 리스트 8.11과 같은 설정을 통해 HTTP 조건부 요청을 사용하고 응답에 Cache-Control 헤더를 포함한다.

리스트 8.11 Cache-Control 헤더를 응답에 포함하는 설정

```
server {
  # 생략
  location /image/ {
    root /home/isucon/private_isu/webapp/public/;
    expires 1d;
}
```

expires 1d;를 설정하면 Cache-Control: max-age=86400 헤더가 반환되어 클라이언트가 1일간 캐시를 보유할 수 있다. HTTP 조건부 요청을 활용하려면 Last-Modified 또는 ETag 헤더 중 하나가 필요하다. nginx를 사용하면 파일 갱신 시간(mtime)에서 Last-Modified 헤더와 파일 갱신 시간 및 파일 크기에서 ETag 헤더가 자동으로 부여되므로 expires 설정을 통해 HTTP 조건부 요청을 사용할 수 있다.

private-isu 벤치마커는 HTTP 조건부 요청을 지원하므로 이를 활용하여 점수를 향상시킬 수 있다. 이 설정은 매우 효과적인 최적화 방법이기 때문에 실제 웹 서비스에서도 반드시 확인해야 한다.

Cache-Control 헤더는 다양한 기능을 가지고 있어 복잡하다. 경로상의 캐시를 다루는 프락시나 CDN 등 경로상의 캐시에 대한 설정도 있다. 이러한 복잡성 때문에 실제 소프트웨어가 규격에 맞게 모든 Cache-Control 헤더 기능을 구현하기는 어렵다. 또한, priavate-isu 벤치마커도 모든 Cache-Control 헤더 기능을 구현하고 있지 않다. 따라서 Cache-Control 헤더를 실제 사용할 때는 규격을 잘 조사하고 예상대로 작동하는지 확인한 후 사용해야 한다.

실제로 이미지 등의 정적 파일을 배포하는 서버를 운영하는 경우 주의점이 있다. 배포 서버가 한 대만 있다면 해당 서버에 장애가 발생하면 배포할 수 없게 되므로 여러 대를 구성해야 한다. 이 경우 서버마다 다른 Last-Modified 및 ETag 헤더를 반환하도록 돼 있으면 클라이언트가 적절하게 캐시를 활용할 수 없다. nginx로 파일을 배포하는 경우 이미 소개한 대로 파일의 갱신 시간이 같으면 같은 Last-Modified 헤더가 생성되고, 파일의 갱신 시간과 파일 크기가 같으면 같은 ETag 헤더 값을 생성한다. 같은 파일이면 파일 크기가 같아야 하므로 파일의 갱신 시간이 같으면 같은 ETag를 생성할 수 있다. ETag를 활성화하려면 여러 서버 전체에서 동일한 ETag를 응답으로 반환할 수 있는지 확인해야 한다.

서버 간 파일 갱신 시간을 동기화하기 위해서는 rsync 명령어를 사용해야 한다. 이 명령어는 로컬 파일을 원격지로 복사하거나 그 반대로 복사할 수 있다. 파일 갱신 시간을 동기화하려면 -t 옵션을 추가해야 하지만, -a 옵션이 -t 옵션을 포함하고 있으므로 -a 옵션으로도 같은 기능을 사용할 수 있다.

Last-Modified와 ETag 헤더 중 하나만 있어도 충분하다. 저자는 혼란을 피하고자 Last-Modified 헤더만 사용하는 것을 권장하며, nginx에서는 etag off; 명령으로 ETag 헤더를 비활성화할 수 있다.

이러한 방식으로 서버에서 파일 배포 시 몇 가지 고려해야 할 사항이 있지만, 전송 용량을 줄일 수 있으므로 성능에 큰 영향을 미치므로 설정을 잊지 말아야 한다.

8-6 CDN상에 HTTP 응답을 캐시

7장에서는 응용 프로그램에서 구현 개선을 위한 캐시를 소개했다. 하지만 HTTP 응답 자체를 CDN 등에서 캐시해 응용 프로그램 서버로의 요청 수를 줄이는 방법도 있다. 여기서는 먼저 CDN에 대해 간략히 설명하고 CDN이나 프락시를 활용한 캐시 방법을 소개한다.

▌ CDN은 전 세계 어디서 액세스하더라도 빠른 서비스를 제공

CDN(Content Delivery Network)은 전 세계에 여러 대의 서버를 배치해 콘텐츠를 효율적으로 전송할 수 있는 기술이다. 데이터 센터에 직접 요청하는 것이 아니라 가까운 서버에서 콘텐츠를 제공해 속도가 빠르고, 갑작스러운 대량 요청에도 대응할 수 있다. 예를 들어, 한국 데이터 센터에서 배포한 콘텐츠를 대만, 일본, 미국 등 여러 지역에 위치한 서버에서 캐시해 제공하면 대역폭 부하를 분산시킬 수 있다.

한국 데이터 센터에서 국외로의 전달은 해저 케이블을 통해 이루어지며 물리적인 거리와 국가별 대역폭 제한으로 인해 패킷 손실 및 재전송 문제가 발생할 수 있다. 따라서 한국 데이터 센터에서 콘텐츠를 배포하는 것만으로는 국외에서의 성능과 안정성을 기대하기 어렵다.

CDN 공급자는 전 세계적으로 고품질의 네트워크를 보유하고 있으며, 클라이언트와 가까운(거리뿐만 아니라 네트워크적으로 안정적인) 엣지(edge) 서버도 가지고 있다. 클라이언트는 가까이 있는 엣지 서버와 통신한 후 CDN 공급자가 보유한 안정적인 네트워크를 통해 콘텐츠에 액세스할 수 있으므로 안정성과 성능 면에서 기대할 수 있다. 요금 체계도 종량제 요금을 부과하는 공급자가 많으므로 통신량이 많아져도 문제없다.

한국은 국토가 좁고 고품질의 네트워크가 전국에 이어져 있어 국내 액세스에는 한국 내 데이터 센터에서 배포하는 것만으로도 충분하지만, 국토가 넓은 경우에는 엣지 서버를 제공하는 CDN을 사용하는 것이 필수적이다. 또한 CDN은 다양한 기능을 제공하므로 최근에는 웹 서비스를 설계할 때 CDN 도입을 고려하는 경우가 많다. 다음은 CDN에서 제공하는 일부 기능이다.

- 유연한 캐시 설정
  - 엣지 서버에서 캐시하면 빠른 응답을 클라이언트에 반환할 수 있다.
- 액세스 로그 등의 로그 저장
- HTTP 요청 및 응답을 다시 작성
- DDoS 대책
  - 대량의 요청이나 트래픽을 웹 서비스에 전송하는 것으로 웹 서비스를 제공할 수 없게 하는 공격을 막는다.
- Web Application Firewall
  - 공격으로 간주되는 악의적인 요청을 차단하고 로그를 취득하는 기능

CDN은 처음에는 정적 콘텐츠 전달에만 사용되었지만, 현재는 웹의 속도 및 보안을 향상시키는 다양한 기능을 제공한다. 지금까지 CDN은 캐시를 전제로 사용된다고 생각했을 수 있지만, 캐시를 사용하지 않아도 충분히 장점이 있다. 기능에 대한 자세한 내용은 각 CDN의 문서를 참고한다. 대표적인 CDN으로는 Akamai, Fastly, Cloudflare, Amazon CloudFront, Google Cloud CDN 등이 있다.

Cache-Control을 사용해 CDN 또는 Proxy에 캐시

앞에서 설명한 대로 `Cache-Control` 헤더를 통해 프락시나 CDN 등 경로상의 캐시 설정을 할 수 있다. 또한 CDN에서 사용할 수 있는 `CDN-Cache-Control` 헤더에도 개발 중[11]이다. 이 방법을 사용하는 장점은 다음과 같다.

- 클라이언트로부터 가장 가까운 CDN 엣지에서 직접 응답을 반환하기 때문에 가장 빠르게 응답할 수 있다.
- 응용 프로그램 서버의 요청을 줄여 인프라 비용을 절감할 수 있다.

---

11 아직 재정 중인 규격이기 때문에 사용할 경우에는 반드시 최신 규격과 사용하는 CDN의 상황을 확인해야 한다.
https://datatracker.ietf.org/doc/html/draft-cdn-control-header-01

단점은 다음과 같다.

- CDN의 동작에 대해 자세히 알지 못하면 캐시해서는 안 되는 응답을 캐시하는 등의 사고가 발생할 수 있다.

- 응용 프로그램의 설계를 캐시를 활용하기 쉬운 설계로 만들어야 하므로 개발 난이도가 높아진다.

CDN의 동작 방식은 서비스마다 다르기 때문에 사용할 CDN의 서비스 내용을 확인해야 한다. 또한 캐시 설정은 프락시에서도 가능하기 때문에 nginx를 사용한 콘텐츠 배포 서버에서도 사용할 수 있다.

nginx에서는 `proxy_cache`를 사용해 응답을 캐시할 수 있으며 위험하다고 생각되는 응답에 대해서는 캐시하지 않을 수 있다. 예를 들어 HTTP 메소드를 지정할 수 있는 `proxy_cache_methods`를 사용할 수 있다. 기본값은 GET 및 HEAD이며 POST 메소드는 기본적으로 캐시하지 않는다.

또한, 응답에 `Set-Cookie` 헤더가 포함되어 있으면 기본적으로 캐시하지 않는다. `proxy_ignore_headers`를 사용하면 이 동작을 변경할 수 있지만, nginx에서 캐시 가능한 응답은 각 사용자에 따라 달라지지 않아야 한다. 따라서 `Set-Cookie` 헤더는 필요하지 않다. 응답에 `Set-Cookie` 헤더가 포함되어 있으면 응용 프로그램을 수정하여 `Set-Cookie` 헤더를 반환하지 않게 해야 한다.

이러한 조건을 충족하면 `Cache-Control` 헤더를 확인하여 nginx에서 콘텐츠를 지정된 시간 동안 캐시할 수 있다.

CDN에서 캐시할 내용은 서비스마다 다르며, 일부 CDN은 기본적으로 캐시할 수 없는 응답도 설정에 따라 캐시할 수 있다. 그러나 이러한 설정은 위험할 수 있으므로 사용하기 전에 신중히 검토해야 한다. HTTP 응답 자체를 캐시 하는 방법은 효과가 크지만 검토해야 할 사항이 많고 시스템도 복잡해지므로 사용 시에는 신중해야 한다.

클라우드 공급자의 객체 스토리지 서비스 사용

이번 장에서는 직접 콘텐츠를 제공하는 방법을 설명했지만, 최근에는 Amazon S3 및 Google Cloud Storage와 같은 객체 저장 서비스를 사용해 파일을 배포하는 경우가 많아졌다. 이 경우에도 이번 장에서 설명한 내용을 이해하는 것이 중요하다. 클라우드 공급자마다 차이가 있기 때문에 일반적인 답변은 어렵지만, 다음 사항을 확인해야 한다.

- Content-Type은 어떻게 결정되는가?
- gzip 압축이 가능한 콘텐츠의 경우 gzip 압축이 돼 있는가?
- Cache-Control 헤더 설정은 어떻게 하는가?
- CDN을 프런트엔드에 배치하는 경우 gzip 압축 및 Cache-Control 관련 동작은 어떻게 작동하는가?

대부분의 객체 스토리지 서비스는 업로드할 때 지정한 Content-Type을 저장한다. GCS의 표준 도구인 gsutil나 S3의 표준 도구인 AWS CLI는 확장자에서 Content-Type을 추측해 부여하는 기능이 있지만, 옵션에 따라 다르다. 또한 API를 사용해 업로드한 경우에는 매번 Content-Type을 부여해야 한다.

덧붙여 브라우저는 MIME Sniffing이라는 사양으로 콘텐츠의 내용이나 확장자 등을 기반으로 Content-Type을 추측하는 규격이 있기 때문에 Content-Type이 잘못돼 있어도 제대로 동작하는 것처럼 보일 수 있다. 그러나 HTTP 의 응답으로는 잘못돼 있기 때문에 피해야 한다. 또한 이 MIME Sniffing은 보안상의 문제도 지적되고 있으므로 X-Content-Type-Options: nosniff라는 헤더를 부여해 항상 비활성화해야 한다.

대부분의 객체 스토리지 서비스에서는 gzip 압축을 자동으로 수행하지 않으며 추가적인 설정이 필요한 경우도 있다. 콘텐츠를 직접 제공하는 대신 CDN을 통해 제공하는 경우도 많으며, 이 경우 CDN에서 압축하는 방법도 있다. 하지만 이미지 파일과 같이 이미 압축된 파일 형식을 중복으로 압축하지 않도록 주의해야 한다. 이는 6장에서 이미 설명한 내용이다.

Cache-Control 헤더는 매번 설정해야 하는데, 설정하지 않는 서비스가 종종 있다. 그러나 CDN 및 브라우저 모두 캐시가 작동하지 않을 수 있으므로 반드시 설정해야 한다. 또한 GCS는 CDN의 기능도 가지고 있으므로 GCS 자체가 Cache-Control 헤더를 해석한다. GCS에서 직접 제공하는 경우 편리하지만, 상황에 따라 앞단에 CDN을 사용해야 한다면 GCS와 사용하는 CDN의 사양[12]을 확인해야 한다. 따라서 클라우드 공급자의 객체 스토리지 서비스를 사용하는 경우에도 Cache-Control 헤더를 이해한 후에 사용해야 한다.

---

12 CDN의 오리진에 GCS를 사용할 때 주의해야할 점 | 엔지니어 블로그 | GREEEngineering
https://labs.gree.jp/blog/2021/09/21360/

8-7 정리

이 장에서는 다음 내용을 설명했다. 다양한 내용이 있었고 실제 서비스 운영에서 검토해야 할 중요한 내용도 있었으므로 꼭 이해하고 활용해야 한다.

- 응용 프로그램에서 외부 명령을 호출할 때의 단점

- 디버그 모드에서 중복 로그를 출력하지 않는 방법

- HTTP 클라이언트의 적절한 처리 방법

- 정적 파일 배포 시 주의점

- Cache-Control 헤더 활용 방법

- CDN 사용

9

OS 기초 지식과 튜닝

웹 서비스의 응용 프로그램과 데이터베이스는 하드웨어 자원을 사용해 작동하는데, 이를 조작하기 위해 OS가 제공하는 인터페이스를 사용한다. OS는 계층 구조를 제공하여 응용 프로그램을 하드웨어를 의식하지 않고도 구현할 수 있다. OS의 동작에 대한 이해는 응용 프로그램과 데이터베이스의 성능 향상을 위한 튜닝에 중요하다.

이 장에서는 리눅스에서의 고속화 노력과 함께 대응해야 할 문제 및 튜닝 방법을 구체적으로 설명한다.

9-1 흐름 파악하기

웹 응용 프로그램 개발자들은 일반적으로 OS와 같은 낮은 계층이 다가가기 어려워 보인다는 인상을 가지기 쉽지만, 튜닝하는 관점에서 보면 웹 응용 프로그램에 대한 접근 방식에 큰 차이가 없다. 구현한 동작이 어떤 흐름으로 처리되고 있으며, 병목 구간이 어디에 있는지 찾아내고 해결하는 절차를 밟으면서 고갈된 자원의 사용을 억제하거나 사용 효율을 높이는 방법에서 공통점을 찾을 수 있다.

하지만 대부분의 경우, OS의 소스코드를 수정하지 않는다[1]. 리눅스에는 코드를 수정하지 않고도 커널의 동작을 변경할 수 있는 **커널 매개 변수**가 있다. 이러한 설정을 변경해 거의 모든 사용 사례에 대응할 수 있다. 많은 처리를 수행하는 OS 계층이기 때문에 어떤 매개변수가 존재하고 어떤 처리가 변경되는지를 파악해야 한다.

9-2 리눅스 커널의 기초 지식

리눅스는 리눅스 커널(Linux Kernel)이라는 소프트웨어가 핵심 기능을 담당한다. 응용 프로그램은 **시스템 콜**을 사용해 리눅스 커널의 기능을 호출한다. 이렇게 인터페이스를 설정해 구현을 분할함으로써 응용 프로그램은 하드웨어 간의 차이 등 OS 이하 계층의 차이를 의식하지 않고 사용할 수 있다.

리눅스에서 웹 응용 프로그램 등을 실행할 때는 주로 네트워크 통신과 스토리지 읽고 쓰는 작업이 필요하다. 이를 위해서 NIC(Network Interface Card)와 HDD, SATA SSD, NVMe SSD 등의 대용량 기록 장치 등의 하드웨어를 사용한다. 하드웨어는 시대에 따라 변화하고 있으며, 제품에 따라 사용 방법에

---

1 필요하다면 소스코드가 수정된 OS를 서비스에서 사용할 수 있다.

차이가 있지만, OS에 의한 장점 중 하나는 어떤 제품을 사용하더라도 응용 프로그램의 구현을 변경하지 않아도 된다는 것이다.

strace 명령은 실행 중인 프로세스에서 사용되는 시스템 콜을 출력한다. 일반적인 명령어인 ls를 실행할 때도 많은 시스템 콜이 사용되는 것을 확인할 수 있다. 다음은 ls 명령을 실행할 때 strace 명령의 결과다.

```
# log.txt 라는 파일만 현재 디렉토리에 있는 환경
$ ls
log.txt

# strace 명령의 인수로 ls 명령을 지정해 ls 명령이 사용하고 있는 시스템 호출을 표시
$ strace ls
execve("/usr/bin/ls", ["ls"], 0x7ffdd282ae80 /* 25 vars */) = 0
brk(NULL)                               = 0x558270906000
arch_prctl(0x3001 /* ARCH_??? */, 0x7ffd45b13680) = -1 EINVAL (Invalid argument)
mmap(NULL, 8192, PROT_READ|PROT_WRITE, MAP_PRIVATE|MAP_ANONYMOUS, -1, 0) = 0x7f0c797a5000
access("/etc/ld.so.preload", R_OK)      = -1 ENOENT (No such file or directory)
openat(AT_FDCWD, "/etc/ld.so.cache", O_RDONLY|O_CLOEXEC) = 3
newfstatat(3, "", {st_mode=S_IFREG|0644, st_size=25059, ...}, AT_EMPTY_PATH) = 0
mmap(NULL, 25059, PROT_READ, MAP_PRIVATE, 3, 0) = 0x7f0c7979e000
close(3)                                = 0
openat(AT_FDCWD, "/lib/x86_64-linux-gnu/libselinux.so.1", O_RDONLY|O_CLOEXEC) = 3

(생략)

close(2)                                = 0
exit_group(0)                           = ?
+++ exited with 0 +++

# strace ls 명령으로 표시되는 출력의 행수를 계산
# 마지막 행에 exited with 0 표시가 있기 때문에 이를 제외하고 실행된 시스템 콜은 172개

$ strace ls strace ls 2>&1 | wc -l
172
```

그림 9.1 strace 명령으로 ls 명령의 시스템 콜 확인

시스템 콜의 예로 open(2)를 소개한다. 이는 리눅스에서 응용 프로그램이 처리를 위해 파일을 열거나 생성하는 시스템 콜이다. open(2)의 man 페이지에는 C 언어 라이브러리에서의 사용 예가 인용돼 있다.

```
$ man 2 open
OPEN(2)                       Linux Programmer's Manual                       OPEN(2)

NAME
       open, openat, creat - open and possibly create a file

SYNOPSIS
       #include <sys/types.h>
       #include <sys/stat.h>
       #include <fcntl.h>

       int open(const char *pathname, int flags);
       int open(const char *pathname, int flags, mode_t mode);
(이하 생략)
```

그림 9.2 open(2)의 man 페이지

open() 함수는 열고자 하는 파일 경로(pathname), 열 때 사용할 플래그(flags), 열 때의 동작을 지정하는 모드(mode_t)를 인수로 갖는다.

플래그는 해당 파일을 읽기 전용(O_RDONLY)인지, 쓰기 전용(O_WRONLY)인지, 읽기와 쓰기 모두 가능한지(O_RDWR)를 지정한다. 모드는 파일에 쓸 때 끝에서부터 추가하기(O_APPEND) 모드나 파일이 존재하지 않을 경우 열기 전에 작성하기(O_CREAT) 모드[2] 등이 있다. 어떤 인수도 읽고 쓸 파일이 어떤 하드웨어에 쓰이고 어떤 파일 시스템에서 읽고 쓸 것인지를 지정하지 않는다. 이는 시스템 콜을 사용함으로써 하드웨어이나 OS 계층 시스템을 숨길 수 있기 때문에 얻을 수 있는 장점이다.

이러한 숨겨진 시스템 콜을 경계로 하여 리눅스 커널 쪽을 **커널 공간(Kernel Land)**이라고 하며, 시스템 콜을 사용하는 리눅스 OS의 응용 프로그램이 동작하는 부분을 **사용자 공간(User Land)**이라고 한다(그림 9.3). 커널 공간에서 처리가 완료되면 사용자 공간과 비교해 오버헤드가 적고 더 빠르게 동작하므로 미들웨어 등 빠른 속도가 필요한 응용 프로그램은 직접 커널 공간에서 처리하도록 구현하기도 한다.

그림 9.3 커널 공간과 사용자 공간의 관계 다이어그램

C 언어로 구현된 라이브러리의 구현에 대해 소개했는데, 다른 프로그래밍 언어에서도 파일을 열기 위한 함수를 구현할 때 플래그나 모드를 사용하는 예가 있다. 예를 들어, Go 언어의 os.OpenFile() 함수나 Ruby의 Kernel.#open() 함수 등이 있다. 이러한 함수들은 C 언어의 라이브러리를 참고하여 만들어졌으며, 비슷한 접근 방식을 적용할 수 있다. 파일을 읽는 것만으로 충분하다면 쓰기용 파일을 열지 않아도 되므로 효율적으로 파일을 처리할 수 있다. 또한 웹 응용 프로그램 개발에서도 리눅스 커널과 시스템 콜에 대한 지식은 매우 유용하다.

---

2 O_CREATE의 오타가 아닌 O_CREAT라는 플래그가 있다. 이는 유닉스에서 유명한 오타로 Go에서는 O_CREATE로 되어 있으며 O_CREAT로 잘못 입력한 본인에 의해 수정됐다. 커밋 로그에도 그 내용이 작성되어 있다.
https://github.com/golang/go/commit/c90d392ce3d3203e0c32b3f98d1e68c4c2b4c49b

open(2)의 (2)는?

이 책을 비롯해 open(2) 등 문자열 뒤에 괄호로 묶은 숫자 표기를 자주 볼 수 있다. 이는 리눅스의 'The Linux man-pages Project'에서 관리하는 매뉴얼 페이지의 장 번호다.

리눅스 관련 시스템에서는 open이라는 문자열을 많이 사용한다. 각각이 가리키는 것을 명확히 하기 위해 챕터 번호를 붙여 표시하는데, 예를 들어 open(1)은 open이라는 지정된 응용 프로그램에서 파일을 여는 명령이고, open(2)는 open이라는 시스템 콜이다.

'The Linux mans-pages Project'에서는 장 번호와 그 내용에 대한 대응을 정한다. 일부 요약 및 번역한 내용은 다음과 같다(표 9.1). 전체 내용은 'The Linux mans-pages Project' 사이트를 확인한다.

표 9.1 'The Linux man-pages project'의 장 번호와 내용

장 번호	개요
1	리눅스에서 사용자가 실행할 수 있는 명령
2	시스템 콜
3	C 언어로 구현된 라이브러리
8	리눅스에서 관리자 권한의 사용자가 실행할 수 있는 명령

모든 프로그램이 이러한 장 번호 사양을 따르지는 않지만, 대체로 매뉴얼은 이러한 장 번호에 따라 작성된다. 리눅스나 맥OS 등에서는 man 명령을 사용해 명령의 설명을 볼 수 있다. 다음은 man 명령의 매뉴얼을 보는 명령(즉, man(1))이다.

```
# man 명령 설치
$ sudo apt install manpages

# man 명령의 메뉴얼 읽기
$ man 1 man
MAN(1)                          Manual pager utils                          MAN(1)

NAME
       man - an interface to the system reference manuals

SYNOPSIS
       man [man options] [[section] page ...] ...
       man -k [apropos options] regexp ...
       man -K [man options] [section] term ...
       man -f [whatis options] page ...
       man -l [man options] file ...
       man -w|-W [man options] page ...
```

그림 9.4 man 명령 매뉴얼 읽기

개발자가 주로 작성하는 명령의 매뉴얼에는 명령에 대한 간단한 설명, 사용 예 및 옵션 등이 포함돼 있다. 이러한 정보를 통해 유용한 정보를 얻을 수 있으므로 자주 사용하는 명령의 매뉴얼을 읽어보는 것이 좋다. 또한, 개발한 명령이나 라이브러리의 매뉴얼을 manpages 형식으로 작성하면 동일하게 man(1)으로 볼 수 있다. 명령이나 라이브러리를 만들 때는 꼭 매뉴얼도 만들어 보자.

리눅스의 프로세스 관리

사용자 공간에서 동작하는 응용 프로그램은 모두 **프로세스**로 처리된다. ps 명령을 사용해 동작 중인 프로세스 목록을 확인할 수 있다. 다음은 ps 명령의 동작 예다.

```
$ ps awufww
USER         PID %CPU %MEM    VSZ   RSS TTY      STAT START   TIME COMMAND
root           2  0.0  0.0      0     0 ?        S    22:56   0:00 [kthreadd]
root           3  0.0  0.0      0     0 ?        I<   22:56   0:00  \_ [rcu_gp]
root           4  0.0  0.0      0     0 ?        I<   22:56   0:00  \_ [rcu_par_gp]
root           5  0.0  0.0      0     0 ?        I<   22:56   0:00  \_ [slub_flushwq]
root           6  0.0  0.0      0     0 ?        I<   22:56   0:00  \_ [netns]
root           7  0.0  0.0      0     0 ?        I    22:56   0:00  \_ [kworker/0:0-cgroup_destroy]
root           8  0.0  0.0      0     0 ?        I<   22:56   0:00  \_ [kworker/0:0H-events_highpri]
root           9  0.0  0.0      0     0 ?        I    22:56   0:00  \_ [kworker/u4:0-ext4-rsv-conversion]

(생략)

root           1  1.8  1.1 166336 11376 ?        Ss   22:56   0:02 /sbin/init
root         165  0.2  2.6  72436 25528 ?        S<s  22:56   0:00 /lib/systemd/systemd-journald
root         207  0.0  2.8 289308 27356 ?        SLsl 22:56   0:00 /sbin/multipathd -d -s
root         210  0.1  0.7  23432  6752 ?        Ss   22:56   0:00 /lib/systemd/systemd-udevd
systemd+     424  0.0  0.8  16252  7920 ?        Ss   22:56   0:00 /lib/systemd/systemd-networkd
systemd+     426  0.0  1.2  25268 11836 ?        Ss   22:56   0:00 /lib/systemd/systemd-resolved

(이하 생략)
```

그림 9.5 ps 명령 예

PID(Process ID)는 각 프로세스에 할당되는 고유한 ID로, 프로세스가 시작될 때마다 1씩 증가하여 관리한다.

리눅스에서 PID가 1인 최초의 프로세스는 init이며 모든 프로세스의 부모가 되는 중심 프로세스다. 최근에는 init의 구현으로 systemd가 많이 사용된다.

프로세스는 부모-자식 구조이므로 트리 구조가 된다. 다음은 SSH로 연결한 서버에서 ps 명령의 f 옵션으로 트리 구조를 표시한 결과다.

```
$ ps awufww
USER         PID %CPU %MEM    VSZ   RSS TTY      STAT START   TIME COMMAND
root         737  0.0  0.8  15424  7796 ?        Ss   22:56   0:00 sshd: /usr/sbin/sshd (이후 생략)
root         841  0.0  1.0  16916 10032 ?        Ss   22:56   0:00  \_ sshd: ubuntu [priv]
ubuntu      1048  0.0  0.8  17308  7816 ?        S    22:57   0:00      \_ sshd: ubuntu@pts/0
ubuntu      1050  0.0  0.5   9148  5316 pts/0    Ss   22:57   0:00          \_ -bash
root        1066  0.0  0.4  10980  4564 pts/0    S    22:57   0:00              \_ su
root        1067  0.0  0.4   8024  4244 pts/0    S    22:57   0:00                  \_ bash
root        1081  0.0  0.3  10620  3240 pts/0    R+   22:58   0:00                      \_ ps axufww
```

그림 9.6 SSH로 연결한 서버에서 ps 명령의 실행 결과

/usr/sbin/sshd(PID=737)는 부모 프로세스이며, ubuntu 사용자가 로그인하면 PID=841의 자식 프로세스를 생성한다. 이 자식 프로세스는 bash나 ps와 같은 명령을 실행하기 위해 또 다른 자식 프로세스를 생성한다. 이러한 자식 프로세스 생성 과정을 'fork'라고 하며 fork(2) 시스템 콜을 사용한다. fork(2)는 자신의 프로세스를 복사한 후 execve(2) 시스템 콜을 사용해 바이너리를 실행하는 구조다. 앞의 예는 다음과 같은 과정을 거친다.

- bash(PID=1067)이 자신의 프로세스를 1회 복사(fork(2))하고 PID=1081을 생성한다.
- PID=1081에서 실행할 바이너리를 /usr/bin/ps로 바꾼다.
- PID=1081을 실행(execve(2))한다.

자식 프로세스를 생성하는 이유는 독립된 자원 공간을 구축하고 확보하기 위함이다. 리눅스에서는 CPU나 메모리 등의 자원이 각각의 프로세스에 할당되며 이러한 자원은 리눅스 커널상에서 가상화된 자원으로 제공된다. 즉, 각 프로세스가 물리적으로 자원을 확보하는 것이 아니라 가상화된 자원(가상 CPU, 가상 메모리)을 사용하고 있다는 뜻이다.

반면 리눅스 커널상에서 직접 물리적인 자원을 사용할 때는 '실제 CPU' 또는 '실제 메모리' 등으로 불린다[3]. 리눅스 커널이 자원을 가상화함으로써 사용자 공간의 프로세스는 실제 메모리를 효율적으로 자원으로써 사용할 수 있다. 어떻게 효율적으로 사용하는지는 자원별로 다르기 때문에 여기서는 설명을 생략한다.

중요한 것은 프로세스마다 시스템의 자원을 할당받아 사용하며, CPU나 메모리뿐만 아니라 디스크 읽기/쓰기, 네트워크 통신 등을 처리할 수 있다는 점이다. 이러한 자원은 각각의 프로세스에서 독립적으로 사용된다. 또한, 할당된 자원을 고유하게 사용하고 병렬 처리를 하는 **스레드**라는 개념이 있다. 스레드는 여러 개가 하나의 프로세스 내에서 동작하는데, 이를 **멀티 스레드**라고 한다. 프로세스나 스레드의 사용 방법에 대한 자세한 내용은 6장에서 다루고 있다.

9-4 | 리눅스의 네트워크

리눅스에서의 네트워크 통신에 대해 소개한다.

---

3 '물리 메모리', '물리 CPU' 등 그 밖에도 여러 가지로 불린다.

▌ 네트워크 메트릭

네트워크에서 중요한 메트릭은 처리량과 지연시간이다. 처리량은 동시에 처리할 수 있는 양을, 지연 시간은 네트워크 통신 처리하는 데 걸린 시간을 의미한다. 이 값들을 기반으로 병목을 판별하려면 리눅스에서 패킷이 어떻게 처리되는지를 이해해야 한다. 그림 9.7은 HTTP 요청을 받을 때의 과정이다(그림 9.7).

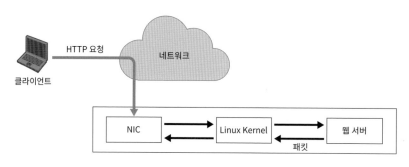

그림 9.7 HTTP 요청을 받는 과정

리눅스 커널은 NIC에서 받은 정보를 패킷 단위로 처리하며 HTTP 요청을 포함한 다양한 프로토콜의 통신을 처리한다. 이를 위해 모든 프로토콜을 리눅스 커널에서 처리하는 것이 아니라 패킷으로 처리하는 것이 간편하다. 최종적으로 HTTP 요청은 웹 서버에서 받아 처리한다.

서버는 클라이언트로부터 HTTP 요청을 받을 때 NIC를 통해 정보를 받는다. 이때 받은 정보는 NIC에서 전기 신호로 변환되고 드라이버를 통해 커널 공간에서 패킷으로 처리된다. 최종적으로는 사용자 공간의 웹 서버까지 전달된다. 네트워크가 빠른지 여부를 평가하기는 어렵다. 통신 대상의 머신을 어디에 어떻게 배치하느냐에 따라 크게 계측 조건이 달라지기 때문이다.

네트워크에서 평가해야 할 중요한 메트릭은 **처리량**과 **지연 시간**이다. 처리량은 일정 시간 내에 처리할 수 있는 패킷의 양이며 지연 시간은 통신을 시작한 후 종료할 때까지 걸린 시간이다. 이 두 가지 메트릭은 웹 서비스를 제공하기 위해 검토해야 하는 중요한 요소다. 처리량이 아무리 크더라도 지연 시간이 높으면 도착하기까지 시간이 걸리고 결과적으로 느려진다. 또한 지연 시간이 아무리 낮더라도 처리량이 작으면 한 번에 전송할 수 있는 파일 크기가 매우 작아지므로 비효율적이다. 이러한 메트릭은 웹 응용 프로그램이 실행되는 네트워크의 성질과 관련이 있다.

속도를 개선하고 싶다면 사용 중인 네트워크의 구조나 사용하는 하드웨어를 재검토해야 한다.

▌리눅스 커널에서 패킷 처리 효율성

리눅스 커널은 네트워크 효율성을 높이기 위해 진화하고 있는데, 그중 하나가 RSS(Receive Side Scaling)다.

'웹 서비스를 제공한다'는 것은 말 그대로 네트워크상에 웹 응용 프로그램을 공개하는 것이다. 웹 응용 프로그램은 리눅스에서 실행되며 인터넷이나 외부 네트워크에서 많은 HTTP 요청을 받아 처리한다. 웹 서비스를 제공하는 경우 단일 웹 응용 프로그램으로만 제공하는 경우는 드물며 5장에서 설명한 것처럼 데이터베이스 등의 미들웨어와 결합하는 경우가 많다. 이 경우 웹 응용 프로그램이 동작하고 있는 서버는 사용자 요청뿐만 아니라 데이터베이스가 동작하고 있는 서버와도 네트워크를 통한 통신을 실시한다.

한 대의 서버에서 매우 많은 패킷 처리를 실시하며 또한 수신 측 호스트에서 패킷이 언제 수신되는지를 예측하는 것은 불가능하다. 따라서 리눅스 커널은 패킷을 NIC에서 받은 단계에서 CPU에 대해 '즉시 패킷을 처리하라'는 명령을 한다. 이를 **인터럽트(interrupt)**라고 한다.

일반적으로 하나의 CPU는 여러 연산을 완전히 동시에 실시할 수 없기 때문에 여러 프로세스를 실행하기 위해 '매우 빠르게 처리하는 프로세스를 전환함으로써 가상적으로 프로세스가 동시에 실행되는 것처럼 보인다'라는 접근 방식을 채택하고 있다. 이를 실현하기 위해 **컨텍스트 스위치**라는 개념을 도입했다.

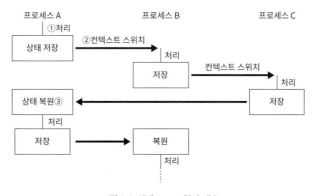

그림 9.8 컨텍스트 스위치 개요도

프로세스 A를 처리하는 동안 다른 프로세스(프로세스 B, 프로세스 C)를 처리할 수 없다. 고속으로 프로세스 A를 처리하고(그림 9.8 ①) 그 상태를 저장한 후 프로세스 B로 전환(스위치)한다(그림 9.8 ②). 또한 프로세스 A의 처리로 돌아와서 이전에 저장해 둔 상태를 복원하고(그림 9.8 ③) 해당 프로세스를 다시 처리한다. 이러한 전환에 걸리는 시간을 **컨텍스트 스위치 비용**이라고 한다.

이러한 구조를 채택하는 경우 언제 패킷이 도착할지 알 수 없다면 언제 처리해야 할까? 일정한 간격으로 패킷이 도착하는지 확인하는 폴링(polling)을 검토할 수 있지만, 실제로 확인할 필요가 없는 시점이 많아져 효율적이지 않다. 이를 효율적으로 처리하기 위해 인터럽트라는 개념이 사용된다. NIC 등의 하드웨어 장치에 대해 주기적인 확인을 하지 않고 인터럽트가 도착한 시점에만 프로세스 처리 순서에 끼어들어 처리함으로써 효율적으로 패킷 처리를 할 수 있다. 또한 인터럽트에도 몇 가지 유형이 있으며, 패킷 처리나 키보드 입력 등 즉각적인 처리가 필요한 것을 '하드웨어 인터럽트', 지연돼 실행하는 것을 '소프트 인터럽트'로 정의한다.

패킷 처리에서는 패킷 수신 시 발생하는 것을 '하드웨어 인터럽트' 이후 TCP/UDP 등의 프로토콜을 해석하는 처리에는 '소프트웨어 인터럽트'를 사용한다. 이때 여러 개의 CPU 코어를 장착하고 있어도 패킷 수신에 사용한 코어와 이후의 해석에 사용하는 코어는 동일하게 하는 설계가 채택된다. CPU에는 코어별로 처리하기 위한 캐시가 장착돼 있으며 동일한 코어를 사용함으로써 이 캐시를 효율적으로 활용할 수 있는 것이 큰 이유다. 그래서 이전에는 패킷 처리를 실시하는 코어에는 특정한 하나의 코어가 사용됐다. TCP 등 패킷의 순서가 결정된 프로토콜에서 여러 개의 코어를 사용해 각각 처리하면 다시 패킷을 재배열하는 처리가 발생하기 때문이다.

각각의 패킷 처리는 CPU 부하가 높지 않지만 시대의 변화에 따라 동시에 처리하는 패킷의 수가 증가함에 따라 문제가 발생했다. NIC의 고속화는 항상 진행되고 있으며, 이 책이 작성된 시점에는 업무용으로는 10Gbps 이상이 일반적이며 100Gbps 및 400Gbps를 다루기도 한다. 반면 CPU1 코어의 성능 상승은 크게 이루어지지는 않았지만, 1소켓에 많은 코어를 탑재할 수 있게 진화하고 있다.

실제 환경에서는 자주 일어나지 않지만, Ethernet에서 가장 작은 프레임 크기인 64byte의 프레임이 대량으로 송신되는 경우 많은 인터럽트가 발생한다.

10Gbps의 NIC를 사용할 경우 64byte로 나눈 10Gbyte의 데이터는 1초당 약 16억 번[4]의 인터럽트가 발생한다. 인터럽트는 해당 CPU 코어에서 처리해야 할 작업이 중단되는 원인이 된다. 그 결과 NIC의 성능 향상에 따라 1코어에서 처리할 수 있는 한계가 도래했다.

이에 대응하기 위해 리눅스 커널을 비롯한 소프트웨어 측면과 NIC를 비롯한 하드웨어 측면에서 많은 발전이 있었다.

리눅스 커널에서는 **Linux NAPI(Native API)**라는 기능이 도입됐다. 이는 가능한 한 인터럽트 명령을 줄이면서 지연 시간이 적은 형태로 패킷을 처리하기 위해 인터럽트 명령을 사용하는 방법과 폴링 방법을 조합해 사용한다.

---

4 (10 * 1024 * 1024 * 1024) / 64 = 167,772,160

NIC 등의 하드웨어 측면에서는 **RSS(Receive Side Scaling)**라는 기술이 사용된다. 처음부터 NIC에서 리눅스 커널로 전송하기 전 단계로 패킷 큐(queue)가 NIC에 구현돼 있다. 이를 CPU 코어 수만큼 늘리면 NIC 측에서 전송하는 CPU 코어를 여러 개로 분산시킬 수 있으며 멀티 코어 CPU의 발전에 대응할 수 있게 됐다. 현재는 PC에 내장된 유형의 NIC라면 거의 RSS를 지원하므로 여러 개의 코어에 분산해 패킷 처리를 실시할 수 있을 것이다.

또한 최근의 NIC에서는 '하드웨어 오프로드(Hardware-offload)' 기능을 갖춘 NIC도 상당히 많아졌다. 처음에는 TCP/UDP의 체크섬(checksum) 처리 수준까지 하드웨어를 처리할 수 있었지만, 현재는 VXLAN[5] 등의 터널 프로토콜의 종단이나 OpenVSwitch[6] 등으로 표현된 패킷의 처리, TLS 암복호화 처리 등 다양한 하드웨어 오프로드가 NIC상에서 가능해져 더 빠른 패킷 처리를 실시할 수 있게 됐다.

9-5 리눅스의 디스크 I/O

스토리지에 대한 읽기 및 쓰기도 리눅스 커널이 맡고 있는 중요한 역할 중 하나다. 여기서는 스토리지의 개념 및 효율적인 사용 방법에 대해 설명한다.

시스템 콜 설명에서도 언급했듯이 응용 프로그램 로그나 데이터베이스에 대한 쓰기 등 모든 파일의 읽기 및 쓰기는 운영체제를 통해 물리적인 디스크에 이루어진다. 이러한 디스크는 물리적으로 시스템에 탑재돼 있을 수도 있고 네트워크를 통해 가상적으로 연결돼 있을 수도 있다. 메모리와 비교해 속도는 느리지만, 대신 저렴하게 대용량의 데이터를 저장할 수 있다. 웹 응용 프로그램의 속도를 높이기 위해서는 불필요한 디스크 읽기 및 쓰기를 최소화하고 이론적으로 메모리상에서만 처리되게 해야 한다. 하지만 모든 것을 메모리상에서만 처리하는 것은 현실적으로 불가능하다.

웹 응용 프로그램은 텍스트와 같이 크기가 작은 것을 주고받았지만, 현재는 동영상이나 3D 모델과 같은 큰 파일을 주고받는다. 이러한 파일은 메모리상에서 처리할 수 없으므로 디스크로의 읽기 및 쓰기가 필요하다. 웹 응용 프로그램을 빠르게 만들기 위해서는 이러한 읽기 및 쓰기를 최적화해야 한다. 이 때 자신이 사용하는 디스크가 어떤 특성 있는지 인식해 두는 것도 속도를 향상시키는 핵심이 될 수 있다. HDD(Hard Disk Drive)의 경우 자기 디스크를 실제로 회전시켜 읽기 및 쓰기를 실시하므로 저장

5　Virtual eXtensible Local Area Network(VXLAN)는 L3 네트워크상에서 가상의 L2 네트워크를 구현하는 프로토콜이다. VM 기반(OpenStack neutron)이나 컨테이너 기반(flannel)에서 Node를 넘나드는 L2 네트워크 구현에 사용된다.
6　오픈소스로 개발되고 있는 가상 네트워크 스위치다. 다양한 프로토콜을 지원하며 가상 네트워크를 활용하는 경우에 많이 사용된다.

영역의 처음부터 순차적으로 읽기와 쓰기를 실시하는 **시퀀셜 리드(Sequential Read)/시퀀셜 라이트 (Sequential Write)**를 비교적 빠르게 실시할 수 있다.

하지만 현재의 용도에서는 저장 공간의 맨 위에서 깔끔하게 읽고 쓰는 것은 현실적이지 않고, 실제로는 쓰기 위치가 특정되지 않은 랜덤 읽기/랜덤 쓰기가 중요시되며, 이를 위해 자기 디스크를 대체하는 NAND 플래시 메모리를 사용하는 SSD(Solid State Drive)가 사용되고 있다. SSH는 HDD보다 **랜덤 읽기/랜덤 쓰기**를 더욱 빠르게 처리할 수 있다.

▌스토리지 종류

리눅스에서는 HDD나 SSD와 같은 디스크를 실제로 읽고 쓰기 위해 **파일 시스템**을 사용한다. 일부 리눅스 배포판에서는 ext4, XFS, ZFS와 같은 파일 시스템을 기본적으로 채택한다.

그 외에도 파일을 하나의 객체 단위로 관리하는 **객체 스토리지**라는 방식이 있다. 파일 시스템과는 달리 '디렉터리가 있고 그 안에 파일이 존재'하는 구조로 되어 있지 않으며, 파일을 쓸 때 ID가 발급되고 이 ID를 기반으로 읽고 쓰는 스토리지다.

Ceph[7]는 SDS(Software Defind Storage)의 일종으로 객체 스토리지를 구현하는 소프트웨어 중 하나다. Ceph는 객체 스토리지를 사용해 가상 디스크를 제공하는 기능이 있다. 이 기능으로 Ceph가 제공하는 객체 스토리지를 묶어 하나의 디스크를 구현할 수 있다.

이러한 가상 디스크의 경우 HDD와 비교해 순차적인 읽기 및 쓰기 속도가 매우 느리다. HDD의 경우 자기 디스크를 일방향으로 회전해 순차적인 데이터의 빠른 조작이 가능했지만, Ceph가 제공하는 가상 디스크는 '묶은 객체 스토리지 중 다음으로 읽어야 할 객체가 어디인지'를 매번 찾은 후 데이터 조작을 실시해야 하기 때문이다. 이렇게 사용하는 디스크에 따라 갖고 있는 특성이 다르다

▌스토리지 성능이란 – 처리량, 지연 시간, IOPS

스토리지의 성능은 처리량, 지연 시간, IOPS(Input/Output Per Second)로 나눌 수 있다. 처리량과 지연 시간은 모두 1장에서 설명한 개념이다. 처리량은 일정 시간 동안 처리할 수 있는 파일 크기이며 지연 시간은 한 번의 읽기와 쓰기 작업을 실시할 때 발생하는 지연을 나타낸다.

IOPS는 이름 그대로 1초에 몇 번의 입출력, 즉 읽기와 쓰기 작업이 가능한지에 대한 지표다. 이 숫자가 클수록 더 많은 읽기와 쓰기가 가능하다. 100IOPS가 보장되는 스토리지의 경우 1초에 100개의 파일을

---

7 https://ceph.io/en/

열어 읽을 수 있다는 뜻이다. 물론 2장에서 설명한 대로 IOPS를 비교할 때는 그 외의 계측 조건을 동일하게 유지하는 것을 잊지 말아야 한다. 계측할 때 시퀀셜인지 랜덤인지, 각 측정에서 사용한 파일의 크기가 큰지 작은지 등의 조건이 복잡하게 연관되기 때문이다.

처리량과 IOPS를 구분하기는 어려울 수 있지만, 읽기와 쓰기를 실시하는 파일 크기에 따라 '어떤 값이 더 중요한지'가 달라진다. 작은 파일을 대량으로 처리하는 웹 응용 프로그램의 경우 IOPS보다는 처리량을 우선시하고 큰 파일을 처리하는 경우 IOPS보다는 처리량을 우선시해야 한다.

예를 들어 1MB 파일 100개를 처리하는 경우와 1KB 파일 102,400개를 처리하는 경우를 생각해 보자. 이 두 경우 모두 처리하는 파일의 크기는 100MB이다. 만약 'IOPS: 100, 처리량: 1MB/초'의 성능을 가진 스토리지가 있다면 이 스토리지를 이용해 100MB의 데이터를 처리하는 경우 '1MB 파일 100개를 처리하는 경우'와 '1KB 파일 102,400개를 처리하는 경우' 모두 1초가 걸린다. 이는 IOPS와 처리량이 모두 1초당 최대치이기 때문이다.

'1KB의 파일을 102,400개 처리하는 경우'에는 IOPS가 병목이 돼 1초 안에 모든 파일을 처리할 수 없다. 1초를 기다렸다가 100개의 파일을 처리하고 다시 1초가 지나면 다음 100개를 처리하는 것을 반복해야 한다. 102,400개의 모든 파일을 처리하는 데 10초 이상 걸린다. 큰 파일을 다루는 예로는 사용자가 업로드한 동영상을 저장하는 서버 등이 있다. 이렇게 많은 사람이 대용량 파일을 업로드하거나 내려받는 서버에는 지연 시간이 낮은 스토리지가 필요하다. 반대로 작은 파일을 대량으로 다루는 예로는 텍스트나 이미지 등을 대량으로 배포하는 콘텐츠 기반 또는 데이터베이스 서버 등이 있다. 이러한 서버에서는 높은 IOPS를 가진 스토리지를 사용하는 경우가 많다.

또 내용을 단순화하기 위해 생략했지만, 이 계산에서 '한 번에 처리할 수 있는 파일 크기'에 한계가 있다. 이를 **블록 크기**(Block Size)라고 한다. 파일 시스템은 파일을 효율적인 크기로 분할하고 그 단위로 I/O를 실시한다. ext4에서 블록 크기는 4096바이트다.

'1MB의 파일을 100개 처리하는 경우'에는 100IOPS로 1초 이내 처리할 수 있다고 생각할 수 있지만, 실제로는 파일 시스템에서 파일을 블록 단위로 분할하고 1MB 파일은 4096byte 블록으로 분할되어 I/O가 이루어지기 때문에 1초 이내에 처리하려면 더 많은 IOPS가 필요하다.

현재는 물리적인 1대의 머신에 직접 OS를 설치해 사용하는 것이 아니라 가상화 기술을 사용해 **Virtual Machine**(이하 VM)[8]으로 서버가 제공되는 경우가 많아졌다. 이때는 가상의 디스크(블록 스토리지라고 함)를 네트워크로 VM의 호스트 머신에 연결하고 그 블록 스토리지를 VM용 디스크로 사용하는 구

---

8 물리적인 자원을 분할하고 가상적인 자원을 할당해 OS를 시작하는 가상화 기술이다. 가상화 기술을 사용해 시작한 서버를 Virtual Machine이라고 한다.

조가 많이 채택된다. 이러한 구조를 채택함으로써 호스트 머신이 갑자기 고장 나더라도 VM의 데이터를 보호할 수 있으며, 다른 호스트 머신에 다시 연결해 빠르게 VM을 재시작할 수 있다.

VM상의 OS에서는 일반적인 스토리지로 연결된 것처럼 보이지만, 실제로는 네트워크를 통해 연결된다. 기존의 구성에서는 디스크가 물리적인 선으로 연결돼 있어 지연 시간이 안정적이었다. 하지만 네트워크를 통해 연결됨으로써 IP 처리 등의 오버헤드가 추가돼 네트워크상의 지연 시간이 그대로 스토리지의 지연시간이 된다. 직접 연결하는 경우보다 느려지는 경우가 많지만 더 귀찮은 문제는 지연 시간이 '불안정해지는' 현상이 발생하는 것이다.

IOPS나 처리량이 높을수록, 지연 시간이 낮을수록 빠른 스토리지로 취급할 수 있다. 현대의 스토리지에는 한 가지 값이 극단적으로 낮은 경우는 드물지만, 성능을 비교할 때 어떤 파일을 다루는지 염두에 두어야 어떤 성능을 더 중요하게 생각해야 하는지 알 수 있다.

▌ 스토리지 성질 조사

스토리지의 성능에 대해 이해했으니, 이제 현재 사용하고 있는 스토리지가 어떤 성능 값을 가지는지 알아보자. 성능 값을 측정하는 데는 fio 명령어를 사용한다. fio 명령어의 사용 방법과 자세한 옵션 설명은 해당 명령어의 매뉴얼을 참조한다.

```
# fio -filename=./testfile -direct=1 -rw=read -bs=4k -size=2G -runtime=10 -group_reporting -name=file
file: (g=0): rw=read, bs=(R) 4096B-4096B, (W) 4096B-4096B, (T) 4096B-4096B, ioengine=psync, iodepth=1
fio-3.28
Starting 1 process
file: Laying out IO file (1 file / 2048MiB)
Jobs: 1 (f=1): [R(1)][100.0%][r=11.9MiB/s][r=3039 IOPS][eta 00m:00s]
file: (groupid=0, jobs=1): err= 0: pid=9258: Tue Mar 21 16:46:44 2023
  read: IOPS=3037, BW=11.9MiB/s (12.4MB/s)(119MiB/10001msec)
    clat (usec): min=174, max=12603, avg=327.93, stdev=224.98
     lat (usec): min=174, max=12603, avg=328.06, stdev=224.98
    clat percentiles (usec):
     |  1.00th=[  204],  5.00th=[  233], 10.00th=[  243], 20.00th=[  249],
     | 30.00th=[  258], 40.00th=[  281], 50.00th=[  314], 60.00th=[  326],
     | 70.00th=[  334], 80.00th=[  351], 90.00th=[  404], 95.00th=[  449],
     | 99.00th=[  996], 99.50th=[ 1401], 99.90th=[ 3654], 99.95th=[ 4359],
     | 99.99th=[ 6652]
   bw (  KiB/s): min=10376, max=12872, per=100.00%, avg=12151.05, stdev=576.22, samples=19
   iops        : min= 2594, max= 3218, avg=3037.74, stdev=144.08, samples=19
  lat (usec)   : 250=21.02%, 500=76.24%, 750=1.38%, 1000=0.37%
  lat (msec)   : 2=0.72%, 4=0.21%, 10=0.06%, 20=0.01%
  cpu          : usr=1.14%, sys=2.28%, ctx=30389, majf=1, minf=15
  IO depths    : 1=100.0%, 2=0.0%, 4=0.0%, 8=0.0%, 16=0.0%, 32=0.0%, >=64=0.0%
     submit    : 0=0.0%, 4=100.0%, 8=0.0%, 16=0.0%, 32=0.0%, 64=0.0%, >=64=0.0%
     complete  : 0=0.0%, 4=100.0%, 8=0.0%, 16=0.0%, 32=0.0%, 64=0.0%, >=64=0.0%
     issued rwts: total=30380,0,0,0 short=0,0,0,0 dropped=0,0,0,0
     latency   : target=0, window=0, percentile=100.00%, depth=1

Run status group 0 (all jobs):
   READ: bw=11.9MiB/s (12.4MB/s), 11.9MiB/s-11.9MiB/s (12.4MB/s-12.4MB/s), io=119MiB (124MB), run=10001-10001msec

Disk stats (read/write):
  nvme0n1: ios=29682/2, merge=0/1, ticks=9530/2, in_queue=9531, util=99.12%
```

그림 9.9 fio 명령 실행 예

출력에서 IOPS는 다음과 같다.

```
file: (groupid=0, jobs=1): err= 0: pid=9258: Tue Mar 21 16:46:44 2023
  read: IOPS=3037, BW=11.9MiB/s (12.4MB/s)(119MiB/10001msec)
<생략>
    iops        : min= 2594, max= 3218, avg=3037.74, stdev=144.08, samples=19
```

그림 9.10 fio 명령_IOPS

처리량은 다음과 같다. bw는 band witdh다.

```
file: (groupid=0, jobs=1): err= 0: pid=9258: Tue Mar 21 16:46:44 2023
  read: IOPS=3037, BW=11.9MiB/s (12.4MB/s)(119MiB/10001msec)
<생략>
   bw (  KiB/s): min=10376, max=12872, per=100.00%, avg=12151.05, stdev=576.22, samples=19
```

그림 9.11 fio 명령_처리량

지연 시간은 다음과 같다. lat는 latency의 약자다. lat, clat, slat 등이 있는데, 간단히 확인할 때는 clat 값을 참조한다. I/O를 실시하는 명령을 실행하고 나서 응답이 반환되는 시간을 보여준다. 자세한 내용은 fio 명령 메뉴얼을 참조한다.

```
file: (groupid=0, jobs=1): err= 0: pid=9258: Tue Mar 21 16:46:44 2023
  read: IOPS=3037, BW=11.9MiB/s (12.4MB/s)(119MiB/10001msec)
    clat (usec): min=174, max=12603, avg=327.93, stdev=224.98
     lat (usec): min=174, max=12603, avg=328.06, stdev=224.98
    clat percentiles (usec):
     |  1.00th=[  204],  5.00th=[  233], 10.00th=[  243], 20.00th=[  249],
     | 30.00th=[  258], 40.00th=[  281], 50.00th=[  314], 60.00th=[  326],
     | 70.00th=[  334], 80.00th=[  351], 90.00th=[  404], 95.00th=[  449],
     | 99.00th=[  996], 99.50th=[ 1401], 99.90th=[ 3654], 99.95th=[ 4359],
     | 99.99th=[ 6652]
<생략>
  lat (usec)   : 250=21.02%, 500=76.24%, 750=1.38%, 1000=0.37%
  lat (msec)   : 2=0.72%, 4=0.21%, 10=0.06%, 20=0.01%
```

그림 9.12 fio 명령_clat

▌디스크 마운트 옵션

웹 응용 프로그램에서 블록 스토리지를 물리적으로 또는 네트워크를 통해 연결해 파일 시스템으로 읽고 쓰기 위해서는 디스크를 '마운트(mount)'해야 한다. 연결된 블록 스토리지를 **블록 장치**라고 한다.

현재 어떤 디렉터리에 어떤 블록 장치가 마운트돼 있는지는 lsblk 명령과 df 명령으로 확인할 수 있다. 다음은 명령 실행 예다.

```
# lsblk 명령을 사용해 연결된 블록 장치 목록 확인
$ lsblk
NAME       MAJ:MIN RM   SIZE RO TYPE MOUNTPOINT
loop0        7:0    0  55.5M  1 loop /snap/core18/1997
loop1        7:1    0  32.3M  1 loop /snap/snapd/11588
loop2        7:2    0  70.4M  1 loop /snap/lxd/19647
sda          8:0    0   40G   0 disk
└─sda1       8:1    0   40G   0 part /

# /dev/sda라는 블록 장치는 /(루트 디스크)에 마운트된다
$ lsblk /dev/sda
NAME       MAJ:MIN RM  SIZE RO TYPE MOUNTPOINT
sda          8:0    0   40G   0 disk
└─sda1       8:1    0   40G   0 part /

# 루트 디스크는 /dev/sda1이라는 블록 장치가 ext4라는 파일 시스템으로 마운트된다
$ df -hT /
Filesystem     Type   Size  Used  Avail  Use%  Mounted on
/dev/sda1      ext4   39G   2.1G   37G    6%   /
```

그림 9.13 lsblk 명령과 df 명령 실행 예

lsblk 명령으로 /dev/sda 블록 장치가 확인되고, df 명령으로 해당 블록 장치가 ext4 파일 시스템으로 마운트된 것을 확인할 수 있다. 대부분의 경우 디스크에 대한 읽기와 쓰기를 위해서는 이처럼 마운트를 해야 한다[9]. /dev/sda1에서 숫자 1은 논리적으로 /dev/sda에서 분할된 첫 번째를 의미한다.

마운트 시에는 어떤 옵션으로 디스크를 다룰지 설정할 수 있으며, 현재 마운트된 디스크의 설정은 mount 명령으로 확인할 수 있다.

```
# mount 명령을 사용해 /dev/sda 마운트 옵션 확인
$ mount | grep "/dev/sda"
/dev/sda1 on / type ext4 (rw,relatime)
```

그림 9.14 mount 명령 실행 예

/dev/sda1은 rw(읽기와 쓰기가 모두 가능한)와 relatime(파일을 마지막으로 액세스된 시간을 지정하는 타이밍 제어 옵션)[10] 옵션이 활성화돼 있는 것을 확인할 수 있다. 이러한 설정은 /etc/fstab 파일에서 변경이 가능하며, 이 파일은 OS가 부팅될 때 자동으로 디스크를 마운트하는 설정을 작성하는 파일이다.

```
$ cat /etc/fstab
LABEL=cloudimg-rootfs   /          ext4   defaults      0 1
```

그림 9.15 fstab 파일

---

9 블록 장치에서 파일을 어디에 어떻게 배치할지 직접 결정할 수 있다면 블록 장치에 직접 읽고 쓸 수도 있다. 파일 시스템이 실시하는 작업을 건너뛰므로 더 빠르다. 하지만 파일 시스템이 실시하는 작업을 대신 구현해야 하므로 자주 사용되는 방법은 아니다.

10 운영체제는 'atime'이라는 특정 파일에 접근한 시간을 저장하는 구조다. 이 atime을 기입하는 시점을 제어하는 옵션이 relatime이다.

defaults라고 작성하면 파일 시스템의 마운트 옵션의 기본 설정이 사용된다. 대부분의 환경에서는 운영 체제가 설정하는 기본 설정을 사용해 편리하고 빠르게 사용할 수 있지만, 운영하거나 사용 중인 하드웨어에 따라 변경해 디스크를 더 효율적으로 사용할 수 있다.

실제로 설정을 변경해 고속화하는 예를 살펴보자. NVMe SSD와 같이 빠른 디스크는 파일을 삭제할 때 '파일의 메타 데이터만 삭제하고 나중에 실제 내용을 삭제'하는 방식을 채택하고 있다. 일정 시간이 지난 후에 비어 있는 영역을 덮어쓰는 방식으로 파일을 완전히 삭제한다. 하지만 이 방식은 공간을 낭비할 수 있으므로 대부분의 리눅스 환경에서는 fstrim이라는 명령을 사용하여 주기적으로 디스크에서 파일을 완전히 삭제한다. 이를 통해 공간을 더욱 효율적으로 사용할 수 있으며 디스크의 성능도 향상된다.

하지만 나중에 천천히 삭제한다는 것은 삭제하는 동안 디스크에 부하가 발생한다는 의미다. 급격한 부하가 발생하는 것보다 느리더라도 전체적으로 부하가 안정되기를 원할 수 있다. 이 설정으로는 마운트 옵션에 discard가 있다. discard 옵션은 메타 데이터만 삭제하는 것이 아니라 파일 삭제와 동시에 실제 데이터를 완전히 삭제하는 옵션이다. 이 경우 **TRIM 명령**이 전송된다.

TRIM 명령이 매번 전송되므로 디스크 부하가 증가하지만, 주기적으로 fstrim을 실행할 필요가 없기 때문에 갑작스러운 부하를 피할 수 있다. 이를 위해 /etc/fstab 파일에 discard 옵션을 기록하여 활성화할 수 있다.

```
# /etc/fstab을 다시 작성하고 discard 옵션 사용
$ cat /etc/fstab
LABEL=cloudimg-rootfs   /       ext4  defaults,discard      0 1

# 재시작 및 반영
$ sudo reboot
# mount 명령을 실행하면 discard 옵션이 활성화된다
$ mount | grep sda
/dev/sda1 on / type ext4 (rw,relatime,discard)
```

그림 9.16 fstab 파일_discard 옵션

이처럼 사용하고 있는 장치 및 상황에 따라 마운트 옵션을 변경해 자원을 효율적으로 사용할 수 있다.

마운트 옵션 및 파일 시스템의 다양한 활용 방법

Raspberry Pi라는 싱글 보드 컴퓨터는 루트 디스크에 SD 카드를 사용하는 것이 일반적이다. 그러나 SD 카드의 읽기와 쓰기 수명은 HDD나 SSD에 비해 매우 짧다. 많은 읽기와 쓰기가 필요한 환경에서는 SD 카드의 수명이 길지 않아 시스템이 중단될 수 있다.

그 때문에 OS를 설치한 후 RO(Read Only, 읽기 전용) 옵션을 사용해 SD 카드를 마운트하고 쓰기를 금지하는 방법이 있다. 이렇게 함으로써 SD 카드에 대한 부하를 크게 줄이고 수명을 연장할 수 있다. 이 방법은 예전부터 사용자들 사이에 사용되어 왔지만, 2019년부터는 Raspberry Pi OS에 탑재된 설정용 명령어인 raspi-config 명령에도 해당 설정을 할 수 있는 옵션이 추가됐다[11].

디스크에 쓰기를 할 수 없기 때문에 응용 프로그램이 정상적으로 작동하지 않는다. 따라서 overlayfs라는 파일 시스템을 사용해 메모리에 파일 쓰기를 모방해 대응한다.

overlayfs에 쓰인 내용은 메모리상에 펼쳐지므로 전원이 꺼진 경우에는 기록하던 정보도 사라지지만, Raspberry Pi에 저장하지 않고 외부 데이터베이스 등에 저장하는 방법으로 그 문제를 회피할 수 있다.

▌ I/O 스케줄러

I/O 설정 중 하나로 **I/O 스케줄러**가 있다. 이름 그대로 리눅스에서 디스크의 읽기 및 쓰기를 어떻게 제어할지를 결정하는 스케줄러에 무엇을 사용할지 결정하는 매개변수다. 이는 SSD의 등장에 의해 많은 변경이 있었던 매개변수 중 하나다.

앞에서 설명한 대로 HDD는 내부에 자기 디스크가 탑재돼 있어 특정 파일을 읽고 쓰려면 그 파일의 위치까지 자기 디스크를 시크(seek)해야 한다. 이를 고려해 읽고 쓰는 순서를 바꾸어 최소한의 시크로 읽고 쓰기를 효율적으로 하도록 스케줄링하는 **CFQ(Completely Fair Queueing) 스케줄러**를 많은 리눅스 배포판에서 채택하고 있다.

하지만 HDD와 달리, SSD는 자기 디스크 대신 NAND를 사용하기 때문에 시크에 의한 지연이 없으므로 시크를 고려한 읽기와 쓰기 순서를 변경할 필요가 없다. 이러한 이유로 시크를 고려하지 않고 보다 빠른 I/O 스케줄러를 채택하는 리눅스 배포판이 늘어나고 있다. 현재 사용 중인 I/O 스케줄러는 /sys/block/<장치 이름>/queue/scheduler 경로에 저장돼 있으며, 다음 명령을 사용하여 현재 설정된 I/O 스케줄러를 확인할 수 있다.

---

11 https://github.com/RPi-Distro/raspi-config/commit/5d7664812bbeb8a31cb77b70326fab1b257e0946

```
# /dev/sda의 I/O 스케줄러 확인
$ cat /sys/block/sda/queue/scheduler
[mq-deadline] none
```

그림 9.17 I/O 스케줄러 확인

우분투 20.04에서는 **mq-deadline(Multi-Queue Deadline) 스케줄러**를 사용한다. Deadline 스케줄러를 멀티 큐 처리가 가능하도록 개선한 I/O 스케줄러로서 제한 시간이 설정되어 있으며, 이 시간이 지나면 해당 요청을 최우선으로 처리한다. 이외에도 Facebook에서 개발한 Kyber 스케줄러(Budget Fair Queueing), CFQ 스케줄러를 개선한 BFQ 스케줄러 등이 개발돼 일부 리눅스 배포판에서 사용되고 있다.

진화하는 낮은 계층

이번 주제에서는 주로 리눅스 커널 개념과 고속화 방법에 대해 다뤘지만, 현재까지도 리눅스 커널, 패킷 처리 기술, 스토리지 등은 계속 발전하고 있는 분야다.

본문에서 언급한 것처럼 NIC의 하드웨어 오프로드를 비롯한 진화는 계속 진행되고 있다. 2021년에 넷플릭스에서 발표한 보고서(https://people.freebsd.org/~gallatin/talks/euro2021.pdf)에 따르면[12] 400Gbps 클래스의 패킷 처리가 가능해졌음을 보여준다. kTLS 기술로 NIC에서 암호화된 결과를 유지함으로써 CPU를 우회하고 보다 빠르게 동영상을 제공할 수 있다는 내용도 보고서에서 언급됐다.

최근에는 NAND 플래시 기반 SSD의 속도 향상을 위해 SATA 연결 대신 PCI Express를 통해 연결할 수 있는 NVMe 프로토콜을 적용하는 경우가 많아졌다. 이와 함께 엔터프라이즈 스토리지 어플라이언스에서는 SATA 연결 대신 NAND 플래시를 직접 다루어 프로토콜의 병목 현상을 없애고 더욱 빠른 속도를 구현하는 사례도 있다.

또한, iSCSI는 오래전부터 블록 스토리지를 네트워크로 연결하는 방법으로 사용돼 왔다. 최근에는 NVMe over Fabric이나 NVMe over TCP 등의 기술을 사용하여 NVMe 프로토콜을 네트워크로 연결하는 방법도 제안되고 있어 더욱 빠르고 안정적이며 부하가 적은 네트워크를 통한 스토리지 제공이 가능해지고 있다.

리눅스 커널에서는 eBPF(extended Berkeley Packet Filter)[13]라는 기술이 도입되어 많은 제품에서 사용되고 있다. eBPF는 커널 공간에 준비된 sandbox VirtualMachine에서 작동하는 처리 시스템으로, 커널에서 작동하기 때문에 매우 빠르게 작동하며 커널의 패킷 처리에 후크를 걸 수 있다. 패킷 필터의 이름이 붙어 있지만, 그 유연성과 작동 속도 때문에 네트워크 관련 많은 제품에서 사용되며, 패킷을 직접 조작할 수 있어 보안 및 가시성(Observability)의 향상이나 모니터링 등에도 사용된다.

---

12 이 보고서는 리눅스가 아닌 FreeBSD를 대상으로 한 내용이다.
13 https://ebpf.io/

eBPF 프로그램을 만들고 실행하기 위한 도구 세트에는 BCC(BPF Complier Collection)가 있다[14]. 이 저장소의 examples나 tools 디렉터리에는 I/O 지연 시간을 측정하거나 stat(2)와 같은 시스템 콜을 실행하는 프로세스를 표시하거나 MySQL의 슬로우 쿼리를 표시하는 등의 다양한 예제 및 도구가 있다.

최근에는 C 언어 이외의 프로그래밍 언어를 대상으로 한 SDK도 많이 제공되고 있어서 이전보다 더 많은 언어에서 OS 계층을 다루는 소프트웨어를 개발할 수 있다. 이를 통해 다양한 언어의 개발자들이 OS 계층에 대한 이해 없이도 높은 수준의 성능과 기능을 구현할 수 있다.

리눅스는 1991년 출시되어 2021년에 30주년을 맞이했다. '리눅스 커널 등의 낮은 계층 지식은 10년이 지나도 변하지 않는다'라는 말도 있지만, 리눅스를 둘러싼 시대의 변화에 함께 현재도 리눅스는 계속 발전하고 있다. 여기서 다룬 기술은 단지 하나의 예시에 불과하며 이 외에도 많은 새로운 기능과 기술이 등장하고 있다. 물론 10년 전 지식이 활용되는 경우도 있지만, 최신 정보를 항상 따라잡는 것으로 더 빠른 속도를 낼 수 있다.

9-6　CPU 사용률

지금까지 설명한 리눅스 커널의 개념과 고속화 작업을 바탕으로, 이번에는 실제 튜닝 작업 시 필요한 개념을 소개한다.

튜닝 작업을 할 때 항상 주의해야 할 값으로 **CPU 사용률**이 있다. CPU(Central Processing Unit)는 그 이름 그대로 범용적인 처리를 하는 부품이다. 다양한 연산을 처리하는 기능을 가지고 있으며 GPU(Graphic Processing Unit) 등의 전용 칩이 탑재돼 있지 않는 한 CPU에서 처리한다. CPU 사용률은 CPU가 가지는 계산 자원을 어느 정도의 비율로 사용하고 있는지를 나타낸다.

물론 리눅스에서도 많은 연산 처리를 CPU에서 실시한다. 어떤 연산을 처리하고 있는지를 시각적으로 확인할 수 있는 명령으로 top 명령이 있다. 다음은 top 명령의 실행 예다.

---

14 https://github.com/iovisor/bcc

```
$ top
top - 19:00:17 up  4:51,  1 user,  load average: 0.00, 0.00, 0.00
Tasks: 114 total,   1 running, 113 sleeping,   0 stopped,   0 zombie
%Cpu(s):  0.2 us,  0.2 sy,  0.0 ni, 99.5 id,  0.0 wa,  0.0 hi,  0.0 si,  0.2 st
MiB Mem :    941.2 total,    142.6 free,    588.4 used,    210.3 buff/cache
MiB Swap:      0.0 total,      0.0 free,      0.0 used.    197.9 avail Mem

    PID USER      PR  NI    VIRT    RES    SHR S  %CPU  %MEM     TIME+ COMMAND
   9134 mysql     20   0 1791572 378268  17940 S   0.3  39.2   0:45.70 mysqld
      1 root      20   0  167668  10080   5244 S   0.0   1.0   0:04.86 systemd
      2 root      20   0       0      0      0 S   0.0   0.0   0:00.00 kthreadd
      3 root       0 -20       0      0      0 I   0.0   0.0   0:00.00 rcu_gp
      4 root       0 -20       0      0      0 I   0.0   0.0   0:00.00 rcu_par_gp
(이하 생략)
```

그림 9.18 top 명령 실행

2장에서 설명한 것과 같이 `%Cpu(s)`는 CPU 사용률을 나타낸다. `top` 명령에 `-1` 인수를 추가하거나 `top` 명령을 실행한 상태에서 1을 입력하면 CPU 코어가 여러 개인 경우 각 코어의 상태를 표시한다.

```
$ top -1
top - 19:04:40 up  4:55,  1 user,  load average: 0.07, 0.03, 0.00
Tasks: 114 total,   1 running, 113 sleeping,   0 stopped,   0 zombie
%Cpu0  :  0.3 us,  0.7 sy,  0.0 ni, 98.7 id,  0.0 wa,  0.0 hi,  0.0 si,  0.3 st
%Cpu1  :  0.0 us,  0.0 sy,  0.0 ni,100.0 id,  0.0 wa,  0.0 hi,  0.0 si,  0.0 st
MiB Mem :    941.2 total,    142.1 free,    588.8 used,    210.3 buff/cache
MiB Swap:      0.0 total,      0.0 free,      0.0 used.    197.4 avail Mem

    PID USER      PR  NI    VIRT    RES    SHR S  %CPU  %MEM     TIME+ COMMAND
    483 root      20   0  875228  19872   4508 S   0.3   2.1   0:09.19 snapd
   9134 mysql     20   0 1791572 378268  17940 S   0.3  39.2   0:47.16 mysqld
      1 root      20   0  167668  10080   5244 S   0.0   1.0   0:04.86 systemd
      2 root      20   0       0      0      0 S   0.0   0.0   0:00.00 kthreadd
      3 root       0 -20       0      0      0 I   0.0   0.0   0:00.00 rcu_gp
      4 root       0 -20       0      0      0 I   0.0   0.0   0:00.00 rcu_par_gp
(이하 생략)
```

그림 9.19 top 명령 실행_-1 옵션

`%Cpu(s)`라고 표기했던 부분이 `%Cpu0`과 `%Cpu1`로 나뉜다. 이 머신은 CPU가 2코어기 때문에 2개의 줄로 분리된다. `%Cpu(s)`로 1줄만 표시되는 경우 모든 코어에서의 평균값이 표시된다. '모든 코어의 CPU사용률이 50%'와 '`%Cpu0`이 100%, `%Cpu1`은 0%'의 상태를 구분하기 위해 시각적으로 확인할 때는 여러 줄 표시를 하는 것이 좋다.

또한 `%Cpu`로 표시되는 항목도 각각의 항목을 파악해 둬야 한다. 각 CPU 자원이 어느 정도 사용되고 있는지 파악함으로써 병목을 찾는 데 도움이 된다.

▌us – User: 사용자 공간에서 CPU 사용률

'시스템 콜을 사용하는 리눅스 OS상의 응용 프로그램이 동작하는 부분'인 사용자 공간에서의 CPU 사용률을 나타낸다. 웹 응용 프로그램이 실행될 때 실제 구현된 프로그램이 많은 CPU 자원을 사용하는 경우 이 값은 증가할 수 있다.

▌sy – System: 커널 공간에서의 CPU 사용률

'리눅스 커널 내의 처리'인 커널 공간에서의 CPU 사용률을 나타낸다. 컨텍스트 스위치가 자주 발생하거나 fork가 많은 환경에서는 sy 값이 증가하는데, 웹 애플리케이션 운영 시에도 웹 애플리케이션이나 미들웨어가 CPU 처리를 많이 사용하는 경우에 sy 값이 증가할 수 있다.

예를 들어 Apache HTTP Server나 nginx와 같은 웹 서버는 HTTPS 연결에서 TLS 암호화 및 복호화 처리를 CPU의 암호화 지원 기능인 AES-NI을 사용하여 하기도 한다. 현재 TLS의 암호화 알고리즘으로 많이 사용되는 AES의 암호화와 복호화를 CPU에서 빠르게 처리할 수 있다. 이를 사용하면 HTTPS 연결을 많이 생성 및 삭제하는 서버에서는 리눅스 커널에서 처리하는 부분이 많아져서 sy 값이 상승할 수 있다.

▌ni – Nice: nice 값(우선순위)이 변경된 프로세스의 CPU 사용률

리눅스 프로세스는 각각 우선순위가 있다. CPU 코어에서 여러 프로세스를 처리하기 위해 컨텍스트 스위치를 사용하여 프로세스를 전환해 멀티 프로세스를 구현한다. 이때, 어떤 프로세스를 우선순위로 전환할지를 나타내는 것이 nice 값으로 확인을 위해 ps 명령을 사용할 수 있다. 다음은 ps 명령을 사용해 nice 값을 표시하는 예다.

```
$ ps -axf -o pid,ppid,ni,args
   PID   PPID NI COMMAND
(생략)
   976      1  0 sshd: ubuntu [priv]
  1064    976  0  \_ sshd: ubuntu@pts/0
  1065   1064  0      \_ -bash
  1084   1065  0          \_ su
  1085   1084  0              \_ bash
  1092   1085  0                  \_ su
  1093   1092  0                      \_ bash
  9703   1093  0                          \_ ps -axf -o pid,ppid,ni,args
(이하 생략)
```

그림 9.20 ps 명령 실행_nice 값(1)

NI는 프로세스의 nice 값을 나타내는데, 리눅스에서는 −20부터 19까지의 값을 가질 수 있다. 작은 값일수록 우선순위가 높다. 특별히 지정하지 않으면 fork(2) 시 부모 프로세스의 정의가 그대로 복사된다. PID=1의 프로세스의 우선순위는 많은 구현에서 0이므로 사용자 공간에서 작동하는 많은 프로세스는 0이 된다.

그림 9.20에서도 ps 명령(PID=1093)의 nice 값은 0임을 확인할 수 있다. 이는 ps 명령의 부모 프로세스인 bash 프로세스(PID=1065)의 값이 0이기 때문이다.

이 nice 값은 유연하게 변경할 수 있다. 실제로 ps 명령의 nice 값을 낮춘 상태에서 실행해 본다. nice(1) 명령은 인수로 받은 명령의 nice 값을 변경한 후 프로세스를 실행하는 명령어다. 이 명령을 사용해 우선순위가 낮아진 예는 다음과 같다.

```
$ ps -axf -o pid,ppid,ni,args
   PID   PPID  NI COMMAND
(생략)
   976      1   0 sshd: ubuntu [priv]
  1064    976   0  \_ sshd: ubuntu@pts/0
  1065   1064   0      \_ -bash
  1084   1065   0          \_ su
  1085   1084   0              \_ bash
  1092   1085   0                  \_ su
  1093   1092   0                      \_ bash
  9716   1093  19                          \_ ps -axf -o pid,ppid,ni,args
(이하 생략)
```

그림 9.21 ps 명령 실행_nice 값(2)

nice(1) 명령을 사용하지 않은 예와 비교해 NI에 표시된 값이 19임을 확인할 수 있다. 이처럼 프로세스의 우선순위를 낮추면 CPU에 의해 자원 할당 우선순위도 낮아진다. ps 명령을 1회 실시하는 정도라면 속도에 크게 차이가 나지 않지만, 더욱 부하가 높은 데몬 프로세스 등에서는 성능을 낮추어 다른 우선순위가 높은 프로세스에 CPU 자원을 할당할 수 있다.

renice(1) 명령을 사용해 실행 중인 프로세스의 nice 값을 변경할 수 있다. Bash 프로세스의 우선순위(PID=1093)를 낮추는 예는 다음과 같다.

```
$ renice -n 19 -p 1093
1093 (process ID) old priority 0, new priority 19

$ ps -axf -o pid,ppid,ni,args
   PID   PPID  NI COMMAND
(생략)
   976      1   0 sshd: ubuntu [priv]
  1064    976   0  \_ sshd: ubuntu@pts/0
  1065   1064   0      \_ -bash
  1084   1065   0          \_ su
  1085   1084   0              \_ bash
  1092   1085   0                  \_ su
  1093   1092  19                      \_ bash
  9724   1093  19                          \_ ps -axf -o pid,ppid,ni,args
(이하 생략)
```

그림 9.22 ps 명령 실행_nice 값(3)

renice(1) 명령으로 bash 프로세스의 우선순위를 낮추면 bash 프로세스에서 fork(2)된 ps 명령어의 우선순위도 함께 낮아진다.

또한 nice 값은 프로세스 스케줄러에서 참조하는 우선순위 값이며, 리눅스에는 I/O 스케줄러의 우선순위를 변경하는 ionice(1) 명령도 있다. 이 명령을 사용하면 서비스에 영향을 주지 않고 로그 파일 압축 또는 삭제와 같은 대규모 I/O 처리를 우선순위를 낮추어 실시할 수 있다.

▌ id – Idle: 사용되지 않는 CPU

id는 '사용되지 않는 CPU'의 비율이다. 따라서 CPU의 대략적인 사용률을 알고 싶을 때 100에서 id 값을 뺀 값을 참조하면 다른 값들의 합이 된다.

▌ wa – Wait: I/O 처리를 기다리는 프로세스의 CPU 사용률

멀티 스레드로 처리하지 않는다면 프로세스가 I/O 처리를 하는 경우 해당 프로세스는 I/O 처리가 완료될 때까지 다른 처리를 실시할 수 없다. wa는 프로세스 내에서 디스크 등의 I/O 처리를 기다리는 프로세스의 CPU 사용률을 나타낸다.

wa 값이 높은 경우 디스크 등의 읽기나 쓰기 완료를 기다리는 프로세스가 많다는 것을 나타낸다. 웹 응용 프로그램 운영에서는 디스크 읽고 쓰기를 하지 않도록 설계를 변경하거나 최대한 읽고 쓰기를 줄이는 변경을 해야 한다.

▌ hi – Hardware Interrupt: 하드웨어 인터럽트 프로세스의 사용률

9장에서 설명한 하드웨어 인터럽트를 사용하는 프로세스의 사용률이다.

▌ si – Soft Interrupt: 소프트 인터럽트 프로세스의 사용률

마찬가지로 9장에서 설명한 소프트 인터럽트를 사용하는 프로세스의 사용률이다.

▌ st – Steal: 하이퍼바이저가 사용하는 CPU 사용률

st는 가상화된 환경에서 사용되는 CPU 사용률을 나타내는 값이다. 가상화 기술을 사용하여 물리적인 호스트에 설치된 운영 체제에서 가상 머신(VM)을 실행할 때 물리적인 CPU 자원을 VM에 할당해 VM

의 프로세스를 실행한다. 이때 VM에서 인식하는 CPU는 가상화 기술로 만들어진 가상 CPU이며 물리적인 CPU 자원이 필요한 경우에만 호스트 측의 CPU 자원을 사용해 연산을 처리한다.

하지만 호스트 OS 측에서도 컨텍스트 스위치를 사용해 프로세스를 동작시키기 때문에 VM이 필요한 타이밍에 CPU 자원이 할당되지 않는 시간이 생길 수 있다. 특히 같은 CPU 코어에 여러 개의 VM이 할당된 경우 VM 내의 CPU 부하가 높은 프로세스가 존재하면 다른 VM의 성능에도 영향을 미치게 된다. 이러한 '사용할 수 있지만 할당되지 않은 CPU 시간'을 나타내는 값이 st이다.[15]

st가 높은 경우 게스트 OS에서 설정 변경으로 줄이기 어렵고, 호스트 OS의 관리자(공용 클라우드의 경우 공용 클라우드 공급자)가 VM 스케줄링 방법을 파악할 수 없는 경우 대처가 어렵다.

공용 클라우드 공급자에 따라 CPU 코어 점유가 아닌 사용 시간으로 인스턴스의 과금을 하는 경우가 있어, 미리 구입한 CPU 사용 시간을 모두 사용해도 st 값이 높아질 수 있다. 이 경우 계약 내용이나 사용 중인 플랜을 변경하여 st 값을 낮출 수 있다.

또한 VM의 재시작을 실시하면 VM이 실행되는 물리적인 호스트가 변경되어 문제가 해결될 수 있다.

CPU 사용률이 낮은 것이 좋은가?

CPU 사용률이 100%인 경우는 더 이상 CPU 부하를 처리할 수 없는 상태를 의미하며, 웹 응용 프로그램의 경우 장애 상태가 될 가능성이 높다.

반면, CPU 사용률이 거의 0%인 경우 서버에 충분한 자원이 남아 있으며, 액세스 수가 증가하더라도 현재는 문제가 없는 상태다. 서비스 장애를 피하기 위해서는 여유 자원을 가지는 것이 좋다고 생각할 수도 있다.

최근 많은 상황에서 공용 클라우드를 사용한다. 공용 클라우드는 CPU나 메모리 등의 시스템 자원에 대해 과금을 하기 때문에 많은 자원을 가진 머신도 비용을 지불하면 쉽게 사용할 수 있다. 반대로 말하면 '자원이 남는 만큼 더 많은 돈을 지불하고 있는 상태'라고도 말할 수 있다.

공용 클라우드와 같이 자원을 유연하게 조작할 수 있는 환경에서 자원을 낭비하는 상황은 정상적인 것이 아닐 수도 있다. 물론 어느 정도 여유를 가지고 있지 않으면 불필요한 장애를 발생시키는 요인이 될 수 있기 때문에 일정한 여유를 가지고 자원을 유지하는 것이 필요하다.

---

15 Steal은 직역하면 '훔치다'이다.

리눅스에서의 효율적인 시스템 설정

지금까지 리눅스에서의 자원 관리 개념에 대해 설명했다. 이제 이를 바탕으로 웹 서비스를 제공할 때 자주 발생하는 리눅스 매개변수와 그 효과에 대해 설명한다.

▌ ulimit

ulimit(User limit)는 프로세스가 사용할 수 있는 자원의 제한을 설정하는 개념이다. 각 프로세스는 어떤 자원을 얼마나 사용할 수 있는지에 대해 제한이 걸려 있다. 다음은 ulimit로 걸려있는 제한을 확인하는 예다.

```
# ulimit에서 현재 실행중인 프로세스의 모든 제한을 확인
$ ulimit -a
real-time non-blocking time  (microseconds, -R) unlimited
core file size              (blocks, -c) 0
data seg size               (kbytes, -d) unlimited
scheduling priority              (-e) 0
file size                   (blocks, -f) unlimited
pending signals                  (-i) 3704
max locked memory           (kbytes, -l) 120472
max memory size             (kbytes, -m) unlimited
open files                       (-n) 1024
pipe size               (512 bytes, -p) 8
POSIX message queues        (bytes, -q) 819200
real-time priority               (-r) 0
stack size                  (kbytes, -s) 8192
cpu time                   (seconds, -t) unlimited
max user processes               (-u) 3704
virtual memory              (kbytes, -v) unlimited
file locks                       (-x) unlimited
```

그림 9.23 ulimit 명령 사용 예

ulimit는 프로세스의 자원 사용 제한을 설정하는 개념이며 `ulimit -a` 명령은 현재 실행 중인 셸 프로세스의 제한을 표시한다.

또한 현재 동작 중인 프로세스의 ulimit는 /proc 파일 시스템에서 확인할 수 있다. 이는 procfs라는 특수한 파일 시스템으로 프로세스 정보와 설정을 담고 있다. 다음은 실제로 동작 중인 데몬의 ulimit를 확인하는 명령이다(그림 9.24). 이번에는 예로 private-isu 환경의 mysqld를 살펴본다.

```
# ps 명령으로 mysqld의 PID 확인
$ ps axufww | grep mysql
mysql     9134  0.5 37.6 1791572 362748 ?        Ssl  16:46   1:49 /usr/sbin/mysqld

# mysqld (PID = 9134) 프로세스의 limit 확인
$ cat /proc/9134/limits
Limit                     Soft Limit           Hard Limit           Units
Max cpu time              unlimited            unlimited            seconds
Max file size             unlimited            unlimited            bytes
Max data size             unlimited            unlimited            bytes
Max stack size            8388608              unlimited            bytes
Max core file size        0                    unlimited            bytes
Max resident set          unlimited            unlimited            bytes
Max processes             3704                 3704                 processes
Max open files            10000                10000                files
Max locked memory         65536                65536                bytes
Max address space         unlimited            unlimited            bytes
Max file locks            unlimited            unlimited            locks
Max pending signals       3704                 3704                 signals
Max msgqueue size         819200               819200               bytes
Max nice priority         0                    0
Max realtime priority     0                    0
Max realtime timeout      unlimited            unlimited            us
```

그림 9.24 mysqld의 제한을 확인

Limit는 제한 항목, Units는 그 항목의 단위를 나타낸다. Hard Limit는 root 권한이 아니면 변경할 수 없는 값이며, Soft Limit는 프로세스를 소유한 사용자 권한에서도 변경할 수 있지만, Hard Limit보다 큰 값을 설정할 수 없다. unlimited는 제한을 하지 않음을 나타낸다. 이 예에서는 Max cpu time(CPU 시간을 얼마나 사용할 수 있는지)에서는 제한이 없어서 mysqld는 자원이 있는 한 CPU 연산을 계속할 수 있다.

특히 웹 서비스를 운영하는데 자주 마주치는 제한은 Max open files이다. 이 값을 예로 ulimit의 변경 방법을 설명한다. Max open files는 해당 프로세스가 open(2)로 열 수 있는 파일의 최대 개수다. 프로세스가 파일을 open(2)로 열면 리눅스 커널에서는 해당 파일을 프로세스에서 다루기 위한 인터페이스로 **파일 디스크립터**라는 번호를 할당한다. 프로세스는 이 번호를 지정하여 OS에 파일을 읽고 쓸 수 있다.

리눅스 커널은 파일 디스크립터와 함께 파일의 상태를 관리하는 테이블(파일 테이블)을 갖고 있다. open(2)가 실행될 때 파일 테이블에 항목이 추가되며 close(2)가 실행될 때 해당 항목을 삭제한다. Max open files는 파일 디스크립터의 상한값을 나타낸다. open(2)의 반환값은 이 파일 디스크립터다.

이 인터페이스를 사용해 물리적인 파일을 읽고 쓰기는 물론, socket(2)이라는 시스템 콜을 사용해 소켓을 사용할 수도 있다. 현재 mysqld는 최대 10000개의 파일과 소켓을 동시에 open할 수 있지만, 이보다 큰 수를 열려고 하면 어떻게 될까?

다음은 MySQL 프로세스에서 `Max open files` 설정이 부족한 경우 MySQL에 남는 에러 로그다. 설명을 위해 `Max open files`를 10으로 설정하고 mysqld에 파일을 10개만 열 수 있는 설정으로 변경한다.

```
$ cat /var/log/mysql/error.log
2021-11-23T19:21:29.600935Z 0 [Warning] [MY-010139] [Server] Changed limits: max_open_files: 10 (requested 8161)
2021-11-23T19:21:29.866271Z 0 [System] [MY-010116] [Server] /usr/sbin/mysqld (mysqld 8.0.25-0ubuntu0.20.04.1) starting as process 6732
2021-11-23T19:21:29.872655Z 0 [Warning] [MY-012364] [InnoDB] innodb_open_files should not be greater than the open_files_limit.
2021-11-23T19:21:29.875636Z 1 [System] [MY-013576] [InnoDB] InnoDB initialization has started.
2021-11-23T19:21:29.963721Z 1 [ERROR] [MY-012592] [InnoDB] Operating system error number 24 in a file operation.
2021-11-23T19:21:29.963824Z 1 [ERROR] [MY-012596] [InnoDB] Error number 24 means 'Too many open files'
2021-11-23T19:21:29.963944Z 1 [ERROR] [MY-012646] [InnoDB] File ./ib_logfile1: 'open' returned OS error 124. Cannot continue operation
2021-11-23T19:21:29.964044Z 1 [ERROR] [MY-012981] [InnoDB] Cannot continue operation.
```

그림 9.25 MySQL의 에러 로그

`Too many open files`는 파일을 open할 수 없을 때 자주 나타나는 에러 메시지다. `max_open_files:10(requested 8161)` 로그로부터 8161개 파일을 open하려고 했으나 제한치로 10개밖에 open할 수 없는 상황이었기 때문에 시작할 수 없었다는 것이 로그에 기록돼 있다.

MySQL과 같은 데이터베이스 응용 프로그램뿐만 아니라 대부분의 미들웨어는 효율적으로 처리하기 위해 파일의 읽고 쓰기를 실시할 수 있다. 특히 많은 패킷을 처리하는 환경에서는 많은 연결이 생성되어 동시에 열리는 파일 수도 많아진다. 이러한 상황에서는 데몬이 갑자기 종료되어 장애가 발생할 수 있으므로 미리 제한값을 높여야 한다.

systemd를 사용하는 경우 systemd의 Unit 파일을 통해 설정을 변경할 수 있다. 예를 들어, private-isu 환경에서 mysqld 설정을 변경한다. 'systemd's Unit File'은 systemd에서 관리되는 서비스가 시작되는 방식을 보여주는 파일이다. private-isu 환경에서 MySQL 설정 파일은 /lib/systemd/system/mysql.service에 있다. 파일 경로는 사용하는 배포판에 따라 다를 수 있다.

systemd에서 서비스 이름을 알고 싶다면 `systemctl status` 명령을 실행하고 출력 결과에서 파일 경로를 확인하면 된다.

```
# systemctl status 명령을 사용해 mysql.service의 설정 파일 경로를 확인한다
$ systemctl status mysql.service
● mysql.service - MySQL Community Server
     Loaded: loaded (/lib/systemd/system/mysql.service; enabled; vendor preset: enabled)
     Active: active (running) since Tue 2023-03-21 16:46:12 JST; 6h ago
   Main PID: 9134 (mysqld)
     Status: "Server is operational"
      Tasks: 38 (limit: 1111)
     Memory: 358.3M
        CPU: 2min 8.437s
     CGroup: /system.slice/mysql.service
             └─9134 /usr/sbin/mysqld

Mar 21 16:46:11 ip-172-31-9-203 systemd[1]: Starting MySQL Community Server...
Mar 21 16:46:12 ip-172-31-9-203 systemd[1]: Started MySQL Community Server.
```

그림 9.26 systemctl status 명령 사용 예

이번에 다루는 mysqld의 Unit 파일은 `/lib/systemd/system/mysql.service`다. 이 파일은 패키지 운영자가 관리하는 경우가 많으므로 직접 편집하지 않는 것이 좋다. 대신 systemd에서는 사용자 정의 설정값을 덮어쓸 수 있는 파일 경로가 설정돼 있다.

다음은 mysqld의 `Max open files` 값을 1006500까지 늘리는 명령이다.

```
# mysqld.service의 설정 변경은 /etc/systemd/system/mysql.service.d 폴더 아래에 파일을 두어 구현
# 해당 디렉토리 만들기
$ sudo mkdir -p /etc/systemd/system/mysql.service.d

# Max open files에 대응하는 설정 값인 LimitNOFILE을 늘리도록 설정 값을 작성
$ cat /etc/systemd/system/mysql.service.d/limits.conf
[Service]
LimitNOFILE=1006500

# Unit 파일 갱신을 반영
$ sudo systemctl daemon-reload

# mysqld 프로세스에 반영하기 위해 mysql.service를 다시 시작
$ sudo systemctl restart mysql.service
```

그림 9.27 Max open files의 값을 1006500으로 변경

mysqld 프로세스의 `Max open files` 값이 1006500으로 설정됐다. 이를 확인하기 위해 /proc 아래에서 제한값을 확인하는 명령을 사용한다.

```
# mysqld 프로세스의 PID 확인
$ ps axufww | grep mysql
mysql      9134  0.5 38.5 1793636 371140 ?       Ssl  Mar21   2:27 /usr/sbin/mysqld

# mysqld 프로세스 (PID = 9134)의 Max open files 설정 확인
$ cat /proc/9134/limits | grep 'Max open files'
Max open files            1006500              1006500                  files
```

그림 9.28 /proc에서 제한값을 확인

제한값이 1006500으로 증가했다. 이 값은 너무 크기 때문에 각 응용 프로그램에 맞는 적절한 값으로 설정해야 한다.

MySQL에서는 `open_files_limit`이라는 유사한 설정 항목이 있으며, 이는 연결 생성 시 파일 로드가 발생하므로 `max_connection`과 같은 설정값에 따라 결정된다[16]. 구체적으로 다음 값 중에서 가장 큰 값을 채용한다.

---

16 `open_files_limit`, `max_connection`, `table_open_cache` 등의 값은 설정 파일에 작성된 값을 기본값으로 동적으로 변경된다. 자세한 내용은 MySQL 문서(https://dev.mysql.com/doc/refman/8.0/ja/server-system-variables.html)를 참고한다.

- 10 + max_connections + (table_open_cache * 2)

- max_connections * 5

- ulimit 로 설정된 항목[17]

Max open files는 다루는 커넥션 수나 사용 중인 응용 프로그램의 특성 등에 따라 적절한 값이 결정된다.

9-8 | 리눅스 커널 매개변수

리눅스의 커널 매개변수에 대해 설명한다. 리눅스는 핵심 코드를 변경하지 않고 동작을 변경할 수 있는 여러 매개변수를 제공한다. 모든 종류의 커널 매개변수를 다루기 어려우므로[18] 여기서는 웹 서비스에서 사용하는 커널 매개변수를 소개하고 해당 설정을 변경하는 방법을 설명한다.

net.core.somaxconn

리눅스에서는 패킷을 수신할 때 listen(2) 시스템 콜을 사용해 소켓 연결을 대기하고 연결이 성공하면 accept(2)로 통신을 시작한다. 이때 accept(2)는 대기 중인 연결 요청 큐에서 하나를 가져와 연결을 실시한다. TCP 소켓의 경우, listen(2)에서 다루는 소켓은 SYN 패킷을 수신하고 연결을 생성할 수 있는지 대기하는 역할을 한다.

이때 대기 중인 '연결 요청의 큐'를 **backlog**이라고 부르며, net.core.somaxconn은 이 큐의 크기를 설정하는 커널 매개변수다. backlog의 크기를 넘어서면 리눅스 커널은 새로운 연결을 할 수 없다고 간주해 패킷을 삭제한다(그림 9.29). 그러므로 많은 HTTP 요청을 동시에 처리하는 환경에서는 자원이 충분해도 동시 접속을 처리하지 못할 수 있다.

---

17 MySQL 8.0.19에서 추가됐다.
18 모든 매개변수를 소개하는 책이 있다면 그 내용만으로 한 권의 책이 될 것이다.

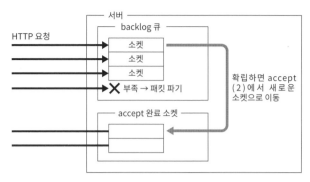

그림 9.29 대기열 부족이 발생하면 패킷 삭제

net.core.somaxconn 설정을 변경해 큐의 크기를 증가시킬 수 있다. 이렇게 함으로써 리눅스 시스템의 자원을 더욱 효율적으로 활용할 수 있다. 현재의 커널 매개변수값을 확인하려면 sysctl 명령어를 사용한다. 다음은 net.core.somaxconn의 현재 값을 확인하는 명령이다.

```
# sysctl로 커널 매개 변수의 설정 값 확인
$ sysctl net.core.somaxconn
net.core.somaxconn = 4096
```

그림 9.30 net.core.somaxconn의 현재 값을 확인

net.core.somaxconn의 기본값은 리눅스 5.4부터 4096으로 변경됐다. 이전 버전에서는 128이었다. 이 값을 더 크게 조정하면 연결 수를 늘릴 수 있다. 이번에는 두 배인 8192로 설정을 변경해 본다.

설정값을 일시적으로 변경하려면 sysctl 명령을 사용하고, 영구적으로 변경하려면 /etc/sysctl.conf 파일 또는 /etc/sysctl.d/ 디렉터리 내의 파일을 사용한다. 다음은 net.core.somaxconn을 8192까지 증가시키는 설정이다.

```
# 영구적으로 값을 변경하려면 /etc/sysctl.con 또는 /etc/sysctl.d/디렉토리 내의 파일에 기록
# 이번에는 /etc/sysctl.conf 의 마지막 줄에 설정을 추가
$ tail /etc/sysctl.con
#

###########################################################
# Magic system request Key
# 0=disable, 1=enable all, >1 bitmask of sysrq functions
# See https://www.kernel.org/doc/html/latest/admin-guide/sysrq.html
# for what other values do
#kernel.sysrq=438

net.core.somaxconn=8192

# sysctl -p 명령으로 설정 변경
$ sudo sysctl -p
net.core.somaxconn = 8192
```

그림 9.31 net.core.somaxconn을 증가시키는 설정

█ net.ipv4.ip_local_port_range

리눅스에서 TCP/UDP 통신을 할 때 서버 측의 포트는 HTTP의 경우 80번, HTTPS의 경우 443번을 주로 사용한다. 이러한 포트를 **시스템 포트(System Ports)**라고 하며[19], 서버 측에서 패킷을 listen(2)할 때 자주 사용된다. 이에 해당하는 포트 번호는 1번~1023번이다.

반면 클라이언트 측에서도 패킷 통신을 위해 포트가 필요하며, 이를 동적으로 할당하는 포트 영역을 **Ephemeral Ports**라고 한다. 리눅스 5.4에서는 32768번~60999번이 기본으로 사용된다. 클라이언트 측 소프트웨어는 Ephemeral Ports 중에서 사용할 수 있는 포트를 동적으로 할당해 사용한다. net.ipv4.ip_local_port_range는 동적으로 할당할 포트의 범위를 설정하는 커널 매개변수다.

다음은 net.ipv4.ip_local_port_range의 현재 설정을 확인하는 명령이다.

```
sysctl net.ipv4.ip_local_port_range
net.ipv4.ip_local_port_range = 32768      60999
```

그림 9.32 net.ipv4.ip_local_port_range의 현재 설정

응용 프로그램 서버가 MySQL과 같은 데이터베이스나 다른 시스템에 연결할 때 클라이언트 측에서도 이전에 사용한 포트를 재사용할 수 있다. 클라이언트 측에서 가능한 한 많은 처리를 수행하기 위해 최대한 많은 연결을 생성하려고 할 때 Ephemeral Ports를 고갈시킬 수 있다.

이 설명을 이해하기 위해 이번 설정값을 극단적으로 작게 설정하고(32768, 32769), curl 명령을 사용하여 HTTP 통신을 수행한다.

```
# net.ipv4.ip_local_port_range의 설정을 극단적으로 줄인다
$ sudo sysctl -w net.ipv4.ip_local_port_range="32768 32769"
net.ipv4.ip_local_port_range = 32768 32769

# curl 명령으로 여러 번 gihyo.jp 에 연결하면 오류가 출력된다
$ curl -vvv https://gihyo.jp
* Trying 104.22.58.251:443...
* TCP_NODELAY set
* Immediate connect fail for 104.22.58.251: Cannot assign requested address
* Trying 172.67.22.15:443...
* TCP_NODELAY set
* Immediate connect fail for 172.67.22.15: Cannot assign requested address
* Trying 104.22.59.251:443...
* TCP_NODELAY set
* Immediate connect fail for 104.22.59.251: Cannot assign requested address
* Closing connection 0
curl: (7) Couldn't connect to server
```

그림 9.33 net.ipv4.ip_local_port_range 설정 변경 후 curl 명령 실행

---

19 이전에는 'Well known ports'라고 했다.

로컬 포트를 할당할 수 없어 Cannot assign requested address 에러가 발생한다. 이용할 수 있는 포트가 2개뿐이므로 curl 명령을 여러 번 실행해 포트를 확보하면 HTTP 요청이 성공하거나 포트를 할당하지 못해 실패한다. 설정값을 기본값으로 유지했을 때도 포트 수가 부족해질 수 있다.

포트 번호는 IANA에 의해 정의돼 있다. 0~1023번 포트는 'System Ports', 1024~49151은 'User Ports', 49152~65535는 'Dynamic and/or Private Ports'로 구분된다. 시스템 포트를 제외한 포트 범위인 1024~65535번 포트를 Ephemeral Ports로 할당해 사용하는 것이 기본 설정보다 더 많은 포트를 사용할 수 있는 방법이다. 이는 포트 부족 환경에서 유용하다[20].

```
# 일시적으로 변경하는 sysctl -w 명령을 사용
$ sudo sysctl -w net.ipv4.ip_local_port_range="1024 65535"
net.ipv4.ip_local_port_range = 1024 65535
$ sysctl net.ipv4.ip_local_port_range
net.ipv4.ip_local_port_range = 1024 65535

# 영구적으로 값을 변경하려면 /etc/sysctl.conf 또는 /etc/syctl.d/디렉토리 내의 파일에 기록
# 이번에도 /etc/sysctl.conf의 마지막 줄에 설정을 추가
$ tail /etc/sysctl.conf
###########################################################
# Magic system request Key
# 0=disable, 1=enable all, >1 bitmask of sysrq functions
# See https://www.kernel.org/doc/html/latest/admin-guide/sysrq.html
# for what other values do
#kernel.sysrq=438

net.core.somaxconn=8192
net.ipv4.ip_local_port_range=1024 65535

# sysctl -p 명령으로 설정 변경
$ sudo sysctl -p
net.core.somaxconn = 8192
net.ipv4.ip_local_port_range = 1024 65535
```

그림 9.34 포트 번호 할당 확인 및 변경

이를 통해 포트 부족 문제를 어느 정도 해결할 수 있다. 설정 매개변수에 ipv4라는 문자열이 지정되어 있어서 IPv4 통신만 가능한 것으로 오해할 수 있지만, 현재는 IPv6에서도 이 매개변수를 참조한다.

또한 호스트 내 다른 프로세스 간 통신의 경우에는 **UNIX domain socket**을 사용할 수 있다. 이는 웹 서버에서 동일한 서버에 있는 웹 응용 프로그램에 연결하거나 데이터베이스 서버에 연결하는 경우에 해당한다.

net.core.somaxconn에서도 설명했지만, 리눅스 웹 서버에서는 대개 listen(2) 시스템 콜을 사용해 소켓을 생성하고 연결을 대기한다. 일반적으로 TCP 80번 포트에 연결을 대기하지만 특별한 경우에는 소

---

20 MySQL 등은 3306번 포트를 사용하기 때문에 실무에서는 좀 더 좁은 범위를 사용하거나 net.ipv4.ip_local_port_range 등으로 충돌을 피하기 위한 설정을 추가한다.

켓 파일을 생성하고 해당 파일을 통해 연결을 대기할 수도 있다. 리스트 9.1은 nginx의 설정 파일에서 80번 포트 대신 UNIX domain socket을 사용하는 예다.

리스트 9.1 UNIX domain socket을 사용한 예

```
server {
  ## 80번 포트에서 접속 대기할 때의 설정(#을 붙여 주석 처리)
  # listen 80;

  ## /var/run/nginx.sock에서 연결 대기하는 설정
  listen unix:/var/run/nginx.sock;

<이하 생략>
```

UNIX domain socket을 사용한 경우 curl 명령을 사용해 HTTP 요청을 보내는 예는 다음과 같다.

```
$ curl --unix-socket /var/run/nginx.sock example.com
```

그림 9.35 curl 명령으로 HTTP 요청

이처럼 UNIX domain socket을 사용하면 서버 포트를 사용하지 않고 로컬 통신을 할 수 있다. 동일한 호스트 내에서만 사용할 수 있으므로 제약이 있지만 포트 연결에 대한 처리를 회피할 수 있어 성능 면에서 많은 이점이 있기 때문에 가능하다면 사용을 권장한다.

private-isu에서는 nginx와 웹 응용 프로그램 간 연결을 UNIX domain socket으로 구성할 수 있다. 초기 상태에서 웹 응용 프로그램은 `0.0.0.0:8080`으로 프락시된다.

다음은 nginx와 webapp 간의 접속에 UNIX domain socket을 사용하는 설정 예다. 먼저 웹 응용 프로그램 측의 설정을 변경하여 `/tmp/webapp.sock`[21]에서 `listen(2)`하도록 변경한다. Ruby 구현에서는 `unicorn_config.rb`에 설정이 있다. 초기 상태에서는 리스트 9.2와 같다.

리스트 9.2 unicorn_config.rb의 설정

```
worker_processes 1
preload_app true
listen "0.0.0.0:8080"
```

---

21 /tmp 디렉터리는 모든 사용자가 읽고 쓸 수 있어 소켓 파일을 설치할 때 모든 사용자가 접근할 수 있기 때문에 리눅스 배포판 중 권장하지 않는 것도 있다. 이번에는 간단하게 설명하기 위해 /tmp를 사용하지만, 실제 운영 시에는 /run 등 적절한 디렉터리를 사용해 적절한 권한 관리를 실시해야 한다.

listen이라는 항목이 해당된다. 리스트 9.3과 같이 다시 작성하거나 listen(2)할 위치를 /tmp/webapp. sock으로 변경한다.

리스트 9.3 /tmp/webapp.sock으로 변경

```
worker_processes 1
preload_app true
listen "/tmp/webapp.sock"
```

이 상태로 응용 프로그램을 재시작하면 소켓 파일이 생성된다.

```
$ ls -l /tmp/webapp.sock
srwxrwxrwx 1 isucon isucon 0 Feb 3 16:22 /tmp/webapp.sock
```

그림 9.36 소켓 파일 생성 확인

Go 구현에는 app.go 내에서 http.ListenAndServe() 함수에 의해 listen(2)할 주소를 지정한다. 초기 상태는 다음과 같다.

```
log.Fatal(http.ListenAndServe(":8080", mux))
```

리스트 9.4와 같이 이 구현을 다시 작성한다. 예를 위해 재시작 시 재작성하는 등 일부 처리를 생략한다.

리스트 9.4 Go 구현 재작성

```
## "/tmp/webapp.sock"에서 listen(2)한다
listener, err := net.Listen("unix", "/tmp/webapp.sock")
if err != nil {
  log.Fatalf("Failed to listen on /tmp/webapp.sock: %s.", err)
}
defer func() {
  err := listener.Close()
  if err != nil {
    log.Fatalf("Failed to close listener: %s.", err)
  }
}()

## systemd 등으로부터 송신되는 시그널을 받는다
c := make(chan os.Signal, 2)
```

```
signal.Notify(c, os.Interrupt, syscall.SIGTERM)
go func() {
  <-c
  err := listener.Close()
  if err != nil {
    log.Fatalf("Failed to close listener: %s.", err)
  }
}()

log.Fatal(http.Serve(listener, mux))
```

이렇게 다시 작성한 후 웹 응용 프로그램을 다시 시작해 Ruby 구현과 마찬가지로 /tmp/webapp.sock에서 listen(2)를 실시한다. nginx에서는 proxy_pass에 의해 http://localhost:8080에 프락시하는 설정이 된다.

초기 상태의 해당 설정은 다음과 같다.

리스트 9.5 초기 상태 설정

```
server {
<생략>
  location / {
    proxy_set_header Host $host;
    proxy_set_header X-Real-IP $remote_addr;
    proxy_set_header X-Forwarded-For $proxy_add_x_forwarded_for;
    proxy_pass http://localhost:8080;
  }
}
```

upstream 지시문은 /tmp/webapp.sock을 업스트림 서버로 지정하고 UNIX domain socket에 연결한다. 리스트 9.6은 수정된 설정이다.

리스트 9.6 /tmp/webapp.sock을 업스트림 서버로 지정한 설정

```
upstream webapp {
  server unix:/tmp/webapp.sock;
}

server {
```

```
<생략>
  location / {
    proxy_set_header Host $host;
    proxy_set_header X-Real-IP $remote_addr;
    proxy_set_header X-Forwarded-For $proxy_add_x_forwarded_for;
    proxy_pass http://webapp;
  }
}
```

위의 설정을 추가한 후 nginx를 다시 시작하면 nginx와 웹 응용 프로그램 간의 통신이 UNIX domain socket을 통해 이루어져 일정한 속도 향상이 기대된다.

9-9 | MTU(Maximum Transmission Unit)

커널 매개변수 외에도 웹 응용 프로그램의 튜닝에 유용한 매개변수가 여러 개 존재한다. MTU는 **해당 네트워크 인터페이스에서 전송할 수 있는 최대 크기**다. MTU에 설정한 값보다 큰 패킷을 전송할 때는 MTU의 크기까지 분할해 전송한다.

IEEE802.3에서 정의한 Ethernet의 최대 크기에서 유래해 MTU의 최대 크기는 오랫동안 1500byte였다. 하지만 통신 속도가 빨라지고 주고받는 파일 크기도 커지면서 1500byte까지 분할해 전송하는 것은 분할 비용이 커졌다. 그래서 MTU를 1500byte보다 크게 해 처리량을 향상시키는 'Jumbo Frame'이 제안됐다. 여러 가지 종류와 정의가 있지만, 일반적으로 MTU를 9000byte까지 확장할 수 있다.

현재 MTU 설정은 `ip link` 명령으로 확인할 수 있다.

```
# enp0s3의 MTU를 확인
$ ip link show enp0s3
2: enp0s3: <BROADCAST,MULTICAST,UP,LOWER_UP> mtu 1500 qdisc fq_codel state UP mode DEFAULT group default qlen 1000
    link/ether 02:00:8e:6c:42:51 brd ff:ff:ff:ff:ff:ff
```

그림 9.37 ip link 명령 실행 예

이 인터페이스의 MTU 값은 `mtu 1500`으로 설정되어 있으므로 현재 MTU 값이 1500인 것을 알 수 있다. MTU 값을 일시적으로 변경하려면 `ip link` 명령을 사용하면 된다. 다음은 MTU 값을 9000바이트로 설정하는 예다.

```
# enp0s3의 MTU를 9000byte로 설정
$ sudo ip link set enp0s3 mtu 9000

# 다시 enp0s3의 MTU 확인
$ ip link show enp0s3
2: enp0s3: <BROADCAST,MULTICAST,UP,LOWER_UP> mtu 9000 qdisc fq_codel state UP mode DEFAULT group default
qlen 1000
    link/ether 02:00:8e:6c:42:51 brd ff:ff:ff:ff:ff:ff
```

그림 9.38 MTU를 9000byte로 설정 후 확인

mtu 9000으로 변경됐음을 알 수 있다. ip link 명령을 사용해 MTU를 변경하면 재부팅 시 설정이 사라지기 때문에 영구적인 설정이 필요하다. 몇 가지 방법이 있는데, 이번에는 udev를 사용하는 방법을 소개한다. udev는 리눅스 커널에서의 장치 관리 도구로 다양한 규칙을 작성해 장치에 대한 설정을 변경할 수 있다. 매우 다양한 기능을 가지고 있기 때문에 이번에는 자세한 규칙 작성 방법에 대한 설명은 생략한다. 여기서는 enp0s3이라는 이름의 인터페이스가 연결되면 해당 인터페이스의 MTU를 9000byte로 설정하는 규칙을 설정한다[22]. 이 설정에 의해 영구적으로 enp0s3의 MTU를 변경할 수 있다.

```
$ cat /etc/udev/rules.d/10-network.rules
ACTION=="add", SUBSYSTEM=="net", KERNEL=="enp0s3", ATTR{mtu}="9000"
```

그림 9.39 변경된 MTU 설정을 확인

또한 TCP에서도 **MSS**(Maximum Segment Size)라는 기술로 MTU에 가까운 형태로 분할 전송을 한다.

하지만 웹 서비스를 제공하는 데 있어서 MTU/MSS의 설정은 그다지 큰 효과가 없다. MTU는 패킷을 교환하는 클라이언트와 서버, 그리고 그 경로에 있는 네트워크 장비까지 모든 기기에 설정돼야 하므로 서버의 MTU를 9000byte로 설정했다고 해도 네트워크 장비가 MTU 1500byte인 경우 경로상의 네트워크 장비에 의해 1500byte까지 패킷 분할이 실시된다(그림 9.40).

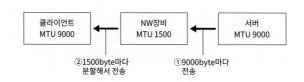

그림 9.40 Jumbo Frame을 사용해도 경로상의 네트워크 기기에서 패킷이 분할

---

22 리눅스 커널에서 결정한 이름인 enp0s3대신 인터페이스의 고유한 ID를 사용해야 한다. 여기서는 설명을 위해 이 이름을 사용했다.

MTU 설정은 대개 OS의 기본 설정을 사용하는 것이 좋다. 경로상 다른 장비가 있는 경우 불필요한 분할이 발생하게 돼 효율이 떨어지기 때문이다. 참고로, Amazon Web Services의 리눅스인 'Amazon Linux2'에서는 기본 MTU 설정값이 9001바이트다. 해당 설정을 확인하는 명령어는 다음과 같다 (catatsuy/private-isu 환경 기준).

```
# ens3의 MTU 설정 값 확인
$ ip link show ens3
2: ens3: <BROADCAST,MULTICAST,UP,LOWER_UP> mtu 9001 qdisc mq state UP mode DEFAULT group default qlen 1000
    link/ether 0e:b3:a5:b8:37:bf brd ff:ff:ff:ff:ff:ff
```

그림 9.41 Amazon Linux2에서 MTU 확인

Amazon Web Services 내에서는 MTU가 9001byte로 설정돼 있어 효율적인 송수신이 가능할 것으로 보인다. 인터넷을 통한 외부 통신에 대해서는 매뉴얼[23]에 1500byte로 설정된 것으로 작성돼 있다. 현재는 1500byte가 인터넷 통신에서 일반적이지만, 앞으로 인터넷 트래픽이 더 큰 MTU로 처리될 때가 올 수 있다.

기타 커널 매개변수

이번에는 몇 가지 커널 매개변수를 소개했지만, 리눅스 커널에는 이 외에도 많은 매개변수가 정의돼 있으며 다양하게 동작을 변경할 수 있다. 현재 설정된 커널 매개변수는 sysctl -a 명령으로 확인할 수 있다.

```
$ sudo sysctl -a | head -n 3
abi.vsyscall32 = 1
debug.exception-trace = 1
debug.kprobes-optimization = 1
```

그림 9.42 현재 설정된 커널 매개변수 확인

리눅스 커널에는 매개변수가 많이 정의돼 있으며 필요에 따라 증감되거나 기본값이 변경될 수 있다. 앞에서 설명한 net.core.somaxconn은 리눅스 2.4.25부터 오랫동안 128이 기본 설정이었지만, 리눅스 5.4부터는 4096까지 증가했다. 또한, 과거 웹 응용 프로그램을 운영할 때 자주 사용됐던 net.ipv4.tcp_tw_recycle이라는 커널 매개변수는 리눅스 4.12에서 삭제됐다. 필요한 경우 각 매개변수가 무엇이고 어떻게 작동하는지 이해하고 적절한 변경을 해야 한다.

---

23 https://docs.aws.amazon.com/ko_kr/AWSEC2/latest/UserGuide/network_mtu.html

9-10 정리

이 장에서는 다음 내용을 설명했다.

- 리눅스 커널의 기본 개념
- 리눅스에서의 네트워크 및 스토리지 등의 자원 관리
- 커널 매개변수 등 운영체제의 매개변수를 변경하는 것에 의한 튜닝
- 실제로 많이 겪는 문제와 그에 대한 튜닝

부록

A

private-isu
공략 실천

이 부록에서는 github.com/catatsuy/private-isu(이하 private-isu) 웹 서비스를 대상으로 이 책에서 소개한 웹 서버 튜닝 방법을 적용해 벤치마크 결과 점수를 개선하는 과정을 다룬다.

초기 상태에서는 650점 정도이며 이 책에서 소개한 튜닝 방법을 순차적으로 적용한 결과 약 32만 점(약 500배)으로 성능이 향상된다. ISUCON에서 병목 현상을 어떻게 발견하고 해결해 점수를 높이는지 하나의 구체적인 예로 참고하기 바란다.

A-1 준비한 대회용 환경

Amazon Web Service(이하 AWS) 도쿄 리전(ap-northeast-1)에서 대회용 인스턴스와 벤치마커 인스턴스를 동일한 가용 영역(Availability Zone, AZ)에 배치하여 다음 사양으로 각각 하나씩 시작한다.

- 대회용 인스턴스
  - c6i.large
  - CPU 2코어
  - Memory 4GB
  - Network 최대 12.5Gbps
- 벤치마커 인스턴스
  - c6i.xlarge
  - CPU 4코어
  - Memory 8GB
  - Network 최대 12.5Gbps

이번에 사용할 인스턴스는 private-isu 저장소에 게시된 머신 이미지(Amazon Machine Image, AMI)를 사용한다. private-isu 웹 응용 프로그램에는 Ruby와 Go 구현이 모두 포함돼 있지만, 이번에는 Ruby 구현을 사용한다.

A-2 벤치마커 실행 방법

시작된 벤치마커 인스턴스에서 isucon 사용자로 다음 명령을 실행한다.

```
$ cd /home/isucon/private_isu.git/benchmarker
$ ./bin/benchmarker -u ./userdata -t http://{경기용 환경 인스턴스 IP}/
```

그림 A.1 벤치마커 실행

벤치마커 실행이 종료되면 다음과 같은 메시지가 JSON 형식으로 출력된다.

```
{"pass":true,"score":639,"success":584,"fail":2,"messages":["リクエストがタイムアウトしました (POST /login)"]}
```

그림 A.2 벤치마커 실행 결과

이하는 그림 A.2의 내용을 보기 쉽게 내용을 변경한 것이다.

```
{
  "pass":true,
  "score":639,
  "success":584,
  "fail":2,
  "messages":["リクエストがタイムアウトしました (POST /login)"]
  # リクエストがタイムアウトしました -> 요청 시간이 초과되었습니다.
}
```

JSON 각 요소의 의미는 다음과 같다.

표 A.1 JSON 각 요소의 의미

요소	의미
pass	true 또는 false. 벤치마커 실행이 소정의 조건을 만족해 성공했을 경우 true
score	벤치마커 점수. 이 값을 향상시키는 것이 목표
success	성공한 HTTP 요청 수
fail	실패한 HTTP 요청 수
messages	실패한 HTTP 요청에 대한 정보

벤치마커 점수는 벤치마커가 발행한 HTTP 요청 수를 기반으로 다음 규칙에 의해 추가된 점수를 기준으로 계산된다.

- GET 요청 성공 수 × 1점

- 이미지 업로드를 제외한 POST 요청의 성공 수 × 2점

- 이미지 업로드 POST 요청 성공 수 × 5점

- HTTP 상태 코드 500대 또는 타임아웃 된 요청 수 × –20점

- 그 외의 요청 실패(상태 코드가 예상과 다른 경우 등) × –10점

기본적으로 요청을 많이 처리하면 높은 점수를 받는다. 게시물 처리량이 많을수록 보다 높은 점수를 받을 수 있으며, 처리에 실패하면 감점된다. 시간 내 처리한 요청 수를 기반으로 하므로 소프트웨어가 동일하더라도 하드웨어 성능에 따라 점수가 달라진다. 서로 다른 환경에서 얻은 점수는 비교할 수 없다.

A-3 각 장에서 소개한 방법 적용

본 부록에서는 대회용 환경에 이 책의 각 장에서 소개한 튜닝 방법을 적용하고 그 결과로 얻은 점수와 서버 자원 사용 상황, 로그 분석 결과 등을 설명한다. 적용 순서는 병목 현상을 기준으로 하며 이 책에서 설명한 순서와는 상관없다.

▌초기 상태(약 640점)

ISUCON이나 다른 성능 튜닝 작업에서는 환경을 변경하기 전에 초기 상태에서 부하 테스트(벤치마커)를 실시하는 것이 중요하다. 이는 초기 상태에서 어떤 점수를 얻을 수 있는지와 해당 시점에 서버의 자원 사용 상태가 어떻게 되는지를 확인하는 것이다. 따라서 대회용 인스턴스를 시작하고 아무 조작 없이 벤치마커를 실행한 결과는 다음과 같다.

```
{"pass":true,"score":639,"success":584,"fail":2,"messages":["リクエストがタイムアウトしました
(POST /login)"]}
```

private-isu 초기 상태에서 HTTP 응답이 10초 타임 아웃 내에 반환되지 못해 fail이 몇 건 발생할 수 있다. 벤치마커 실행 중 대회용 인스턴스에서 top 명령을 실행한 결과는 다음과 같다(일부 발췌).

```
%Cpu(s): 43.9 us,  0.7 sy,  0.0 ni, 48.5 id,  6.8 wa,  0.0 hi,  0.2 si,  0.0 st

  PID USER      PR  NI    VIRT    RES    SHR S  %CPU  %MEM     TIME+ COMMAND
  786 mysql     20   0 1793852 465560  35460 S  85.7  11.8   1:53.41 mysqld
  965 isucon    20   0  226116  91656   9992 S   2.3   2.3   0:04.47 bundle
```

그림 A.3 벤치마커를 실행하는 동안 대회용 인스턴스에서 top 명령어 실행 예

대회용 인스턴스에서는 2개의 CPU 코어를 사용할 수 있다. MySQL 프로세스(mysqld)가 약 85%의 CPU(2코어 중 1코어 상당)를 사용하고 있다. 반면, Ruby 응용 프로그램 서버(bundle이라고 표시되는 프로세스)는 약 2%의 CPU만 사용하고 있다. 인스턴스 전체에서는 2개의 코어 중 약 1개의 코어가 idle 상태다. 이러한 상황에서는 먼저 MySQL 처리를 줄이기 위한 조치가 필요하다.

comments 테이블에 인덱스 추가(약 5,500점)

3장에서는 MySQL의 슬로우 쿼리 로그를 해석하기 위해 mysqldumpslow 명령을 사용했고 대량의 행을 읽는 SQL 쿼리를 발견했다. 이를 해결하기 위해 해당 테이블에 인덱스를 생성하는 방법을 소개했다. 먼저 MySQL의 슬로우 쿼리 로그를 활성화하기 위해 /etc/mysql/mysql.conf.d/mysqld.cnf 파일에 3줄을 추가하고, systemctl restart mysql 명령을 실행해 MySQL을 다시 시작한다.

```
slow_query_log = 1
slow_query_log_file = /var/log/mysql/mysql-slow.log
long_query_time = 0
```

그림 A.4 슬로우 쿼리 활성화

comments 테이블의 post_id 열에 인덱스를 생성한다. 자세한 내용은 3장과 5장을 참조한다.

```
mysql> ALTER TABLE comments ADD INDEX post_id_idx (post_id, created_at DESC);
Query OK, 0 rows affected (1.30 sec)
Records: 0  Duplicates: 0  Warnings: 0
```

그림 A.5 comments 테이블의 post_id 열에 인덱스 생성

comments 테이블에 post_id_idx 인덱스를 생성한 후 벤치마커를 실시한 결과는 다음과 같다.

```
{"pass":true,"score":5551,"success":4750,"fail":0,"messages":[]}
```

점수는 639점에서 5551점으로 8배 이상 향상됐고 요청 실패도 없어졌다. 벤치마커 실행 중 top 명령의 결과는 다음과 같다.

```
%Cpu(s): 28.3 us,  5.6 sy,  0.0 ni, 41.8 id, 23.1 wa,  0.0 hi,  1.3 si,  0.0 st

   PID USER      PR  NI    VIRT    RES    SHR S  %CPU %MEM     TIME+ COMMAND
   965 isucon    20   0  226116  91656   9992 R  35.2  2.3   0:23.21 bundle
  3082 mysql     20   0 1825520 497408  35964 S  25.6 12.6   0:14.23 mysqld
   730 www-data  20   0   56260   6724   4412 S   3.0  0.2   0:01.51 nginx
```

그림 A.6 인덱스 생성 후 벤치마커 실행 중 top 명령 실행 예

MySQL의 CPU 사용률은 감소했고 응용 프로그램 서버인 bundle의 CPU 사용률은 증가했다. 그러나 전체 인스턴스에서는 여전히 2코어 중 1코어만 사용되는 상황이 발생하고 있으며 그 원인은 3장에서 이미 설명했다.

unicorn worker 프로세스를 4로 설정(약 13,000점)

3장에서 설명한 것처럼, 2코어 CPU를 효과적으로 사용하기 위해 worker 프로세스를 4개로 늘린다. webapp/ruby/unicorn_config.rb 파일을 열어 worker_processes 값을 4로 변경한다(리스트 A.1). 변경 후에 root 권한으로 systemctl restart isu-ruby.service 명령을 실행하여 응용 프로그램 서버를 다시 시작한다.

리스트 A.1 변경한 unicorn_config.rb

```
worker_processes 4
preload_app true
listen "0.0.0.0:8080"
```

이 변경으로 점수가 약 13,000점으로 향상된다.

```
{"pass":true,"score":12941,"success":11676,"fail":0,"messages":[]}
```

top 명령어를 통해 응용 프로그램 서버 프로세스(bundle)가 4개의 프로세스로 실행되며 CPU 사용률이 균등하게 분산되어 있음을 확인할 수 있다. 또한, 인스턴스 전체적으로 거의 모든 CPU를 사용할 수 있도록 idle이 전체의 0.5%로 낮아졌다.

```
%Cpu(s): 81.0 us,  9.7 sy,  0.0 ni,  0.5 id,  6.6 wa,  0.0 hi,  2.2 si,  0.0 st

  PID USER      PR  NI    VIRT    RES    SHR S  %CPU %MEM     TIME+ COMMAND
 3082 mysql     20   0 1828616 568120  35964 S  64.1 14.4   0:30.42 mysqld
 5948 isucon    20   0  209024  75128  10176 R  31.9  1.9   0:05.78 bundle
 5949 isucon    20   0  218256  83568  10176 R  28.6  2.1   0:05.21 bundle
 5950 isucon    20   0  229528  93300  10136 R  22.9  2.4   0:04.85 bundle
 5951 isucon    20   0  208144  73872  10132 S  20.3  1.9   0:04.56 bundle
  730 www-data  20   0   56260   6724   4412 S   6.3  0.2   0:03.01 nginx
```

그림 A.7 프로세스 설정 변경 후 top 명령어 실행 예

웹 서비스를 구성하는 컴포넌트(component) 단위로 보면 MySQL의 CPU 사용률은 64%지만 응용 프로그램 서버 4개 프로세스의 합계는 100%를 넘는 것으로 보인다. 초기 상태에서 압도적으로 CPU를 사용하던 MySQL에서 응용 프로그램 서버로 병목이 이동한 것 같다. 또한 웹 서버 및 리버스 프락시인 nginx도 약 6% 정도의 CPU를 사용하게 되면서 처리가 증가하고 있는 것으로 보인다.

병목을 찾기 위해 액세스 로그를 alp로 해석한다. URL을 정규식으로 그룹화하고 URL 및 메소드별로 요청 수, 응답 시간의 최소, 평균, 최대, 합계를 계산한다. 정렬은 응답 시간의 합계가 큰 순서로 내림차순으로 정렬한다. 자세한 내용은 3장을 참조한다. 설정하는 옵션은 본 부록에서 특별한 언급이 없으면 다음과 같다.

```
$ alp json \
    --sort sum -r \
    -m "/posts/[0-9]+,/@\w+,/image/\d+" \
    -o count,method,uri,min,avg,max,sum \
    < /var/log/nginx/access.log

+-------+--------+------------------+-------+-------+-------+---------+
| COUNT | METHOD |       URI        |  MIN  |  AVG  |  MAX  |   SUM   |
+-------+--------+------------------+-------+-------+-------+---------+
| 7577  | GET    | /image/\d+       | 0.004 | 0.035 | 0.292 | 261.532 |
| 670   | GET    | /                | 0.068 | 0.240 | 0.592 | 160.736 |
| 503   | POST   | /login           | 0.040 | 0.063 | 0.240 | 31.468  |
| 116   | GET    | /posts           | 0.160 | 0.256 | 0.364 | 29.640  |
| 605   | GET    | /posts/[0-9]+    | 0.004 | 0.041 | 0.248 | 24.916  |
| 673   | GET    | /favicon.ico     | 0.000 | 0.037 | 0.372 | 24.600  |
| 673   | GET    | /css/style.css   | 0.000 | 0.031 | 0.212 | 21.156  |
| 673   | GET    | /js/timeago.min.js | 0.004 | 0.031 | 0.204 | 20.816 |
| 163   | GET    | /@\w+            | 0.036 | 0.123 | 0.324 | 19.984  |
+-------+--------+------------------+-------+-------+-------+---------+
```

그림 A.8 alp 명령 실행 예

alp 결과에서 /image/ 하위 경로로의 요청이 가장 많은 것으로 나타났다. 이외에도 /js/.*나 /favicon. ico와 같은 정적 파일에 대한 요청도 많은 편이다.

Private-isu의 초기 구현에서는 이미지 이진 데이터가 MySQL에 저장되고, 이미지를 가져오는 요청 (GET /image/\d+)마다 응용 프로그램 서버가 MySQL에서 이미지를 가져와 전달한다. 또한 JavaScript,

favicon, CSS 등의 정적 파일도 nginx가 아닌 응용 프로그램 서버에서 제공되므로 이미지와 정적 파일
전달 방식을 개선하기로 한다.

정적 파일을 nginx로 전달(약 17,000점)

6장에서 설명한 것처럼 정적 파일은 응용 프로그램 서버가 아닌 리버스 프락시(웹 서버)에서 제공해야
한다. /favicon.ico, /css/, /js/, /img/와 일치하는 URL은 nginx가 정적 파일로 제공할 수 있게 설정
한다.

nginx 설정 파일에 다음과 같이 location ~ ^/(favicon\.ico¦css/¦js/¦img/)를 추가한다. 제공되는
정적 파일은 변경되지 않으므로 expires 1d를 설정해 응답 헤더에 Cache-Control; max-age=86400을
추가한다(리스트 A.2). 자세한 내용은 8장을 참조한다.

리스트 A.2 /etc/nginx/sites-available/isucon.conf

```
server {
listen 80;

client_max_body_size 10m;
root /home/isucon/private_isu/webapp/public/;

location ~ ^/(favicon\.ico¦css/¦js/¦img/) {
    root /home/isucon/private_isu/webapp/public/;
    expires 1d;
}
  # 이하 생략
```

설정 후 nginx를 다시 시작한 후 얻은 점수는 약 17,000점이다.

```
{"pass":true,"score":16975,"success":15704,"fail":0,"messages":[]}
```

alp를 사용한 분석 결과, 정적 파일의 집계 결과가 상위에서 하위로 이동했다. 응용 프로그램 서버에서
정적 파일을 제공하는 상태에서는 /js/.* 요청의 평균 응답 시간이 0.031초이며 최대 0.212초였다. 그
러나 nginx로 제공하면 모두 0.000초가 된다. 이는 nginx 로그에서 $req_time이 msec 정밀도를 가지
므로 1msec 미만인 경우 0.000으로 표시되기 때문이다.

```
+-------+--------+------------------+-------+-------+-------+----------+
| COUNT | METHOD |       URI        |  MIN  |  AVG  |  MAX  |   SUM    |
+-------+--------+------------------+-------+-------+-------+----------+
| 8264  | GET    | /image/\d+       | 0.004 | 0.039 | 0.364 | 326.336  |
| 655   | GET    | /                | 0.068 | 0.251 | 0.580 | 164.708  |
(생 략)
| 1100  | GET    | /js/timeago.min.js| 0.000| 0.000 | 0.000 | 0.000    |
| 1100  | GET    | /js/main.js      | 0.000 | 0.000 | 0.000 | 0.000    |
| 1100  | GET    | /css/style.css   | 0.000 | 0.000 | 0.000 | 0.000    |
| 1100  | GET    | /favicon.ico     | 0.000 | 0.000 | 0.000 | 0.000    |
+-------+--------+------------------+-------+-------+-------+----------+
```

그림 A.9 정적 파일에 대한 설정 변경 후 alp 명령 실행 예

▌ 업로드 이미지를 정적 파일화(약 22,000점)

private-isu의 초기 상태에서는 사용자가 업로드한 이미지 데이터의 이진 파일이 MySQL에 저장된다. 그러나 이미지를 전달할 때 응용 프로그램 서버는 MySQL에서 가져온 이진 파일을 메모리에 임시로 저장하고 HTTP 응답을 반환한다.

이미지와 같은 파일은 응용 프로그램 서버를 거치지 않고 정적 파일로 전송돼야 하므로 응용 프로그램과 nginx 설정을 변경해야 한다(리스트 A.3, 리스트 A.4). 자세한 내용은 8장을 참조한다.

1. 응용 프로그램 서버는 업로드된 이미지를 인스턴스상의 파일로 저장한다.

2. 이미지를 제공할 때는 다음과 같이 처리한다.

   i. 처음 요청을 받은 nginx는 파일이 있으면 그대로 제공한다.

   ii. 파일이 없으면 리버스 프락시로 응용 프로그램 서버에 요청한다.

   iii. 응용 프로그램 서버는 MySQL에서 이미지를 가져와 파일로 저장한 후 응답을 반환한다.

이렇게 구현하면 새로 업로드된 이미지는 처음부터 정적 파일로 저장되기 때문에 모든 이미지를 MySQL에 저장할 필요가 없어진다. 또한 기존 MySQL에 저장된 오래된 이미지는 전달될 때 정적 파일로 변환되기 때문에 웹 서비스를 계속해서 운영하면서 점진적으로 정적 파일로 이전할 수 있다.

리스트 A.3 업로드 이미지를 순차적으로 정적 파일로 이전하는 응용 프로그램의 변경

(vi ./private_isu/webapp/ruby/app.rb)

```
require 'sinatra/base'
require 'mysql2'
require 'rack-flash'
require 'shellwords'
require 'rack/session/dalli'
```

```ruby
+ require 'fileutils'

module Isuconp
  class App < Sinatra::Base
     use Rack::Session::Dalli, autofix_keys: true, secret: ENV['ISUCONP_SESSION_SECRET'] ||
'sendagaya', memcache_server: ENV['ISUCONP_MEMCACHED_ADDRESS'] || 'localhost:11211'
    use Rack::Flash
    set:public_folder, File.expand_path('../../public', __FILE__)


    UPLOAD_LIMIT = 10 * 1024 * 1024 # 10mb

    POSTS_PER_PAGE = 20

+   IMAGE_DIR = File.expand_path('../../public/image', __FILE__)


    helpers do
      def config
        @config ||= {
```

(생략)

```ruby
     if params['file']
-       #mime = ''
+       mime, ext = '', ''
        # 게시물의 Content-Type에서 파일 종류 결정
        if params["file"][:type].include? "jpeg"
-         mime = "image/jpeg"
+         mime, ext = "image/jpeg", "jpg"
        elsif params["file"][:type].include? "png"
-         mime = "image/png"
+         mime, ext = "image/png", "png"
        elsif params["file"][:type].include? "gif"
-         mime = "image/gif"
+         mime, ext = "image/gif", "gif"
        else
          flash[:notice] = '投稿できる「像形式はjpgとpngとgifだけです'
          # '게재할 수 있는 이미지 형식은 jpg, png, gif뿐입니다.'
          redirect '/', 302
```

```
-          if params['file'][:tempfile].read.length > UPLOAD_LIMIT
+          if params['file'][:tempfile].size > UPLOAD_LIMIT
        flash[:notice] = 'ファイルサイズが大きすぎます'
                        # '파일 크기가 너무 큽니다'(옮긴이)
        redirect '/', 302
      end


-      params['file'][:tempfile].rewind
      query = 'INSERT INTO `posts` (`user_id`, `mime`, `imgdata`, `body`) VALUES (?,?,?,?)'
      db.prepare(query).execute(
        me[:id],
        mime,
-        params["file"][:tempfile].read,
+        '', # 이진 파일은 저장하지 않는다.
        params["body"],
      )
      pid = db.last_id


+      # 업로드된 임시 파일을 mv해 전달 디렉터리로 이동
+      imgfile = IMAGE_DIR + "/#{pid}.#{ext}"
+      FileUtils.mv(params['file'][:tempfile], imgfile)
+      FileUtils.chmod(0644, imgfile)

      redirect "/posts/#{pid}", 302
    else
      flash[:notice] = '┌像が必須です'
      # '이미지 필수' (옮긴이)
      redirect '/', 302
```

(생략)

```
    if (params[:ext] == "jpg" && post[:mime] == "image/jpeg") ||
       (params[:ext] == "png" && post[:mime] == "image/png") ||
       (params[:ext] == "gif" && post[:mime] == "image/gif")
      headers['Content-Type'] = post[:mime]

+      # 가져온 시점에 파일로 내보내기
+      imgfile = IMAGE_DIR + "/#{post[:id]}.#{params[:ext]}"
```

```
+        f = File.open(imgfile, "w")
+        f.write(post[:imgdata])
+        f.close()

     return post[:imgdata]
   end

(생략)
```

리스트 A.4 /image/ 이하의 정적 파일이 있으면 전달, 없으면 응용 프로그램 서버에 리버스 프락시하는 nginx 설정(발췌)

(vi /etc/nginx/sites-available/isucon.conf)

```
location /image/ {
  root /home/isucon/private_isu/webapp/public/;
  expires 1d;
  try_files $uri @app;
}

location @app {
  internal;
  proxy_pass http://localhost:8080;
}
```

액세스 로그 분석 결과는 다음과 같다. 정적 파일 변환 전에 상위에 위치한 GET /image\d+의 평균 응답 시간은 0.039초였지만, 정적 파일 변환 후에는 0.002초가 됐다. 처리 속도가 빨라져서 요청 수는 약 8천 회에서 2만 회로 증가했지만, 총 처리 시간은 326초에서 49초로 줄어들어 순위가 낮아졌다.

```
+-------+--------+-------------+-------+-------+-------+---------+
| COUNT | METHOD |     URI     |  MIN  |  AVG  |  MAX  |   SUM   |
+-------+--------+-------------+-------+-------+-------+---------+
| 641   | GET    | /           | 0.068 | 0.253 | 0.536 | 162.360 |
| 976   | GET    | /posts/[0-9]+ | 0.004 | 0.044 | 0.216 | 43.416 |
| 481   | POST   | /login      | 0.040 | 0.072 | 0.272 | 34.416  |
| 20121 | GET    | /image/\d+  | 0.000 | 0.002 | 0.332 | 49.803  |
| 110   | GET    | /posts      | 0.072 | 0.258 | 0.472 | 28.348  |
| 198   | GET    | /@\w+       | 0.036 | 0.132 | 0.328 | 26.131  |
| 134   | POST   | /           | 0.008 | 0.070 | 0.200 | 9.352   |
+-------+--------+-------------+-------+-------+-------+---------+
```

그림 A.10 정적 파일 변환 후 alp 실행 결과

GET /을 분석

여기부터는 액세스 로그 분석 결과 가장 상위에 위치한 GET /을 튜닝한다. 이전에 MySQL이 생성한 슬로우 쿼리 로그를 pt-query-digest를 사용하여 분석한 결과 posts 테이블에 대한 쿼리가 가장 많았다. pt-query-digest에 대한 자세한 내용은 5장을 참조한다.

```
# Rank Query ID                        Response time  Calls  R/Call V/M    Item
# ==== ============================    =============  ====== ====== ===== ====
#    1 0x1CD48AE21E9C97BE44D0B06..      41.2711 45.1%    917 0.0450  0.00 SELECT posts
#    2 0x7A12D0C8F433684C3027353...     18.4145 20.1%    390 0.0472  0.00 SELECT posts
#    3 0x396201721CD58410E070DA9…        7.9219 8.7%   74279 0.0001  0.00 SELECT users
#    4 0xDA556F9115773A1A99AA016…        7.5912 8.3%  133634 0.0001  0.00 ADMIN PREPARE
#    5 0xCDEB1AFF2AE2BE51B2ED5CF…        4.8307 5.3%    114 0.0424  0.00 SELECT comments
#    6 0x624863D30DAC59FA1684928…        3.7560 4.1%  27821 0.0001  0.00 SELECT comments
#    7 0x422390B42D4DD86C7539A5F…        2.9990 3.3%  28412 0.0001  0.00 SELECT comments
#    8 0xE83DA93257C7B787C67B1B0…        1.6537 1.8%    114 0.0145  0.00 SELECT posts
# MISC 0xMISC                           3.0253 3.3% 135570 0.0000   0.0 <18 ITEMS>
```

가장 상위의 쿼리는 posts 테이블에 대해 ORDER BY created_at을 지정하는 다음 쿼리다. 이 쿼리는 GET /에서도 발행된다.

```
SELECT `id`, `user_id`, `body`, `created_at`, `mime` FROM `posts` ORDER BY `created_at` DESC
```

이 쿼리는 WHERE 절이나 LIMIT 절을 지정하지 않기 때문에 posts 테이블의 모든 행을 가져온다. 초기 상태에서 posts 테이블에는 1만 개의 행이 있으므로 실제로 모든 행을 가져와서 처리해야 하는지 응용 프로그램의 코드를 확인해야 한다.

GET /을 처리하는 응용 프로그램의 코드는 다음과 같다(리스트 A.5). 여기서 해당 쿼리가 발행되고 있음을 확인할 수 있다.

리스트 A.5 GET /을 처리하는 응용 프로그램 코드

```
get '/' do
  me = get_session_user()

  results = db.query('SELECT `id`, `user_id`, `body`, `created_at`, `mime` FROM `posts` ORDER
BY `created_at` DESC')
  posts = make_posts(results)
```

```
    erb :index, layout: :layout, locals: { posts: posts, me: me }
end
```

응용 프로그램에서는 MySQL에서 모든 게시물을 가져온다. 하지만 private-isu의 메인 페이지에서는 최신 게시물 20개만 표시되며 이는 응용 프로그램에서 make_posts 함수에서 구현된 20개 제한 로직에 의해 처리된다.

make_posts 함수는 전달된 결과(테이블의 전체 행)를 루프 처리하고, 사용자 테이블에 쿼리를 수행하여 게시한 사용자 정보를 가져온 후 users.del_flg가 0인 경우에만 반환할 결과 배열에 추가한다. 반환할 결과가 POSTS_PER_PAGE(상수로 20으로 정의됨) 항목에 도달하면 루프를 종료하고 함수에서 결과를 반환한다(리스트 A.6).

리스트 A.6 make_posts 함수 정의(발췌)

```
def make_posts(results, all_comments: false)
posts = []
results.to_a.each do |post|
    # (생략)

    # users 테이블에 쿼리
    post[:user] = db.prepare('SELECT * FROM `users` WHERE `id` = ?').execute(
      post[:user_id]
    ).first

    # users.del_flg == 0 의 행만 결과에 추가
    posts.push(post) if post[:user][:del_flg] == 0

    # 결과가 20행 모이면 루프를 빠져나간다
    Break if posts.length >= POSTS_PER_PAGE
end
posts
end
```

현재 make_posts 함수에서는 전체 posts 테이블을 가져와 루프를 돌며 사용자 정보를 가져와 결과에 추가하는데, 필요한 결과는 최대 20개로 정해져 있지만 미리 판단할 수 없기 때문에 전체 행을 가져와야 한다. 이러한 처리를 개선하면 10,000행의 posts 테이블을 모두 가져올 필요가 없어진다.

▌posts와 users를 JOIN해 필요한 행 수만 취득(약 90,000점)

make_posts 함수에서는 루프를 돌 때마다 users 테이블에 쿼리를 실행하는 N+1 문제가 발생한다. 이 문제를 해결하기 위해 posts 테이블과 users 테이블을 JOIN하고 LIMIT 구문을 사용해 필요한 행만 가져오도록 변경한다(리스트 A.7, 리스트 A.8). 자세한 내용은 5장을 참조한다.

리스트 A.7 기존 쿼리

```
SELECT `id`, `user_id`, `body`, `created_at`, `mime` FROM `posts` ORDER BY `created_at` DESC
```

리스트 A.8 JOIN과 LIMIT를 사용해 개선한 쿼리

```
SELECT p.id, p.user_id, p.body, p.created_at, p.mime, u.account_name
FROM `posts` AS p JOIN `users` AS u ON (p.user_id=u.id)
WHERE u.del_flg=0
ORDER BY p.created_at DESC
LIMIT 20
```

하지만 개선 후의 쿼리 실행 계획을 EXPLAIN으로 확인한 결과, 모든 행을 스캔해 정렬하기 때문에 posts 테이블을 10,000건 읽어 들이게 된다는 것을 알게 됐다(rows: 9753). 이는 현재 posts 테이블에 기본 키 이외의 인덱스가 없기 때문에 ORDER BY created_at DESC라는 정렬을 하기 위해 발생하는 문제다.

```
mysql> EXPLAIN SELECT p.id, p.user_id, p.body, p.created_at, p.mime, u.account_name
    -> FROM `posts` AS p JOIN `users` AS u ON (p.user_id=u.id)
    -> WHERE u.del_flg=0 ORDER BY p.created_at DESC LIMIT 20\G
*************************** 1. row ***************************
           id: 1
  select_type: SIMPLE
        table: p
   partitions: NULL
         type: ALL
possible_keys: NULL
          key: NULL
      key_len: NULL
          ref: NULL
         rows: 9753
     filtered: 100.00
        Extra: Using filesort
*************************** 2. row ***************************
           id: 1
  select_type: SIMPLE
        table: u
   partitions: NULL
         type: eq_ref
possible_keys: PRIMARY
          key: PRIMARY
      key_len: 4
          ref: isuconp.p.user_id
         rows: 1
     filtered: 10.00
        Extra: Using where
```

그림 A.11 실행 계획을 EXPLAIN으로 확인한 결과 여기서는 ORDER BY created_at DESC LIMIT을 빠르게 처리하기 위해 'ORDER BY를 위한 인덱스'를 생성한다.

```
mysql> ALTER TABLE posts ADD INDEX posts_order_idx (created_at DESC);
Query OK, 0 rows affected (0.14 sec)
Records: 0  Duplicates: 0  Warnings: 0
```

그림 A.12 ORDER BY를 위한 인덱스 생성

posts_order_idx를 생성한 후 EXPLAIN은 다음과 같이 되어 posts 테이블은 200행 정도의 읽기로 처리할 수 있을 것으로 예상된다(rows:199).

```
mysql> EXPLAIN SELECT p.id, p.user_id, p.body, p.created_at, p.mime, u.account_name
    -> FROM `posts` AS p JOIN `users` AS u ON (p.user_id=u.id)
    -> WHERE u.del_flg=0 ORDER BY p.created_at DESC LIMIT 20\G
*************************** 1. row ***************************
           id: 1
  select_type: SIMPLE
        table: p
   partitions: NULL
         type: index
possible_keys: NULL
          key: posts_order_idx
      key_len: 4
          ref: NULL
         rows: 199
     filtered: 100.00
        Extra: NULL
*************************** 2. row ***************************
           id: 1
  select_type: SIMPLE
        table: u
   partitions: NULL
         type: eq_ref
possible_keys: PRIMARY
          key: PRIMARY
      key_len: 4
          ref: isuconp.p.user_id
         rows: 1
     filtered: 10.00
        Extra: Using where
```

그림 A.13 인덱스 생성 후 실행 계획을 EXPLAIN으로 확인한 결과

- 쿼리를 변경했으므로 쿼리 결과를 사용하는 응용 프로그램 코드도 수정한다.

- make_posts 함수 내에서 필요한 users 테이블의 정보는 미리 JOIN해 가져왔기 때문에 루프 내부에서 SELECT * FROM users를 실행하는 코드는 삭제할 수 있다(리스트 A.9).

- 미리 users.del_flg=0의 행만 쿼리로 가져오고 있으므로 del_flg의 조건을 보는 코드도 불필요하다.

쿼리 시점에서 LIMIT 절에 의해 필요한 행 수만 가져오기 때문에 필요한 행 수가 모두 모이면 루프를 종료하는 처리도 불필요해진다.

리스트 A.9 make_posts 함수의 변경 부분

```
-    post[:user] = db.prepare('SELECT * FROM `users` WHERE `id` = ?').execute(
-      post[:user_id]
-    ).first
+    post[:user] = {
+      account_name: post[:account_name],
+    }

-    posts.push(post) if post[:user][:del_flg] == 0
-    break if posts.length >= POSTS_PER_PAGE
+    posts.push(post)
end
```

리스트 A.10 GET /처리 변경 부분

```
get '/' do
    me = get_session_user()

-    results = db.query('SELECT `id`, `user_id`, `body`, `created_at`, `mime` FROM `posts` OR-
DER BY `created_at` DESC')
+    results = db.query(
+      "SELECT p.id, p.user_id, p.body, p.created_at, p.mime, u.account_name
+      FROM `posts` AS p JOIN `users` AS u ON (p.user_id=u.id)
+      WHERE u.del_flg=0
+      ORDER BY p.created_at DESC
+      LIMIT #{POSTS_PER_PAGE}"
+    )
    posts = make_posts(results)

    erb:index, layout::layout, locals: { posts: posts, me: me }
```

make_posts 함수는 응용 프로그램에서 4곳에서 사용되는데, 이 함수에 전달되기 전에 JOIN을 수행하는 쿼리로 변경하면서(리스트 A.10) 점수가 이전보다 4배 이상 상승하여 90,000점을 넘었다.

```
{"pass":true,"score":90714,"success":85204,"fail":0,"messages":[]}
```

GET /의 평균 응답 시간이 개선 전의 0.253초에서 0.062초로 약 1/4로 줄어든 것을 확인할 수 있다.

```
+-------+--------+------------+-------+-------+-------+---------+
| COUNT | METHOD | URI        | MIN   | AVG   | MAX   | SUM     |
+-------+--------+------------+-------+-------+-------+---------+
| 2953  | GET    | /          | 0.015 | 0.074 | 0.236 | 221.360 |
| 943   | GET    | /posts/[0-9]+ | 0.004 | 0.043 | 0.201 | 41.432  |
| 445   | POST   | /login     | 0.040 | 0.074 | 0.272 | 33.124  |
| 20519 | GET    | /image/\d+ | 0.000 | 0.002 | 0.332 | 46.402  |
| 130   | GET    | /posts     | 0.072 | 0.258 | 0.472 | 24.674  |
| 111   | GET    | /@\w+      | 0.036 | 0.189 | 0.328 | 29.111  |
| 134   | POST   | /          | 0.008 | 0.065 | 0.200 | 8.825   |
+-------+--------+------------+-------+-------+-------+---------+
```

그림 A.14 쿼리 변경 후 alp 실행 결과 예

▍벤치마커가 사용하는 파일 디스크립터 상한을 증가

점수가 100,000점까지 올라가면 벤치마커가 실행되는 동안 다음과 같은 에러가 출력될 수 있다.

```
Get "http://43.207.190.255/": dial tcp 43.207.190.255:80: socket: too many open files
```

그림 A.15 벤치마커가 출력하는 에러

웹 서비스가 대량의 응답을 빠르게 반환할 수 있게 되면 벤치마커 측에서 대량의 요청을 보내게 되어 시스템에서 허용되는 파일 디스크립터 수(nofile, 기본값 1024)를 초과할 수 있다. 자세한 내용은 9장을 참조한다.

이때 발생하는 too many open files 에러를 해결하기 위해서는 isucon 사용자가 한 번에 열 수 있는 파일 디스크립터 수를 늘려야 한다. 이를 위해 /etc/security/limits.conf 파일에 다음과 같이 설정을 추가할 수 있다(리스트 A.11). 이 예에서는 10000까지 허용하도록 설정했다(리스트 A.11).

리스트 A.11 /etc/security/limits.conf에 추가하는 내용

```
isucon hard nofile 10000
isucon soft nofile 10000
```

로그아웃한 후 다시 로그인하고 ulimit -n을 실행해 /etc/security/limits.conf에서 지정한 10000이 정상적으로 표시되는지 확인한다.

```
$ ulimit -n
10000
```

그림 A.16 ulimit -n 실행 결과

▌프리페어드 스테이트먼트를 개선(약 110,000점)

pt-query-digest 분석 결과, 이 시점에서 posts 테이블에 대한 쿼리는 더 이상 상위에 위치하지 않고, ADMIN PREPARE 쿼리가 최상위에 있음을 확인할 수 있다. 이 쿼리는 서버 측 프리페어드 스테이트먼트 (prepared statement)에 사용되는 쿼리다. 프리페어드 스테이트먼트에 대해서는 5장을 참조한다.

```
# Profile
# Rank Query ID                           Response time   Calls R/Call V/M   Item
# ==== ============================= ============= ====== ====== ===== ====
#    1 0xDA556F9115773A1A99AA016...  20.7699 22.5% 284970 0.0001  0.00 ADMIN PREPARE
#    2 0x624863D30DAC59FA1684928...  15.8084 17.1%  85678 0.0002  0.00 SELECT comments
#    3 0x396201721CD58410E070DA9…    12.6552 13.7% 103612 0.0001  0.00 SELECT users
#    4 0xCDEB1AFF2AE2BE51B2ED5CF…    11.9600 12.9%    287 0.0417  0.00 SELECT comments
#    5 0x422390B42D4DD86C7539A5F…    11.8908 12.9%  87310 0.0001  0.00 SELECT comments
#    6 0xE6E0F474A8109A0BC32E841…     9.7305 10.5%    287 0.0339  0.00 SELECT posts users
#    7 0xC9383ACA6FF14C29E819735…     1.4244  1.5%    287 0.0050  0.00 SELECT posts
#    8 0x07890000813C4CC7111FD2D…     1.3622  1.5% 282619 0.0000  0.00 ADMIN CLOSE STMT
#    9 0xF06FD3ADA7166D538F52A2D…     1.2488  1.4%   3058 0.0004  0.00 SELECT posts users
#   10 0x26489ECBE26887E480CA806…     1.0840  1.2%    190 0.0057  0.02 INSERT users
# MISC 0xMISC                         4.5269  4.9%   7321 0.0006   0.0 <17 ITEMS>
```

여기서는 서버 측의 프리페어드 스테이트먼트를 사용하지 않도록 응용 프로그램을 변경한다. private-isu의 Ruby 구현은 mysql2 gem[24]을 사용한다. mysql2-cs-bind gem[25]을 사용하면 서버측 프리페어드 스테이트먼트를 사용하지 않고 쿼리를 실행할 수 있다.

1. Gemfile에 gem "mysql2-cs-bind"를 추가하여 bundle install 실행

2. require 'mysql2'를 require 'mysql2-cs-bind'로 변경

3. db.prepare(sql).execute(param)을 db.xquery(sql, param)으로 수정

응용 프로그램 코드는 다음과 같이 변경한다(리스트 A.12).

리스트 A.12 prepare.execute를 xquery로 변경하는 차이점

```
- user = db.prepare('SELECT * FROM `users` WHERE `account_name` = ? AND `del_flg` = 0').exe-
cute(
```

---

24 https://rubygems.org/gems/mysql2
25 https://rubygems.org/gems/mysql2-cs-bind

```
-    params[:account_name]
- ).first
+ user = db.xquery('SELECT * FROM `users` WHERE `account_name` = ? AND `del_flg` = 0',
+    params[:account_name]
+ ).first
```

서버 측 프리페어드 스테이트먼트를 제거한 결과 점수는 약 11만 점까지 향상됐다.

```
{"pass":true,"score":110121,"success":111252,"fail":0,"messages":[]}
```

pt-query-digest 결과에서도 ADMIN PREPARE가 사라졌음을 확인할 수 있다.

```
# Profile
# Rank Query ID                          Response time  Calls  R/Call V/M    Item
# ==== =========================== ============= ====== ====== ===== ====
#    1 0x624863D30DAC59FA1684928... 22.5774 23.4%  96341 0.0002  0.00 SELECT comments
#    2 0x396201721CD58410E070DA9... 20.2824 21.0% 119539 0.0002  0.00 SELECT users
#    3 0x422390B42D4DD86C7539A5F... 17.5790 18.2%  98166 0.0002  0.00 SELECT comments
#    4 0xCDEB1AFF2AE2BE51B2ED5CF... 14.6265 15.2%    315 0.0464  0.01 SELECT comments
#    5 0xE6E0F474A8109A0BC32E841... 11.7505 12.2%    315 0.0373  0.01 SELECT posts users
#    6 0xC9383ACA6FF14C29E819735...  1.8162  1.9%    315 0.0058  0.00 SELECT posts
#    7 0x26489ECBE26887E480CA806...  1.3146  1.4%    200 0.0066  0.03 INSERT users
#    8 0xF06FD3ADA7166D538F52A2D...  1.1384  1.2%   3373 0.0003  0.00 SELECT posts users
#    9 0x9F2038550F51B0A3AB05CA5...  1.0207  1.1%    161 0.0063  0.03 INSERT comments
# MISC 0xMISC                        4.2558  4.4%   7924 0.0005   0.0 <16 ITEMS>
```

▌comments 테이블에 인덱스 생성 (약 115,000점)

현시점에서의 pt-query-digest의 상위 3개는 Calls에 표시된 것처럼 발행 수가 매우 많지만 R/Call(쿼리 1회당 소요 시간)는 0.2msec 정도로 빠른 쿼리다. 이미 인덱스 등의 튜닝으로 충분히 빠른 쿼리를 인덱스와 같은 튜닝으로 더 빠르게 만드는 것은 어렵다. 이를 개선하려면 대량의 쿼리를 발행하는 응용 프로그램 로직을 변경해야 한다.

반면 4번째 쿼리는 호출 수는 적지만 1회의 쿼리에 약 50msec 정도 걸린다는 것을 알 수 있다. 이 쿼리는 실제로 다음과 같다.

```
SELECT COUNT(*) AS count FROM `comments` WHERE `user_id` = '382'
```

이 쿼리를 EXPLAIN으로 실행 계획을 확인한 결과 인덱스가 없어서 전체 스캔이 되는 것을 확인할 수 있다. 자세한 내용은 5장을 참조한다.

Comments 테이블의 user_id 열에 대해 인덱스를 생성해 쿼리를 더 빠르게 실행해 본다.

```
mysql> ALTER TABLE `comments` ADD INDEX `idx_user_id` (`user_id`);
Query OK, 0 rows affected (0.59 sec)
Records: 0  Duplicates: 0  Warnings: 0
```

그림 A.17 comments테이블에 인덱스 생성

인덱스를 생성한 결과 점수가 약 4,000점 향상됐다.

{"pass":true,"score":114611,"success":108142,"fail":0,"messages":[]}

pt-query-digest 결과에서 가장 상위에 있는(병목인) 쿼리를 그대로 두고 그 아래의 쿼리를 개선하더라도 성능 향상이 크지 않다는 것을 확인할 수 있다. 따라서 성능을 크게 개선하기 위해서는 상위 쿼리에 대한 튜닝이 필요하다.

▌ posts에서 N+1 쿼리 결과 캐시(약 180,000점)

현재 pt-query-digest의 상위 3개는 1회 실행(R/Call)은 빠르지만(0.000 = 0.2msec), 발행 횟수(Calls)가 매우 많은 쿼리다.

```
# Rank Query ID                      Response time  Calls  R/Call V/M    Item
# ==== =========================== ============= ====== ====== ===== ====
#    1 0x624863D30DAC59FA1684928… 22.5774 23.4%  96341 0.0002  0.00  SELECT comments
#    2 0x396201721CD58410E070DA9… 20.2824 21.0% 119539 0.0002  0.00  SELECT users
#    3 0xCDEB1AFF2AE2BE51B2ED5CF… 17.5790 18.2%  98166 0.0002  0.00  SELECT comments
```

이 쿼리는 실제로 다음과 같다.

```
SELECT * FROM `comments` WHERE `post_id`= '9459' ORDER BY `created_at` DESC LIMIT 3
SELECT * FROM `users` WHERE `id` = '64'
SELECT COUNT(*) AS `count` FROM `comments` WHERE `post_id`= '9981'
```

이 쿼리는 모두 make_posts 함수 내에서 루프를 돌 때마다 발생하는 N+1 쿼리다. N+1을 해결한 posts와 users의 예에서는 각각의 테이블 행이 1 대 1로 대응됐으므로 JOIN으로 N+1을 쉽게 해결할 수 있었다.

하지만 이번에는 1개의 게시물(posts)에 대해 여러 댓글(comments)를 가져와야 한다. 이를 JOIN으로 해결하려면 1 대 다로 결합한 결과를 얻어야 한다. 하지만 posts에 해당하는 comments의 행 수는 불명확하기 때문에 필요한 posts 테이블의 행 수를 미리 LIMIT 절로 제한할 수 없다.

SQL만으로의 해결도 가능하지만, 여기서는 예로서 캐시로 성능을 개선한다. 캐시에 대한 자세한 내용은 7장을 참조한다. 캐시 전략은 다음과 같다.

- 캐시에 memcached 사용

- make_posts 함수의 루프에서 memcached에 쿼리를 보내고 캐시가 있으면 해당 값을 사용하고 그렇지 않으면 MySQL에 쿼리를 보내 캐시를 만든다.

- 캐시의 TTL은 10초다.

- 게시물당 댓글 수를 캐시하는 키는 comments.{posts.id}.count다.
  - 게시물당 댓글을 캐시하는 키는 다음과 같다.
  - 모든 댓글: comments.{posts.id}.true

- 최근 3개 댓글: comments.{posts.id}.false

특정 게시물에 대한 댓글 캐시는 게시물에 대한 댓글이 게시된 시점에 파기된다.

다음은 make_posts 함수 내에서 캐시를 다루는 코드다(리스트 A.13). 그러나 여전히 루프 내에서 memcached를 참조하고 있기 때문에 memcached의 N+1 문제 자체는 아직 해결되지 않았다. 자세한 내용은 5장을 참조한다.

리스트 A.13 make_posts에서 캐시를 다루는 코드의 예

```
def make_posts(results, all_comments: false)
  posts = []
  results.to_a.each do |post|
    # 게시물당 댓글 수를 memcached에서 가져온다
    cached_comments_count = memcached.get("comments.#{post[:id]}.count")
    if cached_comments_count
      # 캐시가 있으면 사용
      post[:comment_count] = cached_comments_count.to_i
    else
      # 캐시가 없으면 MySQL에 쿼리
      post[:comment_count] = db.xquery('SELECT COUNT(*) AS `count` FROM `comments` WHERE `post_id` = ?',
```

```ruby
        post[:id]
      ).first[:count]
      # memcachedにset(TTL 10s)
      memcached.set("comments.#{post[:id]}.count", post[:comment_count], 10)
    end
    # 게시물당 댓글을 memcahced에서 get
    cached_comments = memcached.get("comments.#{post[:id]}.#{all_comments.to_s}")
    if cached_comments
      # 캐시가 있으면 사용
      post[:comments] = cached_comments
    else
      # 캐시가 없으면 MySQL에 쿼리 JOIN에서 하나의 쿼리로 가져온다
      query = 'SELECT c.`comment`, c.`created_at`, u.`account_name`
                FROM `comments` c JOIN `users` u
                ON c.`user_id`=u.`id`
                WHERE c.`post_id` = ? ORDER BY c.`created_at` DESC'
      unless all_comments
        query += ' LIMIT 3'
      end
      comments = db.xquery(query, post[:id]).to_a
      comments.each do |comment|
        comment[:user] = { account_name: comment[:account_name] }
      end
      post[:comments] = comments.reverse
      # memcachedにset(TTL 10s)
      memcached.set("comments.#{post[:id]}.#{all_comments.to_s}", post[:comments], 10)
    end

    post[:user] = {
      account_name: post[:account_name],
    }

    posts.push(post)
end
```

N+1이었던 MySQL에 대한 쿼리 결과를 memcached에 캐시했더니 점수가 6만 점 이상 증가해 18만 점을 넘었다. 상위 병목을 해결하는 것이 성능 개선에서 가장 중요하다.

```
{"pass":true,"score":181013,"success":108142,"fail":0,"messages":[]}
```

`pt-query-digest`의 결과는 다음과 같다.

```
# Rank Query ID                            Response time Calls  R/Call V/M   Item
# ==== =========================== ============ ====== ====== ===== ====
#    1 0xE6E0F474A8109A0BC32E8415B…17.4006 52.7%      659 0.0264  0.00 SELECT posts users
#    2 0xC9383ACA6FF14C29E819735F0… 2.2666  6.9%      659 0.0034  0.00 SELECT posts
#    3 0x112E2062ED5F42DC18C1C3895… 1.9661  6.0%     7617 0.0003  0.00 SELECT comments users
#    4 0xF06FD3ADA7166D538F52A2D91… 1.6574  5.0%     5909 0.0003  0.00 SELECT posts users
#    5 0x422390B42D4DD86C7539A5F45… 1.4950  4.5%     7841 0.0002  0.00 SELECT comments
#    6 0x9F2038550F51B0A3AB05CA526… 1.2791  3.9%      305 0.0042  0.00 SELECT comments
```

지금까지 100,000회 정도 실행되고 있던 상위 3개의 쿼리는 실행 횟수가 대략 7,000회로 감소해 3~5위로 순위가 하락했고 병목이 해결됐다. 이제 벤치마커 실행 중에 top 명령어 상태를 확인한다.

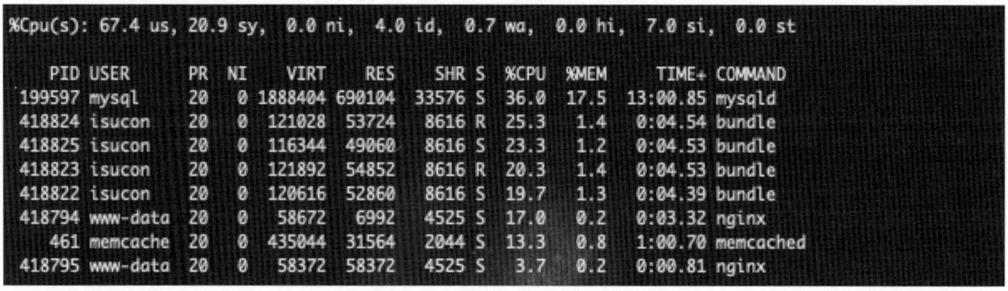

그림 A.18 벤치마커 실행 중 top 명령어 실행 결과 예

private-isu를 구성하는 MySQL, 응용 프로그램, nginx, memcached 모두 CPU 자원을 독점하지 않고 사용하고 있기 때문에 시스템에 병목이 없음을 확인할 수 있다. 모든 프로세스가 자원을 독점하지 않는 것은 병목이 적은 상태임을 의미한다.

▌적절한 인덱스를 사용할 수 없는 쿼리를 해결(약 200,000점)

N+1 문제로 인해 많은 양의 MySQL 쿼리 결과를 memcached에 캐시한 결과 다음 쿼리가 `pt-query-digesst` 분석에서 1위로 올라갔다. 다른 모든 쿼리는 평균 5msec 미만으로 처리가 완료됐지만, 이 쿼리만 아직도 평균 26msec이다.

```
SELECT p.id, p.user_id, p.body, p.mime, p.created_at, u.account_name
  FROM `posts` AS p JOIN `users` AS u ON (p.user_id=u.id)
  WHERE p.user_id='85' AND u.del_flg=0
```

```
ORDER BY p.created_at DESC
LIMIT 20
```

현재 posts 테이블에는 created_at 열에 대한 posts_order_idx(created_at DESC)라는 하나의 인덱스가 있다. 이 인덱스는 ORDER BY 절에 사용된 p.created_at DESC와 같은 정렬을 최적화하기 위해 사용된다. 일반적으로 이러한 인덱스를 'ORDER BY를 위한 인덱스'라고 부른다. 이 쿼리는 다음과 같이 동작한다.

1. posts 테이블의 행을 created_at의 내림차순 인덱스를 사용해 차례로 가져온다.

2. posts.user_id가 특정 값(여기서는 85만)인 행에 해당하는 users 테이블의 행을 가져온다.

3. users.del_flg가 0이면 결과에 채용한다.

4. 결과가 20행이 모이면 처리를 중지한다.

즉, 이 쿼리는 posts 테이블을 최신의 것부터 순서대로 특정 user_id를 가지는 행이 20행 발견될 때까지 계속 검색한다. 즉시 관련 행이 20행 발견되면 문제는 없지만, WHERE 절에 지정된 user_id를 가지는 행이 20행 미만이라면 최종적으로는 posts 테이블을 모두 검색하게 된다. 이 쿼리에서는 user_id로 필터링한 후 created_at으로 정렬하기 위해 복합 인덱스를 만드는 것이 효과적이다. (user_id, created_at DESC) 인덱스를 추가해 본다.

```
mysql> ALTER TABLE `posts` ADD INDEX `posts_user_idx` (`user_id`,`created_at` DESC);
Query OK, 0 rows affected (0.07 sec)
Records: 0 Duplicates: 0 Warnings: 0
```

그림 A.19 (user_id, created_at DESC) 인덱스 생성

하지만 이 인덱스를 생성한 상태에서 벤치마커를 실행하면 점수는 약 6만 점까지 크게 낮아졌다.

```
{"pass":true,"score":60693,"success":60142,"fail":0,"messages":[]}
```

실행 중인 top 명령의 결과는 다음과 같다. 지금까지 각 컴포넌트가 CPU를 나누어 사용하던 상태에서 MySQL의 CPU 사용률이 크게 증가했다.

```
%Cpu(s): 67.4 us, 20.9 sy,  0.0 ni,  4.0 id,  0.7 wa,  0.0 hi,  7.0 si,  0.0 st

   PID USER      PR  NI    VIRT    RES    SHR S  %CPU  %MEM     TIME+ COMMAND
199597 mysql     20   0 1888404 686668  30084 S 144.5  17.5  13:46.45 mysqld
418822 isucon    20   0  120528  53484   8616 R   9.3   1.4   0:14.95 bundle
418824 isucon    20   0  126080  58172   8616 S   7.3   1.5   0:15.22 bundle
418823 isucon    20   0  127004  59804   8616 R   6.6   1.5   0:14.77 bundle
418825 isucon    20   0  121488  54264   8616 S   6.6   1.4   0:14.71 bundle
418794 www-data  20   0   58664   6956   4524 S   5.3   0.2   0:11.13 nginx
   461 memcache  20   0  435044  31564   2044 S   4.7   0.8   1:07.24 memcached
418795 www-data  20   0   58244   6532   4525 S   0.7   0.2   0:02.61 nginx
```

그림 A.20 (user_id, created_at DESC) 인덱스 생성 후 top 명령 실행 결과 예

이 현상이 발생한 이유에 대해서는 5장을 참조한다.

posts 테이블에 인덱스를 추가한 결과 posts 테이블에는 여러 인덱스가 존재하는 상태가 됐다. MySQL 의 옵티마이저는 통계 정보를 기반으로 여러 인덱스 중 가장 효율적으로 판단한 인덱스를 사용하는 실행 계획을 채용한다. 하지만 옵티마이저가 판단을 잘못하면 실제로는 효율이 나쁜 인덱스를 선택해 버린다.

옵티마이저가 효율적인 인덱스를 선택하도록 지시하기 위해서는 JOIN하고 있는 쿼리에 FORCE INDEX를 추가해야 한다. 이번에 문제가 된 쿼리에 대해 FORCE INDEX를 지정하면 다음과 같이 된다.

```
SELECT p.id, p.user_id, p.body, p.mime, p.created_at, u.account_name
  FROM `posts` AS p FORCE INDEX(`posts_user_idx`) JOIN `users` AS u ON (p.user_id=u.id)
  WHERE p.user_id='85' AND u.del_flg=0
  ORDER BY p.created_at DESC
  LIMIT 20
```

FORCE INDEX를 생성한 결과 점수는 약 20만 점이 됐다.

```
{"pass":true,"score":199922,"success":196743,"fail":0,"messages":[]}
```

pt-query-digest의 결과에서도 어떤 한 종류의 쿼리도 돋보이지 않고 모든 쿼리가 평균 5msec 이하로 실행되는 것을 알 수 있다.

```
# Profile
# Rank Query ID                           Response time Calls R/Call V/M   Item
# ==== ============================= ============= ===== ====== ===== ===
#    1 0x9F2038550F51B0A3AB05CA526...  1.6227 12.4%   381 0.0043  0.00 INSERT comments
#    2 0xDE8A081EC1ABB7D6B96721C4A...  1.6221 12.4%  9023 0.0002  0.00 SELECT comments users
```

```
#    3 0xF06FD3ADA7166D538F52A2D91...  1.5633 11.9%  6606 0.0002  0.00 SELECT posts users
#    4 0x26489ECBE26887E480CA8067F...  1.4099 10.8%   330 0.0043  0.00 INSERT users
#    5 0x422390B42D4DD86C7539A5F45...  1.2651  9.7%  9254 0.0001  0.00 SELECT comments
#    6 0x4887D538DB6F2026DBA4C0E23...  1.0787  8.2%  4933 0.0002  0.00 SELECT comments users
#    7 0x009A61E5EFBD5A5E4097914B4...  1.0280  7.8%   228 0.0045  0.00 INSERT posts
#    8 0xEB805C8D357C3FC8377D10503...  1.0174  7.8%  3220 0.0003  0.00 SELECT posts users
#    9 0x243668FEACB8754B20BF55633...  0.7970  6.1%  5242 0.0002  0.00 SELECT posts users
#   10 0x396201721CD58410E070DA942...  0.4576  3.5%  4150 0.0001  0.00 SELECT users
#   11 0xA047A0D0BA167343E5B367867...  0.3392  2.6%  2655 0.0001  0.00 SELECT users
#   12 0xC37F2207FE2E699A3A976F5EB...  0.2109  1.6%   844 0.0002  0.00 SELECT comments
#   13 0x1D5417A0D00E20D4557EB4C98...  0.1950  1.5%   844 0.0002  0.00 SELECT posts users
#MISC 0xMISC                          0.4889  3.7%  2892 0.0002  0.0 <12 ITEMS>
```

지금까지의 튜닝으로 top 명령의 결과에서 드디어 MySQL이 가장 CPU를 많이 사용하는 프로세스가 아니게 됐다.

```
%Cpu(s): 67.8 us, 21.9 sy,  0.0 ni,  2.7 id,  0.5 wa,  0.0 hi,  7.1 si,  0.0 st

   PID USER       PR  NI    VIRT    RES    SHR S  %CPU  %MEM     TIME+ COMMAND
462244 isucon     20   0  124980  55376   8400 R  27.2   1.4   0:18.21 bundle
462246 isucon     20   0  123484  55972   8400 R  25.9   1.4   0:18.03 bundle
462245 isucon     20   0  120868  53792   8400 R  24.6   1.4   0:18.20 bundle
462247 isucon     20   0  121168  53956   8400 S  23.3   1.4   0:18.45 bundle
199597 mysql      20   0 1888404 677372  20788 S  20.3  17.2  15:19.63 mysqld
462217 www-data   20   0   58632   6924   4524 S  18.9   0.2   0:13.17 nginx
   461 memcache   20   0  437100  33676   2044 S  14.6   0.9   1:28.38 memcached
462216 www-data   20   0   58584   6876   4524 S   4.7   0.2   0:03.75 nginx
```

그림 A.21 FORCE INDEX를 생성한 후 top 명령 실행 결과 예

▌외부 명령 호출 중지(약 240,000점)

MySQL의 최적화가 진행된 결과 응용 프로그램 서버가 병목이 된 것 같다. alp로 액세스 로그를 해석해 '평균 응답 시간'을 크기가 큰 순서대로 정렬해 본다(--sort avg).

COUNT	METHOD	URI	MIN	AVG	MAX	SUM
314	POST	/register	0.011	0.056	0.099	17.834
2401	POST	/login	0.003	0.050	0.111	121.952
1	GET	/initialize	0.040	0.040	0.040	0.040
420	POST	/	0.003	0.034	0.079	14.532
827	GET	/@\w+	0.009	0.032	0.065	26.693
3210	GET	/posts	0.004	0.028	0.093	92.011
6612	GET	/	0.004	0.026	0.112	175.964

그림 A.22 alp 실행 결과 예(--sort avg)

POST /register나 POST /login이 상위에 위치했다. 이 URL은 사용자 등록 및 로그인 처리를 실시한다.

private-isu의 초기 구현에서는 등록 및 로그인 처리에 필요한 패스워드의 해시값을 계산하기 위해 외부 명령(openssl 명령)을 호출한다. 외부 명령 호출은 성능에 문제가 발생할 수 있으므로 라이브러리를 사용하도록 변경한다. 자세한 내용은 8장을 참조한다. 실제 변경한 코드의 부분은 다음과 같다.

```
+require 'openssl'

def digest(src)
-  # openssl의 버전에 따라서는 (stdin)= 라는 것이 붙으므로 가져온다.
-  `printf "%s" #{Shellwords.shellescape(src)} | openssl dgst -sha512 | sed 's/^.*= //'`.strip
+  return OpenSSL::Digest::SHA512.hexdigest(src)
end
```

단 두 줄의 변경이지만 점수는 20만 점에서 24만 점까지 향상됐다.

```
{"pass":true,"score":240006,"success":233386,"fail":0,"messages":[]}
```

액세스 로그 분석 결과에서도 평균 50msec 정도 걸렸던 처리가 20msec 이하로 단축된 것을 확인할 수 있다.

```
+-------+--------+-----------+-------+-------+-------+--------+
| COUNT | METHOD |    URI    |  MIN  |  AVG  |  MAX  |  SUM   |
+-------+--------+-----------+-------+-------+-------+--------+
|   599 | POST   | /register | 0.004 | 0.019 | 0.059 | 11.322 |
|  4033 | POST   | /login    | 0.004 | 0.015 | 0.062 | 60.943 |
```

그림 A.23 외부 명령 호출을 중지한 후 alp 실행 결과 예

▌MySQL 설정 변경 (약 250,000점)

현재 pt-query-digest의 결과는 다음과 같다.

```
# Profile
# Rank Query ID                           Response time Calls R/Call V/M    Item
# ==== ================================== ============= ===== ====== ===== ====
#    1 0x26489ECBE26887E480CA8067...      2.6611 14.9%    582 0.0046  0.00 INSERT users
#    2 0x9F2038550F51B0A3AB05CA52...      2.4228 13.6%    542 0.0045  0.00 INSERT comments
#    3 0xDE8A081EC1ABB7D6B96721C4...      2.0272 11.4% 11222 0.0002  0.00 SELECT comments users
#    4 0xF06FD3ADA7166D538F52A2D9...      1.9429 10.9%  8122 0.0002  0.00 SELECT posts users
```

```
#    5 0x422390B42D4DD86C7539A5F4...  1.6045  9.0% 11589 0.0001  0.00 SELECT comments
#    6 0x009A61E5EFBD5A5E4097914B...  1.4872  8.3%   337 0.0044  0.00 INSERT posts
```

INSERT 쿼리가 평균적으로 5msec 정도 소요되므로 가장 상위에 있다.

현재 MySQL 설정은 슬로우 쿼리 로그를 활성화하는 것 외에는 기본 설정 그대로다. INSERT 성능을 향상시키기 위해 5장의 칼럼을 참조하여 MySQL 설정을 조정할 수 있다. 아래의 설정을 /etc/mysql/mysql.conf.d/mysqld.conf에 추가한 후 MySQL을 다시 시작한다.

```
# 커밋마다 갱신 데이터를 로그에 쓰고 초당 로그를 플래시
innodb_flush_log_at_trx_commit = 2
# 바이너리 로그 비활성화
disable-log-bin = 1
```

점수는 약간 향상됐으며 250,000점을 넘었다.

```
{"pass":true,"score":252403,"success":249912,"fail":0,"messages":[]}
```

pt-query-digest 결과에서는 상위에서 INSERT 쿼리가 없어지고 상위 모든 쿼리가 평균 1msec 미만으로 처리될 수 있게 되었음을 알 수 있다.

```
# Profile
# Rank Query ID                         Response time Calls R/Call V/M   Item
# ==== ============================== ============= ===== ====== ===== ====
#    1 0xDE8A081EC1ABB7D6B96721C4...  2.0424 17.7% 11613 0.0002  0.00 SELECT comments users
#    2 0xF06FD3ADA7166D538F52A2D9...  1.9629 17.0%  8552 0.0002  0.00 SELECT posts users
#    3 0x422390B42D4DD86C7539A5F4...  1.6039 13.9% 12027 0.0001  0.00 SELECT comments
#    4 0x4887D538DB6F2026DBA4C0E2...  1.3054 11.3%  6102 0.0002  0.00 SELECT comments users
#    5 0xEB805C8D357C3FC8377D1050...  0.9984  8.6%  3320 0.0003  0.00 SELECT posts users
#    6 0x243668FEACB8754B20BF5563...  0.9705  8.4%  6652 0.0001  0.00 SELECT posts users
#    7 0x396201721CD58410E070DA94...  0.7266  6.3%  6816 0.0001  0.00 SELECT users
#    8 0xA047A0D0BA167343E5B36786...  0.5344  4.6%  4333 0.0001  0.00 SELECT users
#    9 0xC37F2207FE2E699A3A976F5E...  0.2861  2.5%  1157 0.0002  0.00 SELECT comments
#   10 0x1D5417A0D00E20D4557EB4C9...  0.2538  2.2%  1157 0.0002  0.00 SELECT posts users
#   11 0xCDEB1AFF2AE2BE51B2ED5CF0...  0.1764  1.5%  1157 0.0002  0.00 SELECT comments
#   12 0x82E4B026FA27240AB4BB2E77...  0.1459  1.3%  1157 0.0001  0.00 SELECT users
# MISC 0xMISC                          0.5500  4.8%  3376 0.0002   0.0 <13 ITEMS>
```

여기까지는 분석을 위해 슬로우 쿼리 로그를 모든 쿼리에 대해 출력하는 설정으로 돼 있었다. 하지만 모든 쿼리를 로그로 출력함으로써 MySQL의 부하는 올라간다.

슬로우 쿼리 로그를 비활성화해 성능이 변경되는지 확인한다. `slow_query_log=0`으로 변경해 MySQL을 다시 시작한다. 슬로우 쿼리 로그를 출력하는 부하를 제거한 결과 점수는 3,000점 정도 향상된다.

```
{"pass":true,"score":255712,"success":249342,"fail":0,"messages":[]}
```

▌memcached에 대한 N + 1 제거 (약 300,000 점)

'10.3.11. posts에서 N+1 쿼리 결과를 캐시(약 180,000점)' 항에서는 MySQL의 N+1 쿼리를 캐시해 성능을 개선했다. 하지만 MySQL에 대한 쿼리가 memcached에 대한 요청을 대체했을 뿐 memcached에 대한 N+1 문제는 남아 있다. memcached에는 1회 요청으로 여러 값을 검색하는 `get_multi`라는 명령이 있다. 이를 사용해 memcached의 N+1 문제를 해결한다. 자세한 내용은 5장을 참조한다.

미리 가져오고자 하는 값의 키를 배열로 구성하여 `get_multi(keys)`를 실행해 한꺼번에 결과를 가져온다. 그 후 루프에서는 해당 값을 참조하기만 하면 된다. 이렇게 함으로써 루프를 돌 때마다 memcached 요청을 보내는 것을 억제할 수 있다(리스트 A.14).

리스트 A.14 memcached에 get_multi로 N+1 문제를 해결하는 코드 예

```
def make_posts(results, all_comments: false)
posts = []
# posts.id를 미리 꺼내 캐시 키를 나열
count_keys = results.to_a.map{|post| "comments.#{post[:id]}.count"}

# get_multi로 여러 키를 한 번에 취득
cached_counts = memcached.get_multi(count_keys)

# 루프를 실시
results.to_a.each do |post|
    # 취득한 캐시가 있으면 사용
    if cached_counts["comments.#{post[:id]}.count"]
      post[:comment_count] = cached_counts["comments.#{post[:id]}.count"].to_i
    else
      # 존재하지 않으면 MySQL에 쿼리
```

```
      post[:comment_count] = db.xquery('SELECT COUNT(*) AS `count` FROM `comments` WHERE `post_
id` = ?',
        post[:id]
    ).first[:count]
    # memcached에 설정 (TTL 10초)
    memcached.set("comments.#{post[:id]}.count", post[:comment_count], 10)
  end
```

memcached에 대한 N+1 문제를 해결한 결과 점수는 약 30만 점까지 향상됐다.

```
{"pass":true,"score":297164,"success":291102,"fail":0,"messages":[]}
```

액세스 로그의 해석 결과는 다음과 같다. 모든 엔드포인트에서 평균 응답 시간이 38msec 이하, 최장 72msec이다.

```
+--------+--------+----------------+-------+-------+-------+---------+
| COUNT  | METHOD |      URI       |  MIN  |  AVG  |  MAX  |   SUM   |
+--------+--------+----------------+-------+-------+-------+---------+
|    832 | POST   | /              | 0.004 | 0.038 | 0.072 |  31.583 |
|   1622 | GET    | /@\w+          | 0.004 | 0.022 | 0.060 |  36.335 |
|   5201 | GET    | /posts         | 0.004 | 0.017 | 0.056 |  84.842 |
|   9911 | GET    | /              | 0.004 | 0.020 | 0.092 | 169.320 |
|   8120 | GET    | /posts/[0-9]+  | 0.004 | 0.014 | 0.036 | 112.970 |
|    721 | POST   | /comment       | 0.004 | 0.013 | 0.032 |  10.063 |
|   5012 | POST   | /login         | 0.004 | 0.014 | 0.032 |  65.993 |
|    801 | GET    | /logout        | 0.004 | 0.017 | 0.028 |  13.964 |
|    743 | POST   | /register      | 0.004 | 0.013 | 0.028 |   9.968 |
|    779 | GET    | /admin/banned  | 0.004 | 0.013 | 0.028 |  10.109 |
|   2014 | GET    | /login         | 0.000 | 0.012 | 0.028 |  24.096 |
|      1 | GET    | /initialize    | 0.012 | 0.012 | 0.012 |   0.012 |
| 241027 | GET    | /image/\d+     | 0.000 | 0.000 | 0.008 |   0.312 |
|  26349 | GET    | /js/.*         | 0.000 | 0.000 | 0.000 |   0.000 |
|  10326 | GET    | /css/.*        | 0.000 | 0.000 | 0.000 |   0.000 |
|  10326 | POST   | /favicon.ico   | 0.000 | 0.000 | 0.000 |   0.000 |
+--------+--------+----------------+-------+-------+-------+---------+
```

그림 A.24 memcached에 대한 N+1 문제를 해결한 후 alp 실행 결과 예

▌Ruby의 YJIT를 활성화(약 320,000점)

Ruby 3.1에서 새롭게 도입된 JIT(just-in-time) 컴파일러인 YJIT를 활성화해 성능을 높일 수 있는지 확인한다. unicorn에서는 실행 파일의 첫 줄에 ruby 명령이 지정돼 있기 때문에 여기에 --yjit 옵션을 추가하고 다시 시작한다(리스트 A.15). -S 옵션은 ruby 명령에 --yjit를 인수로 전달하기 위해 사용되며, 지정하지 않으면 ruby --yjit라는 명령을 실행하려고 하면 오류가 발생할 수 있다.

리스트 A.15 /home/isucon/.local/ruby/bin/unicorn의 차이점

```
- #!/usr/bin/env ruby
+ #!/usr/bin/env -S ruby --yjit
```

재시작 후 벤치마커에서 점수가 320,000점까지 향상된다.

```
{"pass":true,"score":322935,"success":303482,"fail":0,"messages":[]}
```

초기 상태는 약 650점이었다는 것을 기억하자. 지금까지의 튜닝으로 최종적으로 점수가 약 500배가 됐다.

▌ 처음에 생성한 인덱스를 삭제(약 10,000점)

지금까지의 튜닝으로 성능을 개선했다. 마지막으로 가장 먼저 튜닝으로 실시한 comments 테이블에 인덱스를 생성하는 과정이 없었다면 어떤 결과가 되는지 확인해 보자. 처음 인덱스 생성 이외의 튜닝은 모두 실시한 상태다. 인덱스를 삭제하고 벤치마커를 실행한다.

```
mysql> ALTER TABLE `comments` DROP INDEX `post_id_idx`;
Query OK, 0 rows affected (0.01 sec)
Records: 0 Duplicates: 0 Warnings: 0
```

그림 A.25 인덱스 삭제

점수는 인덱스 삭제 전에는 약 320,000점이었지만, 이후에는 약 10,000점까지 내려갔다.

```
{"pass":true,"score":9873,"success":93942,"fail":0,"messages":[]}
```

액세스 로그 분석 결과에서도 평균 응답 시간이 3초가 되는 엔드포인트가 있다. 인덱스를 삭제하기 전에 GET /posts의 평균 응답 시간은 17msec이었으므로 대기 시간이 약 100배 이상 악화된 것이다.

```
+-------+--------+-----------+--------+--------+--------+----------+
| COUNT | METHOD |    URI    |  MIN   |  AVG   |  MAX   |   SUM    |
+-------+--------+-----------+--------+--------+--------+----------+
|    51 | POST   | /posts    | 0.853  | 2.949  | 5.121  | 150.423  |
|    35 | GET    | /@\w+     | 0.853  | 2.433  | 5.918  |  85.139  |
|   198 | GET    | /posts/[0-9]+ | 0.052 | 0.608 | 3.988 | 120.394  |
|   397 | GET    | /         | 0.004  | 0.584  | 3.235  | 231.889  |
|    25 | POST   | /register | 0.021  | 0.542  | 2.985  |  13.553  |
+-------+--------+-----------+--------+--------+--------+----------+
```

그림 A.26 인덱스 삭제 후 alp 명령 실행 결과 예

실행 중인 top 명령에서도 MySQL이 대량으로 CPU를 사용하고 다른 프로세스가 만족스럽게 동작할 수 없는 상태가 확인된다.

```
%Cpu(s): 98.8 us,  0.8 sy,  0.0 ni,  0.0 id,  0.0 wa,  0.0 hi,  0.3 si,  0.0 st

    PID USER      PR  NI    VIRT    RES    SHR S  %CPU  %MEM     TIME+ COMMAND
 522324 mysql     20   0 1791668 426820  34964 S 193.0  10.8   1:26.21 mysqld
 522918 isucon    20   0  116028  48504   8856 S   2.3   1.2   0:00.19 bundle
 522894 www-data  20   0   58240   6304   4192 S   1.3   0.2   0:00.10 nginx
 522919 isucon    20   0  117336  49960   8856 S   1.3   1.3   0:00.20 bundle
 522917 isucon    20   0  120692  52192   8856 S   1.3   1.3   0:00.23 bundle
```

그림 A.27 인덱스 삭제 후 top 명령 실행 결과 예

초기 상태에서 commensts 테이블에 인덱스를 생성한 상태의 점수는 약 5,500점이었다. 최종 상태에서 인덱스를 삭제한 1만 점과 1.8배 정도의 차이밖에 나지 않는다. 초기 큰 병목에 대해 인덱스를 작성한 것에 따른 성능의 영향과 이후 32만 점에 도달하기까지 수행한 여러 튜닝에 따른 결과가 크게 다르지 않다는 것이다.

이 실험은 하나의 병목이 전체 시스템의 성능에 큰 영향을 미친다는 것을 보여준다. 따라서 웹 서비스의 성능을 개선하려면 해당 서비스에서 발생하는 실제 병목을 찾아 해결하는 것이 중요하다. 다른 사례에서 효과가 있었던 방법을 그대로 적용하는 것보다는 실제로 존재하는 병목을 해결해야만 웹 서비스의 성능을 효과적으로 개선할 수 있다는 것을 알 수 있다.

A-4 정리

private-isu에 대해서 이 책에서 다룬 각종 튜닝을 적용해 500배 이상의 성능 향상을 이루었다. 최종적으로 진행한 튜닝한 후, top 명령을 실행한 결과는 다음과 같다.

```
%Cpu(s): 76.2 us,  15.5 sy,  0.0 ni,  0.8 id,  0.0 wa,  0.0 hi,  7.5 si,  0.0 st

    PID USER      PR  NI    VIRT    RES    SHR S  %CPU  %MEM     TIME+ COMMAND
 522603 isucon    20   0  127304  60820   8880 R  33.9   1.5   0:45.89 bundle
 522604 isucon    20   0  128628  61592   8880 S  33.2   1.6   0:47.07 bundle
 522605 isucon    20   0  128592  61792   8880 S  33.6   1.6   0:46.72 bundle
 522606 isucon    20   0  128652  61300   8880 S  31.6   1.6   0:45.81 bundle
 522576 www-data  20   0   58700   6952   4524 R  24.3   0.2   0:34.14 nginx
 522324 mysql     20   0 1787580 422996  34496 S  23.6  10.7   0:48.77 mysqld
    461 memcache  20   0  515484  46600   2044 S  10.3   1.2   2:51.98 memcached
 522577 www-data  20   0   58428   6748   4524 S   7.6   0.2   0:11.16 nginx
```

그림 A.28 모든 튜닝을 완료한 후 top 명령 실행 결과 예

초기에는 MySQL이 1코어를 독점하면서 650점이었지만, 최종적으로는 MySQL이 4분의 1의 CPU만을 사용하면서 500배 이상의 성능 향상을 달성했다. RDBMS는 스케일 아웃(Scale-out)이 어려운 미들웨어이며, 응용 프로그램 서버나 리버스 프락시 등은 상태를 오랫동안 유지하지 않기 때문에 쉽게 스케일 아웃할 수 있다.

따라서 MySQL을 위한 추가적인 서버를 준비할 필요 없이 현재 사용하는 1대의 MySQL 서버로도 충분한 여유가 있다. 응용 프로그램 서버를 따로 준비해 스케일 아웃하면 더 많은 처리량 향상이 가능하다.

B

벤치마커
구현

이 부록은 ISUCON 대회에서 사용하는 벤치마커의 설계와 구현에 대해 다룬다. 대상 독자는 ISUCON 벤치마커를 만들고 싶거나, 이전의 튜닝과는 달리 ISUCON 문제를 출제하고 싶은 사람이다. 벤치마커의 구현은 ISUCON 문제의 병목을 구현하는 것과 같다. 좋은 벤치마커일수록 튜닝 대상의 웹 서비스에 분산된 병목을 효과적으로 찾아낼 수 있다. 이를 통해 ISUCON 대회에 대한 감각과 성능 저하를 유발하는 병목이 어디에서 발생하는지에 대한 이해가 더욱 깊어진다.

이 부록에서는 먼저 필요한 기능과 구현 패턴을 소개하고, 이를 기반으로 Go 언어를 사용하여 벤치마커를 구현한다. Go의 기능은 설명히지 않으므로, Go를 처음 사용해 보는 독자는 Go 홈페이지의 'A Tour of Go'[1]에서 기초를 학습할 것을 권장한다.

또한 이 부록에서는 다른 용어와의 혼동을 피하고자 ISUCON에서 문제에 답하고 구현에 참여하는 참가자나 팀을 선수, ISUCON 문제를 출제하는 사람을 출제자, 대회 당일 선수로부터의 문의에 답하거나 대회 상황을 주시하면서 운영하는 사람을 대회 운영자로 명한다.

B-1 ISUCON의 벤치마커는 무엇인가?

ISUCON에서는 대회 시작 시, 서비스 구성에 필요한 소스 코드, 실행 환경, 대회 포털에서의 벤치마커 실행 권한 및 규정 등을 제공한다. 구현 언어는 자유롭게 선택할 수 있으며 실행 환경은 제한되어 있지만, 이를 내부적으로 어떻게 구성하더라도 상관없다. 이러한 제약 조건 내에서 동작하는 선수의 구현에 대한 부하 테스트뿐만 아니라, 벤치마커의 역할도 매우 중요하다.

▌부하 테스트 도구로서의 벤치마커

ISUCON은 고속화 기술 경쟁을 하는 대회이므로 선수들은 항상 고속화된 웹 서비스를 만들어 경쟁한다. ISUCON 벤치마커는 이에 적합한 부하를 주어 선수의 구현을 지속적으로 테스트한다. 일반적인 부하 테스트는 예상 사용자 수나 요청 빈도에 따라 테스트 시나리오를 설계해 웹 서비스가 부하에 견딜 수 있는지 검증하지만, ISUCON 벤치마커는 선수의 구현이 더욱 고속화되면 더 큰 부하를 가하고, 선수의 구현이 부하를 견딜 수 없어 보인다면 그 이상의 부하를 가하지 않게 구현된 계측기다.

또한 일반적인 부하 테스트처럼 예상한 테스트 시나리오를 준비해 구현할 요청 수나 사용자 수에 한계

---

1 https://go-tour-ko.appspot.com/welcome/1

가 생겨 그 테스트 시나리오에 완전히 견딜 수 있는 구현이 여러 선수에게 사용된다면 순위를 결정할 수 없게 된다. 양쪽 모두 벤치마커가 만드는 모든 부하를 처리하고 있기 때문에 같은 부하에서 어느 구현이 우위에 있는지를 비교할 수 있는 수단이 없기 때문이다.

이러한 이유로 ISUCON에서의 벤치마커는 일정 시간 내에 얼마나 많은 부하를 만들어 내는지에 대한 상한선이 결정되지 않으며, 선수의 구현이 견딜 수 있는 최대량의 부하를 만들어 내도록 설계된다. 실제로 선수가 서비스를 얼마나 빨리 처리하느냐는 미리 계측할 수 없기 때문에 벤치마커는 가능한 한 빠른 구현에 대응할 수 있게 설계돼야 한다.

높은 부하를 주기 위해 매우 많은 요청을 생성하거나 대량의 데이터를 기록하는 것은 벤치마커 자체가 보유한 검증용 데이터가 많아지는 것과 같기 때문에 벤치마커가 검증에 소요하는 시간도 증가한다. 미리 선수가 어떤 구현을 할지 예측하기는 어렵지만 출제자가 가정하는 한계 내에서 튜닝을 시도한 구현을 제공받아 부하를 가해도 벤치마커에 여유가 있는지 확인할 수 있다.

■ 웹 서비스 구현에 대한 E2E 테스트로서의 벤치마커

ISUCON에서는 여러 언어로 구현된 예제가 제공되며 이를 참고 구현이라고 한다. 참고 구현이 여러 언어로 제공되는 이유는 참가자가 특정 언어로만 참가할 경우 참가하는 사람에 제한이 생길 수 있기 때문이다. 물론 ISUCON에서는 외형적인 동작이 유지되면서 규정을 준수한다면 어떤 구현이든 허용하므로 원하는 언어로 풀 스크래치로 구현할 수 있다.

ISUCON에서는 최소한의 동작이 보장되는 참고 구현이 있는 언어와 없는 언어 사이에 난이도 차이가 크기 때문에 대회 운영진은 가능한 한 많은 언어로 참고 구현을 제공한다. private-isu에서도 Go, PHP, Ruby의 참고 구현이 제공되며, 이 중 하나를 다룰 수 있다면 문제에 도전할 수 있다. 참고 구현을 준비할 때는 어떤 언어가 작동하지 않는 등의 상황을 방지하기 위해 문제 출제자는 가능한 한 같은 구현으로 맞춰야 한다. 하지만 언어마다 작성 방법이나 사용할 수 있는 라이브러리가 다르기 때문에 완전히 같은 구성의 소스 코드로 만드는 것은 어렵다.

이러한 상황에서 벤치마커는 문제 출제자를 위한 E2E 테스트[2] 도구 역할을 한다. 벤치마커를 검증함으로써 마커가 보증하는 검증 통과를 확인하면 해당 언어의 참조 구현이 다른 참조 구현과 동일한 기능을 제공한다고 간주하므로 벤치마커 검증에 결함이 있다면 참조 구현에서 이식되지 않는 것이 원인이 될 수 있다.

---

2 End To End 테스트. 시스템 전체에서 실시하는 테스트

ISUCON 대회에서는 참가자들이 자유롭게 구현을 변경할 수 있기 때문에 부정적인 구현으로 점수를 불법적으로 상승시키는 치트 행위를 방지해야 한다. 예를 들어 서비스에 등록된 모든 데이터를 볼 수 있는 페이지를 불법적으로 캐시하고 항상 같은 데이터를 반환하도록 하면 데이터를 얻는 계산 비용이 줄어들어 점수가 크게 상승하지만, 이는 서비스의 기능을 유지하는 것이라고 할 수 없다. 만약 벤치마커가 아무런 검증 없이 단순히 URL에 액세스하고 부하를 주는 것만을 구현한다면 이러한 행위가 확인되지 않고 참가자는 불법적으로 높은 점수를 얻게 된다. 의도적인 부정행위가 아니더라도 검증하지 않으면 참가자가 잘못된 구현을 했을 때 자신의 구현이 규정을 위반하고 결과적으로 부정적인 것임을 인지할 수 있는 수단이 1개 없어져 버린다.

벤치마커는 선수의 웹 서비스 구현 성능을 측정하기 위해 고부하를 주는 도구다. 동시에 선수 또는 참고 구현이 규정에 따른 구현인지 확인하는 E2E 역할도 한다.

E2E 테스트

일반적으로 E2E 테스트는 Puppeteer[3]와 같은 헤드리스(headless) 브라우저를 사용해 실제 사용자의 동작을 재현한다. 이는 E2E 테스트의 대상으로 프런트엔드의 JavaScript 동작도 대상으로 하기 때문에 헤드리스 브라우저를 사용하는 것이 필수다.

하지만 ISUCON 문제를 만들 때 E2E 테스트는 참고 구현이 각종 엔드포인트를 올바르게 구현했는지를 검사하는 것이 주된 목적이므로 프런트엔드 테스트는 포함하지 않고 HTTP 요청과 해당 응답 내용의 검사에 국한한다. 따라서 단순한 HTTP 요청을 보내는 것만으로 과도한 스펙의 헤드리스 브라우저는 사용하지 않는다. 앞으로 프런트엔드까지 포함한 튜닝이 개최된다면 벤치마커를 만드는 데 헤드리스 브라우저가 포함될 수도 있다.

▌점수와 에러를 제공하는 정보원으로서의 벤치마커

ISUCON은 서비스 속도를 빠르게 만드는 기술을 경쟁하는 대회다. 선수 간에 우위성을 비교하기 위해 정량적인 평가 기준이 필요하다. ISUCON에서는 이를 위해 벤치마커를 사용하여 서비스의 성능을 측정하고, 그에 따라 점수를 계산한다. 이를 통해 순위가 결정되고, 단 한 명의 우승자가 선발된다. 그 비교 근거가 되는 점수를 계산하는 것이 벤치마커다.

벤치마커는 송수신한 요청과 그 검증의 성공 여부에 따라 독자적인 로직에 따라 점수를 계산한다. 선수는 계산된 점수를 다른 선수의 점수와 비교해 자신이 몇 등에 해당하는지를 파악할 수 있다.

---

3 https://github.com/puppeteer/puppeteer

벤치마커는 요청과 검증 결과를 기반으로 독자적인 점수 계산 로직을 사용하여 점수를 산출한다. 선수는 이 점수를 다른 선수의 점수와 비교하여 자신의 등수를 파악할 수 있다. 벤치마커는 규정에 명시된 점수 산출 규칙에 따라 점수를 계산하며, 이는 문제에 따라 다양하게 적용된다. 예를 들어 검증을 통과한 요청 수의 합을 기록하는 경우나, 사용자 스토리지에 기반한 테스트 시나리오 실행 횟수를 근거로 점수를 산출하는 경우도 있다. 에러는 종류에 따라 감점 처리되거나 매우 중요한 기능이 제공되지 않아 불합격 처리되기도 하며, 벤치마커는 이러한 감점이나 불합격 기록을 정확히 기록할 수 있도록 구조가 설계돼야 한다.

또한 선수가 검증을 통과하는 데 어려움을 겪지 않도록 벤치마커가 출력하는 에러 메시지는 원인을 추론하기 쉽게 되도록 발생 지점을 명확하게 보여줘야 한다. 이는 제한된 시간 안에 구현 속도를 최대한 높일 수 있게 도와준다.

ISUCON 대회에서는 점수 계산 근거를 계산하기 전 상태에서 출력하는 기능을 구현하기도 한다. 이를 통해 대회 운영자는 선수의 개선 내용을 대략 파악할 수 있어 출제 의도와 다른 해결 방법이나 부정한 행위가 이루어지지 않았는지 등을 유추할 수 있다. ISUCON10과 ISUCON11에서는 각 시나리오 내에 '점수 태그'라는 카운터를 만들어서 각 점수 태그별 카운트로부터 점수를 계산하는 시스템으로 구현해 선수가 어떤 시나리오를 통과하고 점수를 획득했는지 쉽게 파악할 수 있게 했다. 정보를 공개하는 범위에 따라 구현의 난이도나 선수가 경기 중에 성능 측정에 할애하는 시간의 증감에 영향을 미치므로 출제자는 정보를 공개하는 범위를 신중하게 정해야 한다. 이러한 정보를 계측하고 제공하는 정보원으로서의 구현도 벤치마커에게 매우 중요한 기능이다.

▌벤치마커에 요구되는 행동에 주의할 것

지금까지 벤치마커의 3가지 역할을 소개했는데, 이러한 역할을 충족하고 과소 또는 과대하지 않은 벤치마커를 작성하기는 매우 어렵다. 이 부록에서처럼 라이브러리 등을 활용해 직접 구현하는 경우에도 라이브러리에는 문제 특유의 로직이 없기 때문에 직접 구현해야 한다. 또한 4장에서 소개한 벤치마커 도구를 사용한 시나리오 구현이라고 해도 ISUCON 벤치 마커에서 요구되는 기능을 충족시키기는 매우 어렵다. 벤치마커는 구현의 정확성을 판단하거나 점수 계산 근거를 나타내야 하므로 버그가 있으면 대회를 계속 진행할 수 없을 수도 있기 때문에 문제 출제자가 가장 신경 써야 하는 작업 중 하나다. 이후에 소개되는 자주 사용되는 패턴 등을 기억해 사고의 부담을 줄이고 로직 구현에 집중한다.

성패 또는 순위를 계산하는 벤치마커는 이른바 ISUCON에서 심판 역할을 한다. 선수에게 공개된 규정이나 매뉴얼과 다른 부분이 있어서는 안 되며, 동시에 속도를 요구하기 때문에 모든 것을 완벽하게 검증하기는 어려울 수 있으므로 검사 기준이 필요하다.

벤치마커의 구현이 어느 정도 진행된 후 구현자와 문제 출제자가 벤치마커의 내부 구현에 대해 서로 확인하는 회의 등을 거쳐 규정이나 매뉴얼과 다르게 구현되지는 않았는지, 버그는 없는지 등을 확인해야 한다. 여기서도 이 부록에서 제공하는 전제 지식이 도움이 될 수 있다.

B-2 | 자주 사용되는 벤치마커 구현 패턴

이제부터는 실제 코드 예시를 사용하여 벤치마커의 구현에 대해 설명할 것이다. 만약 Go에 대한 학습에 부족함이 있다면 부록에서 소개한 자료 등을 참고하여 Go에 익숙해져야 한다.

벤치마커는 대량의 워커를 생성하여 요청을 보내거나 반복적으로 시나리오를 실행하거나 검증 실패에 대비해 중단될 수 있도록 준비하는 등의 구현 패턴이 빈번하게 사용된다. 이러한 구현 패턴을 미리 이해하고 있으면 다른 사람의 벤치마커를 이해하는 데 도움이 되기도 하고 자신의 벤치마커 구현에 대한 출발점이 될 수 있다. 여기서 설명하는 예시를 모두 사용할 필요는 없지만, 벤치마커의 구현 패턴을 기억하는 것은 벤치마커 구현을 원하는 독자에게 도움이 될 것이다.

context.Context

ISUCON 벤치마커에서는 net/http 패키지와 같은 중요한 패키지들이 사용되는데, 그중에서도 context 패키지는 가장 중요하다. 벤치마커는 대량의 고루틴을 시작하고 다양한 시점에서 요청을 실행하지만, 규정 시간에 모든 것이 완벽하게 종료되거나 중단돼야 한다. 이를 위해서 시간 초과, 특정 시간까지의 처리, 처리 중단 등을 다루는데, 이것이 context 패키지가 하는 일이다. 따라서 context 패키지의 사용 방법을 먼저 익혀 두는 것이 중요하다.

context.Context 생성

context 패키지에는 빈 context.Context를 생성하는 두 가지 방법이 있다. context.Background()와 context.TODO() 모두 내부적으로 context.emptyContext를 생성[4]하지만, 주로 context.Background()를 사용한다.

---

4 Go. 1.18 기준으로 작성되었기 때문에 현재의 구현과 설명이 다를 수 있다.

일반적으로 벤치마커에서는 main 함수에서 context.Background()로 context.Context를 생성하고, 이후에는 해당 context.Context를 전달하는 구조를 사용하는데, 반복적으로 context.Context를 생성하면 처리가 중단될 가능성이 있으므로 주의해야 한다.

```go
package main

import (
  "context"
)

func main() {
  // main 함수의 시작 부분에서 새로운 context.Context 생성
  ctx := context.Background()

  // context를 사용하는 처리
  ExampleContextFunc(ctx)
}

func ExampleContextFunc(ctx context.Context) {
  // 이 함수 내에서 새로운 context.Context를 생성하지 않고,
  // 다른 함수에서 context.Context를 필요로 한다면 받은 ctx를 전달한다.
}
```

context.TODO의 사용처

앞서 말한 것과 같이 context.Context의 생성에는 주로 context.Background를 사용한다. 같은 동작을 하는 context.TODO는 context.Context를 지원하지 않는 함수 내에서 context.Context가 있어야 하는 함수를 호출할 때 사용된다.

특정 함수 RequiredContextFunc는 첫 번째 인수로 context.Context를 요구하지만, 그것을 호출하는 ContextNotSupportedFunc는 context.Context를 가지고 있지 않아 전달할 context.Context가 없다. context.TODO를 사용하면 context.Background와는 달리 명시적으로 함수를 변경하고 context.Context에 대응해야 함을 나타낼 수 있다. 코드 내에서 TODO를 검색했을 때 히트하는 함수 이름으로 되어 있으므로 대응 누락 등을 쉽게 발견할 수 있으며, 대응이 필요하다는 것을 다른 사람에게 쉽게 전달할 수 있다.

```go
package main

import (
  "context"
)

func main() {
  // context.Context를 지원하지 않는 함수를 호출할 때
  // 실제로는 이 main 함수 내에서 context.Context를 생성하고 전달하고 싶다.
  ContextNotSupportedFunc()
}

// 인수에 context.Context를 사용하지 않는 함수
// 나중에 context.Context를 인수로 받도록 변경된다.
func ContextNotSupportedFunc() {
  // 전달할 context.Context가 없으므로 일단 잠정적으로 context.TODO에서 생성하고 전달한다.
  RequiredContextFunc(context.TODO())
}

// 인수에 context.Context가 필요한 함수
func RequiredContextFunc(ctx context.Context) {
}
```

context.Context가 가지고 있는 메소드

context.Context는 간단한 인터페이스로 4개의 메서드를 갖는다. 첫 번째로, context.Context.Done()은 취소 또는 데드라인에 도달했을 때 닫히는 채널을 반환한다. 이는 주로 select를 사용해 루프 등을 작성하는 데 자주 사용된다.

두 번째, context.Context.Err()는 context.Context가 종료되지 않았을 때 nil을 반환하며, 취소 또는 데드라인에 도달한 경우 해당 이유에 따른 error를 반환한다. context.Canceled는 취소된 경우에, context.DeadlineExceeded는 데드라인에 도달한 경우에 반환된다. 이러한 오류로 인해 벤치마커의 동작을 결정할 때는 주의해야 한다.

context.Deadline()은 time.Time과 bool 두 값을 반환한다. 만약 context.Context에 데드라인이 설정되어 있다면 해당 시각과 true가 반환되고, 설정되어 있지 않으면 두 번째 반환 값으로 false가 반환된

다. 벤치마커 내부에서는 데드라인을 가져오는 경우가 드물지만, 가변적인 벤치마크 시간의 마지막 몇 초 동안 다른 작업을 실행하고 싶다든지 하는 특수한 동작을 원하는 경우에 유용하다.

context.Value(key)는 context.Context에서 key에 해당하는 값을 가져온다. 값이 필요한 범위에서 사용하거나, 옵션을 전달할 때 사용해야 한다. 하지만 일부 특정 함수에 옵션을 전달하는 등의 용도로 사용해서는 안 된다. 이 메서드는 사용 방법이 어렵지만, 올바르게 사용하면 유용하게 활용할 수 있다.

context.WithCancel에 의한 context.Context 중단

context.WithCancel(ctx)는 context.Context를 인수로 받아서 새로운 context.Context와 context.CancelFunc를 반환한다. 반환된 context.CancelFunc를 호출하여 context.Context를 중단할 수 있다. context.Context의 중단은 context.WithCancel(ctx)로 가져온 부모 context.Context의 중단이 새롭게 생성된 context.Context에 전파되지만, 그 반대는 성립하지 않는다.

```
package main

import (
    "context"
    "fmt"
)

func main() {
    // 일반적으로 함수 내에서 생성된 context.CancelFunc는 defer 등으로 확실하게 context.Context가
종료되도록 작성한다.
    ctxParent, cancelParent := context.WithCancel(context.Background())
    defer cancelParent()

    ctxChild, cancelChild := context.WithCancel(ctxParent)
    defer cancelChild()

    // 부모 context.Context 중단은 하위 context.Context에도 전파된다.
    // context.CancelFunc는 여러 번 호출할 수 있다(두 번째 이후의 호출은 아무 작업도 수행하지 않음).
    cancelParent()
    // 부모 context.Context에 인터럽트가 전파되지 않는지 확인하려면 바로 위 행을 주석 처리하고 바
로 아래 행의 주석 처리를 취소한다.
    // cancelChild()
```

```
    // context.Canceled가 반환된다. 자식 context.Context의 context.CancelFunc를 실행한 경우 nil
    fmt.Printf("parent.Err is %v\n", ctxParent.Err())
    // => parent.Err is context canceled

    // 부모 context.Context 중단이 전파되고 하위 context.Context에서도 context.Canceled가 된다.
    fmt.Printf("child.Err is %v\n", ctxChild.Err())
    // => child.Err is context canceled
}
```

context.WithTimeout(ctx, d) 및 context.WithDeadline(ctx, t)에 의한 시간 제한의 context.Context 중단

context.Context를 중단시키는 방법은 명시적으로 context.CancelFunc를 호출하는 것만이 아니다. 10초 이상 걸리는 작업을 중단하는 등의 경우에도 context 패키지는 유용하다.

현재 시각으로부터 상대적인 시간으로 데드라인을 설정하려면 context.WithTimeout(ctx, d)를 사용하고 절대 시간으로 데드라인을 설정하려면 context.WithDeadline(ctx, t)를 사용한다. 벤치마커에서는 주로 타임아웃이나 일정 시간 이상 처리하지 않는 데 사용한다.

또한 이러한 데드라인 설정 함수들은 context.CancelFunc도 생성한다. 함수 내에서 새로 생성된 context.CancelFunc를 defer로 호출하지 않으면 메모리 누수가 발생하므로 반드시 호출해야 한다.

```
package main

import (
  "context"
  "fmt"
  "time"
)

func main() {
  ctxMain := context.Background()

  go func() {
    // 5초 후에 타임아웃하는 context.Context를 생성
    ctxTimeout, cancelTimeout := context.WithTimeout(ctxMain, 5 * time.Second)
    // context.CancelFunc를 호출하고 해제하는 것을 잊지 않도록
    defer cancelTimeout()
```

```go
    // context.Context 종료를 기다린다.
    <-ctxTimeout.Done()

    // 정확히 5초 후에 출력
    fmt.Println("timeout!")
  }()

  go func() {
    // 3초 후에 타임아웃하는 context.Context를 생성
    ctxDeadline, cancelDeadline := context.WithDeadline(
      ctxMain,
      // 현재 시간에 3초 더한다.
      time.Now().Add(3 * time.Second),
    )
    // context.CancelFunc를 호출하고 해제하는 것을 잊지 않도록
    defer cancelDeadline()

    // context.Context의 종료를 기다린다.
    <-ctxDeadline.Done()

    // 정확히 3초 후에 출력
    fmt.Println("deadline!")
  }()

  // 10초간 초당 n sec... 표준 출력에 표시하는 코드
  for i := 0; i < 10; i++ {
    fmt.Printf("%d sec...\n", i)
    time.Sleep(1 * time.Second)
  }
}
```

▌ time과 context에 의한 루프 패턴

context 패키지를 이용하면 벤치마커에서 자주 발생하는 루프 패턴을 파악할 수 있다. 무한 루프를 만들기 위해 for 문을 사용하고, context.Context가 중단되면 루프를 빠져나오는 코드는 다음과 같다.

```
package main

import (
  "context"
  "fmt"
  "time"
)

func main() {
  // 5초 만에 타임아웃하는 context.Context 만들기
  ctx, cancel := context.WithTimeout(context.Background(), 5 * time.Second)
  defer cancel()

L: // 루프 탈출용 라벨
  for {
    // 루프마다 출력
    fmt.Println("loop")

    select {
      // ctx가 끝나면 L 라벨까지 탈출하고 for 루프를 빠져나간다
      // 단순히 break라고 쓰면 select의 break가 되어 버려 무한 루프가 계속되므로 주의
      case <-ctx.Done():
        break L
      // ctx가 끝나지 않으면 1초간 기다린다
      default:
        time.Sleep(1 * time.Second)
    }
  }
}
```

앞의 코드 예에서는 루프마다 1초간의 time.Sleep(d)를 사용한다. 하지만 이러한 sleep 동안 context.Context가 종료되면 하나의 루프가 더 실행되기 때문에 이를 방지하기 위해서는 time.Sleep(d) 대신에 루프 이후의 대기 시간 처리에 time.After(d)를 사용해야 한다.

```
package main

import (
  "context"
```

```go
    "fmt"
    "time"
)

func main() {
    // 5.5초로 타임아웃하는 context.Context 만들기
    ctx, cancel := context.WithTimeout(context.Background(), 5 * time.Second + 500 * time.Milli-
second)
    defer cancel()

    i := 0

L: // 루프 탈출용 라벨
    for {
        // 루프마다 출력
        // time.After라면 loop 5까지밖에 출력되지 않지만, time.Sleep의 경우 하나 더해서 loop 6까지
출력된다
        fmt.Printf("loop %d\n", i)
        i++

        select {
            // ctx가 끝나면 L 라벨까지 탈출하고 for 루프를 빠져 나간다
            // 단순히 break라고 쓰면 select의 break가 되어 버려 무한 루프가 계속되므로 주의
            case <-ctx.Done():
                break L
            // ctx가 끝나지 않으면 1초를 기다리지만 채널을 수신하고 있기 때문에 먼저 ctx가 끝나면 그
쪽이 실행된다
            case <-time.After(1 * time.Second):

            // time.Sleep에서 기다리는 예
            // default:
            // time.Sleep(1 * time.Second)
        }
    }
}
```

지금까지의 예제에서는 루프마다 1초 대기 시간을 설정했는데, 만약 루프 내에서 3초가 걸리는 무거운 처리가 실행된다면 1루프의 시간은 1초와 3초를 합한 4초가 된다. 이렇게 루프 소요 시간이 안정되지 않으면 벤치마커 시간 내에 루프가 몇 번 실행될지 예측하기가 어렵고, 예상한 횟수만큼 루프가 실행되

지 않는 등의 문제가 발생할 수 있다. 이러한 경우 루프의 제한 시간을 루프 맨 처음에서 time.After(d)를 사용해 설정하고, 1루프에 드는 시간과 남은 시간으로 대기해야 한다.

```go
package main

import (
  "context"
  "fmt"
  "time"
)

func main() {
  // 10초 안에 타임아웃하는 context.Context 만들기
  ctx, cancel := context.WithTimeout(context.Background(), 10 * time.Second)
  defer cancel()

  go LoopWithBefore(ctx)
  go LoopWithAfter(ctx)

  <-ctx.Done()
}

// 루프의 시작 부분에서 time.After를 생성하고 대기하는 패턴
// Heavy Process에 1.5초가 걸리지만, 1루프의 시간은 3초에 맞춰져 있다.
func LoopWithBefore(ctx context.Context) {
  // 루프 전의 시간을 취득
  beforeLoop := time.Now()
  for {
    // 1루프의 소요 시간을 앞에서 설정
    loopTimer := time.After(3 * time.Second)

    // 1.5초 걸리는 처리
    HeavyProcess(ctx, "BEFORE")

    select {
    case <-ctx.Done():
      return
    // 앞에서 생성한 time.After를 사용해 대기
    case <-loopTimer:
```

```
      // 1루프에 걸린 시간을 표준 출력에 표시하고 beforeLoop에 현재 시간을 설정
      fmt.Printf("[BEFORE] loop duration: %.2fs\n", time.Now().Sub(beforeLoop).Seconds())
      beforeLoop = time.Now()
    }
  }
}


// 루프 끝에서 time.After를 생성하고 대기하는 패턴
// HeavyProcess에서 1.5초가 걸리고 3초 동안 기다리기 때문에 한 루프의 시간은 총 4.5초다.
func LoopWithAfter(ctx context.Context) {
  beforeLoop := time.Now()
  for {
    // 1.5초 걸리는 처리
    HeavyProcess(ctx, "AFTER")

    select {
    case <-ctx.Done():
      return
    // 이 장소에서 생성된 time.After를 사용해 대기
    case <-time.After(3 * time.Second):
      // 1루프에 걸린 시간을 표준 출력에 표시하고 beforeLoop에 현재 시간을 설정
      fmt.Printf("[AFTER] loop duration: %.2fs\n", time.Now().Sub(beforeLoop).Seconds())
      beforeLoop = time.Now()
    }
  }
}

// 어느 루프에서 호출했는지 표시하면서 1.5초 대기
func HeavyProcess(ctx context.Context, pattern string) {
  fmt.Printf("[%s] Heavy Process\n", pattern)
  time.Sleep(1 * time.Second + 500 * time.Millisecond)
}
```

time.After(d)를 생성하는 위치에 따라 1루프의 시간이 변하기 때문에 시간을 기반으로 대기하는 코드를 작성할 때는 의도하는 대기 시간이 어떤 기준으로 지켜져야 하는지를 고려해야 한다. 예를 들어, '3초마다 요청을 보냅니다'라는 매뉴얼에 명시되어 있다면 선수는 응답 시간에 관계없이 3초마다 요청이 전송되는 것을 예상할 것이다. 따라서 1 루프가 3초간 실행되도록 하고 처리가 3초마다 수행되도록 하려면 LoopWithBefore()와 같은 코드를 사용해야 한다.

매뉴얼에 '**요청마다 3초 간격을 둔다**'라는 명시 사항이 있다면, 선수는 응답 받은 후 3초 동안 요청이 발생하지 않을 것을 예상할 것이다. 따라서 루프 내의 처리 시간이 일정하지 않더라도 LoopWithAfter()와 같이 요청 후 3초 대기 시간을 설정해야 한다(또는 루프 시간이 안정적이지 않다는 이유로 매뉴얼을 변경해야 한다).

루프의 처리 시간이 바뀌는 것을 알기 어렵다면 그림 B.1을 참조한다. HeavyProcess()에서 1.5초가 걸리기 전에 time.After(d)를 생성할지, 이후에 생성할지에 의해 1루프의 실행 시간이 바뀌는 것을 이해하는 네 도움이 된다.

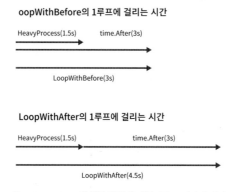

그림 B.1 time.After의 생성 위치에 따른 1루프 시간의 차이

█ sync 패키지 사용

Go의 표준 패키지인 sync에는 병렬 프로그래밍에서 유용한 구조체가 준비돼 있다.

이 부록에서는 sync.Cond나 sync.Once와 같이 이해하기 어려운 것들은 소개하지 않지만, 사용할 수 있으면 필요한 시점에 강력한 효과를 발휘하는 구조체다. 여기서는 대표적이고 벤치마커에서 자주 사용되는 다음 3가지 구조체에 대해 설명한다.

- sync.WaitGroup
- sync.RWMutex
- sync.Mutex

sync.WaitGroup에 의한 대기

sync.WaitGroup은 여러 처리를 기다리는 데 유용한 구조체다. 물론 채널을 사용하여 여러 개의 고루틴을 대기시키는 것도 가능하지만, 그러한 처리를 직접 구현하는 것보다 훨씬 간편하게 대기를 기술할 수 있다.

사용 방법은 간단하다. 대기해야 하는 처리 수만큼 sync.WaitGroup.Add(n)을 호출하고 한 처리가 끝날 때마다 sync.WaitGroup.Done()을 호출한다. 모든 처리 실행을 대기하려는 위치에서 sync.WaitGroup.Wait()를 호출하는 것으로 해당 위치에서 모든 처리가 끝날 때까지 블로킹이 발생한다.

```go
package main

import (
    "fmt"
    "sync"
    "time"
)

func main() {
    // sync.WaitGroup 생성
    wg := &sync.WaitGroup{}

    // 이 코드에서는 대기하는 처리가 2개인 것이 확정이므로 wg.Add 의 인수에 2를 전달한다
    // wg.Add 한 수 이상 wg.Done을 호출하면 panic이 발생하므로 조심한다.
    wg.Add(2)

    // 루프 중에서 고루틴을 생성하는 경우 등은 각 생성 시에 wg.Add(1)를 호출하는 것이 좋다.
    // wg.Add(1)
    go func() {
        // 흔한 실수로 고루틴 안에서 wg.Add(1) 해 버리는 경우가 있는데
        // 그 경우 고루틴이 기동하기 전에 wg.Wait()에 도달해 버릴 수 있기 때문에
        // 고루틴에서 wg.Add(1) 하지 않도록 주의

        // 처리가 종료되고 함수를 빠져나갈 때 확실히 wg.Done이 되도록 선두에서 defer를 사용하여
wg.Done을 호출하고 있다.
        defer wg.Done()

        // 5초간 초당 표준 출력으로 표시
        for i := 0; i < 5; i++ {
```

```
        fmt.Printf("wg 1: %d / 5\n", i+1)
        time.Sleep(1 * time.Second)
    }
}()


// wg.Add(1)
go func() {
    // 처리가 종료되고 함수를 빠져나갈 때 확실히 wg.Done 되도록 선두에서 defer를 사용하여 wg.
Done을 호출하고 있다.
    defer wg.Done()

    // 5초간 초당 표준 출력으로 표시
    for i := 0; i < 5; i++ {
        fmt.Printf("wg 2: %d / 5\n", i+1)
        time.Sleep(1 * time.Second)
    }
}()


// 여기서 두 개의 고루틴이 끝나고 wg.Done이 호출되기를 기다리고 있다.
// wg.Wait 반환 값이 없으며 채널에서 종료 알림을 수신할 수 없으므로 주의한다.
wg.Wait()


fmt.Println("wg: done")
}
```

sync.Mutex 및 sync.RWMutex를 사용한 읽기 및 쓰기 락(lock)

벤치마커는 빠르고 병렬적으로 데이터를 생성하고 검증을 위해 유지한다. 또한 유지된 데이터는 고루틴 간에 공유된 메모리 공간에 유지되어 있지 않으면 검증 시 데이터가 일치하지 않을 수 있으므로 서로 다른 고루틴에서 동일한 위치에 기입된다. 이러한 경우 고루틴 간에 읽고 쓰기 락을 취하지 않으면 데이터 무결성이 손실돼 올바른 검증을 할 수 없게 된다.

이러한 경우를 피하고자 sync 패키지에서 제공하는 sync.Mutex나 sync.RWMutex를 사용해야 한다. 두 가지 구조체는 비슷한 기능을 제공하지만, sync.Mutex는 단순한 배타적 제어를 제공하는 반면 sync. RWMutex는 읽기 및 쓰기 모두의 배타적 제어를 제공한다.

먼저 sync.Mutex에 의한 배타적 제어다. 다음 코드 예는 간단한 배타적 제어를 실시해 별도의 고루틴에서 1개의 공통 슬라이스에 요소를 추가한다.

```go
package main

import (
  "fmt"
  "sync"
)

func main() {
  // int 슬라이스 생성
  userIDs := []int{}
  // sync.Mutex 생성
  userIDsLock := &sync.Mutex{}

  // 처리 대기를 위해 sync.WaitGroup 생성
  wg := &sync.WaitGroup{}

  for i := 0; i < 20; i++ {
    wg.Add(1)
    go func(id int) {
      defer wg.Done()
      // userIDs에 대한 쓰기 충돌을 방지하기 위해 락
      // 다른 고루틴으로 이미 락인 경우 해당 락이 해제될 때까지 여기에서 처리가 차단됨
      userIDsLock.Lock()
      // 데이터를 슬라이스에 추가
      userIDs = append(userIDs, id)
      // 락 해제
      userIDsLock.Unlock()
    }(i)
  }

  // 모든 추가 처리를 기다린다.
  wg.Wait()

  // 추가된 모든 값 표시
  // 고루틴은 시작된 순서대로 실행되지 않으므로 실행할 때마다 추가 순서가 다르다.
  fmt.Printf("userIDs: %v\n", userIDs)
}
```

sync.RWMutex는 이전에 언급한 sync.Mutex와 같은 락뿐만 아니라 읽기 락(read lock)도 제공한다. 읽기 락끼리는 경쟁하지 않지만, 쓰기 락은 서로를 차단하고 읽기 락도 차단한다. 읽기만 하는 락을 취함으로써 다른 곳에서 동시 읽기를 병렬로 처리하면서 쓰기를 차단해 데이터 일관성을 유지할 수 있다. 같은 데이터를 바탕으로 여러 개의 검증을 수행하고 싶지만 그 처리는 병렬로 실시하고, 검증 중에 다른 고루틴이 데이터를 추가할 가능성이 있는 경우처럼 경쟁 상태(race condition)를 발생시키지 않기 위해서 매우 중요한 기능이다. 코드 예는 다음 URL을 참조한다.

- https://github.com/tatsujin-web-performance/tatsujin-web-performance/blob/main/appendix-B/example/99-4-3-2-rwmutex/main.go

sync.WaitGroup과 sync.Mutex를 값으로 전달하여 발생하는 데드락과 패닉

Go 언어의 공식 패키지 문서의 예제에서는 sync.WaitGroup 등을 var wg sync.WaitGroup과 같이 제로 값의 값 형식으로 생성하는 방식으로 소개하고 있다. 그러나 이 부록에서는 &sync.WaitGroup{}과 같이 작성해 제로 값 sync.WaitGroup의 참조 유형으로 생성하는 방식을 추천한다.

값 전달 방식으로 사용하는 경우 복사본이 생성되어 대기나 락이 정상적으로 작동하지 않을 수 있다. 예상치 못한 패닉(panic), 데드락(deadlock), 심지어 시험 중에는 감지할 수 없고 실제 운영 중에만 알 수 있는 에러가 발생할 수 있다. 실제로 sync.Mutex를 값 전달 방식으로 사용할 때 데드락이 발생하는 코드 예는 다음과 같다.

```go
package main

import (
  "fmt"
  "sync"
  "time"
)

func main() {
  // sync.Mutex를 값으로 생성
  var mu sync.Mutex

  // mu를 락
  mu.Lock()
```

```
  // 1초 후에 mu를 락 해제
  go func() {
    <-time.After(1 * time.Second)
    mu.Unlock()
  }()

  // 값을 전달하면 복사돼 버려서 1초 후의 Unlock이 함수 호출처의 mu에 전달되지 않기 때문에
  // 함수 내의 Lock이 언제까지나 해제되지 않고 deadlock로서 Go 런타임이 강제 종료됨
  LockWithValue(mu)

  // 참조 전달의 경우는 1초 후의 Unlock이 예상대로 함수 내의 mu에 전해지기 때문에
  // deadlock은 발생하지 않고 1초 후에 mutex unlocked가 표준 출력에 표시되어 프로그램이 정상 종
료됨
  // LockWithReference(&mu)

  fmt.Println("mutex unlocked")
}

// 값 전달로 sync.Mutex를 받는 함수
func LockWithValue(mu sync.Mutex) {
  mu.Lock()
  mu.Unlock()
}

// 참조 전달로 sync.Mutex를 받는 함수
func LockWithReference(mu *sync.Mutex) {
  mu.Lock()
  mu.Unlock()
}
```

특정한 락 범위에서는 함수의 인자로 sync.Mutex나 sync.RWMutex를 전달할 때 값 전달이 발생하지 않도록 주의해야 한다. 이러한 오류는 컴파일 시간에는 발견되지 않고 실행 시간에야 비로소 발견되기 때문에 정적 분석 등의 방법으로 찾아내기가 어렵다.

따라서 함수 내에서 sync.Mutex나 sync.RWMutex를 생성할 때는 참조 유형으로 생성하는 것이 좋다. 반대로 구조체의 필드로 sync.Mutex를 가지는 경우, 참조 유형으로 정의하면 초기화를 잊었을 때 nil이 되어 패닉의 원인이 될 수 있으므로 이 경우에는 값 유형으로 정의하는 것이 좋다.

▌sync/atomic 패키지 사용

메모리 영역에 sync.Mutex를 사용하는 것 대신 숫자형 변수에는 sync/atomic 패키지의 함수를 사용하면 더 쉽게 경쟁 상태를 제거하고 원자적인 읽기 및 쓰기를 할 수 있다. sync/atomic 패키지는 각 숫자형마다 조작 함수를 제공하며 실행 횟수 카운터 등을 만들 때 매우 유용하다.

sync/atomic에서 사용할 수 있는 수치에 대한 원자적 조작 함수는 5가지가 있다(표 B.1). * 부분은 각 수치형의 이름(Int32나 Uint64 등)을 나타낸다.

표 B.1 sync/atomic에서 사용할 수 있는 조작 함수

조작 함수	설명
sync/atomic.Store*(addr, val)	첫 번째 인수 addr의 메모리 영역에 두 번째 인수 val을 작성한다.
sync/atomic.Load*(addr)	첫 번째 인수 addr의 메모리 영역에서 숫자를 읽고 반환한다.
sync/atomic.Swap*(addr, val)	첫 번째 인수 addr의 메모리 영역에 두 번째 인수 val을 작성하고 현재 메모리 영역 addr에 설정된 값을 반환한다.
sync/atomic.Add*(addr, val)	첫 번째 인수 addr의 메모리 영역에 두 번째 인수 val을 가산하고 그 값을 반환한다.
sync/atomic.CompareAndSwap* (addr, old, new)	첫 번째 인수 addr의 메모리 영역의 값이 old와 같으면 new의 값을 기입해 true를 반환한다. 값이 일치하지 않는 경우 재기록하지 않고 false를 반환한다.

조금 복잡한 예시지만, 이러한 함수를 사용하는 코드 예는 다음 URL을 참조한다. 이 코드 예를 참조하면서 다음 설명을 확인한다.

- https://github.com/tatsujin-web-performance/tatsujin-web-performance/blob/main/appendix-B/example/99-4-4-atomic/main.go

이 코드는 값을 10으로 초기화하고, 매초 현재 값을 원자적으로 가져와 표준 출력에 출력한다. 또 다른 고루틴에서는 0.1초마다 값을 1씩 증가시키지만, 0.01초마다 값이 50인지 확인하고 50이면 값을 0으로 재설정한다. 이 프로그램은 10초 후에 종료되며, SIGUSR1 시그널을 프로세스에 보내면 언제든지 값을 0으로 재설정할 수 있다. 구조체 필드에서 경쟁 상태를 방지하려면 구조체 자체에 sync.Mutex 또는 sync.RWMutex를 갖도록 한다.

▌Functional Option 패턴

일부 라이브러리에서는 구조체를 새롭게 생성하는 함수가 가변 길이의 함수형 인수를 가지도록 설계돼 있다. 이러한 구현 방식을 'Functional Option 패턴'이라고 한다. 일반적으로 구조체의 필드 값을 변경할 때는 필드 값 설정을 직접 작성하거나 초기화 시에 필드 값을 설정한다. 그러나 Functional Option 패턴을 사용하면 생성 시 초기화 함수 내에서 기본값이나 비공개 필드를 올바르게 설정하면서 사용자가 필요에 따라 유연하게 구조체를 설정할 수 있다.

Functional Option 패턴의 유용한 코드 예는 다음 URL을 참조한다.

- https://github.com/tatsujin-web-performance/tatsujin-web-performance/blob/main/appendix-B/example/99-4-5-functionalOption/main.go

예를 들어 User를 관리하는 Users 구조체를 살펴본다. User 구조체는 리스트와 맵 형태로 이중으로 관리되며 특정 인덱스와 ID로 User를 가져오는 메소드와 User 수와 ForEach를 가지고 있다.

이 구조체를 생성할 때는 사용자가 기본적으로 순차적인 ID로 지정된 수의 User를 생성하도록 설정할 수 있는 옵션과 무작위 ID로 지정된 수의 User를 생성하도록 설정할 수 있는 Functional Option 패턴을 사용할 수 있다. 이러한 방식으로 User 생성 방법을 사용자가 제어할 수 있다.

구조체에 중요한 멤버를 가지고 있으면서 초기화를 정확한 절차로 수행해야 하는 경우에도 이 패턴은 유용하다. 따라서 이 패턴을 스스로 응용 프로그램을 구현할 때 활용할 수 있으면 코드의 범위를 넓힐 수 있다.

B-3 | private-isu를 대상으로 한 벤치 마커 구현

이제 이 책에서 다룬 private-isu를 대상으로 한 벤치마커를 구현한다. 코드 예제는 길기 때문에 소스 코드는 별도의 리포지토리에서 참조할 수 있다. 벤치마커는 ISUCON 벤치마커용 라이브러리인 isucandar[5]을 사용하여 구현되었으며 라이브러리 정보를 함께 참고해 코드를 더 쉽게 이해할 수 있다. 소스 코드는 https://github.com/rosylilly/private-isu-benchmarker/에서 확인할 수 있다.

---

5 https://github.com/isucon/isucandar

▍입출력 설계

옵션 제공과 실행 결과 로그 표시는 벤치마커에서도 중요한 기능이며, 입력 및 출력 방식을 결정하는 것 역시 중요하다. 이번에 구현할 벤치마커는 1회 기동 시 1회 벤치마커를 실행하고 종료 시에 응용 프로그램도 함께 종료한다. 벤치마커는 대회 포털과의 통신 방식을 다른 프로세스에 맡기고 간단한 응용 프로그램으로 구현한다. 또한 벤치마커가 예상보다 오래 실행되는 경우, 강제 중지 등도 다른 프로세스에 맡긴다. 이후 이러한 처리를 담당하는 다른 프로세스를 슈퍼바이저라고 한다(그림 B.2).

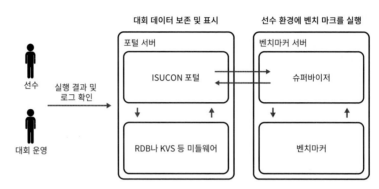

그림 B.2 포털과 슈퍼바이저와 벤치마커의 관계

선수 전용 벤치마커 서버가 준비되지 않은 경우, 벤치마커 풀에서 할당될 때마다 다른 선수가 소유한 환경에서 벤치마커를 실행해야 한다. 따라서 벤치마커의 설정은 파일이 아닌 옵션 인수를 사용한다.

벤치마커의 출력에 대해서는 선수와 대회 운영자를 모두 고려해야 한다. 선수용 정보를 표준 출력에 대회 운영자용 정보를 표준 에러 출력에 표시하고, 슈퍼바이저는 벤치마커를 시작한 후 이러한 표준 출력을 받아 포털로 전송한다.

표준 출력을 선수에게, 표준 오류 출력을 대회 운영자에게 보여주는 이유는 예기치 않은 패닉이 발생하여 벤치마커가 중지될 때 해당 패닉 로그가 표준 에러 출력에 나타나기 때문이다. Go는 기본적으로 오류 타입에 대한 스택 트레이스(Stack Trace)를 제공하지 않지만, 패닉에 의한 로그는 스택 트레이스가 함께 출력되므로 선수가 벤치마커 내부 구조를 추론하는 것을 방지하기 위해 해당 로그를 표준 오류 출력에 출력한다.

로그 구현

Go에는 다양한 로그 라이브러리가 있다. 대표적으로 zap[6] 또는 google/logger[7] 등이 유명하다. 이번에 구현할 벤치마커에서는 고급 로그 기능이 필요하지 않으므로 표준 패키지인 log를 사용한다. log는 log.Printf와 같은 패키지 함수를 가지고 있지만, 로그 레벨에 따른 출력 대상 변경 등의 기능은 가지고 있지 않으므로 선수 대상과 대회 운영자 대상으로 정보를 분리하고자 2개의 log.Logger를 전역 변수로 가지고 사용한다. 패키지 전역인 log.Printf 등의 함수는 사용하지 않는다.

log.New 함수는 io.Writer, 로그에 붙일 접두사, 각종 플래그를 인수로 받아 log.Logger를 생성한다.

첫 번째 인수로는 os.Stdout 또는 os.Stderr를 지정하며, 두 번째 인수로는 대회 운영자 로그에서만 구별하기 쉽게 접두사를 설정하는 것이 좋다. 세 번째 인수는 시간이나 호출한 파일 이름을 추가할 수 있으며, log.Ldate¦log.Ltime이 기본값이다. 벤치마커의 성격상 날짜 정보는 필요하지 않으며, 초 단위로는 정보가 부족하므로 log.Lmicroseconds를 추가해야 한다.

```go
// main.go
var (
  // 선수용 정보를 출력하는 로거
  ContestantLogger = log.New(os.Stdout, "", log.Ltime¦log.Lmicroseconds)
  // 대회 운영자를 위한 정보를 출력하는 로거
  AdminLogger = log.New(os.Stderr, "[ADMIN] ", log.Ltime¦log.Lmicroseconds)
)
```

벤치마커에 제공되는 옵션 설정

벤치마커가 실행될 때 옵션을 명령 라인 인수로 받아서 동작에 적용되게 구성한다.

벤치마커 대상을 지정하는 인수나 개발 시 사용하는 플래그를 정의하고 이를 Option으로 보관 유지한다. Option은 대회 운영자가 복사/붙여넣기 같은 설정으로 실행할 수 있는 출력 함수를 제공함으로써 에러 재현이나 버그 원인 조사에 도움이 되게 할 수 있다.

Option.String은 표준 패키지의 fmt.Stringer 인터페이스에 맞춰 구현해 Option을 log.Logger.Print에 전달할 때 자동으로 String 함수로 출력되게 한다.

---

6 https://github.com/uber-go/zap
7 https://github.com/google/logger

```go
// main.go

// 각 옵션의 기본값
const (
  DefaultTargetHost = "localhost:8080"
  DefaultRequestTimeout = 3 * time.Second
  DefaultInitializeRequestTimeout = 10 * time.Second
  DefaultExitErrorOnFail = true
)

func main() {
  ...

        // 벤치마커의 옵션 생성
        option := Option{}

        // 각 플래그와 벤치마커 옵션의 필드를 연결
        flag.StringVar(&option.TargetHost, "target-host", DefaultTargetHost, "Benchmark tar-
get host with port")
          flag.DurationVar(&option.RequestTimeout, "request-timeout", DefaultRequestTimeout,
"Default request timeout")
          flag.DurationVar(&option.InitializeRequestTimeout, "initialize-request-timeout", De-
faultInitializeRequestTimeout, "Initialize request timeout")
          flag.BoolVar(&option.ExitErrorOnFail, "exit-error-on-fail", DefaultExitErrorOnFail,
"Exit with error if benchmark fails")

      // 명령 행 인수의 구문 분석 실행
      // 이 시점에 각 필드에 값이 설정된다
      flag.Parse()

        // 현재 설정을 대회 운영용 로거에 출력
        AdminLogger.Print(option)


  ...
}


// option.go

// 벤치마커 옵션을 보유하는 구조체
```

```
type Option struct {
        TargetHost                      string
        RequestTimeout                  time.Duration
        InitializeRequestTimeout        time.Duration
        ExitErrorOnFail                 bool
}


// fmt.Stringer 인터페이스 구현
// log.Print 등에 전달했을 때 이 메소드가 구현되고 있으면 반환한 캐릭터 라인이 출력된다
func (o Option) String() string {
        args := []string{
                "benchmarker",
                fmt.Sprintf("--target-host=%s", o.TargetHost),
                fmt.Sprintf("--request-timeout=%s", o.RequestTimeout.String()),
                    fmt.Sprintf("--initialize-request-timeout=%s", o.InitializeRequestTimeout.
String()),
                fmt.Sprintf("--exit-error-on-fail=%v", o.ExitErrorOnFail),
        }

        return strings.Join(args, " ")
}
```

fmt.Stringer와 fmt.GoStringer 구현

fmt.Print나 log.Print 등의 함수는 interface{}를 인수로 받아들이며 전달된 구조체가 fmt.Stringer 인터페이스를 충족시키도록 String 함수를 구현하면 해당 함수를 사용해 문자열로 출력한다. 마찬가지로 fmt.GoStringer를 충족시키는 경우 fmt.Printf나 log.Printf의 첫 번째 인수로 %#v에 대응하는 구조체를 전달할 때 해당 구현을 사용한 문자열을 표시한다.

로그 출력 위치마다 매번 fmt.Sprintf 등을 사용해 표기를 조정하면 위치에 따라 별개의 표기가 돼 혼란의 원인이 될 수 있다. 따라서 충분한 여유가 있다면 출력이 필요한 구조는 fmt.Stringer 인터페이스를 충족하도록 해야 한다. 이는 벤치마커 이외의 것을 구현할 때도 유용한 인터페이스다.

```
package main

import (
  "fmt"
)
```

```go
// fmt.Stringer를 충족하는 Dog 구조체
type Dog struct {
  Name string
  Age int
}

// fmt.Stringer.String 구현
func (d *Dog) String() string {
  return fmt.Sprintf("Dog: %s (%d)", d.Name, d.Age)
}

// fmt.GoStringer는 구현되어 있지 않기 때문에 기본 동작이 사용된다.
// func (d *Dog) GoString() string {
// // TODO: Implmenet fmt.GoStringer
// }

// fmt.Stringer와 fmt.GoStringer를 충족하는 Cat 구조체
type Cat struct {
  Name string
  Age int
}

// fmt.Stringer.String 구현
func (c *Cat) String() string {
  return fmt.Sprintf("(=^_^=) Cat: %s(%d)", c.Name, c.Age)
}

// fmt.GoStringer.GoString 구현
func (c *Cat) GoString() string {
  return fmt.Sprintf("(=^_^=) &Cat{%#v, %#v}", c.Name, c.Age)
}

func main() {
  // Dog 생성
  dog := &Dog{Name:"coco", Age:5}

  // Cat 생성
  cat := &Cat{Name:"nana", Age:3}
```

```
    fmt.Println(dog) // => Dog: coco (5)
    fmt.Println(cat) // => (=^_^=) Cat: nana(3)

    fmt.Printf("%#v\n", dog) // => &main.Dog{Name:"coco", Age:5}
    fmt.Printf("%#v\n", cat) // => (=^_^=) &Cat{"nana", 3}
}
```

▌데이터 갖기

로그 출력 준비와 플래그를 받을 수 있도록 준비가 끝나면 벤치마커가 검증이나 요청에 사용할 수 있도록 private-isu의 데이터를 벤치마커가 보유할 수 있는 구조체를 구현한다. private-isu에는 User, Post, Comment 데이터가 있다. Comment는 User 및 Post에 연결되고, Post는 User와 관련돼 있다(그림 B.3).

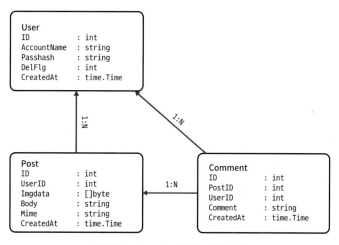

그림 B.3 private-isu의 ER 다이어그램

이러한 데이터에 대응하는 구조체를 만들고 검증 시에 대응 데이터를 보관하는 방법을 구현한다.

모델에 대응하는 구조체 정의

모델 구조에 대응하는 구조체를 벤치마커 내부에 구현하지만 일부 데이터는 그대로 보관하지 않는다. User는 Passhash로 비밀번호를 해시해 저장하지만 벤치마커에서는 해시된 비밀번호는 필요하지 않으므로 로그인 처리 등을 위해 해시되기 전 비밀번호를 보관한다. Post에서는 Imgdata를 바이트 배열로 보관하는 것이 참조 구현의 초기 상태지만, 바이트 배열을 그대로 벤치마커 내부에 보관하면 메모리 사용량 및 검증에 대한 관점에서도 크기 때문에 벤치마커 데이터로는 이미지 데이터의 SHA1 해시값을 보관하도록 변경한다. 또한 각 구조체는 서로 다른 위치에서 갱신될 수 있으므로 내부에 sync.RWMutex를 보관하게 한다.

```go
// model.go

// User 구조체
// 나중에 JSON화된 덤프 데이터에서 읽을 수 있도록 태그를 부여한다.
type User struct {
  ID          int       `json:"id"`
  AccountName string    `json:"account_name"`
  Password    string    `json:"password"`
  Authority   int       `json:"authority"`
  DeleteFlag  int       `json:"del_flg"`
  CreatedAt   time.Time `json:"created_at"`
}


// Post 구조체
// 나중에 JSON화된 덤프 데이터에서 읽을 수 있도록 태그를 부여한다.
type Post struct {
  ID          int       `json:"id"`
  Mime        string    `json:"mime"`
  Body        string    `json:"body"`
  ImgdataHash string    `json:"imgdata_hash"`
  UserID      int       `json:"user_id"`
  CreatedAt   time.Time `json:"created_at"`
}


// Comment 구조체
// 나중에 JSON화된 덤프 데이터에서 읽을 수 있도록 태그를 부여한다.
type Comment struct {
  ID        int       `json:"id"`
  Comment   string    `json:"comment"`
  CreatedAt time.Time `json:"created_at"`
  PostID    int       `json:"post_id"`
  UserID    int       `json:"user_id"`
}
```

모델 집합을 가진 구조체 정의

각 페이지의 검증 시 올바른 데이터가 표시되는지 확인하기 위해 모델의 집합을 관리하는 구조체를 준비한다. private-isu는 서비스 내에서 **CreatedAt**을 사용해 내림차순으로 정렬되기 때문에 ID로 직접 참조할 수 있도록 CreatedAt의 내림차순으로 정렬된 목록과 ID와 모델이 쌍으로 된 맵을 모두 관리한다. 3개의 모델에서 모두 재사용할 수 있는 집합을 다루는 구조체이므로 Go 언어 버전 1.18에서 도입된 제네릭을 사용해 구현한다.

```go
// set.go

// Set의 대상이 되는 모델의 인터페이스
type Model interface {
  GetID() string
  GetCreatedAt() time.Time
}

// 모델 집합을 나타내는 구조체
// Set.Get(id)로 ID에서 모델을 가져온다.
// Set.At(index)로 앞에서부터 index번째의 모델을 가져온다.
// Set.Add(model)로 집합에 모델 추가
type Set[T Model] struct {
  mu sync.RWMutex
  list  []T
  dict map[int]T
}

// 앞에서부터 index번째 모델을 가져오는 메소드
func (s *Set[T]) At(index int) T {
  ...
}

// ID로부터 모델을 가져오는 메소드
func (s *Set[T]) Get(id int) (T, bool) {
  ...
}

// Set에 모델을 추가하는 메소드
// 추가 시 CreateAt에서 정렬된 위치에 추가
// CreatedAt이 중복되면 ID로 오름차순
```

```go
func (s *Set[T]) Add(model T) bool {
  ...
}
```

초기 데이터 로드

private-isu는 초기 상태에서 일정한 양의 데이터를 가지고 있다. 벤치마커는 검증을 위해 서비스와 동일한 초기 데이터를 가져야 하므로 벤치마커를 시작할 때 초기 데이터를 로드힐 수 있게 해야 한다. 이를 위해 이전에 모델에 해당하는 구조체를 정의할 때 json 태그를 붙였다. 벤치마커는 덤프 데이터 디렉터리를 인수로 받게 하고 디렉터리 내에서 규칙에 따라 지정된 JSON 형식의 덤프 파일에서 초기 상태를 작성한다.

```go
// dump.go

// JSON 형식의 덤프 파일에서 모델 집합 로드
func (s *Set[T]) LoadJSON(jsonFile string) error {
  …

  // JSON 형식으로 디코딩
  decoder := json.NewDecoder(file)
  if err := decoder.Decode(&models); err != nil {
    return err
  }

  // 디코딩된 모델을 처음부터 순서대로 Set에 추가
  for _, model := range models {
    if !s.Add(model) {
      return fmt.Errorf("Unexpected error on dump loading: %v", model)
    }
  }
}
```

▌초기화 처리 구현하기

연결 대상 옵션과 모델을 준비했으니 private-isu에 요청을 보낸다. private-isu는 대회용 유지보수 엔드포인트로 GET /initialize를 가지고 있다. 이 엔드포인트에 요청이 오면 웹 서비스는 그동안 쓰인 모든 데이터를 삭제하고 초기 상태로 되돌려야 하며, 벤치마커가 로드하는 초기 상태의 덤프 데이터와 같은 상태가 돼 있어야 한다. 여기서는 요청을 보낼 유저 에이전트의 생성과 그것을 사용한 요청을 전송할 때까지 실시한다.

요청을 보내는 사용자 에이전트 생성

요청을 보내려면 isucandar/agent.Agent(이하 agent_Agent)를 사용하지만 연결 대상 정보와 요청 타임아웃 시간을 가지고 있는 것은 Option 구조체이므로 Option 구조체가 agent.Agent를 생성하도록 한다.

```go
// option.go

// Option의 내용을 따라 agent.Agent 생성
func (o Option) NewAgent(forInitialize bool) (*agent.Agent, error) {
  agentOptions := []agent.AgentOption{
    // 요청의 기본 URL은 Option.TargetHost 및 HTTP
    agent.WithBaseURL(fmt.Sprintf("http://%s/", o.TargetHost)),
    // agent.DefaultTransport를 매번 복제해 사용
    agent.WithCloneTransport(agent.DefaultTransport),
  }

  // initialize용 agent.Agent는 타임아웃 시간이 다르므로 옵션 조정
  if forInitialize {
    agentOptions = append(agentOptions, agent.WithTimeout(o.InitializeRequestTimeout))
  } else {
    agentOptions = append(agentOptions, agent.WithTimeout(o.RequestTimeout))
  }

  // 옵션에 따라 agent.Agent 생성
  return agent.NewAgent(agentOptions...)
}
```

요청 전송

유저 에이전트 생성 준비가 끝나면 바로 요청을 보낸다. agent.Agent는 agent.Agent.Get이라는 GET 요청을 생성하는 헬퍼 메서드를 가지고 있다. 사용 방법은 첫 번째 인수로 요청하려는 URL 경로를 전달하는 것뿐이다. 요청을 생성하면 생성된 요청을 agent.Agent.Do에 전달해 Web 서비스에 실제 요청을 보낸다.

이 코드를 실행하려면 벤치마커의 `Option.TargetHost`에서 지정한 호스트 이름으로 private-isu의 서비스가 실제로 실행되고 있어야 한다는 점에 유의한다. 이후에는 특별한 주석이 없으면 private-isu가 실행되고 있다고 가정하고 설명한다.

```go
// action.go

// GET /initialize 전송
// 첫 번째 인수에 context.context를 사용해 외부에서 요청을 취소할 수 있다.
func GetInitializeAction(ctx context.Context, ag *agent.Agent) (*http.Response, error) {
  // 요청 생성
  req, err := ag.GET("/initialize")
  if err != nil {
    return nil, err
  }

  // 요청 실행
  return ag.Do(ctx, req)
}
```

응답 검증

벤치마커 기동 시 `GET /initialize`가 실행되지만, 이 엔드포인트의 응답이 잘못된 경우 이후의 벤치마커는 정상적으로 실행될 수 없다. 따라서 `GetInitializeAction`의 반환 값을 사용해 응답을 검증하고 에러가 있다면 벤치마커가 실행을 중단하게 해야 한다.

`GET /initialize`는 검증해야 할 응답 바디 등이 없으므로 상태 코드가 `200 OK`인지 여부만을 검증한다. 여기에서는 단일 검증만 실행하지만, 다른 엔드포인트에서는 상태 코드만이 아니라 하나의 응답에서 여러 검증을 실행해야 한다. 따라서 지금 당장 복수의 검증을 모아둘 수 있는 `ValidationError` 구조체를 정의하고 나중을 위해 `isucandar/failure` 패키지를 사용해 각종 에러에 에러 코드를 추가해 판별할 수 있게 준비해야 한다.

```go
// validation.go

// 여러 에러가 있는 구조체
// 한 번의 검증에 여러 에러가 포함될 수 있기 때문에
type ValidationError struct {
```

```
  Errors []error
}

// ValidationError가 비어 있는지 확인
func (v ValidationError) IsEmpty() bool {
  ...
}

// 응답을 검증하는 Validator 함수의 유형
type ResponseValidator func(*http.Response) error

// 응답을 검증하는 함수
// 여러 Validator 함수를 받아 모든 응답을 검증하고 ValidationError를 반환
func ValidateResponse(res *http.Response, validators ...ResponseValidator) ValidationError {
  ...
}

// 상태 코드를 검증하는 Validator 함수를 반환하는 고차 함수
// 예: ValidateResponse(res, WithStatusCode(200))
func WithStatusCode(statusCode int) ResponseValidator {
  return func(r *http.Response) error {
    if r.StatusCode != statusCode {
      // 상태 코드가 일치하지 않으면 HTTP 메소드, URL 패스, 기대한 상태 코드, 실제 상태 코드를
갖는다.
      // 에러를 반환
      return failure.NewError(
        ErrInvalidStatusCode,
        fmt.Errorf(
          "%s %s : expected(%d) != actual(%d)",
          r.Request.Method,
          r.Request.URL.Path,
          statusCode,
          r.StatusCode,
        ),
      )
    }
    return nil
  }
}
```

벤치마커에 통합

유저 에이전트를 생성하고 요청을 보낼 수 있으며 응답을 검증할 수 있게 준비가 끝났다. 이제 드디어 벤치마커에 통합해 실행해 본다.

벤치마커에 요청을 보내고 검증하기 위해서는 `isucandar.Benchmark`를 사용한다. `isucandar.Benchmark`는 다음과 같은 기능이 있다.

- 각 단계에 등록된 함수를 단계별로 병렬 실행
    - 단계는 Prepare(사전 준비), Load(부하 시험), Validation(검증) 3종류
        - Prepare: 부하 테스트 전 초기 데이터 준비 및 응용 프로그램 초기화 명령 실행을 담당
        - Load: 부하 시험 자체를 담당
        - Validation: 부하 시험 중에는 실시할 수 없는 시간이 걸리는 검증이나 모든 쓰기 요청 완료 후에만 실행할 수 있는 검증을 실시
    - 단계 등록에는 인터페이스를 충족하는 구조체를 추가하거나 각 스텝에 직접 함수를 추가하는 2가지 방법을 선택 가능
    - 단계는 순서대로 실행되며 이전 스텝에서 에러가 발생한 경우 다음 스텝이 실행되지 않음
- 각 단계에서 에러와 점수를 수집
    - 여러 에러를 등록하거나 각 요청의 송수신 시 검증에 성공하면 점수를 추가
- 에러에 대한 훅을 정의
    - 발생해서는 안 될 일이 예상되는 에러를 감지했을 때 패닉으로 벤치마커를 즉시 중지

이후 검증을 위해 모든 데이터를 가지고 있고 `Option`을 가지는 `Scenario` 구조체를 정의하고 `isucandar.Benchmark.AddScenario`에 해당하는 인터페이스를 구현한다.

```
// validation.go

// isucandar.BenchmarkStep에 자신이 가진 모든 에러 추가

func (v ValidationError) Add(step *isucandar.BenchmarkStep) {
  for _, err := range v.Errors {
    if err != nil {
      // 내용이 ValidationError이면 확장
      if ve, ok := err.(ValidationError); ok {
        ve.Add(step)
```

```
      } else {
        step.AddError(err)
      }
    }
  }
}


// scenario.go

// 시나리오 수준에서 발생하는 에러 코드 정의

const (
  ErrFailedLoadJSON failure.StringCode = "load-json"
  ErrCannotNewAgent failure.StringCode = "agent"
  ErrInvalidRequest failure.StringCode = "request"
)

// 옵션과 모든 데이터를 가진 시나리오 구조체
type Scenario struct {
  Option   Option
  Users    UserSet
  Posts    PostSet
  Comments CommentSet
}

// isucandar.PrepeareScenario를 충족하는 메소드
// isucandar.Benchmark의 Prepare 단계에서 실행됨
func (s *Scenario) Prepare(ctx context.Context, step *isucandar.BenchmarkStep) error {
  // User의 덤프 데이터 로드
  if err := s.Users.LoadJSON("./dump/users.json"); err != nil {



  ...



  // Post 덤프 데이터 로드
  if err := s.Posts.LoadJSON("./dump/posts.json"); err != nil {



  ...



  // Comment 덤프 데이터 로드
```

```go
    if err := s.Comments.LoadJSON("./dump/comments.json"); err != nil {

    …

    // GET /initialize에 대한 요청 실행
    res, err := GetInitializeAction(ctx, ag)

    …

    // 응답 검증
    ValidateResponse(
      res,
      // 상태 코드가 200인지 확인
      WithStatusCode(200),
    ).Add(step)

    ...
}

// isucandar.PrepeareScenario를 충족하는 메소드
// isucandar.Benchmark의 Load 단계에서 실행됨
func (s *Scenario) Load(ctx context.Context, step *isucandar.BenchmarkStep) error {
  ...
}

// main.go

func main() {
  …

  // 시나리오 생성
  scenario := &Scenario{
    Option: option,
  }

  // 벤치마커 생성
  benchmark, err := isucandar.NewBenchmark(
    // isucandar.Benchmark는 단계에서 panic을 자동으로 복구하는 기능이 있지만 이번에는 사용하지
않는다
```

```
    isucandar.WithoutPanicRecover(),
    // 부하 테스트 시간은 1분간
    isucandar.WithLoadTimeout(1*time.Minute),
)

...

// 벤치마커에 시나리오 추가
benchmark.AddScenario(scenario)

// main에서 최상위 context.Context 생성
ctx, cancel := context.WithCancel(context.Background())
defer cancel()

// 벤치마커 시작
result := benchmark.Start(ctx)

// 에러를 전부 표시
for _, err := range result.Errors.All() {
    // 선수에게 에러 메시지가 표시됨
    ContestantLogger.Printf("%v", err)
    // 대회 운영자를 위해 스택 추적 에러 메시지가 표시됨
    AdminLogger.Printf("%+v", err)
}

...
}
```

길었지만 이제 벤치마커가 초기화 요청을 private-isu에 보내고 각종 테스트를 실행하기 위한 준비가
완료됐다. 이제부터 각 처리를 구현한다.

▌ 로그인하는 처리 작성

기존 사용자 중 임의의 사용자를 선택하고 로그인 페이지(GET /login)에서 로그인을 실시하는 시나리
오를 만든다. 이때 올바른 입력으로 요청을 보내면 로그인에 성공하지만 그렇지 않으면 실패한다. 실패
하는 경우는 다음에 해당한다.

- 이미 로그인한 사용자 세션에서 `GET /login`을 요청한 경우
  - HTTP 상태 코드 302로 최상위 페이지로 리디렉션된다.
- 계정 이름 또는 비밀번호를 잘못 입력한 경우
  - HTTP 상태 코드 302로 로그인 페이지로 리디렉션된다.
  - '계정 이름 또는 비밀번호가 잘못됐습니다'라는 에러가 표시된다.

로그인 처리를 정확하게 구현했는지 확인하기 위해 일부러 로그인에 실패하는 요청을 보내는 시나리오와 정상적으로 로그인에 성공하는 시나리오 두 가지를 만든다.

User에게 agent.Agent를 갖게 한다

특정 사용자로 동작해야 할 때는 User에 agent.Agent를 연결하는 것이 편하므로 User 구조체를 확장하여 agent.Agent를 보유할 수 있도록 한다. 단순히 모든 User에 agent.Agent를 할당하는 것도 가능하지만, 사용되지 않은 경우 자원이 낭비될 수 있다. 따라서 User에 연결된 sync.RWMutex를 사용해 필요한 시점에 생성하고 각 사용자에서 재사용하게 한다.

```go
// model.go

// User에 연결하는 agent.Agent
func (m *User) GetAgent(o Option) (*agent.Agent, error) {
  m.mu.RLock()
  a := m.Agent
  m.mu.RUnlock()

  if a != nil {
    return a, nil
  }

  m.mu.Lock()
  defer m.mu.Unlock()

  a, err := o.NewAgent(false)
  if err != nil {
    return nil, err
  }
  m.Agent = a
```

```
    return a, nil
}
```

로그인에 성공하는 시나리오 구현

우선 순수하게 로그인에 성공하는 시나리오를 구현한다. User가 가지고 있는 User.AccountName과 User.Password를 그대로 private-isu로 전송하기만 하면 된다. 하지만 기회가 있으니 로그인 페이지에 액세스할 때 페이지 HTML이 로드되고 있는 각종 콘텐츠에 대해 변경되지 않았는지 확인한다. isucandar에는 HTML을 파싱해 로드되고 있는 favicon이나 JavaScript 등의 각종 자원을 자동으로 가져오는 기능이 탑재돼 있다. 이 기능을 사용해 로그인 페이지에 액세스한 후 각종 자원을 가져와 로그인의 POST까지 마칠 수 있는 시나리오를 구현한다.

```go
// scenario.go:192

// 성공적인 로그인을 수행하는 시나리오
func (s *Scenario) LoginSuccess(ctx context.Context, step *isucandar.BenchmarkStep, user *User) bool {
    // User에 연결하는 사용자 에이전트 얻기
    ag, err := user.GetAgent(s.Option)

    …

    // 로그인 페이지에 대한 요청 실행
    getRes, err := GetLoginAction(ctx, ag)

    …

    // 응답 검증
    getValidation := ValidateResponse(
        getRes,
        // 상태 코드는 200
        WithStatusCode(200),
        // 정적 자원 검증
        WithAssets(ctx, ag),
    )
```

```
…

// 로그인 요청을 실행
postRes, err := PostLoginAction(ctx, ag, user.AccountName, user.Password)

...
// 응답 검증
postValidation := ValidateResponse(
  postRes,
  // 상태 코드는 302
  WithStatusCode(302),
  // 리디렉션 대상은 최상위 페이지
  WithLocation("/"),
)
```

로그인에 실패하는 시나리오 구현

이번에는 일부러 비밀번호를 틀린 로그인을 실행해 보는 시나리오를 구현한다.

비밀번호를 틀리는 경우를 가정해 이번에는 원래의 비밀번호 뒤에 .invalid를 추가해 사용자가 비밀번호를 잘못 입력한 것을 나타낸다. 절차는 대체로 로그인 성공 시나리오와 동일하지만, 마지막에는 리디렉션된 페이지로 이동해 에러 메시지를 확인하는 처리가 들어가 있다는 점에 유의해야 한다. isucandar의 agent.Agent는 기본 동작으로 리디렉션을 해석하지 않으므로 직접 리디렉션된 페이지로 요청을 작성하고 실행해야 한다.

```
// scenario.go:263

// 실패한 로그인을 실시하는 시나리오
func (s *Scenario) LoginFailure(ctx context.Context, step *isucandar.BenchmarkStep, user *User)
bool {
  …

  // 로그인 요청을 실행
  // 원래 비밀번호에 잘못된 문자열을 추가해 잘못된 비밀번호를 만든다
  postRes, err := PostLoginAction(ctx, ag, user.AccountName, user.Password+".invalid")

  …
```

```
// 응답 검증
postValidation := ValidateResponse(
  postRes,
  // 상태 코드는 302
  WithStatusCode(302),
  // 리디렉션 대상은 로그인 페이지
  WithLocation("/login"),
)

...

// 리디렉션 대상 로그인 페이지 가져오기
redirectRes, err := GetLoginAction(ctx, ag)

...

// 응답 검증
redirectValidation := ValidateResponse(
  redirectRes,
  // 상태 코드는 200
  WithStatusCode(200),
  // 적절한 에러 메시지가 포함되어 있어야 한다
  WithIncludeBody("계정 이름 또는 비밀번호가 잘못됐습니다."),
)
```

▌ 이미지를 게시하는 처리 만들기

로그인 시나리오가 완료됐으므로 실제로 로그인하고 이미지를 게시하는 시나리오를 만든다. 이미지는 image 패키지를 사용하여 무작위의 흑백 노이즈 이미지를 생성한다(random.go의 randomImage).

private-isu는 multipart/form-data 수신을 대응하지만, Go 언어 표준인 mime/multipart에 있는 multipart.Writer.CreateFormFile은 부여되는 MIME 헤더가 application/octet-stream이 되기 때문에 독자적인 코드로 추가 대응하고 있다. 또한 최상위 페이지를 가져올 때 로그인된 사용자로서 CSRF 토큰을 HTML에서 가져와 POST할 때 그 토큰을 사용해야 하므로 goquery[8]를 사용해 HTML을 파싱하고 양식에서 CSRF 토큰을 가져오고 있음에 주의한다.

---

8 https://github.com/uber-go/zap

```
// scenario.go:367

// 이미지를 게시하는 시나리오
func (s *Scenario) PostImage(ctx context.Context, step *isucandar.BenchmarkStep, user *User)
bool {
  …

  // 메인 페이지에 대한 요청 실행
  getRes, err := GetRootAction(ctx, ag)


  …

  // 응답 검증
  getValidation := ValidateResponse(
    getRes,
    // 상태 코드는 200
    WithStatusCode(200),
    // CSRFToken 가져오기
    WithCSRFToken(user),
  )

  ...

  // 이미지 게시
  post := &Post{
    Mime:   "image/png",
    Body:   randomText(),
    UserID: user.ID,
  }
  postRes, err := PostRootAction(ctx, ag, post, user.GetCSRFToken())

  …

  // 응답 검증
  postValidation := ValidateResponse(
    postRes,
    // 상태 코드는 302
    WithStatusCode(302),
  )
```

```
...

// 메인 페이지로
redirectRes, err := GetRootAction(ctx, ag)

…

redirectValidation := ValidateResponse(
  redirectRes,
  // 상태 코드는 200
  WithStatusCode(200),
  // 게시한 이미지를 포함한 자원 가져오기
  WithAssets(ctx, ag),
)
```

▌최상위 페이지 검증

private-isu의 메인 페이지는 시간순으로 정렬된 이미지가 표시되도록 설계돼 있으므로 특정 게시물 다음에 더 최근에 게시된 게시물이 표시되지 않는지 확인해야 한다. private-isu의 메인 페이지는 created_at 값을 HTML에 포함시켜 표시하기 때문에 goquery로 가져와 정렬이 올바른지 확인하는 워커를 별도로 준비하고 실행해야 한다.

```
// scenario.go:472

// 메인 페이지의 순서를 검증하는 시나리오
func (s *Scenario) OrderedIndex(ctx context.Context, step *isucandar.BenchmarkStep, user *User)
bool {
  ...

  // 최상위 페이지에 대한 요청 실행
  getRes, err := GetRootAction(ctx, ag)

  …

  // 응답 검증
  getValidation := ValidateResponse(
```

```
    getRes,
    // 상태 코드는 200
    WithStatusCode(200),
    // Post의 정렬 순서 검증
    WithOrderedPosts(),
)
```

검증의 엄밀함

요청 처리 순서는 응용 프로그램의 재량에 맡겨져 있기 때문에 반드시 벤치마커가 보낸 요청 순서와 응용 프로그램에서 작성된 데이터 순서가 일치하는 것은 아니다. 벤치마커의 순서와 동일한 것이 애플리케이션에 존재하는 것을 예상한 검증은 엄밀하기 때문에 선수가 대처할 수 없는 에러가 발생할 수 있다. 순서 검증 등은 벤치마커의 데이터와 일치하는지가 아닌 응용 프로그램이 요구하는 명세에 따라 검증해야 한다.

▌점수 계산

벤치마커는 선수의 총점수를 출력하기 위해 각종 검증 후 부여한 점수 태그와 에러 태그를 사용한다. 이를 위해 isucandar/score.Score를 활용하며 각 태그에 배수를 설정하여 총합을 계산할 수 있다. 이번 예에서는 에러를 개수별로 감점하는 방식을 사용하지만, 각 에러를 분석해 음의 배율을 가진 점수 태그를 설정해 보다 복잡한 점수 설계 및 에러 종류에 따른 감점을 구현할 수 있다.

```
// main.go:80

func main() {
  ...

  // 점수 표시
  score := SumScore(result)
  ContestantLogger.Printf("score: %d", score)

  // 0점 이하(fail)이면 에러로 종료
  if option.ExitErrorOnFail && score <= 0 {
    os.Exit(1)
  }
}
```

```go
func SumScore(result *isucandar.BenchmarkResult) int64 {
  score := result.Score
  // 각 태그에 배율 설정
  score.Set(ScoreGETRoot, 1)
  score.Set(ScoreGETLogin, 1)
  score.Set(ScorePOSTLogin, 2)
  score.Set(ScorePOSTRoot, 5)

  // 가점분의 합산
  addition := score.Sum()

  // 에러 1개 1점 감점
  deduction := len(result.Errors.All())

  // 합계 (0보다 작으면 0 점)
  sum := addition - int64(deduction)
  if sum < 0 {
    sum = 0
  }

  return sum
}
```

실제로 실행하고 동작을 확인

여기까지 구현하면 로그인하고 이미지를 게시할 수 있는 벤치마커가 완성된다. 실제로 실행하여 동작을 확인하고 이 책에서 소개하는 다양한 튜닝 기술을 적용하면 점수가 상승하는 과정도 확인할 수 있다. 벤치마크 이후에는 많은 수의 이미지가 게시된 상황을 확인할 수 있다.

더 나아가서 댓글이나 BAN 시나리오[9] 등의 기능을 추가해 벤치마커를 보다 포괄적으로 발전시킬 수 있다. 이를 위해 구현한 기능을 실행해 보고 목표한 튜닝으로 점수가 예상대로 상승하는지 확인하면서 벤치마커를 개선해 나가는 과정은 필수다. 이러한 과정을 거쳐 더욱 고급스러운진 벤치마커를 만들어 보기를 권장한다.

---

9 BAN(Block And Notify) 시나리오는 ISUCON 대회에서 사용되는 시나리오 중 하나로, 특정 조건을 만족하는 유저의 서비스 이용을 일정 시간 동안 제한하는 것을 말한다. 이를 통해 서비스에 대한 보안성을 검증하고 서비스 이용에 대한 공정성을 유지하는 것을 목적으로 한다. 일반적으로 로그인 시도 횟수 등의 조건을 만족하면 BAN 시나리오가 발동된다.

B-4 정리

이 부록에서는 소스 코드로 벤치마커를 만드는 방법에 대해 배웠다. 더 복잡한 시나리오를 작성하고 점수 계산을 복잡하게 만들면서 벤치마커에 대한 이해를 높일 수 있다.

과거의 벤치마커 구현 사례는 https://github.com/isucon에 연도별로 추가되고 있으므로 ISUCON이 개최될 때 꼭 살펴보길 바란다. 또한, 내부 ISUCON이나 학내 ISUCON 등에서도 유사한 행사가 개최되고 있으며 벤치마커를 공개하고 있다. private-isu도 그중 하나다. 새로운 벤치마커 구현과 만날 날을 기다리겠다.

J – P

Q – S